Edition KWV

Die „Edition KWV" beinhaltet hochwertige Werke aus dem Bereich der Wirtschaftswissenschaften. Alle Werke in der Reihe erschienen ursprünglich im Kölner Wissenschaftsverlag, dessen Programm Springer Gabler 2018 übernommen hat.

Weitere Bände in der Reihe http://www.springer.com/series/16033

Oliver Reichel-Busch

Strategische Neupositionierung von Unternehmungen

Erklärung eines erfolgreichen Wechsels in neue strategische Geschäftsfelder am Beispiel Preussag/TUI und Mannesmann

Oliver Reichel-Busch
Lufthansa Technik AG
Hamburg, Deutschland

Bis 2018 erschien der Titel im Kölner Wissenschaftsverlag, Köln
Dissertation Technische Universität Berlin, 2005. D 83

Edition KWV
ISBN 978-3-658-24346-3   ISBN 978-3-658-24347-0   (eBook)
https://doi.org/10.1007/978-3-658-24347-0

Die Deutsche Nationalbibliothek verzeichnet diese Publikation in der Deutschen Nationalbibliografie; detaillierte bibliografische Daten sind im Internet über http://dnb.d-nb.de abrufbar.

Springer Gabler
© Springer Fachmedien Wiesbaden GmbH, ein Teil von Springer Nature 2005, Nachdruck 2019
Ursprünglich erschienen bei Kölner Wissenschaftsverlag, Köln, 2005

Springer Gabler ist ein Imprint der eingetragenen Gesellschaft Springer Fachmedien Wiesbaden GmbH und ist ein Teil von Springer Nature
Die Anschrift der Gesellschaft ist: Abraham-Lincoln-Str. 46, 65189 Wiesbaden, Germany

Vorwort

Die vorliegende Arbeit ist im Mai 2005 von der Fakultät Wirtschaft und Management der Technischen Universität Berlin als Dissertation angenommen worden. Auf dem Weg zur Fertigstellung meiner Arbeit bin ich von einer Vielzahl Personen begleitet und unterstützt worden, denen ich an dieser Stelle danken möchte.

Zunächst sei meinem Doktorvater, Herrn Prof. Dr. Axel v. Werder, gedankt. Er stand mir stets als freundlicher und kompetenter Ansprechpartner für fachliche Fragen zur Seite. An seinem Lehrstuhl für Organisation und Unternehmensführung hatte ich die einmalige Möglichkeit, mich als wissenschaftlicher Mitarbeiter intensiv mit einem Forschungsthema zu beschäftigen. Mein Dank gilt ebenfalls Herrn Prof. Dr. Hans Georg Gemünden für seine Bereitschaft, das Zweitgutachten zu übernehmen. Seine Unterstützung in inhaltlichen sowie verfahrenstechnischen Fragen geht weit über das normale Engagement hinaus. Ferner danke ich Herrn Prof. Dr. Hans Hirth für die Übernahme des Vorsitzes im Promotionsausschuss.

Eine besondere Bedeutung kommt in dieser Arbeit auch den Interviewpartnern zu, die mir ausführlich zu ihren Unternehmungen Auskunft gaben. Ohne sie wäre die explorative Untersuchung des Phänomens „Strategische Neupositionierung" nicht möglich gewesen.

Außerdem danke ich meinen ehemaligen Kollegen Stephan Bültel, Jens Grundei, Georg Kolat und Till Talaulicar für die konstruktiven Diskussionen. Frau Margitta Schuster bin ich für die organisatorische Unterstützung während der gesamten Promotion sehr dankbar. Ferner gilt mein Dank Gunnar Walter, der mit mir Konzept und Herangehensweise des Dissertationsprojekts diskutierte, sowie Thomas Laschinski, der mir beim inhaltlichen und begrifflichen Feinschliff des Manuskripts wesentlich beistand.

Besonderer Dank gebührt schließlich meiner Familie, die ganz wesentlich zum Gelingen dieser Arbeit beigetragen hat. Meine Eltern haben mit ihrer Unterstützung meines Studiums den Grundstein für die Promotion gelegt. Meine zukünftige Frau Stephanie, die ihre Dissertation etwa zur gleichen Zeit beendete, hat mich durch die Höhen und Tiefen des Forschens begleitet. Neben einer fachlich äußerst versierten Sparringspartnerin war sie stets die ausschlaggebende Kraft für meine Motivation. Stephies Liebe und Rückhalt sind unvergleichlich. Ihr möchte ich daher diese Schrift widmen.

Berlin und Hamburg, im Mai 2005   Oliver Reichel

Inhaltsverzeichnis

Abbildungsverzeichnis

Tabellenverzeichnis

Abkürzungsverzeichnis

AMC	Amalgamated Metall Corporation Plc.
CBS	The Columbia Phonograph Broadcasting System
CNI	Communications Network International GmbH & Co. KG
DBKom	Gesellschaft für Telekommunikation mbH & Co. KG (Deutsche Bahn AG)
Deutag	Deutsche Tiefbohr-AG
ECI	Elektro-Chemie Ibbenbüren GmbH
EnBW	Energie Baden-Württemberg AG
EVS	Euro Vacances System
FAZ	Frankfurter Allgemeine Zeitung
HDW	Howaldtswerke-Deutsche Werft AG
HTU	Hapag Touristik Union
KBB	Kavernen Bau- und Betriebs-Gesellschaft mbH
MBV	Market-Based View
NE	Nichteisen
RBV	Resource-Based View
SGF	Strategisches Geschäftsfeld
SNP	Strategische Neupositionierung
TUI	Touristik Union International
WestLB	Westdeutsche Landesbank Girozentrale

Die Abkürzungen werden im Singular und Plural verwendet.

1. Einleitung

1.1. Problemstellung und Zielsetzung der Arbeit

Die Wahl einer geeigneten Unternehmungsstrategie stellt vor dem Hintergrund des technischen Fortschritts und der Globalisierung eine besondere Herausforderung für Unternehmungen in traditionsreichen Branchen dar. In der Vergangenheit gab die Strategische Managementforschung unterschiedliche Empfehlungen zur Strategiewahl ab. So war in den 80er Jahren eine Diversifikation die favorisierte Empfehlung der Forscher.[1] Im Zentrum der Aufmerksamkeit standen Großunternehmungen, die sich im Zuge ihrer Expansion gleichzeitig in mehreren, mehr oder weniger verbundenen Strategischen Geschäftsfeldern engagierten. In den späten 80er Jahren und Anfang der 90er Jahre wandelte sich die Sichtweise insofern, als sich die Konzentration auf das Kerngeschäft in der Unternehmenspraxis durchsetzte und durch die Empfehlungen der Forschung unterstützt wurde.[2] Bei dieser Strategie reduzieren Unternehmungen ihr weit gefächertes Portfolio auf ein einziges strategisches Geschäftsfeld, das sich in der Vergangenheit als besonders erfolgreich erwiesen hat oder für die Zukunft großen Erfolg verspricht.

Neben der Diversifikation und der Konzentration auf das Kerngeschäft wurden kaum alternative Strategien untersucht. In der Praxis ließ sich jedoch feststellen, dass eine steigende Zahl von Unternehmungen dazu überging, in völlig neue Geschäftsfelder zu wechseln.[3] Diese Strategie, die auf den ersten Blick einer konglomeraten Diversifikation[4] ähnelt, besteht aus der weitestgehenden Aufgabe von Aktivitäten zugunsten der

---

[1] Zu einem Überblick über die Diversifikationsforschung vgl. RAMANUJAM/VARADARAJAN (1989) m. w. N.; PALICH/CARDINAL/MILLER (2000).

[2] Vgl. BOWMAN/SINGH (1990), S. 13-14; BIGLEY/WIERSEMA (2002), S. 709; BERGER/OFEK (1995), S. 39; MARKIDES (1992), S. 398; MARKIDES (1993), S. 1; LIEBESKIND/OPLER/HATFIELD (1996), S. 53; COMMENT/JARRELL (1995), S. 67.

[3] Vgl. PECHLANER/MATZLER (2001), S. 234-235; ZIMMERMANN/PREUß (2000), S. 380-381; HEUSKEL (1999), S. 10-31; PAULS (1998), S. 2.

[4] Zur konglomeraten Diversifikation vgl. Kapitel 2.1.3.1.

© Springer Fachmedien Wiesbaden GmbH, ein Teil von Springer Nature 2005
O. Reichel-Busch, *Strategische Neupositionierung von Unternehmungen*,
Edition KWV, https://doi.org/10.1007/978-3-658-24347-0_1

Aufnahme von für die Unternehmung grundlegend neuen Geschäftsfeldern. Im Folgenden wird diese Strategie als *Strategische Neupositionierung* (SNP) bezeichnet.

Zwei prominente Beispiele einer SNP aus jüngster Vergangenheit sind die Unternehmungen Preussag AG und Mannesmann AG. Die 1923 gegründete Industrieunternehmung Preussag[5] war ursprünglich auf die Produktion und Lagerung von Rohstoffen, insbesondere Kohlen und Erzen, spezialisiert.[6] Später kamen Aktivitäten im Anlagen- und Schiffbau hinzu. Der grundlegende Wandel der Preussag AG begann im Jahr 1997 mit der Akquisition der TUI-Gruppe.[7] Der ehemals rohstoff- und technologieorientierte Industriekonzern baute das neue Geschäftsfeld „Touristik" immer weiter aus, bis er sich 2001 vollständig auf dieses konzentrierte.[8] Im Jahr 2002 fand die SNP ihren Abschluss mit der Umbenennung der Preussag AG in TUI AG.[9] Inzwischen hat sich die Unternehmung europaweit als erfolgreicher, integrierter Touristikkonzern aufgestellt.

Bei der Mannesmann AG ist eine ähnliche Entwicklung festzustellen. Der 1890 gegründete Stahlröhrenhersteller[10] diversifizierte sich bis 1988 sowohl in vor- und nachgelagerte Wertschöpfungsstufen der Röhrenproduktion als auch in die Bereiche Maschinen- und Anlagenbau, Elektrotechnik sowie Fahrzeugtechnik.[11] Mit dem Gewinn der D2-Mobilfunklizenz 1990 setzte ein grundlegender Wandel des Konzerns ein. Die neuen Telekommunikationsaktivitäten wuchsen stetig und entwickelten sich zum erfolgreichsten Geschäftsfeld der Mannesmann AG. 1999 wurden alle industriellen Aktivitäten in eine eigenständige Aktiengesellschaft (Atecs Mannesmann

---

[5]   Vgl. STIER (2005a), S. 63.

[6]   Vgl. PREUSSAG (2001): Konzern im Wandel. http://www.preussag.de/de/konzern/konzern_im_wandel/index.html (Stand: 24.05.2001); STIER (2005a), S. 69-153.

[7]   Vgl. Preussag profile Sonderausgabe September 1999, S. 19.

[8]   Vgl. FAZ vom 31.03.2001, S. 17; Handelsblatt vom 02.04.2001, S. 18; Rede des Vorstandsvorsitzenden der Preussag AG, Dr. Michael Frenzel, auf der Hauptversammlung am 18.05.2001, Beilage zu: Die Aktiengesellschaft, 46. Jg., Heft 5, S. 5.

[9]   Vgl. Financial Times Deutschland vom 18.03.2002, S. 6; Handelsblatt vom 27.06.2002, S. 14.

[10]   Vgl. WESSEL (1990), S. 13.

[11]   Vgl. WESSEL (1990), S. 381-486.

AG) ausgegliedert, deren Börsengang vorbereitet wurde. Damit war die SNP zum reinen Telekommunikationsdienstleister abgeschlossen. Der Erfolg des neuen Geschäftsfelds führte zur Übernahme durch die Vodafone-Airtouch plc.

Die Beispiele Preussag/TUI und Mannesmann zeigen, dass Unternehmungen in vollständig neuen Geschäftsfeldern erfolgreich sein können, auch wenn sie in der Vergangenheit in gänzlich anderen Produkt-Markt-Kombinationen tätig waren. Das Ziel der vorliegenden Arbeit ist es nunmehr, den Erfolg einer SNP zu erklären. So ist zu untersuchen, ob Unternehmungen im Fall einer SNP bestimmte, unternehmungsintern bereits vorhandene ‚Faktoren' in den neuen Geschäftsfeldern weiter nutzen können. Die damit aufgeworfene Forschungsfrage verweist auf den Resource-Based View (RBV).

Beim RBV handelt es sich um einen zentralen Ansatz aus dem Strategischen Management. Dieser konzentriert die Betrachtung auf unternehmungsinterne Faktoren und sieht die spezifische Ressourcenausstattung als ursächlich für den Unternehmungserfolg.[12] Demnach erklärt sich der Erfolg einer Unternehmung durch Ressourcen, die zu verschiedenen Zeitpunkten (vor und nach der SNP) vorlagen. Inwieweit sich die Ressourcenausstattung im Laufe der SNP verändert, vermag der RBV mit seiner ursprünglich statischen Argumentation und der Annahme dauerhafter Wettbewerbsvorteile nicht zu erklären. Hierzu bedarf es einer Dynamisierung des RBV, welche durch den Dynamic-Capabilities-Ansatz und die Annahme temporärer Wettbewerbsvorteile geleistet wird.

Die SNP wurde in der betriebswirtschaftlichen Forschung bisher nur unzureichend untersucht. Zwar identifizieren einige Autoren[13] die SNP als strategische Option, eine

---

[12] Vgl. WERNERFELT (1984); BARNEY (1986b); RUMELT (1984); PETERAF (1993); PRAHALAD/HAMEL (1990). Vgl. ferner die Ausführungen in Kapitel 3.2.

[13] Vgl. GOOLD/CAMPBELL/ALEXANDER (1994), S. 351; FLORESCU (1991), S. 39; WIERSEMA (1985); ZIMMERMANN/PREUß (2000), S. 380-381.

nuanciertere Analyse blieb jedoch bisher offenbar aus. Somit besteht ein erheblicher Forschungsbedarf zur SNP, zu dessen Deckung diese Arbeit beitragen will.

Eine Untersuchung der SNP bietet sich insbesondere auch deshalb an, weil diese über die unverbundene Diversifikation hinausgeht. So ist ein wesentlicher Bestandteil der SNP das Abstoßen der angestammten Kerngeschäftsfelder zugunsten des vollständig neuen Strategischen Geschäftsfelds. Die vorliegende Untersuchung zur SNP lässt damit neue Erkenntnisse zu Merkmalen, Motiven und Realisierungswegen bei der Wahl dieser strategischen Optionen erwarten.

1.2. Methodik der Arbeit

Die aufgezeigte Forschungsfrage nach der Erklärung erfolgreicher Neupositionierungen soll nicht nur theoretisch mit Hilfe des RBV, sondern gleichzeitig empirisch untersucht werden. Da bislang nur unzureichende Forschungsergebnisse zur SNP vorliegen, empfiehlt sich für die empirische Untersuchung ein exploratives Forschungsdesign. Somit erscheint ein Vorgehen nach der Fallstudienmethode von EISENHARDT (1989a) besonders geeignet, welche die Herleitung erster Annahmen zur SNP ermöglicht.

Hierzu wurden Fallstudien in den o. g. SNP-Unternehmungen Preussag/TUI und Mannesmann durchgeführt. Diese Erhebung erfolgte in Form strukturierter Interviews, bei denen jeweils mehrere Schlüsselpersonen befragt wurden. Als Interviewpartner konnten u. a. der Finanzvorstand der TUI AG, Herr Rainer Feuerhake, der ehemalige Vorstandsvorsitzende der Mannesmann AG, Herr Dr. Werner Dieter, sowie ein ehemaliges Geschäftsführungsmitglied der Mannesmann Mobilfunk GmbH, Herr Harald Stöber, gewonnen werden.

Um ein umfassendes Verständnis für den Untersuchungsgegenstand zu erlangen, sollten außerdem Expertenmeinungen hinzugezogen werden. Hierzu wurden z. B. Gespräche mit dem Vorstandsvorsitzenden der ThyssenKrupp AG, Prof. Dr.

Ekkehard Schulz, sowie dem Leiter des Bereichs „Sozialwissenschaftliche Systemforschung" der DaimlerChrysler AG, Herrn Thomas Waschke, geführt.

Die Fallstudienanalyse zu erfolgreichen SNP betrachtete zunächst die Ergebnisse innerhalb der Fälle (Within-Case-Analyse) und anschließend deren fallübergreifende Übereinstimmungen bzw. Abweichungen (Cross-Case-Analyse). Zusammen mit zuvor theoretisch aus dem RBV hergeleiteten Wirkungszusammenhängen ermöglichten die Ergebnisse der explorativen Fallstudienuntersuchung Annahmen zur SNP.

1.3. Aufbau der Arbeit

Die vorliegende Arbeit ist in sieben Kapitel gegliedert (vgl. Abb. 1).

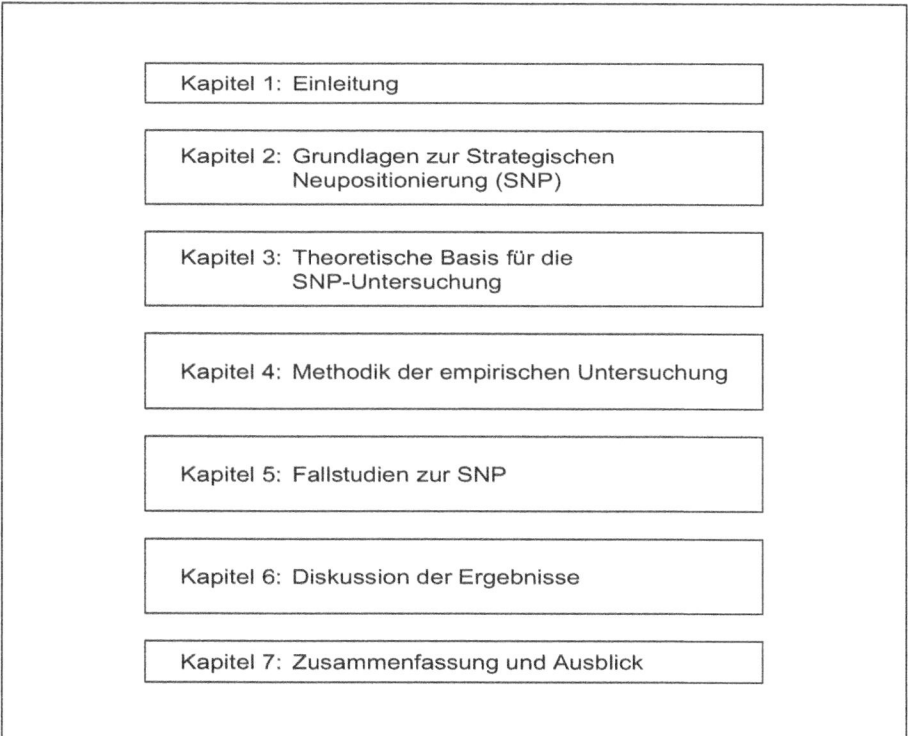

Abb. 1:   Aufbau der Arbeit.
            Quelle: Eigene Darstellung.

Nach der Einleitung (*Kapitel eins*) folgen in *Kapitel zwei* die Grundlagen zur Strategischen Neupositionierung. Diese umfassen eine Definition sowie Abgrenzung des Untersuchungsgegenstands. Dabei werden SNP-Merkmale aus dem organisatorischen Geltungsbereich, der strategischen Entwicklungsrichtung sowie aus der Kombination von Diversifikation und Konzentration abgeleitet. Außerdem werden SNP-Indikatoren ausgewählt, um die SNP für die eigene empirische Untersuchung operationalisierbar zu machen. Die rechtlichen Rahmenbedingungen einer SNP nach deutschem Recht regeln die Vorstandskompetenz bezüglich der SNP. Daneben werden mögliche SNP-Motive erarbeitet und systematisiert sowie aus Markteintritts- und Marktaustrittsstrategien Realisierungswege einer SNP gebildet. Weil die SNP eine Form von Unternehmungswandel darstellt, werden schließlich Konzepte des organisatorischen Wandels und mögliche Veränderungswiderstände behandelt. Außerdem versprechen Maßnahmen zur Überwindung von Wandelwiderständen Anregungen für die erfolgreiche Implementierung einer SNP.

In *Kapitel drei* wird die theoretische Basis für die SNP-Untersuchung geschaffen. Dafür wird zunächst die Bedeutung von Wettbewerbsvorteilen erklärt und es werden die zentralen Strömungen im Strategischen Management vorgestellt. Aufgrund der Erkenntnisse aus Kapitel zwei wird der Resource-Based View (RBV) als theoretische Grundlage dieser Arbeit ausgewählt. Die Begriffsabgrenzungen und die Argumentationslogik des RBV werden anschließend detailliert erläutert. Da die SNP auch eine dynamische Veränderung über die Zeit ist, wird sowohl eine statische als auch eine dynamische RBV-Perspektive herangezogen. Zum Ende des Kapitels werden aus den theoretischen Erkenntnissen Implikationen für eine SNP abgeleitet. Diese stellen vermutete Wirkungszusammenhänge zur Erklärung des Erfolgs einer SNP dar, die in fünf Propositionen zusammengefasst werden.

Das Design der eigenen explorativen Untersuchung zur SNP wird in *Kapitel vier* vorgestellt. Einleitend hierzu werden die grundsätzlichen Möglichkeiten empirischer Forschung (quantitative und qualitative Ansätze) vorgestellt. Hieran schließt sich eine Begründung der Methodenwahl für die vorliegende Arbeit sowie eine grundlegende

Erläuterung der ausgewählten Fallstudienmethode und ihrer Gütekriterien an. Anschließend wird das eigene Forschungsdesign und -vorgehen detailliert erläutert, welches sich an die Fallstudienmethode nach EISENHARDT (1989) anlehnt.

Kapitel fünf stellt die Ergebnisse der durchgeführten Fallstudien zur SNP dar, wobei die Fälle Preussag/TUI und Mannesmann separat analysiert werden (Within-Case-Analyse). Nach einem historischen Überblick werden die SNP-Merkmale überprüft und die SNP-Motive sowie der SNP-Ablauf untersucht. Es folgen die Faktoren für den Erfolg der SNP und eine abschließende Zusammenfassung.

Kapitel sechs analysiert die in Kapitel fünf gewonnenen Ergebnisse fallübergreifend (Cross-Case-Analyse). Ferner werden zur Cross-Case-Analyse die zwei Vergleichs-fälle ThyssenKrupp und DaimlerChrysler hinzugezogen, bei denen sich der Vorstand bewusst gegen eine SNP entschieden hatte. Auf Basis der gewonnenen Ergebnisse werden Aussagen über Wirkungszusammenhänge zum SNP-Erfolg formuliert.

Die Arbeit schließt mit einer Zusammenfassung und einem Fazit in *Kapitel sieben*. Die Erkenntnisse der vorliegenden Arbeit werden dabei in zentralen Aussagen gebündelt. Ferner wird ein Ausblick auf weitere Forschungsmöglichkeiten zur SNP gegeben.

2. Grundlagen zur Strategischen Neupositionierung (SNP)

Im folgenden Kapitel soll das Phänomen der Strategischen Neupositionierung (SNP) aus verschiedenen Perspektiven betrachtet und ein spezifisches Begriffsverständnis entwickelt werden. Die Reichweite des hier vertretenen SNP-Begriffs wird anschließend in dieser Arbeit die Auswahl der untersuchten Fälle bestimmen (siehe Fallauswahl in Kapitel 4.4.2.).

Begonnen wird mit der Erarbeitung von SNP-Merkmalen, die eine Begriffsabgrenzung ermöglichen. Außerdem soll untersucht werden, innerhalb welcher rechtlichen Rahmenbedingungen eine SNP abläuft. Interessant ist, ob rechtliche Regelungen bestehen, die den Vorstand bei der Durchführung einer SNP einschränken. Die sich anschließende Systematisierung möglicher SNP-Motive zielt auf die Klärung der Frage ab, warum sich Unternehmungen strategisch neu positionieren. Ferner wird der Ablauf einer SNP durch die Betrachtung möglicher Realisierungswege analysiert. Diese werden aus den Strategiealternativen zum Auf- bzw. Abbau von Geschäftsfeldern abgeleitet. Den Abschluss dieses Kapitels bildet eine Zusammenfassung der Grundlagen zur SNP.

2.1. Merkmale einer SNP

Die Abgrenzung des SNP-Begriffs wird durch eine Untersuchung des organisatorischen Geltungsbereichs und der Entwicklungsrichtung dieser strategischen Maßnahme vorgenommen. Außerdem leiten sich die besonderen Merkmale der SNP aus der Kombination der Strategien Diversifikation und Konzentration ab, die auf eine inhaltliche Veränderung der Produkt-Markt-Kombination und somit die Zusammensetzung des Portfolios einer Unternehmung abstellen. Zusätzlich soll die SNP für den empirischen Teil dieser Arbeit messbar gemacht werden. Dazu bietet sich die Erhebung quantitativer Daten an. Als Indikatoren werden z. B. die Entwicklung der Umsatz- und der Ergebnisbeiträge von Geschäftsfeldern betrachtet.

© Springer Fachmedien Wiesbaden GmbH, ein Teil von Springer Nature 2005
O. Reichel-Busch, *Strategische Neupositionierung von Unternehmungen*,
Edition KWV, https://doi.org/10.1007/978-3-658-24347-0_2

2.1.1. Organisatorischer Geltungsbereich der SNP

Im Strategischen Management können Strategien grundsätzlich nach ihrem organisatorischen Geltungsbereich oder ihrer Entwicklungsrichtung klassifiziert werden.[14] Im Rahmen der Differenzierung nach dem organisatorischen Geltungsbereich kann eine Strategie für die gesamte Unternehmung, für einzelne Geschäftsfelder oder auf unterster Ebene für konkrete Funktionen gelten. Dem folgend wird zwischen Unternehmungsstrategie (Corporate Strategy), Wettbewerbsstrategie (Business Strategy) und Funktionalstrategie (Functional Strategy) unterschieden (vgl. Abb. 2).[15]

Die *Unternehmungsstrategie* legt fest, in welchen Strategischen Geschäftsfeldern (SGF) die Unternehmung tätig sein will und wie die Geschäftsfelder zueinander in Beziehung stehen.[16] Ein SGF ist ein abgegrenztes Tätigkeitsgebiet einer Unternehmung, welches durch die Kombination angebotener Produkte oder Dienstleistungen, einer Kundengruppe in einer bestimmten Region, einer Wettbewerbergruppe und den notwendigen Ressourcen sowie Leistungsprozessen gekennzeichnet ist. Ziel der Corporate Strategy ist die Festlegung des Geschäftsfeldportfolios und der Ressourcenverteilung innerhalb dieses Portfolios.[17] Auf der Ebene der Gesamtunternehmung werden für eine optimale Zielerreichung die notwendige Struktur der Unternehmung und entsprechende Führungssysteme gestaltet.

---

[14]   Vgl. WELGE/AL-LAHAM (1999), S. 321; HUNGENBERG (2000), S. 13-15. Hierzu und zu weiteren Typologien vgl. KREIKEBAUM (1997), S. 58; BEA/HAAS (2001), S.163-165.

[15]   Vgl. WHEELEN/HUNGER (2004), S. 13; ANDREWS (1987), S. 13; HOFER/SCHENDEL (1978), S. 27; HAX/MAJLUF (1984), S. 15; GRANT (1998), S. 19; HUNGENBERG (2000), S. 13-15; WELGE/AL-LAHAM (1999), S. 320-322; STEINMANN/SCHREYÖGG (2000), S. 155; KREIKEBAUM (1997), S. 58; BEA/HAAS (2001), S. 165; PORTER (1987b), S. 43.

[16]   Vgl. PORTER (1987b), S. 43; CHAKRAVARTHY/LORANGE (1991), S. 1; HUNGENBERG (2000), S. 297-298.

[17]   Vgl. WELGE/AL-LAHAM (1999), S. 324; MACHARZINA (1999), S. 203-204; HATTEN/HATTEN (1988), S. 235.

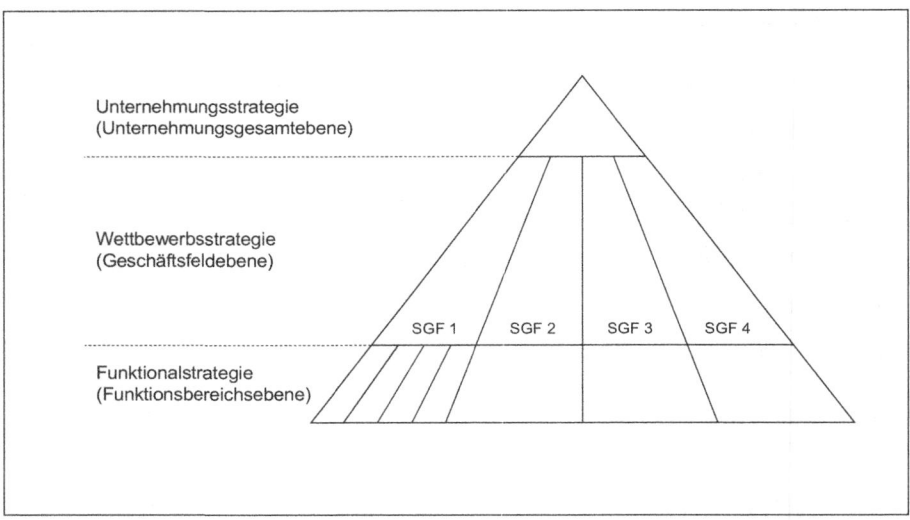

Abb. 2:   Klassifizierung von Strategien nach ihrem organisatorischen Geltungsbereich.
           Quelle: In Anlehnung an WELGE/AL-LAHAM (1999), S. 323.

Die *Wettbewerbsstrategie* bestimmt, wie sich die Unternehmung innerhalb eines Strategischen Geschäftsfelds verhalten soll. Die zentrale strategische Fragestellung auf SGF-Ebene liegt im Aufbau und im Ausnutzen von Wettbewerbsvorteilen gegenüber Konkurrenten.[18] Hierbei besteht eine grundsätzliche Wahl zwischen Konkurrenz- und Kooperationsstrategien.[19] Darüber hinaus lassen sich die drei generischen Strategien nach PORTER (1980) – Kostenführerschaft, Differenzierung und Nischenstrategie – auf der Geschäftsfeldebene einordnen.[20] In jedem SGF kann eine Unternehmung eine eigenständige Wettbewerbsstrategie verfolgen. Alle Geschäftsfeldstrategien einer Unternehmung werden aus der Unternehmungsstrategie abgeleitet. Insofern dient die Corporate Strategy als gemeinsame Klammer dazu, die Geschäftsfelder auf das strategische Gesamtunternehmungsziel auszurichten.

---

[18]   Vgl. MACHARZINA (1999), S. 205-208; HUNGENBERG (2000), S. 62.

[19]   Vgl. WHEELEN/HUNGER (2004), S. 13.

[20]   Vgl. HAHN (1997b), S. 153. Zu den generischen Strategien vgl. PORTER (1980), S. 35-40.

Die *Funktionalstrategie* beschäftigt sich mit Fragestellungen, die einzelne Funktions-
bereiche betreffen (z. B. Beschaffung, Verkauf oder Produktion).[21] Dies geschieht mit
dem Ziel, den Einsatz der Unternehmungsressourcen effizient zu gestalten. Im Kern
geht es bei der Strategie auf Funktionsbereichsebene um Entscheidungen über den
konkreten Einsatz von Instrumenten innerhalb der Leistungsprozesse einer
Unternehmung. Da die Functional Strategy nicht die grundlegende Ausrichtung der
Unternehmung tangiert, wird sie eher dem Operativen Management zugerechnet.[22]

Bei einer Strategischen Neupositionierung wechselt eine Unternehmung in neue
Strategische Geschäftsfelder und setzt damit neue Schwerpunkte in ihrem Geschäfts-
feldportfolio. Die SNP hebt sich aufgrund ihres übergeordneten Charakters von den
Strategien auf Geschäftsfeld- und Funktionsbereichsebene ab.

2.1.2. Entwicklungsrichtung der SNP

Wird die Klassifizierung von Strategien nach der Entwicklungsrichtung vorgenommen, können Wachstums- (Expansion, Growth), Stabilisierungs- (Stability) und
Schrumpfungsstrategien (Kontraktion, Retrenchment) unterschieden werden.[23] Die
am häufigsten anzutreffende Entwicklungsstrategie von Unternehmungen ist die
Wachstumsstrategie[24], da eine Korrelation mit dem Gewinnwachstum angenommen
wird. Growth-Konzepte gehen davon aus, dass durch eine zunehmende Unternehmungsgröße die Leistungsfähigkeit der Unternehmung wächst.[25] In bestimmten Fällen
wird die Wachstumsstrategie sogar als überlebenswichtig bezeichnet. In einem
wachsenden Anbietermarkt ohne neue Differenzierungsmöglichkeiten beispielsweise
müsse eine Unternehmung zur Überlebenssicherung versuchen, mit Hilfe von

---

[21] Vgl. WHEELEN/HUNGER (2004), S. 13-14; WELGE/AL-LAHAM (1999), S. 400; JOHNSON/SCHOLES (2002), S. 11-13; PEARCE/ROBINSON (2003), S. 50-52; VANCIL/LORANGE (1993), S. 9; CHAKRAVARTHY/LORANGE (1991), S. 3.

[22] Vgl. HUNGENBERG (2000), S. 15.

[23] Vgl. WELGE/AL-LAHAM (1999), S. 432-433; HUNGENBERG (2000), S. 13-15; KREIKEBAUM (1997), S. 58.

[24] Vgl. WHEELEN/HUNGER (2004), S. 138.

[25] Vgl. FORD/SLOCUM (1977); BAYSINGER/MEINERS/ZEITHAML (1981); GALBRAITH/NATHANSON (1978).

Lernkurveneffekten durch Expansion eine nachhaltige Kostenführerschaft aufzubauen.[26]

Die Forschung zu Produkt- und Unternehmungs-Lebenszyklen[27] lieferte die Erkenntnis, dass Unternehmungen auch Stabilisierungsphasen und Schrumpfungsprozesse durchlaufen können bzw. müssen. Das Retrenchment von Unternehmungen als eigenständige Lebenszyklus-Phase wurde dabei erst relativ spät untersucht.[28] Im Rahmen der Strategischen Managementpraxis gewinnen Schrumpfungsstrategien inzwischen immer mehr an Gewicht, da eine Vielzahl an Märkten einen fortgeschrittenen Reifegrad besitzt und Kontraktions- bzw. Desinvestitionsstrategien als ein geeignetes strategisches Mittel zur Überlebenssicherung angesehen werden.[29]

Schrumpfungsstrategien werden i. d. R. dann verfolgt, wenn die Unternehmung in einigen oder allen SGF eine schlechte Wettbewerbsposition innehat und somit nicht erfolgreich ist. Ein Retrenchment ist insbesondere dann sinnvoll, wenn im Rahmen einer Konsolidierungs- oder Turnaroundstrategie eine Unternehmungskrise überwunden oder Unternehmungsteile desinvestiert werden sollen.[30]

Stabilisierungsstrategien nehmen keine Veränderungen des Status quo der Unternehmung vor. Sie festigen vielmehr die gegenwärtige Ertragssituation. Sie können ferner als Zwischenschritt oder ‚Pause' vor einer Schrumpfungs- oder Wachstumsstrategie dienen.[31]

Bei einer SNP findet einerseits durch die vollständige Aufgabe der alten SGF eine Schrumpfung der Unternehmung statt. Andererseits wächst ein neues SGF zum

---

[26] Vgl. PORTER (1980), S. 329.

[27] Ein idealtypischer Lebenszyklus umfasst die Phasen Einführung, Wachstum, Reife, Sättigung und Degeneration. Vgl. grundlegend LEVITT (1965), S. 81-84; KOTLER/BLIEMEL (1999), S. 563-565; GREINER (1972), S. 37; KIMBERLY (1979); SCOTT (1971); AAKER/DAY (1986); KATZ/KAHN (1978).

[28] Vgl. MILLER/FRIESEN (1984); QUINN/CAMERON (1983); WHETTEN (1980).

[29] Vgl. HAHN (1997a), S. 9.

[30] Vgl. PEARCE/ROBBINS (1994), S. 407.

[31] Vgl. WHEELEN/HUNGER (2004), S. 146-147.

alleinigen Geschäftsfeld heran. Die SNP vereint somit Wachstums- und Schrump-
fungsprozesse verschiedener SGF innerhalb einer Unternehmung. Aus Ansätzen der
Forschung zu Unternehmenswachstum und -schrumpfung sollen in dieser Arbeit
Erkenntnisse zur SNP gewonnen werden.

2.1.3. SNP als Kombination von Diversifikation und Konzentration

Im vorangegangenen Abschnitt wurde die SNP als Kombination von Wachstum und
Schrumpfung identifiziert. Zu einer bestimmten Ausprägung der Wachstumsstrategie,
der Diversifikationsstrategie[32], weist die SNP ausgesprochen viele Parallelen auf.
Ebenso lassen sich Ähnlichkeiten zur Schrumpfungsstrategie in Form einer
Fokussierungs- bzw. Konzentrationsstrategie[33] feststellen. Demzufolge kann eine
Strategische Neupositionierung als Kombination von Diversifikation und Konzentra-
tion interpretiert werden. Zum besseren Verständnis dieses Zusammenhangs werden
im Folgenden die wesentlichen Merkmale der beiden Strategien herausgearbeitet.
Diese Merkmale werden abschließend auf die SNP übertragen und die SNP von der
Diversifikation und Konzentration abgegrenzt.

2.1.3.1. Merkmale der Diversifikationsstrategie

Zur Diversifikationsstrategie besteht in der betriebswirtschaftlichen Literatur eine
erhebliche Definitionsvielfalt.[34] Eine Diversifikation vermag sich danach auf

---

[32] Zum Begriff der Diversifikation vgl. RAMANUJAM/VARADARAJAN (1989), S. 525; HUNGENBERG (1995),
S. 142-153; BÜHNER (1993), S. 21-24; MOHREN (1996), S. 9-17; SCHÜLE (1992), S. 7-23. Vgl. ferner
LÖBLER (1988), S. 11-15; GEBERT (1983), S. 9-12; PALICH/CARDINAL/MILLER (2000). Grundlegend vgl.
PENROSE (1959); ANSOFF (1965); CHANDLER (1962); RUMELT (1974).

[33] Vgl. WHEELEN/HUNGER (2004), S. 139-142; HABBEL (2001), S. 10-13; JOHNSON (1996). Grundlegend
vgl. PORTER (1987), S. 58.

[34] Vgl. GORT (1962), S. 8; CHANDLER (1962), S. 14; ANSOFF (1965), S. 108-110; BERRY (1975), S. 37-38;
PENROSE (1959), S. 109; RUMELT (1974), S. 10-11; MAYER/WHITTINGTON (2003), S. 774; BÜHNER
(1993), S. 21-23; MOHREN (1996), S. 9. Zu den Unterschieden zwischen den einzelnen Diversifikations-
begriffen siehe RAMANUJAM/VARADARAJAN (1989), S. 524-525 m. w. N. sowie SCHÜLE (1992), S. 7-14
m. w. N. Im Gegensatz zu der hier betrachteten Unternehmungsdiversifikation bezeichnet die Portefeuil-
lediversifikation die Streuung von Wertpapieren im Depot eines Kapitalanlegers. Die Portefeuillediversi-
fikation wird im Rahmen der von MARKOWITZ (1959) geprägten Portefeuilletheorie betrachtet. Ähnlich
begründete WILLIAMSON (1975) in Erweiterung des Transaktionskostenansatzes nach COASE (1937) die
Entstehung von Konglomeraten durch die Überwindung von Ineffizienzen des externen Kapitalmarkts

verschiedene Dimensionen (z. B. Produkte, Märkte oder Technologien) und Aspekte der Unternehmungsaktivitäten (z. B. regionale Expansion oder Integration vorgelagerter Wertschöpfungsstufen) beziehen.[35] Als gemeinsamer Kern der unterschiedlichen Auffassungen kann herauskristallisiert werden, dass die Diversifikation die Unternehmungsaktivitäten auf neue Produkte und/oder neue Märkte ausdehnt.[36] Damit ist die Diversifikation eine Wachstumsstrategie, bei der die *Produkt-Markt-Kombinationen* einer Unternehmung erweitert werden. Unter ‚Produkten' werden hierbei sowohl materielle als auch immaterielle Güter oder Dienstleistungen verstanden.[37]

In einer weiten Begriffsfassung nach BÜHNER (1993a) stellt bereits die geographische Ausweitung (Marktentwicklung)[38] ebenso wie die Einführung eines neuen Produkts in einem bereits erschlossenen Markt (Produktentwicklung) eine Diversifikation dar.[39] Im Folgenden soll der engen Begriffsfassung nach ANSOFF (1957) gefolgt werden (vgl. Abb. 3). Ihr zufolge liegt eine Diversifikation dann vor, wenn eine Unternehmung mit *neuen Produkten* auf einem *neuen Markt* auftritt.[40]

---

mit Hilfe des internen Kapitalmarkts der diversifizierten Unternehmung. Das Capital Asset Pricing Model sieht bei diversifizierten Unternehmungen Parallelen zu externen Investoren. Grundlegend zur Portfoliotheorie vgl. MARKOWITZ (1959). Grundlegend zum Transaktionskostenansatz vgl. COASE (1937); WILLIAMSON (1975, 1985, 1991). Siehe auch PICOT (1982), ROBERTSON (1996). Zum Capital Asset Pricing Model vgl. WESTON/SMITH/SHRIEVES (1972); BREALEY/MYERS (1996), S. 155-157.

[35] Vgl. BERNARDS (1994), S. 22; BÖCKEL (1972), S. 13-15; LÖBLER (1988), S. 8 m. w. N.; PITTS/HOPKINS (1982), S. 620-621.

[36] Vgl. SCHÜLE (1992), S. 8.

[37] Vgl. GEBERT (1983), S. 10; WEYAND (1975), S. 9.

[38] ANSOFF (1988) führt hierfür später eine dritte, geographische Dimension ein. Vgl. ANSOFF (1988), S. 84. Da in dieser Arbeit die internationale Expansion nicht untersucht wird, kann auf diesen Aspekt verzichtet werden.

[39] Vgl. BÜHNER (1993), S. 23.

[40] Vgl. ANSOFF (1957), S. 114; ANSOFF (1988), S. 8; WEYAND (1975), S. 9.

Märkte / Produkte	*gegenwärtig*	*neu*
gegenwärtig	Marktdurchdringung	Marktentwicklung
neu	Produktentwicklung	**Diversifikation**

Abb. 3:   Umfang des Diversifikationsbegriffs bei ANSOFF.
          Quelle: Vgl. ANSOFF (1957), S. 114; ANSOFF (1988), S. 83.

Der Umfang des SNP- bzw. des Diversifikationsbegriffs bestimmt sich danach, was unter einem neuen Produkt und einem neuen Markt zu verstehen ist.[41] Die Schwierigkeit der Abgrenzung liegt in der fehlenden einheitlichen Auffassung des Begriffs ,Neuheit'[42] sowie in der Tatsache, dass eine ,Neuheit' von Produkten und Märkten jeweils unternehmungsspezifisch ist[43].

Das Kriterium der Neuheit ist nicht erfüllt, wenn nur eine Differenzierung vorliegt.[44] Es wird zwischen Produkt- und Marktdifferenzierung unterschieden. Bei der Produktdifferenzierung werden mehrere Muster, Typen, Qualitäten oder Designs – d. h. Varianten – innerhalb einer Produktgruppe hergestellt.[45] Eine Produktgruppe umfasst dabei Produktvarianten, die dem gleichen Zweck dienen und sich somit substituieren können.[46] Entscheidend bei der Diversifikation ist demnach, dass nicht nur eine Modellveränderung (Variation) vorliegt, sondern ein für die Unternehmung neues Produkt geschaffen wird.

---

[41]   Zu diesem Aspekt bei der Diversifikation vgl. STEINMANN/SCHREYÖGG (2000), S. 204 KRAUSHAR (1977), S. 1.

[42]   Vgl. GEBERT (1983), S. 9; MARRIS (1964), S. 121.

[43]   Vgl. WEYAND (1975), S. 9.

[44]   Vgl. GEBERT (1983), S. 12.

[45]   Vgl. GRIMM (1987), S. 15; OCHS (1976), S. 56; WEYAND (1975), S. 11-12.

[46]   Vgl. WEYAND (1975), S. 11-12.

Ebenso kann die Abgrenzung der Diversifikation von der Marktdifferenzierung vorgenommen werden. Bei der Marktdifferenzierung werden gleichartige Kundenbedürfnisse, z. B. Mobilität oder Kommunikation, auf unterschiedliche Art und Weise, z. B. mit verschiedenen Qualitäten und Preisen, befriedigt. Der Markt wird dabei im Grunde nicht erweitert, sondern nur weiter aufgeteilt bzw. segmentiert. Ausschlaggebend bei der Diversifikation ist, dass nicht nur eine Marktsegmentierung vorgenommen wird, sondern gänzlich neue Kundenbedürfnisse bedient werden.

Für die Abgrenzung der Diversifikation von der Produkt- und der Marktdifferenzierung ist außerdem der Aspekt des organisatorischen Geltungsbereichs einer Maßnahme hilfreich. Die Diversifikation stellt eine Strategieänderung der gesamten Unternehmung dar, die das geänderte Geschäftsfeldportfolio in Form einer langfristigen Grobplanung vorgibt. Während die Diversifikationsstrategie zur Kategorie der Gesamtunternehmungsstrategien zählt, sind die Produkt- und Marktdifferenzierung auf nachgeordneten Funktionsbereichsebenen angesiedelt.

In der betriebswirtschaftlichen Literatur wurden außerdem unterschiedliche Klassifikationen von Diversifikationsstrategien entwickelt.[47] Die auf Ansoff (1965) zurückgehende Einteilung nach der Entwicklungsrichtung auf Basis der Dimensionen „Technologie" und „Kunden" unterscheidet zwischen horizontaler, vertikaler, konzentrischer und konglomerater Diversifikation (vgl. Abb. 4).[48]

---

[47] Zur Übersicht über mögliche Klassifikationen vgl. SCHÜLE (1992), S. 10-13. Zur Bildung von Diversifikationstypen vgl. RUMELT (1974), S. 11-24; BIGGADIKE (1979), S. 13-18; KREBS (1996), S. 5-6; WEYAND (1975), S. 9-11; HUNGENBERG (1995), S. 142-144.

[48] Vgl. ANSOFF (1965), S. 132.

Produkte / Kunden	neue Produkte	
	verwandte Technologie	unverwandte Technologie
gleiche Kunden	Horizontale Diversifikation	
ähnliche Kunden	Konzentrische Diversifikation	
neue Kunden		Konglomerate Diversifikation

Abb. 4:   Klassifikation von Diversifikationsarten nach ANSOFF.
Quelle: Vereinfachte Darstellung nach ANSOFF (1965), S. 132.

Die *horizontale Diversifikation* zeichnet ein hoher Verwandtschaftsgrad der neuen Produkt-Markt-Kombination mit dem bisherigen Produktionsprogramm aus, da sich beide auf der gleichen Absatzstufe befinden.[49] Durch das neue Produkt wird ein anderer, unberücksichtigter Bedarf der vorhandenen Kunden gedeckt. Bereits bestehende Vertriebs- und Marketingerfahrungen sowie evtl. vorhandene Kundenloyalität lassen sich für die neuen Produkte nutzen.[50]

Im Rahmen der *vertikalen Diversifikation* werden vor- oder nachgelagerte Wertschöpfungsstufen in das Angebot der Unternehmung integriert.[51] Hierdurch wird eine

---

[49]   Vgl. BÜHNER (1993), S. 36; SCHÜLE (1992), S. 10; STEINMANN/BÖHM/SCHREYÖGG (1981), S. 186. Beispiele bei NIESCHLAG/DICHTL/HÖRSCHGEN (1994), S. 282.

[50]   Vgl. BÜHNER (1990), S. 10, 12-13; CAPON/HULBERT/FARLEY/MARTIN (1988), S. 61 und 63; NIESCHLAG/ DICHTL/HÖRSCHGEN (1994), S. 282.

[51]   Vgl. STEINMANN/SCHREYÖGG (2000), S. 206; WELGE/AL-LAHAM (1999), S. 439; NIESCHLAG/DICHTL/ HÖRSCHGEN (1994), S. 282. Man spricht von einer Rückwärts-Integration, wenn Produkte von der Unternehmung selbst hergestellt werden, die zuvor von Lieferanten bezogen wurden. Bei einer Vorwärts-

größere Unabhängigkeit von bisherigen Lieferanten bzw. Kunden sowie eine Erhöhung des eigenen Wertschöpfungsanteils an einem Produkt erreicht.[52] Ist die neue Produkt-Markt-Kombination dabei mit den bestehenden Bereichen technologisch oder nachfragerbezogen verbunden, liegt eine *konzentrische Diversifikation* vor.[53]

Bei einer horizontalen, vertikalen und konzentrischen Diversifikation ähneln die neuen den bestehenden Produkt-Markt-Kombinationen und weisen bezüglich der Kunden und/oder der eingesetzten Technologie Gemeinsamkeiten auf. Aus diesem Grund wird häufig auch von einer *verbundenen Diversifikation* gesprochen.[54] Keine Verbundenheit ist hingegen bei der konglomeraten oder auch lateralen Diversifikation vorhanden.[55] Hier wird das Leistungsprogramm auf völlig neue, weder vor- noch nachgelagerte oder anderweitig durch Kunden oder Technologie verbundene SGF ausgeweitet.[56] Aus diesem Grund wird diese Strategie auch als *unverbundene Diversifikation* bezeichnet.

2.1.3.2. Merkmale der Konzentrationsstrategie

Unter einer Konzentrationsstrategie ist die Fokussierung auf einige bestehende Aktivitäten zu verstehen.[57] Im Gegensatz zur Diversifikation, bei der die Unternehmung ihr Geschäftsfeldportfolio um neue Produkt-Markt-Kombinationen erweitert, bedeutet eine Konzentration die gezielte Beschränkung derselben. In der Regel führt

---

Integration werden die neuen, angegliederten Bereiche mit Produkten intern beliefert, die zuvor extern verkauft wurden. Vgl. BÜHNER (1993), S. 271.

[52] Vgl. BÜHNER (1990), S. 10; BÜHNER (1993), S. 36; NIESCHLAG/DICHTL/HÖRSCHGEN (1994), S. 282; JACOBS (1992), S. 11.

[53] Vgl. ANSOFF (1965), S. 132.

[54] Vgl. vertiefend FARJOUN (1998).

[55] Vgl. WELGE/AL-LAHAM (1999), S. 439.

[56] Vgl. BÖCKEL (1972), S. 19; BÜHNER (1993), S. 36; JACOBS (1992), S. 10-11.

[57] Hierzu und zum Folgenden vgl. WHEELEN/HUNGER (2004), S. 139-142; HABBEL (2001), S. 10-13; JOHNSON (1996), S. 440. Grundlegend vgl. PORTER (1987), S. 58. Ferner zum „Coporate Focus" bzw. „De-diversification" vgl. COMMENT/JARRELL (1995); BERGER/OFEK (1996), S. 1176; MARKIDES (1995); BERGER/OFEK (1999); ZUCKERMAN (2000); BALL (1997), S. 23; LICHTENBERG (1992).

eine Unternehmung bei der Konzentrationsstrategie nur erfolgreiche SGF bzw. SGF mit erheblichem Wachstumspotential fort. Diese Bereiche werden als Kernaktivitäten oder Kerngeschäftsfelder bezeichnet. Ziel der Unternehmungsstrategie im Sinne einer Konzentration ist es, Kerngeschäftsfelder zu vergrößern und/oder sich von den SGF zu trennen, die nur (noch) als Randaktivitäten bezeichnet werden.[58]

Die Konzentrationsstrategie wird in der Literatur teils als Schrumpfungsstrategie[59], teils als Wachstumsstrategie[60] angesehen. Dies ist dadurch begründet, dass durch Aufgabe bestehender Produkt-Markt-Kombination eine Schrumpfung und durch Erweiterung der Kerngeschäftsfelder ein Wachstum möglich wird. Wesentlich für beide Fälle ist die erhöhte Bedeutung der Kerngeschäftsfelder im Vergleich zu den Randaktivitäten bzw. die verringerte Bedeutung der Randaktivitäten im Vergleich zu den Kerngeschäftsfeldern.

Die Konzentrationsstrategie ist hierbei von der Konzentration auf Kernkompetenzen (Kernkompetenzstrategie) zu unterscheiden.[61] Bei der Kernkompetenzstrategie handelt es sich um eine Diversifikationsstrategie, die die Übertragbarkeit bestimmter Kompetenzen des Kerngeschäftsfelds (sog. Kernkompetenzen) ausnutzt, um auch in anderen Geschäftsfeldern Wettbewerbsvorteile zu erreichen.[62]

2.1.3.3. Abgrenzung der SNP von Diversifikations- und Konzentrationsstrategien

Wie zu Beginn des Kapitels erwähnt, beinhaltet die SNP eine Kombination von Diversifikations- und Konzentrationsmerkmalen. Charakteristisch für eine SNP ist wie bei der Diversifikation die Änderung der Produkt-Markt-Kombination. In beiden Fällen trifft eine Unternehmung die Investitionsentscheidung, mit neuen Produkten

---

[58]   Vgl. KRÜGER/V. WERDER (1995), S. 6.

[59]   Vgl. exemplarisch HABBEL (2001), S. 16, der Kerngeschäftsstrategie in Verbindung mit Divestments (Desinvestitionen) untersucht.

[60]   Vgl. exemplarisch WHEELEN/HUNGER (2004), S. 138.

[61]   Vgl. FRIEDRICH (2000c), S. 230-232; HABBEL (2001), S. 11.

[62]   Zu Kernkompetenzen vgl. Kap. 3.2.1.3.

auf neuen Märkten tätig zu werden. Dabei darf es sich nicht nur um eine Modellveränderung im Sinne einer Produktdifferenzierung handeln. Ebenso liegt keine SNP vor, wenn im Rahmen einer Marktdifferenzierung ein Produkt in einem neuen Marktsegment aufgestellt wird.[63] Im Gegensatz zur Produkt- und Marktdifferenzierung auf Funktionsbereichsebene handelt es sich, wie bereits in Kapitel 2.1.1. festgestellt, bei der SNP um eine Strategie auf Gesamtunternehmungsebene, bei der die Unternehmung ein neues SGF für die neuen Aktivitäten ausweisen muss.

Die Strategische Neupositionierung wird in der vorliegenden Arbeit als eine Strategie definiert, die der konglomeraten Diversifikation ähnlich ist. Eine wesentliche Charakteristik der SNP ist dabei, dass die Unternehmung für die Erstellung der neuen Produkte gänzlich neue Technologien und Verfahren nutzt. Ferner werden die neuen Produkte an neue Kundengruppen auf neuen Märkten vertrieben. Damit handelt es sich um ein unverbundenes neues SGF. Insofern haben konglomerate Diversifikation und SNP die Unverbundenheit der Produkt-Markt-Kombination gemeinsam.

Die SNP geht allerdings über eine unverbundene Diversifikation hinaus. Bei der SNP durchläuft die neue Produkt-Markt-Kombination analog zur Konzentrationsstrategie eine grundlegende Bedeutungssteigerung. Der unternehmerische Fokus wandert vom alten Kerngeschäftsfeld zum neuen SGF, so dass dieses zum neuen Kerngeschäftsfeld wird (Wechsel des Kerngeschäfts). Die alten SGF erfahren einen erheblichen Bedeutungsverlust und werden zu Randaktivitäten. In letzter Konsequenz werden die alten SGF desinvestiert und so alte Produkt-Markt-Kombinationen aufgegeben, während das neue SGF mit seiner neuen Produkt-Markt-Kombination allein bestehen bleibt. Damit unterscheidet sich die SNP vom Verständnis einer Diversifikation, da die Produkt-Markt-Kombination nicht erweitert, sondern vielmehr gewechselt wird. Letztlich bedeutet eine SNP einen vollständigen Wechsel in neue, unverbundene SGF.

---

[63] Die Produktpositionierung hat zum Inhalt, das Preis-Leistungsverhältnis des Produktangebots so zu gestalten, dass innerhalb eines Markts ein attraktives Verkaufsvolumen erreicht wird. Vgl. NIESCHLAG/ DICHTL/HÖRSCHGEN (1994), S. 88-90.

Ferner ist die SNP von der Business-Migration[64] abzugrenzen. Business-Migration ist eine Gesamtunternehmungsstrategie, bei der eine Unternehmung wie bei der Diversifikation ihre Geschäftsaktivitäten auf eine andere Branche ausweitet.[65] Dabei wird auf vorhandene Ressourcen – insbesondere Kernkompetenzen – zurückgegriffen, die auf neue Märkte übertragbar sind. Das durch Business-Migration geschaffene, neue Angebot stellt eine Systemlösung dar, die einen branchenübergreifenden Zusatznutzen enthält. Dadurch werden „Spielregeln der Heimatbranche" geändert und traditionelle Branchengrenzen aufgeweicht. Dieser Prozess wird durch eine Dekonstruktion der Wertschöpfungskette unterstützt.[66] Somit lassen sich die Unterschiede zwischen SNP und Business-Migration insbesondere auf drei Punkte zurückführen: Bei der SNP werden im Gegensatz zu einer Business-Migration bestehende SGF aufgegeben. Außerdem bestehen dort keine Ähnlichkeiten zwischen den neuen und alten SGF bezüglich der Kunden und Technologien. Schließlich stellt eine SNP nicht auf die Veränderung von Branchengrenzen ab, weil in dem neuen SGF der Unternehmung eine vollständig neue Wertschöpfungskette aufgebaut wird.

2.1.4. Indikatoren des Wechsels in ein neues SGF (SNP-Indikatoren)

Die in den vorangegangenen Abschnitten betrachteten inhaltlichen SNP-Merkmale, die auf den Wechsel in unverbundene SGF abstellen, sollen im Folgenden operationalisiert werden. Dazu werden Indikatoren aus der Diversifikationsforschung auf ihre Eignung zur SNP-Messung untersucht und schließlich eigene Indikatoren ausgewählt.

---

[64]   Der Begriff Business-Migration wurde von der Boston Consulting Group geprägt, so z. B. durch HEUSKEL (1998, 1999) und PAULS (1998). Vgl. ferner ZIMMERMANN/PREUß (2000), S. 380-381; PECHLANER/MATZLER (2001); SCHMID/WIRTL (2002).

[65]   Vgl. hierzu und im Folgenden SCHMID/WIRTL (2002), S. 2-11; PAULS (1998), S. 135-142.

[66]   Bei der Dekonstruktion der Wertschöpfungskette analysiert eine Unternehmung seine Wertschöpfungs-kette und wählt als strategischen Schwerpunkt diejenigen Wertschöpfungsstufen aus, in denen dank stärkerer Differenzierung ein höherer Ertrag möglich ist (Layer Competition). Vgl. hierzu EVANS/WURSTER (1997), S. 74-81; BRESSER/HEUSKEL/NIXON (2000), S. 1-8 m. w. N.; GERYBADZE (2000), S. 38-39; EHRENSBERGER ET AL. (2000), S. 191-196; HEUSKEL (1999), S. 36-44.

2.1.4.1. Indikatoren aus der Diversifikationsforschung

Bei der Auswahl eines geeigneten Indikators für eine SNP soll zunächst untersucht werden, inwieweit auf bestehende Maße der Diversifikationsforschung zurückgegriffen werden kann. Dabei geht es um die Frage, ob bereits zur Messung der Diversifikation eingesetzte Indikatoren ebenso zur Messung einer SNP geeignet sind.

In der Literatur wird generell zwischen diskret-kategorischen und quantitativ-kontinuierlichen Diversifikationsmaßen unterschieden.[67] Zu den *diskret-kategorialen Diversifikationsmaßen*[68] zählen die von WRIGLEY (1970) und RUMELT (1974) entwickelten Unternehmungscluster. Sie klassifizieren Unternehmungen mittels Spezialisierungsgrad und Verbundenheitsgrad in Single Business, Dominant Business, Related Business und Unrelated Business.[69] Der Spezialisierungsgrad (Specialization Ratio, SR) stellt den Umsatzanteil des größten SGF am Gesamtumsatz dar.[70] Der Verbundenheitsgrad (Related Ratio, RR) berechnet sich aus der Summe der Umsatzanteile der miteinander verwandten SGF.[71]

$$\text{Spezialisierungsgrad} \qquad SR = \frac{U_{\text{größtes SGF}}}{U_{\text{gesamt}}}$$

$$\text{Verbundenheitsgrad} \qquad RR = \sum_{i=1}^{n} \frac{U_{i,\text{verwandt}}}{U_{\text{gesamt}}}$$

$U = Umsatz$

---

[67] Vgl. HABBEL (2001), S. 128.

[68] Vgl. RUMELT (1974); BÜHNER (1993), S. 117-118.

[69] Vgl. WRIGLEY (1970), Kap. III, S. 9; RUMELT (1974), S. 11. Ähnliche Unterteilungen nach dem Umsatz wurden bereits von GORT (1962) vorgenommen. Vgl. GORT (1962), S. 9-15.

[70] Vgl. RUMELT (1974), S. 11.

[71] Vgl. RUMELT (1974), S 15-16. Zusätzlich zum Verbundenheitsgrad führte RUMELT den für eine SNP nicht weiter relevanten Grad der vertikalen Integration (Vertical Ratio, VR) ein. Vgl. RUMELT (1974), S. 23.

Eine Single-Business-Unternehmung erzielt mindestens 95 % des Umsatzes in einem einzigen SGF (SR $\geq$ 0,95) (vgl. Tab. 1 und Abb. 5). Bei Dominant-Business-Unternehmungen trägt ein einzelnes SGF weniger als 95 %, aber mindestens mehr als 70 % zum Gesamtumsatz bei (0,95 > SR > 0,7). Erreicht eine Unternehmung mit keinem ihrer einzelnen SGF, aber mit allen verwandten SGF zusammen mehr als 70 % des Gesamtumsatzes (SR $\leq$ 0,7 und RR > 0,7), handelt es sich um eine Related-Business-Unternehmung. Liegt der Umsatzanteil aller verwandten SGF zusammen bei nicht mehr als 70 % des Gesamtumsatzes (RR $\leq$ 0,7), bezeichnet man die Unternehmung als Unrelated Business. Die Werte 95 % und 70 % als Abgrenzung von Unrelated-Related- bzw. Dominant-Single-Unternehmungen wurden durch empirische Untersuchungen ermittelt.[72] Eine theoretische Begründung dieser Grenzen besteht nicht.

Kategorie	Spezialisierungsgrad	Verbundenheitsgrad
Single Business	SR $\geq$ 0,95	RR > 0,7
Dominant Business	0,95 > SR > 0,7	RR > 0,7
Related Business	SR $\leq$ 0,7	RR > 0,7
Unrelated Business	SR $\leq$ 07	RR $\leq$ 0,7

Tab. 1: Unternehmungskategorien nach dem Grad ihrer Diversifikation.
Quelle: Eigene Darstellung nach WRIGLEY (1970), S. Kap. III, S. 9; RUMELT (1974), S. 11.

---

[72] Vgl. RUMELT (1974), S. 15.

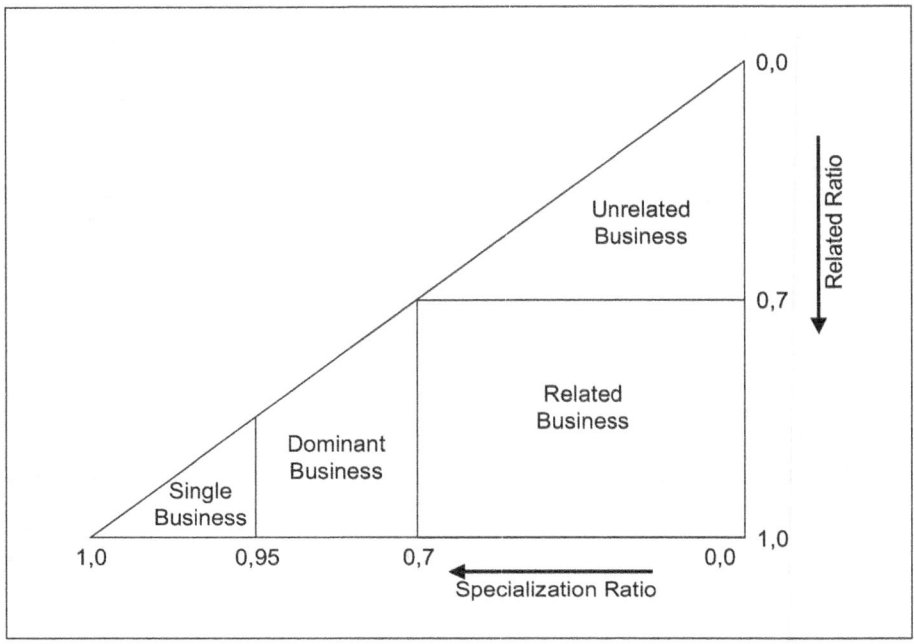

Abb. 5:   Unternehmungskategorien nach Spezialisierungsgrad und Verbundenheitsgrad.
Quelle: Vereinfachte Darstellung nach RUMELT (1974), S. 31.

Bei der Klassifikation nach WRIGLEY und RUMELT kann neben den 95 % und 70 % Grenzen die Unterscheidung zwischen verbundenen und unverbundenen SGF als problematisch angesehen werden. Um eine objektivere Unterscheidung der SGF zu erreichen, werden Industrieklassifizierungen[73] genutzt, die eine detaillierte

---

[73]   Gebräuchlich als Industrieklassifizierungen sind der NACE- bzw. der SIC-Code. Der NACE-Code (Nomenclature général des activités économiques dans les Communautés Européens) wird bei der Aufbereitung quantitativen Datenmaterials der statistischen Ämter der europäischen Mitgliedsstaaten angewendet. Er ist eine Grobsystematik von Wirtschaftsbranchen und wird sowohl nach Abschnitten (mit einem Buchstabencode) als auch nach Abteilungen, Gruppen und Klassen (mit einem numerischen Code) eingeteilt. Vgl. Verordnung (EG) Nr. 29/2002 der Kommission vom 19. Dezember 2001 zur Änderung der Verordnung (EWG) Nr. 3037/90 des Rates betreffend die statistische Systematik der Wirtschafts-zweige in der Europäischen Gemeinschaft. In: Amtsblatt Nr. L 006 vom 10/01/2002 S. 0003 – 0034. Der US SIC Code (Standard Industrial Classification) wurde von der amerikanischen Finanzverwaltung ebenfalls zu statistischen Zwecken entwickelt. Er besteht aus neun Hauptkategorien (main categories), 87 Hauptbranchengruppen (major industry groups), mehreren hundert Unterbranchengruppen (industry groups) und schließlich einem vierstelligen Branchen-Code (industries). Vgl. PAGELL/WEAVER (1997), S. 37; EXECUTIVE OFFICE OF THE PRESIDENT, OFFICE OF MANAGEMENT AND BUDGET (1987): Standard Industrial Classification Manual. Washington, D.C.

Branchensystematik bieten. Selbst bei Verwendung von Industrieklassifizierungen für diskret-kategorische Maße unterliegt die Zuordnung der SGF zu Branchen sowie die Einschätzung der Verbundenheit von Branchen letztendlich dem Urteil des Forschers, weshalb oftmals quantitativ-kontinuierliche Diversifikationsmaße verwendet werden.[74]

Zu den *quantitativ-kontinuierliche Diversifikationsmaßen* zählen der Herfindahl-Index, der Berry-Index und das Entropiemaß.[75] Diese Maßzahlen bauen im Grunde auf dem Spezialisierungsgrad von WRIGLEY (1970) auf. Sie akkumulieren jedoch die Geschäftsbereiche durch Aufsummierung zu einer normierten Diversifikationskenn-zahl mittels einer standardisierten Gewichtung. Die Gewichtung erfolgt nach der Größe der Geschäftsbereiche, die je nach Datenlage durch die relativen Umsatzanteile oder die relativen Mitarbeiterzahlen erhoben wird.

Herfindahl-Index[76]
$$D_H = \sum_{i=1}^{n} P_i^2$$

Berry-Index[77]
$$D_B = 1 - \sum_{i=1}^{n} P_i^2$$

Entropiemaß[78]
$$D_E = \sum_{i=1}^{n} P_i \ln \frac{1}{P_i}$$

P_i = *Anteil des SGF an Gesamtunternehmung nach Umsatz oder Mitarbeiterzahl*

---

[74]   Vgl. HABBEL (2001), S. 129.

[75]   Vgl. BÜHNER (1993), S. 107-112; BÜHNER (1983), S. 1023-1024; GORECKI (1974), S 399; PITTS/ HOPKINS (1982), S. 620-621.

[76]   Vgl. ADELMAN (1969), S. 99; HERFINDAHL (1950).

[77]   Vgl. BERRY (1971), S. 373; MCVEY (1972), S. 212.

[78]   Vgl. HOROWITZ (1970), S. 463-466; PALEPU (1985), S. 240.

Die aufgeführten quantitativ-kontinuierlichen Maßzahlen unterscheiden sich durch eine unterschiedlich starke Gewichtung der Geschäftsbereiche. Während Berry- und Herfindahl-Index die Anteile der SGF quadrieren und sich nur durch eine umgekehrte Skalierung unterscheiden, wird beim Entropiemaß durch die Logarithmierung die Bedeutung kleiner SGF zusätzlich betont. Ein Herfindahl-Index oder Entropiemaß von nahezu 1,0 bzw. ein Berry-Index von nahezu 0,0 bedeutet, dass eine Unternehmung annähernd 100 % durch ein SGF dominiert wird. Breit diversifizierte Unternehmungen erreichen Werte unter 0,5 beim Herfindahl-Index bzw. über 0,5 beim Berry-Index.

Weitere Indikatoren zur Diversifikationsmessung sind z. B. die Anzahl der SGF neben dem Kerngeschäftsfeld, der Umsatz der Nicht-Kerngeschäftsfelder im Verhältnis zum Gesamtumsatz oder eine Kombination aus diesen Zahlen.[79] Die Veränderung des Diversifikationsgrads durch Investitionen in neue SGF und Desinvestitionen bestehender SGF wird z. B. mit Hilfe der Anzahl an Transaktionen untersucht. Ergänzend wird meist der Umfang der Transaktionen aus der im Geschäftsbericht enthaltenen Kapitalflussrechnung ermittelt.[80]

Die in diesem Abschnitt vorgestellten Indikatoren geben zwar über die mengenmäßige Struktur eines Geschäftsportfolios einer Unternehmung und damit auch über die Dominanz einzelner SGF Auskunft, eine Veränderung der inhaltlichen Zusammensetzung des Portfolios wird jedoch vernachlässigt. Diversifikationsmaße können daher nur bedingt Auskunft über eine SNP geben. Ein vollständiger Wechsel in neue SGF wird sich z. B. beim Spezialisierungsgrad oder Herfindahl-Index als mehr oder weniger stark ausgeprägtes Minimum darstellen. Dieses entsteht in dem Zeitraum, in dem von alten dominanten zum neuen dominanten SGF gewechselt wird. In diesem Zeitraum wird ‚kurzzeitig' die Diversifikation zunehmen, respektive werden der Spezialisierungsgrad und der Herfindahl-Index abnehmen. Solche ‚Dellen' können

---

[79] Vgl. GORECKI (1974), S. 399; GORT (1962), S. 23-24.
[80] Vgl. FLORESCU (1991), S. 42; CHANG (1996), S. 594-595.

auch durch andere Faktoren als eine SNP ausgelöst werden, z. B. durch eine diversifizierende Akquisition und einen anschließenden Verkauf dieses Geschäftsfelds. Aus diesem Grund werden der Spezialisierungsgrad und der Herfindahl-Index in der eigenen empirischen Untersuchung nur als nicht hinreichender Vergleichswert zum Einsatz kommen.

2.1.4.2. Auswahl geeigneter Indikatoren zur Messung einer SNP

Es wurde bereits erwähnt, dass die Diversifikationsmaße die inhaltliche Zusammensetzung eines Geschäftsportfolios nicht darstellen können. Folglich muss nach einer anderen Möglichkeit der SNP-Messung gesucht werden, die diesen Aspekt berücksichtigt.

Der Wechsel in neue SGF bedeutet den Aufbau neuer und den Abbau alter SGF. Beide Bestandteile dieser Strategie müssen sich im Zeitablauf von Außenstehenden beobachten lassen. Der Beginn einer SNP wird an den Aktivitäten zur Aufnahme des neuen SGF festgemacht. In der Praxis wird eine Abstoßung aller alten SGF nur langfristig zu realisieren sein. Damit ist es sinnvoll, das SNP-Ende anhand von Aktivitäten zur Konzentration auf das neue SGF zu bestimmen, wie z. B. bei der Ankündigung einer Fokussierung oder der Vorbereitung eines Verkaufs.

Um Aussagen über Bedeutungsverschiebungen im Geschäftsfeldportfolio treffen zu können, ist es sinnvoll, die Entwicklung der einzelnen SGF im Vergleich zueinander zu beurteilen. Da in dieser Arbeit Aktiengesellschaften untersucht werden, die der Publikationspflicht unterliegen, sollte auf Angaben in Geschäftsberichten, Quartalsberichten, Pressemeldungen und sonstigen Unternehmungsveröffentlichungen zurückgegriffen werden. Durch den freien Zugang zu wichtigen Informationen der Unternehmungen werden die Ergebnisse reproduzierbar und damit nachvollziehbar.

Für die eigene Untersuchung der SNP werden vier Indikatoren aus den periodischen Publikationen einer Unternehmung herangezogen. Es handelt sich dabei um die Entwicklung von Umsatz, Mitarbeiterzahl, Investitionen und Ergebnis der SGF über die Zeit. Diese Werte spiegeln die Bedeutungsverschiebungen zwischen einzelnen SGF gut wieder. Für die eigene Untersuchung werden sowohl absolute Zahlen als auch Relativwerte verwendet. Durch ihre mathematische Berechnung ist die Standardisierbarkeit sichergestellt.

Der erste Indikator zur Untersuchung einer SNP in der vorliegenden Arbeit ist die *Umsatzentwicklung*. Wird die Konzentration auf das neue SGF verkündet und dieses zum umsatzstärksten Bereich, liegt eine SNP vor. Je höher der Umsatzanteil des neuen SGF und je größer der Abstand zum Umsatz der noch verbleibenden SGF dabei ist, desto deutlicher ist die Neupositionierung. Im Extremfall würden alle alten SGF kurzfristig aufgegeben werden, so dass das neue Geschäftsfeld allein den Konzernumsatz bestreitet.

Der zweite Indikator zur Beurteilung einer Bedeutungsverschiebung im Laufe einer SNP verfolgt die *Mitarbeiterzahlen in den SGF über die Zeit*. Es ist wahrscheinlich, dass bei einer anhand der Umsatzverschiebung identifizierten SNP ein neues SGF auch zum mitarbeiterstärksten Bereich heranwächst. Dieser Indikator ist insofern kritisch zu betrachten, da auch andere Faktoren die Mitarbeiterzahl beeinflussen können. So haben z. B. Rationalisierungsmaßnahmen oder die spezifische Personalintensität bestimmter Prozesse erheblichen Einfluss auf den Bedarf an Mitarbeitern in den Geschäftsfeldern. Dennoch lassen sich aus den Veränderungen der Mitarbeiterzahlen in vielen Fällen Rückschlüsse auf die Bedeutungsverschiebung von SGF ziehen. Steigende Mitarbeiterzahlen deuten auf die zunehmende Bedeutung eines SGF und umgekehrt sinkende Zahlen auf eine Bedeutungsverringerung hin.

Der dritte SNP-Indikator besteht in der *Entwicklung der Investitionen in SGF über die Zeit*. An diesem Indikator lässt sich ablesen, wie intensiv eine Unternehmung den Aufbau von Geschäftsfeldern betreibt. Umfangreiche Investitionen lassen auf eine zukünftig hohe Bedeutung eines Geschäftsfelds schließen. Konzentrieren sich die Investitionen über mehrere Jahre deutlich auf *ein* Geschäftsfeld, ist dies ein Hinweis auf einen Wechsel in dieses SGF und damit auf eine Neupositionierung. Im

Umkehrschluss lässt sich aus verringerten Investitionen allerdings nicht schließen, dass ein Geschäftsfeld desinvestiert wird oder werden soll. Abschließende Aussagen zu einem Wechsel in neue SGF auf Grundlage von Investitionen lassen sich damit nur bedingt treffen.

Der vierte Indikator zur Beobachtung einer SNP ist der *Ergebnisbeitrag der Strategischen Geschäftsfelder*. Übertrifft ein Bereich die restlichen SGF im Ergebnis, kann angenommen werden, dass ihm eine hohe Bedeutung für die Unternehmung zukommt. Erwirtschaftet ein neu aufgenommenes Geschäftsfeld über die Zeit ein stetig zunehmendes Ergebnis, deutet dies auf ein zukünftig positives Entwicklungspotential hin. Weist ein neues SGF sowohl ein hohes Wachstum als auch eine Ergebnisdominanz gegenüber den übrigen Bereichen auf, liegt es nahe, dass eine Unternehmung sich auf dieses SGF fokussiert.

Im Vergleich der vier Indikatoren ist die Umsatzentwicklung am aussagekräftigsten für das Vorliegen einer SNP, da sie sowohl den Aufbau eines neuen SGF als auch den Abbau der alten SGF widerspiegelt und nicht von der spezifischen Personalintensität abhängt. Die anderen drei Indikatoren – Mitarbeiterzahl, Investitionen und Ergebnis – können die Aussagekraft des Umsatzindikators unterstützen. Ferner bedarf es der Einbeziehung flankierender Informationen zu Portfolioveränderungen und Strategieaussagen zur Fokussierung auf ein neues SGF. Entsprechende Angaben lassen sich aus Unternehmungspublikationen sowie der Wirtschaftspresse entnehmen.

Bei allen SNP-Indikatoren ist außerdem zu beachten, dass die Zahlen von den Unternehmungen selbst veröffentlicht wurden und damit von der Anwendung unterschiedlicher Rechnungslegungsnormen sowie durch die Ausnutzung von Spielräumen in der Bilanzgestaltung beeinflusst sein können. Obwohl es für einen externen Betrachter kaum möglich ist, die Unternehmungszahlen um Effekte zu bereinigen, die auf internen Informationen basieren, lässt die Außendarstellung durch die veröffentlichten Daten grundsätzlich einen Rückschluss auf die strategischen Gewichtungen und Ziele der Unternehmung zu.

2.2. Rechtliche Rahmenbedingungen einer SNP nach deutschem Recht

Im Folgenden werden die rechtlichen Rahmenbedingungen präzisiert, die eine SNP betreffen. Da im Zentrum dieser Arbeit deutsche Großunternehmungen stehen, werden ausschließlich das deutsche Recht sowie schwerpunktmäßig die Regelungen bezüglich einer Aktiengesellschaft (AG) thematisiert. Die rechtlichen Rahmenbedingungen einer SNP nach deutschem Recht können aus der Unternehmensverfassung der AG bestimmt werden.

Die Unternehmungsverfassung legt die interne, formale Kompetenzverteilung zwischen den Organen einer Gesellschaft fest. Sie ergibt sich insbesondere aus den gesetzlichen Regelungen des Gesellschafts-, Mitbestimmungs- und Aktienrechts sowie aus den vertraglichen Vereinbarungen in Form einer Satzung, einer Geschäftsordnung, eines Unternehmungs- oder Tarifvertrags. Ferner ergänzt die höchstrichterliche Rechtsprechung die gesetzlichen Regelungen.[81]

Die Organe der AG sind die Hauptversammlung, der Vorstand und der Aufsichtsrat. Die Hauptversammlung ist die Mitgliederversammlung der AG, in der die Aktionäre ihre Rechte in den Angelegenheiten der Gesellschaft ausüben. Die Vertretung der AG gegenüber Dritten durch die Hauptversammlung ist ausgeschlossen.[82] Die Geschäftsführung der AG obliegt dem Vorstand, der sowohl rechtsgeschäftlich[83] als auch tatsächlich[84] handelt. Der Aufsichtsrat hat die Aufgabe, die Geschäftsführung des Vorstands zu überwachen. Diese Überwachungs- oder Kontrollaufgaben werden ergänzt durch die Befugnis zur Bestellung und Abberufung von Vorstandsmitgliedern.

---

[81] Vgl. GERUM (1992), Sp. 2480-2481.

[82] Vgl. MÜLBERT in HOPT/WIEDEMANN (1992 ff.), vor §§ 118-147 Rz. 21; FELLMETH (1997), S. 75.

[83] Siehe § 78 Abs. 1 AktG.

[84] Vgl. HÜFFER (2004), § 76 Rz. 7; KESSLER (1991), S. 28-29.

2.2.1. Funktionen und Bedeutung des Unternehmensgegenstands

Der Tätigkeitsbereich einer AG wird durch den *Unternehmensgegenstand* in der Satzung einer AG (§ 23 Abs. 3 Nr. 2 1. Halbsatz AktG) festgelegt.[85] Er ist damit Ausgangspunkt der Überlegungen zu den rechtlichen Rahmenbedingungen einer Veränderung des Tätigkeitsbereichs, wie er bei einer SNP vorkommt. Einerseits dient der Unternehmensgegenstand Außenstehenden als Auskunft über die Aktivitäten der Gesellschaft und erfüllt damit eine *Informationsfunktion*. Andererseits gibt der Unternehmensgegenstand dem Vorstand einen verbindlichen Rahmen für das Leistungsprogramm vor (*Rahmenfunktion*).

Der Unternehmensgegenstand besitzt eine hervorgehobene Stellung, da er nach § 39 Abs. 1 AktG zum Inhalt der Handelsregistereintragung gehört, welche die wesentlichen Gesellschaftsverhältnisse wiedergeben soll.[86] Auch § 275 Abs. 1 AktG deutet die besondere Bedeutung des Unternehmensgegenstands an, da er eine Klagemöglichkeit auf Nichtigkeit einer AG u. a. wegen eines fehlenden oder nichtigen Unternehmensgegenstands zulässt.[87]

Der Unternehmensgegenstand (i. S. v. § 179 Abs. 2 Satz 2 AktG und § 23 Abs. 3 Nr. 2 AktG) ist vom *Gesellschaftszweck* der AG zu unterscheiden. Während der Unternehmensgegenstand die Art und Weise der Tätigkeit einer Unternehmung – z. B. Produktion und Vertrieb von LKW – umschreibt, gibt der Gesellschaftszweck das Ziel dieser Tätigkeit an, z. B. Verfolgung gemeinnütziger Zwecke oder Gewinnerzielungsabsicht.

Wird das Leistungsprogramm einer Unternehmung verändert, begrenzt der Unternehmensgegenstand die Vorstandskompetenz. Einerseits schränkt er den

---

[85] Vgl. Pentz in Kropff/Semler (2000 ff.), § 23 Rz. 69; Henn (2002), Rz. 152-154; Kessler (1995), S. 61, 66; Kraft in Zöllner (1988 ff.), § 23 Rz. 43; Röhricht in Hopt/Wiedemann (1992ff.), § 23 Rz. 80; Tieves (1998), S. 12; Timm (1980a), S. 22; Wahlers (1995), S. 132-135; Westermann (1972), S. 517, 518; Wiesner in Hoffmann-Becking (1999), § 9 Rz. 9.

[86] Vgl. Hüffer (2004), § 39 Rz. 1; Wahlers (1995), S. 132; Wiesner in Hoffmann-Becking (1999), § 9 Rz. 13.

[87] Vgl. Wahlers (1995), S. 132.

Vorstand in seiner Geschäftsführungsbefugnis ein, will dieser die Produkt-Markt-Kombination über die gegenwärtigen Aktivitäten hinaus ausdehnen.[88] Andererseits fordert er beim Rückzug aus bestehenden Produkt-Markt-Kombinationen vom Vorstand, die im Unternehmensgegenstand festgeschriebenen Aktivitäten zu verwirklichen.[89] Der Unternehmensgegenstand stellt damit sowohl *Geschäftsführungsschranke* als auch *Geschäftsführungsvorgabe* für den Vorstand dar.

Ferner besteht nach § 23 Abs. 3 Nr. 2 2. Halbsatz AktG ein *Individualisierungsgebot*, den Unternehmensgegenstand zu präzisieren. Beispielsweise sind bei Industrie- und Handelsunternehmungen die Art der Erzeugnisse und Waren, die hergestellt oder gehandelt werden, präzise anzugeben.[90] Dies bedeutet, dass kein ‚Sammelunternehmensgegenstand' gewählt werden darf, der Veränderungen im Geschäftsportfolio abdecken würde. Vielmehr wird hierfür evtl. eine Änderung des Unternehmensgegenstands notwendig. Unter welchen Voraussetzungen eine Änderung des Unternehmensgegenstands möglich bzw. notwendig ist, wird im folgenden Abschnitt betrachtet.

2.2.2. Änderung des Unternehmensgegenstands

Die erstmalige Satzungsgestaltung im Zusammenhang mit der Angabe des Unternehmensgegenstandes einer AG liegt zunächst in der Kompetenz der Gesellschaftsgründer.[91] Damit ist der Unternehmensgegenstand jedoch nicht unabänderlich fixiert, vielmehr besteht die Möglichkeit einer späteren Umgestaltung per Satzungsänderung. Diese Satzungsänderung obliegt nach der Gründungsphase ausschließlich der Hauptversammlung (§ 179 Abs. 1 Satz 1 AktG). Eine Ausnahme

---

[88] Vgl. HÜFFER (2004), § 23 Rz. 21; KESSLER (1991), S. 77; MECKE (1992), S. 145; MERTENS in ZÖLLNER (1988 ff.), § 82 Rz. 14; SÄCKER (1989), S. 547, 549 m. w. N.; RÖHRICHT in HOPT/WIEDEMANN (1992ff.), § 23 Rz. 83.

[89] Vgl. HOMMELHOFF (1982), S. 65-70; HABERSACK (1998), S. 533, 536; LUTTER/LEINEKUGEL (1998), S. 225, 228; TIEVES (1998), S. 300-301; TIMM (1980a), S. 24-26; WÜRDINGER (1981), S. 40-41.

[90] Vgl. PENTZ in KROPFF/SEMLER (2000 ff.), § 23 Rz. 68; v. WERDER (1986), S. 104-105 m. w. N.

[91] Vgl. WÜRDINGER (1981), S. 170.

bilden redaktionelle Änderungen (Fassung), die dem Aufsichtsrat übertragen werden können (§ 179 Abs. 1 Satz 2 AktG). Für die reguläre Satzungsänderung ist ein Hauptversammlungsbeschluss mit einer Mehrheit von mindestens drei Vierteln des bei der Beschlussfassung vertretenen Grundkapitals vonnöten (§ 179 Abs. 2 Satz 2 AktG). Eine Minderheit von 25 % plus einer Stammaktie (Sperrminorität) kann die Änderung hingegen verhindern.[92]

Der Hauptversammlung wird durch § 179 AktG die Möglichkeit gegeben, den Tätigkeitsbereich der Gesellschaft und damit den Rahmen für die Geschäftsführungs-befugnis des Vorstands zu beschränken. Sie besitzt somit ein exklusives Entschei-dungsrecht über die Erschließung unternehmensgegenstandsfremder Geschäftsfel-der.[93] Der Vorstand beruft die Hauptversammlung im Regelfall ein. Beschließt diese eine Satzungsänderung mit der erforderlichen Mehrheit, muss der Vorstand veranlassen, dass diese wirksam wird (§ 83 Abs. 2 AktG). Dies erfolgt insbesondere durch Anmeldung zur Eintragung der Änderung beim Handelsregister (§ 181 Abs. 1 AktG).

Eine Satzungsänderung ist unverzichtbar, wenn der Tätigkeitsbereich über den bisherigen Unternehmensgegenstand hinausgeht oder abweicht und damit nicht mehr durch die Satzung abgedeckt ist.[94] Fraglich ist nun, in welchen konkreten Fällen eine Änderung des Unternehmensgegenstands i. S. v. § 179 Abs. 2 Satz 2 AktG vorliegt.

Die Entscheidung, inwieweit eine Änderung des Unternehmensgegenstands zutrifft, wird ,anhand von Wortlaut und Sinn der jeweiligen Satzung unter Berücksichtigung

---

[92] Vgl. KNOBBE-KEUK (1975), S. 239, 243.

[93] Vgl. WIEDEMANN in HOPT/WIEDEMANN (1992ff.), § 179, Rz. 59. Im GmbH-Recht gilt analog, dass die Gesellschafterversammlung neben der Weisungsbefugnis gegenüber der Geschäftsführung mit dem Entscheidungsrecht zum Unternehmensgegenstand über eine übergeordnete Geschäftsführungskompetenz verfügt (§§ 3 Abs. 1 Nr. 2, 37 Abs. 1, 53 Abs. 1 GmbHG).

[94] Vgl. HENN (2002), Rz. 152; LUTTER/LEINEKUGEL (1998), S. 225, 227; ZÖLLNER in ZÖLLNER (1988 ff.), § 179 Rz. 118; v. GODIN/WILHELMI (1971), Rz. 7; MERTENS (1978), S. 309; TIMM (1980a), S. 21; TIMM (1980b), S. 177.

der Verhältnisse des Einzelfalls sowie der Verkehrsanschauung'[95] gefällt. Eine Änderung des Unternehmensgegenstands liegt insbesondere in folgenden Fällen vor:

- Ausdehnung der Tätigkeit auf ein Arbeitsgebiet, das bei der Beschreibung des Unternehmensgegenstands in der Satzung nicht enthalten ist.[96]

- Beteiligungserwerb, wenn dies in der Satzung nicht vorgesehen oder zugelassen ist.[97] Dies betrifft besonders Beteiligungen an branchenfremden Unternehmungen.[98]

- Ausgliederung von Betriebsteilen auf eine neu gegründete Tochterunternehmung, wenn dies in der Satzung nicht vorgesehen oder zugelassen ist.[99]

- Veräußerung einer Tochtergesellschaft oder Ausgliederung von Betriebsteilen auf Beteiligungsgesellschaften, die von der AG nicht beherrscht werden, wenn damit langfristig auf die eigenständige Betätigung in einem in der Satzung der AG genannten Arbeitsgebiet verzichtet wird.[100]

- Endgültige Einstellung der werbenden Tätigkeit oder endgültiger Rückzug aus in der Satzung genannten Arbeitsgebieten (außer im Sonderfall der Liquidation und des Konkurses)[101], insbesondere dann, wenn durch bindende Vereinbarungen mit Dritten eine Wiederaufnahme der Betätigung ausgeschlossen wird.[102]

---

[95] Vgl. MERTENS (1978), S. 311; auch WIEDEMANN in HOPT/WIEDEMANN (1992 ff.), § 179 Rz. 59.

[96] Vgl. WIEDEMANN in HOPT/WIEDEMANN (1992 ff.), 179 Rz. 60; V. GODIN/WILHELMI (1971), Rz. 7; BAUMBACH/HUECK/HUECK (1968), Rz. 9; TIMM (1980a), S. 26.

[97] Vgl. TIMM (1980a), S. 89; TIMM (1980b), 179-180; REHBINDER (1982), S. 433-434; KROPFF (1984), S. 130; ZÖLLNER in ZÖLLNER (1988 ff.), § 179, Rz. 121; WIEDEMANN in HOPT/WIEDEMANN (1992 ff.), § 179, Rz. 62-65.

[98] Vgl. WIEDEMANN in HOPT/WIEDEMANN (1992 ff.), § 179 Rz. 64; WÜRDINGER (1981), S. 120; LUTTER (1985), S. 846-847; TIMM (1980a), S. 26; REHBINDER (1982), S. 430; WESTERMANN (1984), S. 360-361; SCHNEIDER (1986), S. 1995.

[99] Vgl. TIMM (1980b), 179-180; REHBINDER (1982), S. 433-434; REHBINDER (1983), S. 96. Andere Meinung KROPFF (1971), S. 119; LUTTER (1974), S. 211.

[100] Vgl. MERTENS (1978), S. 310-311. Weitergehend GEßLER (1985), S. 783; TIMM (1980a), S. 135-137; TIMM (1980b), S. 181.

[101] Vgl. TIMM (1980a), S. 26; REHBINDER (1982), S. 432.

[102] Vgl. MERTENS (1978), S. 311; TIMM (1980b), S. 179; STEIN in KROPFF/SEMLER (2000 ff.), § 179 Rz. 108. Zu einer anderen Meinung vgl. BAUMBACH/HUECK/HUECK (1968), § 179, Rz. 9.

Zu den Sachverhalten, bei denen es sich nicht um eine Änderung des Unternehmens-gegenstands handelt, gehören:

- Vergrößerung oder Verkleinerung des Betriebs.[103]

- Aufnahme eines neuen Betriebszweigs, wenn dieser lediglich der Ergänzung des bisherigen Betriebs dient.[104]

- Errichtung oder Aufgabe von rechtlich unselbständigen Zweigniederlassungen i. S. v. § 42 AktG.[105]

- Einstellung der werbenden Tätigkeit oder Aufgabe in der Satzung genannter Arbeitsgebiete, solange die Möglichkeit einer Wiederaufnahme der Betätigung besteht.[106]

2.2.3. Änderung des Unternehmensgegenstands im Fall einer SNP

Die vorangegangenen Darstellungen haben die rechtlichen Rahmenbedingungen für eine SNP einer deutschen AG aufgezeigt. Danach liegt die Geschäftsführung der AG beim Vorstand, der sowohl rechtsgeschäftlich als auch tatsächlich handelt. Somit führt der Vorstand letztlich auch die SNP durch.[107] Ihm wird dabei vom im Unternehmens-gegenstand festgehaltenen Tätigkeitsbereich der AG ein Rahmen vorgegeben. Dieser wirkt für den Vorstand einerseits als Geschäftsführungsschranke, andererseits als -vorgabe. Ist die geplante SNP durch den Unternehmensgegenstand nicht abgedeckt, schränkt der Unternehmensgegenstand den Vorstand in seiner Geschäftsführungsbe-fugnis ein. Erfüllt hingegen das neue Kerngeschäft nach der SNP nicht den Unternehmensgegenstand, ist der Vorstand aufgefordert, die Vorgabe des Unternehmensgegenstands zu verwirklichen und die SNP zurückzunehmen. Ändert der Vorstand seine Strategie nicht, muss alternativ der Unternehmensgegenstand an den

---

[103] Vgl. WESTERMANN (1972), S. 518.

[104] Vgl. SCHLEGELBERGER ET AL. (1939), § 146 Rz. 4; WESTERMANN (1972), S. 518-519.

[105] Vgl. BARZ in HOPT/WIEDEMANN (1992ff.), § 23 Rz. 11. Andere Meinung WIEDEMANN (1975), S. 416.

[106] Vgl. SCHLEGELBERGER ET AL. (1939), § 146 Rz. 4; KROPFF (1971), S. 119; TIMM (1980b), S. 178.

[107] Analog bei der Diversifikation. Vgl. hierzu KOCH (2001), S. 122.

neuen Tätigkeitsbereich angepasst werden. Da er in der Satzung der AG festgeschrieben ist, erfolgt eine Änderung des Unternehmensgegenstands durch eine Satzungsänderung. Für diese ist die Hauptversammlung zuständig, die mit einer Dreiviertelmehrheit des vertretenen Grundkapitals zustimmen muss.

In wieweit der Vorstand in seiner Geschäftsführungsbefugnis durch den Unternehmensgegenstand eingeschränkt ist, hängt nun davon ab, ob der Unternehmensgegenstand die Veränderungen durch eine SNP abdeckt. Da aufgrund des Individualisierungsgebots die Art und Weise der Tätigkeit der Unternehmung zu präzisieren ist, muss im Einzelfall geprüft werden, ob der Wechsel in neue SGF durch den Unternehmensgegenstand eingeschlossen oder dessen Änderung notwendig ist. Trotz der notwendigen Prüfung im Einzelfall soll im Folgenden eine grobe Einschätzung der Änderungsnotwendigkeit getroffen werden.

Im Fall einer SNP handelt es sich nicht nur um eine Vergrößerung oder Verkleinerung des Betriebs bzw. eine Änderung der Unternehmungsgröße, sondern um eine Veränderung im grundlegenden Inhalt der Aktivitäten. Auch wird durch die Aufnahme von Aktivitäten keinesfalls nur der bisherige Betrieb ergänzt oder eine rechtlich unselbständige Zweigniederlassung aufgebaut bzw. aufgegeben. Unter einer SNP ist vielmehr ein fundamentaler Umbau einer Unternehmung zu verstehen. In diesem Rahmen werden SGF aufgenommen, die für die Gesellschaft neu sind und keine Verwandtschaft mit den bisherigen Produkt-Markt-Kombinationen aufweisen. Damit stellen sie Tätigkeitsbereiche dar, die bisher nicht unter die Aktivitäten der Gesellschaft fielen und folglich nicht Bestandteil der Satzung waren. In diesen Fällen handelt es sich um eine faktische Änderung des Unternehmensgegenstands. Diese liegt insbesondere auch dann vor, wenn die Aufnahme eines neuen SGF durch Beteiligungserwerb besonders an einer branchenfremden Unternehmung erfolgt.

Im Rahmen einer SNP rücken neue SGF in den Fokus der Geschäftstätigkeit. Wird die Aufgabe bestehender Geschäftsfelder betrieben, kann es sich dabei um einen endgültigen Rückzug aus diesen Tätigkeitsbereichen handeln. Dies trifft ausdrücklich dann zu, wenn die werbende Tätigkeit für diesen Bereich eingestellt oder eine Wiederaufnahme durch vertragliche Vereinbarungen ausgeschlossen wird. Zieht sich die Unternehmung endgültig aus einem SGF zurück, liegt eine Änderung des Unternehmensgegenstands vor. Im Fall der Desinvestition über den Verkauf einer Tochtergesellschaft oder die Ausgliederung von Betriebsteilen auf nicht beherrschte Beteiligungsgesellschaften handelt es sich um eine Änderung des Unternehmensgegenstands, wenn damit dauerhaft auf die eigenständige Betätigung in einem in der Satzung genannten Arbeitsgebiet verzichtet wird.

Die vorangegangenen Überlegungen haben gezeigt, dass bei einer SNP insbesondere die Aufnahme unverbundener Geschäftsfelder durch den bisherigen Unternehmensgegenstand nicht abgedeckt ist. Dies trifft ebenfalls für den dauerhaften Rückzug aus bisherigen SGF zu. Damit kann abschließend festgestellt werden, dass bei der Durchführung einer SNP die Notwendigkeit bestehen wird, den Unternehmensgegenstand per Satzungsänderung anzupassen. Die Geschäftsführungsbefugnis des Vorstands wird bei einer SNP insofern eingeschränkt, als er sich die Zustimmung der Hauptversammlung in Form einer Satzungsänderung einholen muss.

2.3. Motive für eine SNP

Eine Forschungsfrage der vorliegenden Arbeit besteht darin, zu untersuchen, warum sich Unternehmungen strategisch neu positionieren. Dieser Thematik der Motive für eine SNP soll im folgenden Kapitel nachgegangen werden.

Die Motive für eine strategische Entscheidung liegen grundsätzlich im Erreichen folgender strategischer Ziele:[108]

---

[108] Vgl. den Zielkatalog bei ULRICH/FLURI (1992), S. 97-98.

- Marktleistungsziele (z. B. Produktqualität, Service),

- Marktpositionierungsziele (z. B. Marktanteil, vorteilhafte Branchenstruktur),

- Rentabilitätsziele (z. B. Gewinn, Umsatzrentabilität),

- Finanzwirtschaftliche Ziele (z. B. Liquidität, Risikosenkung),

- Macht- und Prestigeziele (z. B. Image, politischer Einfluss),

- Soziale Ziele in Bezug auf die Mitarbeiter (z. B. soziale Sicherheit, Integration),

- Gesellschaftsbezogene Ziele (z. B. Verbesserung der Infrastruktur, Umweltschutz).

Dieser Katalog allgemeiner strategischer Ziele lässt sich auf die Motive für eine SNP übertragen. Damit zielt eine SNP auf die Verbesserung der Marktleistung, der Marktpositionierung, die Steigerung der Rentabilität, die finanzwirtschaftliche Optimierung, die Erhöhung der Macht oder des Prestiges und die Verwirklichung sozialer oder gesellschaftsbezogener Verbesserungen ab.

Ferner lassen sich die Motive für eine SNP nach ihrer Entstehung systematisieren. Dabei wird eine Unterteilung in Anlehnung an die Stärken-Schwächen-Chancen-Risiken-Analyse[109] in zwei Dimensionen vorgenommen. Die erste Dimension betrifft den internen bzw. externen Ursprung von SNP-Motiven, die zweite den Druck bzw. die Möglichkeit zu Veränderungen (vgl. Tab. 2).

---

[109] Die SWOT-Analyse (Akronym für Strengths, Weaknesses, Opportunities und Threats) berücksichtigt bei einer Strategieformulierung Faktoren, die sowohl unternehmungsinternen (Stärken und Schwächen) als auch externen Ursprungs sind (Chancen und Risiken). Vgl. grundlegend ANDREWS (1971). Zur SWOT-Analyse vgl. auch Kapitel 3.1.

Druck/Möglichkeit Auslöser	Veränderungsdruck	Veränderungsmöglichkeit
Unternehmungsintern	Vermeiden interner Schwächen 1.	Nutzung interner Stärken 2.
Unternehmungsextern	Vermeiden externer Risiken 3.	Nutzung externer Chancen 4.

Tab. 2:   Systematisierung von SNP-Motiven nach ihrer Entstehung.
Quelle: Eigene Darstellung.

Die erste Dimension bezieht sich auf den Ursprung von SNP-Motiven (intern bzw. extern). Interne Motive sind auf Stärken oder Schwächen einer Unternehmung zurückzuführen (Felder 1 und 2). Externe Motive entstehen durch unternehmungsexterne Chancen und Risiken (Felder 3 und 4).

Innerhalb der zweiten Dimension können zum einen SNP-Motive durch Schwächen oder Risiken realer oder zukünftig drohender negativer Entwicklungen entstehen (Felder 1 und 3). Somit liegt ein Zwang zur Neupositionierung bzw. ein Veränderungsdruck vor, da ansonsten eine Bestandsgefährdung für die Unternehmung droht. Zum anderen beruhen die Motive für eine SNP möglicherweise auf positiven Erwartungen in die eigenen Stärken oder Chancen eines neuen SGF am Markt (Felder 2 und 4) aufgrund bestehender oder prognostizierter positiver Entwicklung in der Zukunft. Diese Veränderungsmöglichkeit ist als zwanglose Option zur Neupositionierung zu verstehen.

Interne Schwächen (Feld 1) in bestehenden SGF stellen eine Ressourcenbeschränkung oder ein mangelndes internes Leistungspotential dar. Motive für eine SNP können im Vermeiden dieser Schwächen durch Aufgabe des bestehenden SGF liegen, z. B. aufgrund fehlender Patente, ungenügender Finanzierungsmöglichkeiten oder nicht ausreichenden Know-hows.

Interne Stärken (Feld 2) in Bezug auf zukünftige SGF beruhen auf einem Potential-überschuss. SNP-Motive begründen sich in der Ausnutzung dieses überschüssigen Leistungspotentials. Ein renditeerhöhender Einsatz finanzieller Mittel oder ein innovatives Selbstverständnis des Managementteams können hier folglich als Motive für eine SNP gelten.

Externe Risiken (Feld 3) in bestehenden SGF betreffen Bedrohungen z. B. durch den Markt oder das politischen Umfeld. Das Verlassen risikobehafteter bzw. unsicherer Produkt-Markt-Kombinationen (Vermeiden externer Risiken) stellt somit ein SNP-Motiv dar. Generell schrumpfende Märkte können einen Auslöser für eine Suche nach alternativen SGF liefern, weshalb Motive sich z. B. in der Senkung der Zahlungs-schwankungen oder des Investitionsrisikos auftun.

Externe Chancen (Feld 4) ergeben sich aus den positiven externen Faktoren im neuen SGF, z. B. ein starkes Marktwachstum. In der Nutzung dieser Markt- und Umfeld-chancen bestehen Motive für eine SNP. Eine Unternehmung positioniert sich ggf. deshalb neu, weil sich aufgrund neuer umweltgesetzlicher Bestimmungen neue Marktmöglichkeiten für ein bestimmtes Produkt eröffnen oder Chancen einer Marktführerschaft bestehen.

Die in diesem Kapitel vorgenommene Systematisierung möglicher SNP-Motive wird in der eigenen empirischen Untersuchung eingesetzt. Sie ermöglicht eine strukturierte Erhebung der Motive und kann helfen, die Forschungsfrage zu beantwortet, warum sich Unternehmungen neu positionieren. Ferner wird die Fragestellung zu beantworten sein, ob die SNP als solche von vornherein geplant war, d. h. ob es sich um eine intendierte oder emergente Strategie[110] handelte. Denkbar ist, dass z. B. zunächst eine

---

[110] Vgl. hierzu MINTZBERG (1978), S. 945; MINTZBERG/WATERS (1985), S. 257-258; WEICK (2000), S. 223. Trotz eines bestimmten Motivs und der Verfolgung einer entsprechenden Strategie (Intended Strategy) kann es zu einem anderen als dem geplanten Ergebnis kommen. In diesem Fall spricht man von einer ungeplanten und damit auf eigendynamischen Prozessen beruhenden Strategie (Emergent Strategy). Wird das intendierte Ergebnis erreicht, handelt es sich um eine geplante und damit beabsichtigte Strategie (Deliberate Strategy). Die Faktoren, die zu einem Abweichen der tatsächlichen von der geplanten Strategie führen, sind zum Zeitpunkt der Entscheidung über die Strategie möglicherweise noch nicht

Diversifikationsstrategie verfolgt und später die Unternehmung auf ein neues SGF fokussiert wurde. Im Rahmen der vorliegenden Arbeit wird der Einfluss von Emergenz oder Intention auf den SNP-Erfolg nicht untersucht.

2.4. Realisierungswege einer SNP

Neben den Motiven ist für das Verständnis zur SNP auch ihr möglicher Ablauf von Bedeutung. Die Umsetzung einer SNP und damit der Wechsel in neue SGF lässt sich in zwei Bestandteile zerlegen. Dies ist zum einen der Aufbau neuer und zum anderen der Abbau bestehender Geschäftsfelder (vgl. die Ausführungen zur Entwicklungsrichtung der SNP in Kap. 2.1.2.). Die möglichen Formen einer SNP lassen sich somit nach den Strategiealternativen des Aufbaus und des Abbaus von SGF unterscheiden. Bei der Charakterisierung der Realisierungswege einer SNP wird sich diese Arbeit im Folgenden an Markteintritts- und Marktaustrittsstrategien orientieren.

2.4.1. Markteintrittsstrategien für den Aufbau von SGF

In der betriebswirtschaftlichen Literatur werden Markteintrittsstrategien vielfach als Wachstumsstrategien angesehen.[111] Die Typologisierung von Markteintrittsstrategien wird dabei anhand verschiedener Kriterien vorgenommen. Analog zur Systematisierung nach REMMERBACH[112] lässt sich bei den Markteintrittsstrategien zum Aufbau neuer SGF zunächst zwischen eigenständigem Aufbau (*interner Entwicklung*) und

---

einmal der Existenz nach, bestimmt jedoch ihrer Ausprägung nach nicht bekannt. Diese Emergenz resultiert aus der begrenzten Rationalität des Entscheiders.

[111] Vgl. REMMERBACH (1988), S. 22; KÜHN (1995), Sp. 1761. Andere Systematisierungsansätze z. B. bei AGTHE (1972); PORTER (1980), S. 339-357; WEHRLI (1983), S. 26; SPECHT/ZÖRGIEBEL (1985); TÖPFER (1986); ROBERTS/BERRY (1985); MÜLLER-STEWENS (1988), S. 228-232. Markteintrittsstrategien i. w. S. umfassen die Entscheidungen, zu welchem Zeitpunkt, mit welchem Wettbewerbsverhalten und mit welchem Mitteleinsatz in einem bestimmten Markt eine angestrebte Marktposition erreicht werden soll. Im Rahmen der vorliegenden Arbeit werden Markteintrittstrategien i. e. S. betrachtet.

[112] Vgl. REMMERBACH (1988), S. 23-25; REMMERBACH (1989), S. 176; KÜHN (1995), Sp. 1761-1762. Vgl. ähnlich BÜHNER (1993), S. 350-51; WANING (1994), S. 176-178; DÖHMEN (1991), S. 221-224; GEBERT (1983), S. 35-37.

nichteigenständigem Aufbau (*mit externer Unterstützung*) unterscheiden (vgl. Abb. 6).

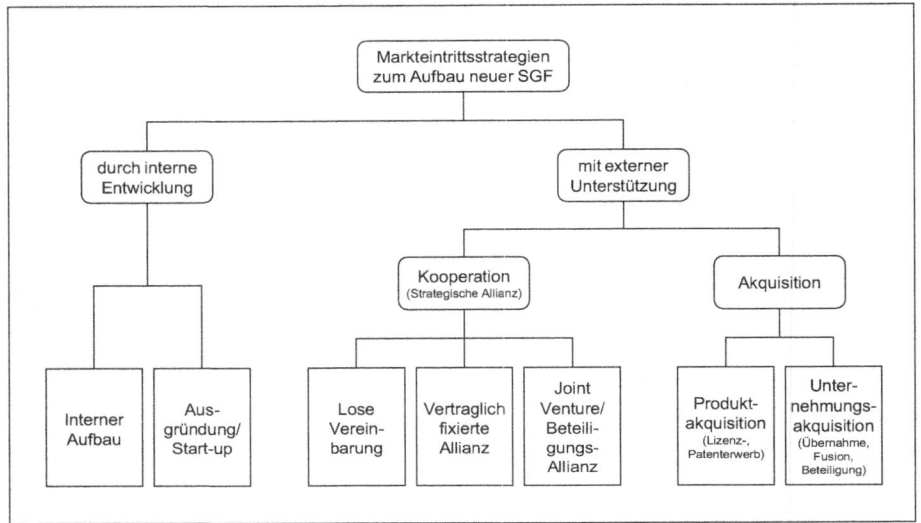

Abb. 6:   Markteintrittsstrategien zum Aufbau neuer SGF.
Quelle: Eigene Darstellung in Anlehnung an REMMERBACH (1988), S. 23.

Diese Unterteilung in internen und externen Aufbau ist für die vorliegende Arbeit ausgesprochen sinnvoll, da Erfolgsquellen einer SNP untersucht werden sollen. Die Identifikation der jeweiligen Aufbaustrategie macht deutlich, ob bei der Untersuchung einer SNP Ressourcen externen Ursprungs zu berücksichtigen sind.

Bei der internen Entwicklung errichten Unternehmungen neue SGF entweder innerhalb bestehender rechtlicher Strukturen (*interner Aufbau*) oder mittels neu gegründeter Gesellschaften (*Ausgründung/Start-up*). Grundsätzlich basiert die interne Entwicklung auf den Möglichkeiten der Produkt- und Verfahrensinnovation,[113] d. h. Forschung und Entwicklung setzen an den Herstellungsprozessen oder direkt an den

---

[113]   Vgl. WITTEK (1980), S. 182.

Produkten an. Dabei werden ausschließlich unternehmungsinterne Ressourcen genutzt. Beide Wege der internen Entwicklung sind zeitintensiv und risikoreich.[114]

Der nicht eigenständige Aufbau mit externer Unterstützung kann durch Kooperations- oder Akquisitionsstrategien erfolgen.[115] Mögliche Kooperationsformen, systematisiert nach zunehmendem Engagement der beteiligten Parteien, sind die *lose Vereinbarung* (z. B. bei gelegentlichen Projekten), die *vertraglich fixierte Allianz* sowie die *Beteiligungs-Allianz* (Joint Venture).[116] Bei der Kooperation ist das Marktrisiko auf die beteiligten Partner verteilt und es wird ein Pooling der jeweils vorhandenen Stärken ermöglicht.

Die Akquisitionsstrategie kann durch Produkt- oder Unternehmungskauf erfolgen, wobei verschiedene Unterformen denkbar sind. Die Produktakquisition bedeutet, dass eine fremderbrachte Leistung übernommen und evtl. um einen eigenen Wertschöpfungsanteil ergänzt wird. Dies geschieht bspw. beim Produktkauf (Handelsware), Lizenz- oder Patenterwerb.[117] Im Fall der Unternehmungsakquisition wird die fremde Organisation durch Übernahme, Fusion oder Bereitstellung von Beteiligungskapital der eigenen Kontrolle unterstellt.[118] Die Akquisition erlaubt einen vergleichsweise schnellen Markteintritt, da akquirierte Unternehmungen oder Produkte bereits auf dem Markt präsent sind.[119] Ferner ist der Erfolg dieser Strategie meist besser absehbar als beim internen Aufbau, da der Erfolg der akquirierten Unternehmung oder des Produkts bereits am Markt beobachtet werden kann.[120]

---

[114] Vgl. SIMMONDS (1990), S. 399, 402; WITTEK (1980), S. 184; WELGE/AL-LAHAM (1999), S. 447.

[115] Vgl. DÖHMEN (1991), S. 232.

[116] Vgl. HAMMES (1994), S. 44-45; BRONNER/MELLEWIGT/SCHEPPLER (1999), S. 3-7. Zu strategischen Allianzen vgl. auch LORANGE/ROOS (1992); BRONDER/PRITZL (1992); LYONS (1991); DEVLIN/ BLEACKLEY (1988); ALBACH (1992); HARRIGAN (1986); SYDOW (1992a); SYDOW (1992b); BÜCHS (1991).

[117] Vgl. WITTEK (1980), S. 182.

[118] Vgl. DUNDAS/RICHARDSON (1982), S. 287, 293-294; SIMMONDS (1990), S. 399-403; KRAUSHAR (1977), S. 184.

[119] Für die Diversifikation vgl. BECKER (1977), S. 177-178; BÜHNER (1993), S. 353 m. w. N.; ROBERTS/ BERRY (1985), S. 3.

[120] Für die Diversifikation vgl. BÜHNER (1993), S. 353 m. w. N.

Im Rahmen einer SNP ist eine Kombination der verschiedenen Aufbaustrategien möglich. Wird anfangs ein zügiger Aufbau ohne hohes finanzielles Risiko bspw. durch eine strategische Allianz vorgezogen, kann später durch umfangreiche Akquisitionen weiteres Wachstum erfolgen.

2.4.2. Marktaustrittsstrategien für den Abbau von SGF

Neben Markteintrittsstrategien, die sich besonders in Wachstumsmärkten anbieten, wurden ebenso Strategien für stagnierende oder schrumpfende Märkte vorgeschlagen. Da diese Märkte langfristig kaum Gewinnperspektiven bieten, muss ein Rückzug aus diesen Aktivitäten in Erwägung gezogen werden. Die betriebswirtschaftliche Forschung hat sich zu diesem Zweck intensiv mit der langfristigen Marktaustrittsplanung auseinandergesetzt. In der Literatur werden die entsprechenden Marktaustrittsstrategien u. a. nach der Dauer des Austritts typologisiert.[121] Die Strategiealternativen lassen sich auch auf den Abbau von Geschäftsfeldern übertragen, wobei grundsätzlich zwischen einem zeitnahen und einem mittel- bis langfristigen SGF-Abbau unterschieden wird. Abb. 7 stellt die resultierenden Marktaustrittsstrategien dar.

---

[121] Vgl. PORTER (1980), S. 267-271; MEFFERT (1984), S. 63; HARRIGAN (1980a), S. 44; HARRIGAN (1980b), S. 601-603; KÜHN (1995), Sp. 1766; GÖTTGENS (1995), S. 26-27.

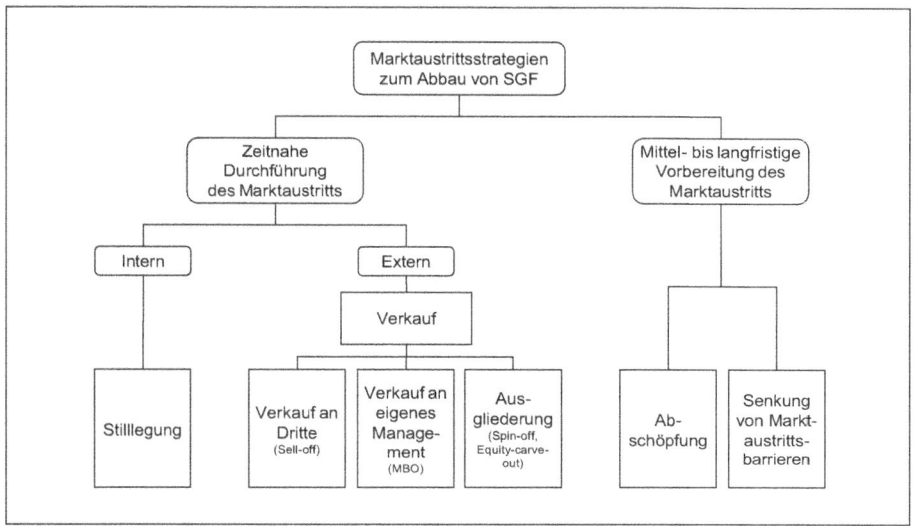

Abb. 7:   Marktaustrittsstrategien zum Abbau von SGF.
           Quelle: Eigene Darstellung nach MEFFERT (1984), S. 63; RECHSTEINER (1994), S. 19-
           23.

Die zeitnahe Trennung von Geschäftsfeldern kann entweder als interne oder externe Desinvestition durchgeführt werden. Der interne Marktaustritt ist durch die endgültige Aufgabe der jeweiligen Aktiva gekennzeichnet und tritt durch sofortige Beendigung der Geschäftsfeldaktivitäten (Stilllegung[122]) ein.[123] Bei dieser Form wird kein Verkauferlös erwirtschaftet, stattdessen müssen evtl. zusätzliche Kosten für Abfindungen, Demontage, Entsorgung usw. durch die Unternehmung getragen werden. Die Stilllegung wird in der Regel nur dann gewählt, wenn die Möglichkeit eines Verkaufs nicht besteht und die im Falle einer Weiterführung des SGF anfallenden Verluste höher als die Kosten der Stilllegung sind.[124]

---

[122]   Die Stilllegung ist von der Stillsetzung und der Liquidation zu unterscheiden. Die Stillsetzung stellt eine kurzfristige, vorübergehende Kapazitätsanpassung mit späterer Wiederaufnahme der Aktivitäten dar [vgl. GEHRKE (1999), S. 16] und dient daher nicht dem Abbau eines SGF. Auch die Liquidation ist keine Marktaustrittsstrategie. Sie muss vielmehr bei Insolvenz zur Konkursabwicklung durchgeführt werden und bedeutet den zwanghaften Verkauf der Aktiva [vgl. BOEMLE (1986), S. 460; RECHSTEINER (1994), S. 22-23; GEHRKE (1999), S. 16].

[123]   Vgl. MEFFERT (1984).

[124]   Vgl. KÜHN (1995), Sp. 1766.

Eine zweite Form des zeitnahen SGF-Abbaus ist der Verkauf eines Geschäftsfelds. Er ist durch die Weiterführung der Aktiva im Eigentum Dritter gekennzeichnet und stellt damit das begriffliche Pendant zur (Unternehmungs-)Akquisition dar.[125] Mögliche Ausprägungen sind der Verkauf an andere Unternehmungen (Sell-off)[126], der Verkauf an das eigene Management (Management-buy-out, MBO)[127] oder die Ausgliederung. Bei der Ausgliederung werden die Aktien der zu desinvestierenden Tochtergesellschaft (Spin-off) entweder in Form einer Dividende an die Aktionäre der Muttergesellschaft ausgegeben[128] oder frei zum Kauf an der Börse angeboten (Equity-carve-out)[129]. Ein grundsätzliches Problem jedes Verkaufs ist die Festsetzung eines adäquaten Kaufpreises und die Realisierung eines Verkaufserlöses.[130]

Auf die mittel- oder langfristige Vorbereitung eines Marktaustritts stellen die Abschöpfungsstrategie und die Senkung von Marktaustrittsbarrieren ab. Bei ersterer werden die Erlöse genutzt (abgeschöpft), solange noch ein positiver Deckungsbeitrag erzielt wird. Dies geht mit einer Maximierung des Cashflows einher, die z. B. auf die Finanzierung der späteren Stilllegung oder den Aufbau neuer SGF abzielt.[131]

Steht nicht der Cashflow im Zentrum der Überlegungen, sondern eine Ausweitung des strategischen Spielraums, wird eine Senkung von Marktaustrittsbarrieren angestrebt.[132] Dadurch lassen sich die Probleme eines Markaustritts wie z. B. Imageschäden und Stilllegungskosten verringern. Die Attraktivität eines SGF für potentielle Käufer lässt sich durch Maßnahmen zur Steigerung seiner Wettbewerbsfähigkeit

---

[125] Vgl. GEHRKE (1999), S. 18; RECHSTEINER (1994), S. 17; DOHM (1989), S. 15; JANSEN (1986), S. 30-31.

[126] Vgl. exemplarisch ALEXANDER/BENSON/KAMPMEYER (1984), S. 503.

[127] Beim Management-buy-out wird die Unternehmung durch die bisherigen Manager oder Teile der Belegschaft übernommen. Vgl. exemplarisch WRIGHT/COYNE/ROBBIE (1987).

[128] Vgl. SCHULTZE (1998), S. 12-14.

[129] Vgl. BREALEY/MEYERS (1996), S. 679.

[130] Vgl. zu weiteren Problemen auch TRUMMER (1990), S. 266-268.

[131] Vgl. MEFFERT (1984); TRUMMER (1990), S. 226-227.

[132] Vgl. FASNACHT (1993). Zum Einfluss von Marktaustrittsbarrieren auf den strategischen Spielraum einer Unternehmung vgl. HARRIGAN (1980c).

erhöhen. Folglich wird der Marktaustritt zu einem späteren Zeitpunkt einfacher, mit geringeren Kosten und evtl. zu einem höheren Verkaufspreis möglich.

Die vorgestellten Marktaustrittsstrategien zum Abbau von SGF schließen sich nicht gegenseitig aus. Vielmehr ist im Ablauf einer SNP eine Kombination insbesondere von mittel- bis langfristigen mit kurzfristigen Strategien wahrscheinlich. Ist ein zeitnaher Ausstieg zu Beginn der SNP nicht sinnvoll, können zunächst Marktaustritts-barrieren reduziert und zu einem späteren Zeitpunkt z. B. ein Verkauf realisiert werden.

Die Analyse möglicher Realisierungswege einer SNP wird bei der Fallstudienuntersuchung dieser Arbeit eine wichtige Rolle spielen, da sich mit ihrer Hilfe wichtige Hinweise für die Ressourcentransformation gewinnen lassen.

2.5. Implementierung einer SNP

Nach der Darstellung möglicher Realisierungswege einer SNP sollen in diesem Abschnitt die SNP-Implementierung und damit einhergehende Probleme betrachtet werden. Bei der SNP handelt es sich um eine bestimmte Form des Unternehmungs-wandels. Daher werden zunächst Konzepte des organisatorischen Wandels und möglicher Widerstände gegen Veränderungen aufgearbeitet. Anschließend sollen aus der Literatur gewonnene Erkenntnisse zur Überwindung von Wandelwiderständen (Change-Management-Instrumenten) Anregungen für die Untersuchung erfolgreicher SNP geben.

2.5.1. Unternehmungswandel und Change Management

Unternehmungen stehen grundsätzlich in einem Spannungsfeld verschiedener, sich ständig verändernder interner und externer Kräfte wie z. B. Mitarbeiter, Wettbewerber, Gesellschaft,[133] die regelmäßige Umgestaltungen hervorrufen. Eine SNP geht

---

[133] Vgl. exemplarisch FREEMAN (1984).

hingegen durch den Wechsel in neue, unverbundene SGF mit einem grundlegenden Unternehmungswandel einher.

Die Wandelprozesse in Unternehmungen fallen in das breite Gebiet des Veränderungsmanagements (Change Management). In den folgenden Abschnitten werden Ansätze, Umfang und Prozesse des Change Managements betrachtet.

2.5.1.1. Ansätze des Unternehmungswandels und des Change Managements

Unter *Change Management* wird eine Vielzahl unterschiedlicher Ansätze und Konzepte zur Beherrschung des Unternehmungswandels verstanden. Diese können grundsätzlich nach den zwei Dimensionen Reichweite und Kontinuitätsauffassung des Wandels klassifiziert werden. Die Reichweite spannt ein Kontinuum zwischen lokalen, inselförmigen Veränderungen und globalem, unternehmungsweitem Wandel. Die Kontinuitätsauffassung unterscheidet Wandlungsprozesse zwischen „harten" Formen des disruptiven Wandels (Umbruchsmodell) und „weichen" Formen der kontinuierlichen Veränderungen (Evolutionsmodell).[134]

Disruptive, revolutionäre Ansätze des Change Managements stammen insbesondere aus dem Business Reengineering[135] und dem Krisenmanagement[136]. Sie stellen die gesamte Unternehmung bzw. grundlegende Prozesse und Strukturen in Frage und führen zu radikalen Veränderungen. Zu den kontinuierlichen, eher evolutionären

---

[134] Vgl. REIß (1997a), S. 9. Zur Einordnung der Ansätze nach der Kontinuitätsauffassung vgl. auch KRÜGER (1994b), S. 204-205.

[135] Für einen Überblick zum Business Reengineering vgl. OSTERLOH/FROST (1994). Vgl. grundlegend HAMMER/CHAMPY (2001); DAVENPORT (1993); GAITANIDES ET AL. (1994); BULLINGER/WIEDMANN/ NIEMEIER (1995).

[136] Für einen Überblick zum Krisenmanagement vgl. TUSHMAN/NEWMAN/ROMANELLI (1986); COENENBERG/ FISCHER (1993).

Formen zählen die Organisationsentwicklung[137], Ansätze des Organisationalen Lernens[138] sowie Konzepte der Kontinuierlichen Verbesserung[139].

2.5.1.2. Umfang des Change Managements

Für das bessere Verständnis des Change Managements soll dessen Umfang betrachtet werden. Dieser wird insbesondere davon bestimmt, wie tief greifend der Wandel ist. Für eine Klassifizierung fasst KRÜGER (1994) die unterschiedlichen Stufen nach ihrer tendenziellen Wandlungstiefe in einem Schichtenmodell der Transformation („Zwiebelmodell") zusammen.[140] Er unterscheidet folgende vier Stufen der Veränderung:[141]

- Restrukturierung,
- Reorientierung,
- Revitalisierung und
- Remodellierung.

Tendenziell nimmt die Wandlungstiefe von der Restrukturierung über die Reorientierung und Revitalisierung bis zur Remodellierung zu. Je tiefer ein Unternehmungswandel ansetzt, desto nachhaltigeren Einfluss übt er auf die Unternehmung aus.[142]

Die Veränderung von Strukturen, Prozessen, Systemen und materiellem Realisationspotential (z. B. Fabrikanlagen) wird als *Restrukturierung* bezeichnet.[143] Diese ist eine

---

[137] Für einen Überblick zur Organisationsentwicklung (OE) vgl. BARTÖLKE (1980); FRENCH/BELL (1994); SCHREYÖGG/NOSS (1995), S. 172-173; SCHREYÖGG (1998), S. 506-532; CUMMINGS/WORLEY (1997); TREBESCH (2004). Zu den OE-Konzepten gehören z. B. der Survey-Feedback-Ansatz, das Konfrontationstreffen, die Prozessberatung, das Verhaltensgitter sowie die Systemische Intervention.

[138] Für einen Überblick zum Organisationalen Lernen vgl. SCHREYÖGG (1998), S. 533-551; KLIMECKI/ LAßLEBEN/THOMAE (2000); DIERKES ET AL. (2001); ANTAL/DIERKES (2004). Grundlegend vgl. MARCH/ OLSEN (1976); SHRIVASTAVA (1983); ARGYRIS/SCHÖN (1978); SENGE (1990); NONAKA/TAKEUCHI (1995).

[139] Für einen Überblick zu Konzepten der Kontinuierlichen Verbesserung vgl. REIß (1997b), S. 47-69. Zu diesen Konzepten zählen z. B. Kaizen, Total Quality Management sowie Lean Management.

[140] Vgl. KRÜGER (1994a), S. 211. Vgl. auch PERICH (1993), S. 151.

[141] Vgl. KRÜGER (1994c), S. 358-360. Vgl. ähnlich REIß (1997a), S. 7-9; TUSHMAN/ROMANELLI (1985), S. 179.

[142] Vgl. PERICH (1993), S. 155.

notwendige Folge bzw. Begleiterscheinung tief greifenden, disruptiven Wandels, kann jedoch auch bei kontinuierlichen Veränderungsprozessen auftreten. Die Veränderung der strategischen Ausrichtung einer Unternehmung charakterisiert eine *Reorientierung*. Sie kann Auslöser des Wandels insgesamt oder die Folge einer tieferen Änderung sein. Die Reorientierung tritt selten singulär auf, sondern zieht in der Regel Umgestaltungen in den anderen Schichten nach sich. Unter einer *Revitalisierung* werden Veränderungen in personellen Fähigkeiten sowie im Führungs- und Kooperationsverhalten von Führungskräften und Mitarbeitern verstanden. Den tiefst greifenden Wandel stellt die *Remodellierung* dar. Sie verändert Werte[144] sowie Überzeugungen und berührt das grundlegende Selbstverständnis einer Unternehmung.

Werden die Aussagen von KRÜGER auf die SNP bezogen, lassen sich mehrere Erkenntnisse gewinnen. Durch den Wechsel in neue Geschäftsfelder, die in keiner Verbindung zu den alten Aktivitäten stehen, ist die SNP mit einem fundamentalen Wandel im Selbstverständnis der Unternehmung verbunden. Damit liegt zunächst eine *Remodellierung* vor.[145] Außerdem geht eine SNP mit einer mehr oder weniger intensiven Veränderung der Fähigkeiten und des Verhaltens der Mitarbeiter einher, um die neue Strategie umzusetzen (*Revitalisierung*). Gleichzeitig wird bei einer SNP die strategische Ausrichtung der Unternehmung verändert, da sie den Abbau alter und den Aufbau neuer SGF umfasst. Folglich handelt es sich bei der SNP auch um eine *Reorientierung*.[146] Da die SNP ferner zur Bearbeitung einer neuen Produkt-Markt-Kombination auch grundlegende Veränderungen der Strukturen, Prozesse, Systeme und des Realisierungspotentials verlangt, kann sie letztlich auch als *Restrukturierung* angesehen werden.

---

[143] Vgl. hierzu und zum Folgenden PERICH (1993), S. 151-156; KRÜGER (1994a), S. 210-213; KRÜGER (1994b), S. 199-201; KRÜGER (1994c), S. 358-360.

[144] Werte sind in der Tiefenstruktur einer Unternehmung verankert. Als Teil der Unternehmungskultur bestehen sie aus teils sichtbaren, teils unbewussten Vorstellungen der Mitarbeiter über Verhaltensrichtlinien. Vgl. SCHEIN (1984), S. 4-8; MAYRHOFER/MEYER (2004), Sp. 1027.

[145] KRÜGER erläutert dies am Beispiel der Brauerei Isenbeck, die sich vom Bierproduzenten zu einer Immobiliengesellschaft gewandelt hat. Vgl. KRÜGER (1994c), S. 360.

[146] Vgl. KRÜGER (2002b), S. 41.

Die vorangegangene Betrachtung macht deutlich, dass eine SNP grundsätzlich alle Schichten des Wandels nach KRÜGER betrifft. Sie stellt damit eine tief greifende sowie komplexe Veränderung dar, deren Beherrschung eine besondere Herausforderung ist. In den folgenden Abschnitten soll herausgearbeitet werden, wie ein Change Management zu gestalten ist, um eine SNP erfolgreich durchzuführen.

2.5.1.3. Change-Management-Prozesse

Erfolgreiche Change-Management-Prozesse durchlaufen zyklische Phasen. Hierzu wurden verschiedene Konzepte entwickelt. Die ersten Veröffentlichungen gehen auf LEWIN (1958) zurück, der den Veränderungsprozess als triadische Episode[147] mit den Phasen Auftauen (Unfreezing), Verändern (Moving) und Stabilisieren (Freezing) unterscheidet (vgl. Abb. 8)[148]. Dabei kommt eine besondere Bedeutung der Auftauphase zu, in der ein bisheriger Gleichgewichtszustand aufgelöst und eine grundlegende Änderungsbereitschaft z. B. der Mitarbeiter geschaffen wird. Der Anstoß zum Unfreezing kann sowohl von innen (Fehleranalyse, neue Mitarbeiter usw.) als auch von außen (Stagnation des Marktes, öffentliche Kritik usw.) kommen.

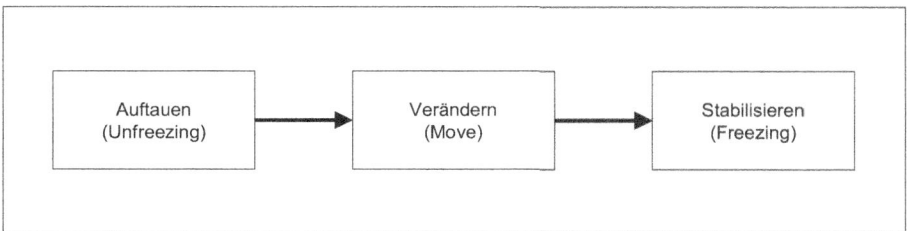

Abb. 8:   Phasen des Wandels nach LEWIN.
          Quelle: Vgl. STEINMANN/SCHREYÖGG (2000), S. 454. Nach LEWIN (1958), S. 210-211.

In der Veränderungsphase wird der eigentliche Wandel vollzogen. Damit die Beteiligten anschließend nicht wieder in den alten Zustand zurückfallen, sondern die

---

[147]   Vgl. SCHREYÖGG (1998), S. 496.

[148]   Vgl. hierzu und zum Folgenden LEWIN (1958), S. 210-211.

Veränderungen dauerhaft wirksam bleiben, muss ein neuer stabiler Gleichgewichtszustand erreicht werden. Die Stabilisierung des vollzogenen Wandels wird durch Ruhephasen ohne Veränderungsaktivitäten erreicht.[149]

Aufbauend auf den Erkenntnissen von LEWIN wurden die Phasenverläufe erfolgreicher Wandelprozesse von anderen Forschern weiter intensiv erforscht und das triadische Modell ausgebaut.[150] GREINER bspw. ergänzte Teilschritte, in denen externe Berater und Experimente den Wandel voranbringen sollen.[151] Ferner beobachtete er, dass sich evolutionäre (inkrementelle) und revolutionäre (radikale) Phasen der Unternehmungsentwicklung abwechseln[152] und Unternehmungen zwischen Umbruch (Upheaval) und Konvergenz (Convergence) pendeln[153]. Bei einer SNP liegt die Vermutung nahe, dass es sich um eine revolutionäre Veränderung handelt.

Inzwischen gehen einige Forscher davon aus, dass nur rein revolutionäre Transformationen erfolgreich sind.[154] Andere sind der Meinung, dass beide Formen des Wandels (evolutionärer und revolutionärer) gleichzeitig beherrscht werden müssen.[155]

In diesen unterschiedlichen Meinungen offenbaren sich Widersprüche in den Wandelverständnissen. Dabei liegt das Kernproblem in der Frage, inwiefern Veränderungen als Ausnahmesituation angesehen werden.[156] Während z. B. das Business Reengineering oder die Organisationsentwicklung auf zeitlich begrenzte Sondermaßnahmen und Experten setzen, verstehen andere Konzepte Wandel als Normalfall. Solche Ansätze wie z. B. die Kontinuierliche Verbesserung und das Organisationale Lernen, die aus dem Marktdruck eines vielschichtigen, hochdynami-

---

[149] Vgl. auch STREICH (1997), S. 238-240; SCHREYÖGG (1998), S. 496-497.

[150] Vgl. KANTER/STEIN/JICK (1992); KOBI (1996); GABNER (1999); HAMMER/CHAMPY (2001).

[151] Vgl. GREINER (1967), S. 126.

[152] Vgl. GREINER (1972), S. 41.

[153] Vgl. TUSHMAN/NEWMAN/ROMANELLI (1986).

[154] Vgl. MILLER/FRIESEN (1984).

[155] Vgl. TUSHMAN/O'REILLY (1996); GEBERT (2000).

[156] Vgl. SCHREYÖGG (2000a), S. 41.

schen Wettbewerbs[157] entstanden sind, fordern einen permanenten Wandel[158]. Sie betonen die Notwendigkeit einer fortlaufenden Veränderung auf dem Weg von einer statischen zu einer 'dynamischen Organisation'.[159] Dynamische Fähigkeiten, die einer Unternehmung den erfolgreichen Wandel über die Zeit ermöglichen, setzen an genau diesem Punkt an. Auf sie wird in Kapitel 3.3. näher eingegangen.

2.5.2. Widerstände gegen Wandel

Neben dem Umfang und dem Ablauf von Wandelprozessen beschäftigt sich die Literatur zum Change Management außerdem intensiv mit der Überwindung von Widerständen gegen Wandel.[160] Grundsätzlich kann zwischen Veränderungswiderständen aus der Person (individuelle Ebene) und aus der Gruppe bzw. Organisation (Gruppen- bzw. Organisationsebene) unterschieden werden.[161]

Widerstände auf der individuellen Ebene basieren insbesondere auf Phänomenen der Verhaltensfixierung (Gewohnheit)[162], der funktionalen Gebundenheit (Betriebsblindheit)[163], dem Vorrang der Ersterfahrung (Verstärkung durch vergangene Erfolge)[164] und dem Frustrations-Regressions-Effekt.[165] Widerstände aus der Gruppe bzw. Organisation entstehen vornehmlich aus kollektiven Orientierungsmustern wie der Unternehmungskultur[166] sowie aus der tiefen Verankerung von Routinen und

---

[157]   Vgl. D'AVENI (1994).

[158]   Vgl. BROWN/EISENHARDT (1997), S. 1-2.

[159]   Vgl. SCHREYÖGG (2000a), S. 42; SCHREYÖGG/NOSS (2000), S. 54.

[160]   Vgl. KRÜGER (1994c), S. 361; REIß (1997a), S. 17.

[161]   Vgl. WATSON (1975); V. ROSENSTIEL (1997), S. 203.

[162]   Vgl. TOMAN (1968), S. 99.

[163]   Vgl. V. ROSENSTIEL (1997), S. 203.

[164]   Vgl. SEILER (1973).

[165]   Beim Frustrations-Regressions-Effekt führen alte Verhaltensweisen, die weiterhin ausgeübt werden, zu Misserfolgen und damit zu einer Frustration der Beteiligten. Anstatt die neuen Verhaltensweisen anzunehmen, wird der Wandel als Ursache des Misserfolgs gesehen und dieser nicht unterstützt. Vgl. z. B. SCHREYÖGG (2000a), S. 28-29.

[166]   Vgl. SCHREYÖGG (1989).

Strukturen („deep structure")[167]. Ferner können auf dieser Ebene Widerstände wie das Not-invented-here-Syndrom, eine Art „Systemstolz"[168], sowie politische Kräfte zur Stabilisierung von Status und Prestige[169] einen Unternehmungswandel verhindern oder zumindest erschweren.[170]

Neben der Einteilung nach der Herkunft (individuelle und Gruppen- bzw. Organisations-Ebene) werden Wandelwiderstände in *Fähigkeitsbarrieren* und *Bereitschaftsbarrieren* unterschieden[171]. Zur Überwindung von *Fähigkeitsbarrieren* muss bei den am Wandel beteiligten Personen die *Fähigkeit* zur Änderung bestehen.[172] Die Änderungsfähigkeit basiert auf zweckspezifischem Wissen und Können und scheitert an Unkenntnis (*Nicht-Kennen*, Informationsdefizite) und Überforderung (*Nicht-Können*, Qualifikationsdefizite) der Betroffenen.[173]

Zur Überwindung von *Bereitschaftsbarrieren* ist die *Bereitschaft* zur Änderung bei den Beteiligten notwendig. Änderungsbereitschaft bezeichnet die Einstellungen der am Wandlungsprozess Beteiligten gegenüber den Zielen und Maßnahmen des Wandels.[174] Die Änderungsbereitschaft leidet, wenn eine Schlechterstellung droht[175] (*Nicht-Wollen*, Motivationsdefizite) und der Wandel aus der Organisation heraus

---

[167] Vgl. SCHREYÖGG (2000a), S. 30.

[168] Beim Not-invented-here-(NIH)-Syndrom werden Ideen außerhalb der Gruppe bzw. Organisation abgelehnt. Vgl. KATZ/ALLEN (1982).

[169] Vgl. DOPPLER/LAUTERBURG (1994), S. 210.

[170] Vgl. SCHREYÖGG (1998), S. 491.

[171] Vgl. REIß (1997a), S. 17.

[172] Vgl. KRÜGER (2002a), S. 22.

[173] Vgl. REIß (1997a), S. 17; WITTE (1973), S. 5-7; HAUSCHILDT (1997), S. 95-97; vgl. ferner V. ROSENSTIEL (1997), S. 201.

[174] Vgl. KRÜGER (2002a), S. 21.

[175] Motivationsdefizite während Veränderungsprozessen werden hauptsächlich auf zwei Gründe zurückgeführt. Einerseits ruft ein Sicherheitsbedürfnis der Betroffenen Angst vor einer ungewissen Zukunft hervor. Andererseits wird eine Bestandswahrung durch die Beteiligten verfolgt sowie eine mögliche Verschlechterung in der Bedürfnisbefriedigung durch die Veränderungen befürchtet. Vgl. SCHREYÖGG (1998), S. 489; BURKE (1982), S. 51-52.

durch fehlende Prozesse und Strukturen gelähmt wird (*Nicht-Dürfen*, Organisations-defizite).[176]

Der nächste Abschnitt setzt sich mit der Frage auseinander, wie die Wandelwider-stände überwunden werden können.

2.5.3. Überwindung von Wandelwiderständen

Eine zentrale Aufgabe des Change Managements besteht in der Überwindung von Veränderungswiderständen. Wesentlich hierfür und somit für den Erfolg eines Unternehmungswandels ist dessen Akzeptanz bei den Betroffenen. Orientiert an den Fähigkeits- und Bereitschaftsbarrieren wurden entsprechende *Akzeptanzfaktoren* entwickelt. Die Akzeptanz des Wandels wird demnach durch eine Steigerung der *Änderungsfähigkeit* und *Änderungsbereitschaft* gefördert. Eine Verbesserung der Änderungsfähigkeit kann dadurch erreicht werden, dass die Veränderungen bekannt sind (*Kennen*) und die Beteiligten mit ihnen umgehen können (*Können*). Für die Steigerung der Änderungsbereitschaft müssen die Betroffenen dem Wandel zustimmen (*Wollen*) und durch dessen organisatorische Verankerung unterstützt werden (*Sollen*).[177]

Eine grundlegende Lösung zur Überwindung von Veränderungswiderständen lieferten schon die Erkenntnisse von LEWINS Experimentalstudien. So erkannte er bereits, dass sich Wandelwiderstände durch die aktive Teilnahme von Mitarbeitern (Teilnehmerak-tivierung), durch ihre frühzeitige Information und Partizipation, durch die Nutzung von Gruppenkräften als Verstärkung und durch Kooperation zwischen den Beteiligten überwinden lassen.[178]

Inzwischen bedient sich die Literatur vielfältiger Instrumente zur Bewältigung von Wandelbarrieren. Diese orientieren sich an den genannten Akzeptanzfaktoren und

---

[176] Vgl. REIß (1997a), S. 17.
[177] Vgl. REIß (1997c), S. 93.
[178] Vgl. LEWIN (1943); LEWIN (1958); SCHREYÖGG (1998), S. 494.

können grundsätzlich in Kommunikations-, Qualifikations-, Motivations- und Organisationsinstrumente unterschieden werden (vgl. Abb. 9).[179]

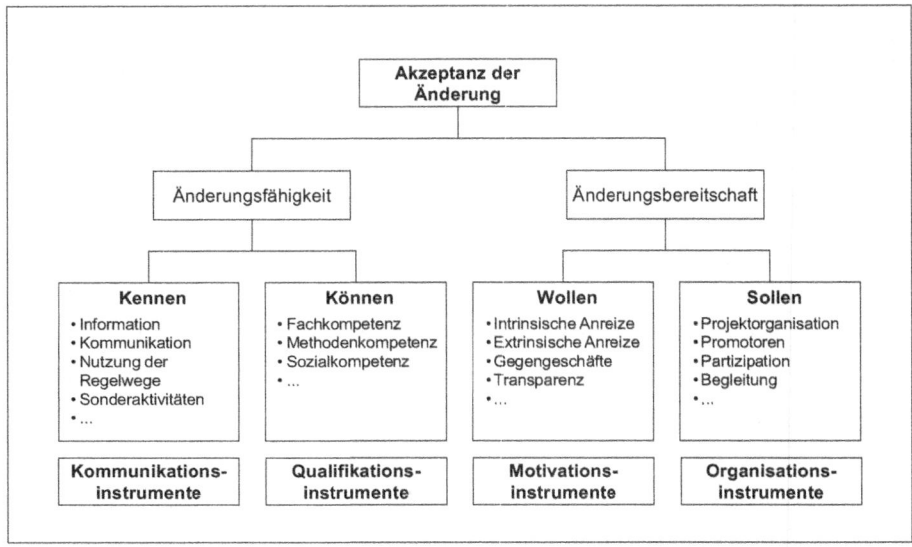

Abb. 9:   Akzeptanzfaktoren und Instrumente des Change Managements zur Überwindung von Barrieren des Wandels.
Quelle: BERNECKER/REIß (2002), S. 325.

Kommunikationsinstrumente sollen die Beteiligten über die Veränderung informieren. Unter Beteiligten sind nicht nur die Mitarbeiter, sondern ebenso die Anteilseigner, Lieferanten und Kunden sowie die Öffentlichkeit zu verstehen. Kommunikationsinstrumente vermitteln Fakten über die Gründe, die konkreten Inhalte und alle bedeutsamen Folgen der Veränderung. In einem Feedback-Prozess werden außerdem Berichte über Erfolge und Misserfolge der Maßnahmen verbreitet.[180]

---

[179]   Vgl. REIß (1995), S. 296-298; REIß (1997c), S. 94; SPALINK (1998).

[180]   Zu einem Überblick über mögliche Kommunikationsinstrumente sowie deren Wirksamkeit und Einsatzhäufigkeit exemplarisch BERNECKER/REIß (2002).

Qualifikationsinstrumente zielen darauf, den Betroffenen das notwendige Können für den Wandel und die sich daraus ergebenden Änderungen zu vermitteln. Die Maßnahmen erstrecken sich über Fach-, Methoden- und Sozialkompetenz.

Motivationsinstrumente dienen dem Zweck, den Beteiligten akzeptanzförderliche Anreize zum Wandel zu geben. Diese können zum einen in der Veränderung selbst liegen (intrinsische Anreize[181]) wie z. B. bei einem erweiterten oder angereicherten Aufgabenbereich.[182] Zum anderen können äußere (extrinsische) Anreize in Form von Prämien als Gegengeschäfte (z. B. monetärer oder Urlaubsausgleich) oder ideellen Preisen gewährt werden. Hierbei ist auf eine ausreichende Transparenz dieser Anreize zu achten, was durch genaue Information und klare Regeln erreicht werden kann.[183]

Organisationsinstrumente, die der Überwindung von Wandelbarrieren dienen, sollen schließlich den Beteiligten einen organisatorischen Rahmen für die geplanten Veränderungen geben und sie z. B. durch fest verankerte Prozesse im Wandel selbst unterstützen. Häufig werden Change-Management-Maßnahmen in Form von Projekten durchgeführt, die die bestehenden Organisationsstrukturen ergänzen. Dies bietet sich insbesondere dann an, wenn die Struktur selbst Gegenstand des Wandels ist.

Ferner gewinnen als Organisationsinstrumente sog. Promotoren erheblich an Bedeutung.[184] Dabei handelt es sich um am Wandel beteiligte Mitarbeiter, die Veränderungen nachhaltig unterstützen. Das von WITTE (1973) eingeführte Promotorenmodell stammt ursprünglich aus der Innovationsforschung und ist ein Ansatz zur Erklärung erfolgreicher Innovationsprozesse in Unternehmungen. Es kann

---

[181] Vgl. AMBROSE/KULIK (1999).

[182] Vgl. SCHREYÖGG (1998), S. 244-247; JUDGE ET AL. (2001).

[183] Vgl. LOCKE/LATHAM (1990).

[184] Vgl. STEINLE/KRUMMAKER/GLASCHAK (2003), S. 409; KRÜGER (1994b), S. 205-207.

zunächst zwischen vier grundlegenden Formen von Promotoren unterschieden werden:[185]

- Machtpromotoren,
- Fachpromotoren,
- Prozesspromotoren und
- Beziehungspromotoren.

Machtpromotoren unterstützen durch ihre Positionsmacht (z. B. Vertretung der Geschäftsleitung) und wirken vornehmlich auf die Reduzierung von Motivationsbarrieren. Fachpromotoren wie z. B. Spezialisten für Qualitätssicherung bringen ihre Expertise ein und können helfen, Qualifikationsbarrieren abzubauen.[186] Prozesspromotoren fungieren als projektinterne Koordinatoren, Projektleiter, Moderatoren sowie Prozessbegleiter und unterstützen bei hoher Problem- und Systemkomplexität.[187] Beziehungspromotoren agieren als projekt- und unternehmungsübergreifende Vermittler und überwinden insbesondere Barrieren interorganisationaler Zusammenarbeit.[188]

Neben den beschriebenen ‚klassischen' Promotorenrollen wurden sechs ergänzende, wandlungsspezifische Promotoren in die Literatur eingeführt:[189]

- Innovatoren,
- Visionäre,
- Strategen,
- Kommunikatoren,
- Sozialpromotoren und
- Anreizschaffer.

---

[185] Vgl. GEMÜNDEN/WALTER (1995), S. 971-974.

[186] Vgl. grundlegend WITTE (1973), S. 17-19.

[187] Zur Erweiterung des Promotorenmodells durch HAUSCHILDT/CHAKRABARTI vgl. HAUSCHILDT/CHAKRABARTI (1988), S. 383-388. Vgl. ferner HAUSCHILDT/KIRCHMANN (1997), S. 69; HAUSCHILDT/SCHEWE (1997), S. 509; HAUSCHILDT (1997), S. 167-188.

[188] Zur Erweiterung des Promotorenmodells durch GEMÜNDEN/WALTER vgl. GEMÜNDEN/WALTER (1995), S. 971-974; GEMÜNDEN/WALTER (1996).

[189] Vgl. hierzu und zum Folgenden STEINLE/KRUMMAKER/GLASCHAK (2003), S. 409-411.

Innovatoren geben Anstöße zu Veränderungen und helfen bei der Bewältigung von Fähigkeitsbarrieren. Visionäre entwickeln Zukunftsbilder und begeistern die Beteiligten, um Bereitschaftsbarrieren des Wandels zu überwinden. Strategen sind für die mittel- bis langfristige, phasenübergreifende Koordination und Steuerung von Veränderungsprozessen notwendig. Kommunikatoren halten den Informationsfluss in Veränderungsprozessen aufrecht. Sozialpromotoren wirken stabilisierend und integrierend als Ansprechpartner für die Beteiligten. Anreizschaffer steigern die Attraktivität einer Beteiligung an Veränderungen. Diese neben den vier ‚klassischen' Rollen bestehenden sechs Promotoren wurden zusätzlich bei Wandelprozessen beobachtet.

Ferner wird als Organisationsinstrument zur Überwindung von Wandelwiderständen die Partizipation eingesetzt. Damit sollen die betroffenen Mitarbeiter frühzeitig an der Gestaltung und an der Durchführung des Wandels beteiligt werden.[190] Außerdem bestehen Konzepte, nach denen der Wandel durch externe Berater bzw. Coaches begleitet wird.

Welche speziellen Instrumente des Change Managements für einen Veränderungsprozess eingesetzt werden, ist jeweils abhängig von den Notwendigkeiten, die sich aus den Akzeptanzfaktoren (Kennen, Können, Wollen, Sollen) ergeben.

Auch für eine SNP kann aus der Literatur kein allgemeingültiger Maßnahmenkatalog abgeleitet werden. Tendenziell lässt sich jedoch aus der Tragweite und dem Umfang einer SNP annehmen, dass eine erfolgreiche Veränderung nur durch einen gezielten Einsatz von Instrumenten aller Kategorien möglich ist. Bei der eigenen empirischen Untersuchung soll ebenfalls der Einsatz von Change-Management-Instrumenten untersucht werden. Es ist zu vermuten, dass auch von ihnen ein Einfluss auf den Erfolg einer SNP ausgeht.

---

[190] Vgl. exemplarisch SCHREYÖGG (1998), S. 494.

2.6. Zusammenfassung der SNP-Grundlagen

Im Folgenden sollen die wichtigsten Aspekte zur Strategischen Neupositionierung (SNP) zusammengetragen werden. So wurde in den vorangegangenen Abschnitten zunächst herausgestellt, dass es sich bei einer SNP um eine Strategie handelt, die auf der Unternehmungsgesamtebene wirkt (Corporate Strategy), da sie die Strategischen Geschäftsfelder (SGF) zum Gegenstand hat.

Bei einer SNP werden die Entwicklungsrichtungen der Schrumpfung der alten SGF und des Wachstums des neuen SGF kombiniert. In diesem Rahmen verschiebt sich bei einer Unternehmung die Bedeutung innerhalb des Portfolios hin zum neuen Geschäftsfeld. Daher kann die SNP auch als Kombination der Diversifikations- und Konzentrationsstrategie interpretiert werden. Dabei hat die SNP mit einer Diversifikation gemein, dass eine Veränderung der Produkt-Markt-Kombination vorliegt, bei der die Unternehmung mit neuen Produkten auf einem neuen Markt tätig wird. Die SNP ist einer unverbundenen bzw. konglomeraten Diversifikation am ähnlichsten, da das neue SGF keine Überschneidung bezüglich der Kunden und Technologien zum alten SGF aufweist. Die SNP geht insofern über eine konglomerate Diversifikation hinaus, als gleichzeitig eine Konzentrationsstrategie verfolgt wird. Dabei findet nicht nur die Aufnahme neuer Produkte in einen neuen Markt statt, sondern es werden gleichzeitig alte Produkt-Markt-Kombinationen abgestoßen. Somit liegt ein Wechsel in neue, unverbundene SGF vor.

Für die vorliegende Arbeit werden als Indikatoren einer SNP Absolut- und Relativwerte von Umsatz, Mitarbeiterzahl, Ergebnis und Investitionen ausgewählt. Mit ihrer Hilfe lassen sich die Bedeutungsverschiebungen zwischen den Geschäftsfeldern einer Unternehmung erfassen. Wird ein neues SGF im Vergleich zu bestehenden SGF zum stärksten Umsatzträger, weist es den größten Mitarbeiteranteil, die höchsten Ergebnisbeiträge und die umfangreichsten Investitionen auf, sind dies Indikatoren für eine erfolgte Neupositionierung.

Der Tätigkeitsbereich und somit die Geschäftsfelder einer AG werden durch den Unternehmensgegenstand in der Satzung festgeschrieben. Da in der Regel ein Wechsel in unverbundene Geschäftsfelder durch den bestehenden Unternehmensgegenstand nicht abgedeckt sein dürfte, wird im Rahmen einer SNP eine Änderung desselben notwendig.

Die Realisierungswege einer SNP ergeben sich aus der Kombination von Markteintritts- und Marktaustrittsstrategien zum Auf- und Abbau von SGF. Für den Aufbau von Geschäftsfeldern bieten sich die interne Entwicklung (interner Aufbau und Ausgründung) sowie die Zuhilfenahme externer Unterstützung (strategische Allianz und Akquisition) an. Die Alternativen für den SGF-Abbau werden in zeitnah umzusetzende Strategien (Stilllegung und Verkauf) sowie mittel- bis langfristige, den Marktaustritt vorbereitende Strategien (Abschöpfung und Senkung von Marktaustrittsbarrieren) unterschieden.

Die Motive für eine SNP können nach den verfolgten Zielen und nach der Entstehung der Motive systematisiert werden. Im ersten Fall lässt sich zwischen Motiven einer Verbesserung der Marktpositionierung, einer Rentabilitätssteigerung, einer finanzwirtschaftlichen Optimierung, einer Erhöhung von Macht oder Prestige sowie einer Verwirklichung sozialer oder gesellschaftsbezogener Ziele differenzieren. Die Systematisierung nach der Entstehung der Motive unterscheidet einerseits zwischen dem internen Ursprung (Stärken und Schwächen) sowie dem externen Ursprung von Motiven (Chancen und Risiken). Andererseits wird nach der Veränderungsnotwendigkeit und der Veränderungsmöglichkeit gegliedert.

Bei der SNP handelt es sich um ein tief greifendes Phänomen des Unternehmungswandels, das alle vier Schichten einer Transformation (Restrukturierung, Reorientierung, Revitalisierung und Remodellierung) berührt. In Wandelprozessen wie der SNP kann grundlegend eine triadische Einteilung in die Phasen Auftauen, Verändern und Stabilisieren vorgenommen werden.

Ferner wurde die Implementierung einer SNP untersucht. Dabei müssen vor allem vielfältige Widerstände gegen den Unternehmungswandel überwunden werden. Die Akzeptanz der SNP wird sowohl von der Änderungsfähigkeit als auch von der Änderungsbereitschaft der Beteiligten abhängig sein. Erstere kann an Informations- und Qualifikationsdefiziten scheitern. Die Änderungsbereitschaft sinkt bei Motivations- und Organisationsdefiziten. Zur Akzeptanzförderung einer SNP und somit zur Überwindung von Veränderungswiderständen können Change-Management-Instrumente eingesetzt werden. Grundsätzlich handelt es sich dabei um Kommunikations-, Qualifikations-, Motivations- und Organisationsinstrumente.

Aus den begrifflichen Grundlagen lassen sich verschiedene Schlüsse bezüglich der eigenen empirischen Untersuchung ziehen. Zunächst sollen die betrachteten Fälle auf das Vorliegen einer SNP überprüft werden. Dazu müssen folgende *SNP-Merkmale* auf die untersuchte Unternehmung zutreffen:

1. Aufnahme einer *neuen Produkt-Markt-Kombination* und zwar

    1. a) durch das Angebot (für die Unternehmung) *neuer Produkte*

    1. b) auf (für die Unternehmung) *neuen Märkten.*

2. Aufnahme eines *unverbundenen SGF* in der Form, dass zwischen neuen und alten SGF *keine Ähnlichkeiten* bestehen bezüglich

    2. a) *Technologien* und

    2. b) *Kunden.*

3. *Wechsel* in ein (neues, unverbundenes) SGF, welcher angezeigt wird durch

    3. a) ein *Minimum* der (für eine SNP nicht hinreichenden) Diversifikations-maße *Spezialisierungsgrad* und *Herfindahl-Index* sowie durch

    3. b) vier *SNP-Indikatoren*, wobei das neue SGF im Vergleich zu den anderen SGF die höchsten Anteile erreicht nach

- *Umsatz,*
- *Mitarbeiterzahl,*
- *Investitionen* und
- *Ergebnis.*

In einem zweiten Schritt sollen in der eigenen empirischen Arbeit die Motive für eine SNP untersucht werden. Dabei wird die in Kapitel 2.3. erarbeitete Systematisierung zugrunde gelegt. Außerdem geben Markteintritts- und Marktaustrittsstrategien zum Auf- und Abbau von SGF eine grobe Struktur zur Untersuchung des Ablaufs einer SNP vor.

Schließlich ist festzuhalten, dass Change-Management-Instrumente in der eigenen empirischen Untersuchung explizit berücksichtigt werden, da von ihnen ein Einfluss auf den Erfolg einer SNP angenommen wird.

Nachdem in diesem Kapitel die SNP-Grundlagen aufgearbeitet wurden, soll im folgenden Kapitel 3 die theoretische Basis für die Untersuchung erfolgreicher SNP geschaffen werden.

3. Theoretische Basis für die SNP-Untersuchung

Das vorliegende Kapitel zeigt mögliche theoretische Grundlagen zur Erklärung einer SNP auf. Nach der Vorstellung von Wettbewerbsvorteilen und zentralen Strömungen des Strategischen Managements wird deutlich, dass der ressourcenbasierte Ansatz (Resource-Based View, RBV) ein geeignetes theoretisches Gerüst zur Erklärung des Erfolgs von Strategischen Neupositionierungen darstellt. Auf dessen Argumentationslogik und Begriffsabgrenzungen wird dann im Folgenden eingegangen.

Da die SNP eine dynamische Veränderung des Unternehmungsgefüges darstellt, wird neben der statischen auch die dynamische Perspektive des RBV mit dem Dynamic-Capabilities-Ansatz betrachtet. Die jeweiligen Abschnitte beginnen mit der Abgrenzung der zentralen Begriffe. Es folgen jeweils eine Darstellung der grundlegenden, ressourcenbasierten Wirkungszusammenhänge sowie eine kritische Diskussion. Abschließend werden die Implikationen des RBV für die SNP herausgearbeitet.

3.1. Bedeutung von Wettbewerbsvorteilen und zentrale Strömungen im Strategischen Management

Das *Strategische Management* ist eine betriebswirtschaftliche Forschungsrichtung, die sich intensiv mit der Fragestellung auseinandersetzt, wie Unternehmungen *Wettbewerbsvorteile* erreichen sowie ihre längerfristige Entwicklung planen und steuern können.[191] Wettbewerbsvorteile sind durch eine überlegene Position im Wettbewerb gekennzeichnet. Dabei kann eine Unternehmung mit ihrem Leistungsangebot die Kundenbedürfnisse besser befriedigen als ihre Konkurrenten.[192] Wettbe-

---

[191]   Vgl. TEECE/PISANO/SHUEN (2000), S. 334; TEECE (1990), S. 41; ANSOFF (1988), S. 6; BARNEY (1991), S. 99; WELGE/AL-LAHAM (1999), S. 19; WHEELEN/HUNGER (2004), S. 2; RUMELT/SCHENDEL/TEECE (1991), S. 6; FREEMAN/LORANGE (1985), S. 12.

[192]   Vgl. BARNEY (2002), S. 9; HUNGENBERG (2000), S. 5.

© Springer Fachmedien Wiesbaden GmbH, ein Teil von Springer Nature 2005
O. Reichel-Busch, *Strategische Neupositionierung von Unternehmungen*,
Edition KWV, https://doi.org/10.1007/978-3-658-24347-0_3

werbsvorteile äußern sich bspw. in Form höherer Marktanteile, besserer Produktqualität oder günstigerer Kostenpositionen im Vergleich zu den Wettbewerbern.

Im Strategischen Management wird zwischen gewöhnlichen und nachhaltigen
Wettbewerbsvorteilen unterschieden.[193] Bei *gewöhnlichen Wettbewerbsvorteilen* kann
eine Strategie nicht zeitgleich von einem Konkurrenten umgesetzt werden, wodurch
nur ein kurzzeitiger (temporärer) Vorsprung besteht, bis diese Strategie durch die
Wettbewerber kopiert wird. Die Sicherung einer überlegenen Marktposition ist damit
bei gewöhnlichen Wettbewerbsvorteilen nur für eine begrenzte Zeit möglich.
Nachhaltige Wettbewerbsvorteile liegen vor, wenn die erfolgreiche Strategie von
Konkurrenten über den Zeithorizont eines gewöhnlichen Vorteils hinaus nicht
dupliziert werden kann. Folglich führen nachhaltige Wettbewerbsvorteile zu einem
langfristigen Unternehmungserfolg.[194] Dabei handelt sich nicht nur um die einfache
Aufrechterhaltung des Geschäfts[195], sondern um eine nachhaltige Steigerung des
Unternehmungswerts z. B. durch Gewinnzunahme oder Erhöhung der Marktkapitali-
sierung.

Mit den Fragestellungen des Strategischen Managements und dem Ursprung von
Wettbewerbsvorteilen setzen sich verschiedene theoretische Ansätze auseinander.
Dabei können vor allem zwei zentrale Strömungen identifiziert werden:[196]

---

[193] Vgl. hierzu und zum Folgenden BARNEY (1991), S. 102.

[194] Darüber hinaus ermöglichen auch aufeinander folgende temporäre Wettbewerbsvorteile einen langfristigen Unternehmungserfolg. Darauf wird in Kapitel 3.3. näher eingegangen.

[195] Zum Überleben bzw. Fortbestand als Minimalziel einer Unternehmung vgl. BRÜDERL/PREISENDÖRFER/
ZIEGLER (1996), S. 91-93.

[196] Vgl. WELGE/AL-LAHAM (1999), S. 22-23. Ferner besteht eine systemtheoretisch-evolutionäre Perspektive
im Strategischen Management, die Unternehmungen als komplexe soziale Systeme auffasst, welche nur
begrenzt beeinflusst werden können. Hierzu zählen z. B. Ansätze der Systemtheorie, der Evolutionstheo-
rie oder der Population Ecology [vgl. exemplarisch LUHMANN (1984), NELSON/WINTER (1982) bzw.
HANNAN/FREEMAN (1977, 1984, 1989)]. Aufgrund der eingeschränkten Möglichkeit von Unternehmungen, mit der Wahl ihrer Strategie Einfluss auf den Erfolg zu nehmen (Umweltdeterminismus), wird in
dieser Arbeit die systemtheoretisch-evolutionäre Perspektive nicht weiter betrachtet. Zur Adaptions-
Selektions-Debatte vgl. auch LEWIN/VOLBERDA (1999), S. 519-526; SINGH/LUMSDEN (1990); BAUM
(1996). Zu Systematisierungskonzepten von Organisations-, Management- und Unternehmensführungs-
theorien vgl. auch WOLF (2005), S. 436-440.

1. rational-entscheidungsorientierte Perspektiven,

2. ökonomische Perspektiven.

Den rational-entscheidungsorientierten Perspektiven werden Ansätze zugerechnet, die das Strategische Management als einen rationalen, strukturierbaren Planungsprozess aus sequentiellen, sachlogisch verknüpften Entscheidungen auffassen.[197] Unter diese frühe Perspektive fallen z. B. die Arbeiten von ANSOFF (1965), LEARNED ET AL. (1969) und ANDREWS (1971). Die ökonomischen Perspektiven gründen ihre Argumentation im Wesentlichen auf volkswirtschaftlichen Theorien.[198] Den größten Einfluss übten hierbei der Market-Based View und die Arbeiten von PORTER (1980, 1985) aus. Ferner zählen zu den ökonomischen Perspektiven der Resource-Based View, Ansätze der Spieltheorie und der Neoinstitutionenökonomik.[199]

Die rational-entscheidungsorientierten Perspektiven dominierten lange Zeit die Forschung zu strategischen Fragestellungen. Besonders die auf ANDREWS zurückge- hende SWOT-Analyse[200] erlangte große Popularität.[201] Nach dieser müssen sowohl unternehmungsinterne Stärken und Schwächen als auch unternehmungsexterne Chancen und Risiken in die Strategieüberlegungen mit einbezogen werden. Insofern kann die SWOT-Analyse als ganzheitlicher Ansatz angesehen werden, bei dem versucht wird, durch eine optimale Abstimmung (Fit) interner und externer Faktoren dauerhafte Wettbewerbsvorteile für die Unternehmung zu erlangen[202]. In ihrer Ursprungsform handelt es sich bei der SWOT-Analyse nicht um eine Theorie,

---

[197] Die rational-entscheidungsorientierten Perspektiven können daher auch als Prozessperspektiven bezeichnet werden. Vgl. zu den Ursprüngen des Strategischen Managements sowie dem Streit zwischen Planern und Inkrementalisten auch BRESSER (1998), S. 11-13.

[198] Vgl. COLLIS/MONTGOMERY (1995), S. 118.

[199] Vgl. KNYPHAUSEN-AUFSESS (1995), S. 50-53; RUMELT/SCHENDEL/TEECE (1991), S. 8, 13-16.

[200] Das Akronym SWOT steht für Strengths (Stärken), Weaknesses (Schwächen), Opportunities (Chancen) und Threats (Risiken). Vgl. WHEELEN/HUNGER (2004), S. 109. Vgl. grundlegend ANDREWS (1971, 1987).

[201] Vgl. COLLIS/MONTGOMERY (1995), S. 121.

[202] Vgl. grundlegend ANDREWS (1987), S. 35-51. Vgl. weiter exemplarisch BARNEY (2002), S. 19-23; HAX/MAJLUF (1984), S. 31-32; HOFER/SCHENDEL (1978), S. 12; PORTER (1981), S. 610; AHARONI (1993), S. 31-32; BOWMAN/SINGH/THOMAS (2002), S. 36.

sondern um eine enumerative, systematisierende Heuristik, die auf Grundlage beobachteter Phänomene auf den Unternehmungserfolg schließt.[203]

Abweichend von der eher ganzheitlichen SWOT-Analyse in den 70er Jahren konzentrierte sich die Strategieforschung in der Folgezeit entweder nur auf unternehmungsexterne oder -interne Quellen des Unternehmungserfolgs. Zu Beginn der 80er Jahre übten insbesondere die Vertreter der Harvard Business School großen Einfluss auf die Strategieforschung aus.[204] Aufbauend auf den Erkenntnissen der Industrieökonomik[205] prägte vor allem PORTER den *Market-Based View (MBV)*, der den Fokus auf unternehmungsexterne Faktoren legt (Outside-in-Perspektive).[206] Im Zentrum dieser Betrachtung steht die Unternehmungsumwelt und damit die Struktur der Branche, in der sich die Unternehmung im Wettbewerb befindet. Die Unternehmungen selbst werden im MBV als homogen angesehen und ihre internen Eigenschaften nicht näher betrachtet.

Im MBV wird der Unternehmungserfolg durch das Verhalten der Unternehmung am Markt determiniert, welches wiederum aus der Branchenstruktur resultiert (Structure-Conduct-Performance-Paradigma[207]; vgl. Abb. 10). Die Unternehmung muss folglich versuchen, diese Struktur so zu beeinflussen, dass sie im Vergleich zu ihren Wettbewerbern eine günstigere Marktpositionierung erlangt.

---

[203] Vgl. RASCHE (1994), S. 2. Inzwischen bedient sich die SWOT-Analyse des RBV zur Untersuchung der Stärken/Schwächen sowie des MBV zur Chancen-Risiko-Analyse. Vgl. BARNEY (2002), S. 22; WHEELEN/HUNGER (2004), S. 109-110; MEFFERT/BRUHN (2000), S. 132.

[204] Vgl. MACHARZINA (1999), S. 56; SAMPLER (1998), S. 343.

[205] Zum Konzept der Industrial Organization (IO) vgl. MINDERLEIN (1993); SCHMALENSEE (1988); SCHMALENSEE/WILLIG (1989); JACQUEMIN (1986); NEUMANN (1979); KAUFER (1980). Zu einer Abgrenzung klassischer IO-Forschung zu Porters Ansatz vgl. HAMMES (1994), S. 67-82; PORTER (1981; 1986).

[206] Vgl. hierzu und zum Folgenden PORTER (1980).

[207] Grundlegend vgl. MASON (1939); BAIN (1951, 1956, 1959). Vgl. ebenso MINDERLEIN (1993), S. 166-169; JACOBSON (1992), S. 782; RUMELT/SCHENDEL/TEECE (1991), S. 8; TIROLE (1988); SCHERER (1970), S. 5; PORTER (1981), S. 611.

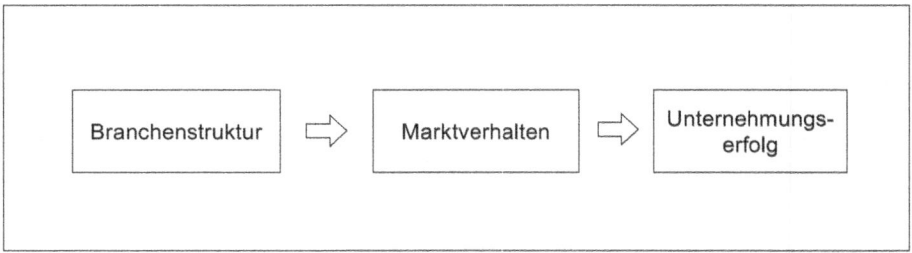

Abb. 10:   Structure-Conduct-Performance-Paradigma.
           Quelle: Vgl. PORTER (1981), S. 611.

Aus Sicht des MBV sind demnach die Branchenstruktur und die relative Wettbe-werbsposition die bestimmenden Einflussfaktoren des Unternehmungserfolgs.[208] Zur Bestimmung der Branchenstruktur entwickelte PORTER das Modell der fünf Wettbewerbskräfte (5-forces[209]; vgl. Abb. 11). Die Rivalität unter den bestehenden Unternehmungen, die Bedrohung durch neue Konkurrenten, die Verhandlungsmacht der Lieferanten und die der Abnehmer sowie die Bedrohung durch Substitutionspro-dukte beeinträchtigen die Attraktivität der Branche. Die relative Wettbewerbsposition wird durch eine Konkurrentenanalyse bestimmt.[210] Dabei muss vor allem auch der Markteintritt neuer Konkurrenten durch das Aufstellen von Markteintrittsbarrieren verhindert werden. Um eine günstige Position im Wettbewerb zu erlangen, schlägt PORTER drei generische Strategien vor: umfassende Kostenführerschaft, Differenzie-rung sowie Konzentration auf Schwerpunkte.[211]

---

[208]   Vgl. PORTER (1991), S. 99-100.
[209]   Vgl. PORTER (1979), S. 138-142; PORTER (1980), S. 3-33.
[210]   Vgl. PORTER (1980), S. 47-74.
[211]   Vgl. vertiefend hierzu PORTER (1980), S. 35-41.

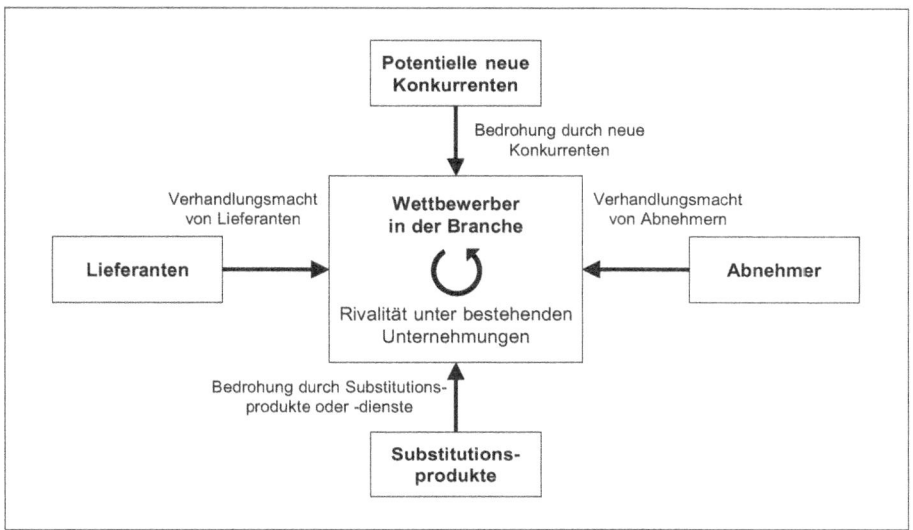

Abb. 11: Modell der fünf Wettbewerbskräfte (5-forces) zur Branchenstrukturanalyse.
Quelle: Vgl. Porter (1980), S. 4.

In einer Weiterentwicklung der Branchenstrukturanalyse führte Porter das Konzept der Strategischen Gruppen innerhalb einer Branche ein. Unternehmungen einer Strategischen Gruppe verfolgen ähnliche Strategien mit entsprechend vergleichbaren Erträgen. Um eine vorteilhafte Position im Wettbewerb zu erlangen, werden Konkurrenten versuchen, in die erfolgreichste Strategische Gruppe zu gelangen. Dieser Wechsel wird wiederum von den Eintrittsbarrieren, die zwischen Strategischen Gruppen als Mobilitätsbarrieren wirken, verhindert.[212]

Trotz seiner großen Popularität werden dem MBV auch mehrere Schwächen vorgeworfen. Die Hauptkritikpunkte bilden die einseitige Orientierung am Absatzmarkt und die ungenügende Betrachtung der unternehmungsinternen Struktur der Wettbewerbsteilnehmer.[213] Stärken und Schwächen der Unternehmung bleiben

---

[212] Vgl. CAVES/PORTER (1977), S. 241-245; MCGEE/THOMAS (1986), S. 141-150; PORTER (1980), S. 129-155. Vgl. auch COOL/SCHENDEL (1987), S. 1104.

[213] Vgl. hierzu und zum Folgenden TEECE (1984), S. 96; RÜHLI (1994), S. 41. Vgl. auch YOUNG/SMITH/GRIMM (1996), S. 243-244; JACOBSON (1992), S. 783, 795-796.

unberücksichtigt, so dass sie gleichsam als „Blackbox" betrachtet wird. Individuelle Ressourcen und Fähigkeiten der Unternehmung finden als Quelle von Wettbewerbs-vorteilen keine Beachtung.

Diese Kritik wurde anschließend durch den *Resource-Based View* (RBV) aufgegrif-fen. Der RBV sieht vor allem den spezifische Ressourceneinsatz[214] als ursächlich für den Erfolg der Unternehmung[215] und bezweifelt den ausschließlichen Einfluss unternehmungsexterner Faktoren[216]. Damit verfolgt dieser Ansatz eine Inside-out-Perspektive[217] und war ursprünglich als Gegenposition bzw. als Alternative zum MBV konzipiert[218].

Die Untersuchung des internen Erfolgspotentials lässt sich im Grunde bis auf PENROSE (1959) zurückführen.[219] Der Begriff „Resource-Based View" wurde hingegen von WERNERFELT (1984) eingeführt.[220] Weitere grundlegende ressourcenba-

---

[214] Ressourcen sind aus der Menge der einer Unternehmung zur Verfügung stehenden Inputgüter diejenigen, die ausschlaggebend für Wettbewerbsvorteile sind und damit zum Unternehmungserfolg führen können. Zur Begriffsabgrenzung von Ressourcen vgl. Kapitel 3.2.1.1., zu den Wirkungszusammenhängen vgl. Kapitel 3.2.2.

[215] Vgl. z. B. BARNEY (1991), S. 99-101; BARNEY (2002), S. 155; CASTANIAS/HELFAT (1991), S. 155-157; CASTANIAS/HELFAT (2001), S. 661-662; COFF (1997), S. 374-375; COLLIS (1991), S. 50; COLLIS/ MONTGOMERY (1995), S. 119; CONNER (1991), S. 121-122; DIERICKX/COOL (1989), S. 1504; EISENHARDT/MARTIN (2000), S. 1105-1106; MAHONEY (1995), S. 91-92; MAHONEY/PANDIAN (1992), S. 364-365; MONTGOMERY/WERNERFELT (1988), S. 623; PETERAF (1993), S. 179; RUMELT (1984), S. 561-562; TEECE/PISANO/SHUEN (1997), S. 510; WERNERFELT (1984), S. 172.

[216] Vgl. AMIT/SCHOEMAKER (1993), S. 40.

[217] In diesem Zusammenhang ist darauf hinzuweisen, dass der RBV von der Resource-Dependence-Theorie der Organisation nach PFEFFER/SALANCIK zu unterscheiden ist. In der organisationstheoretischen Resource Dependence-Theorie werden im Sinne der Systemtheorie Unternehmungen (Organisationen) aus einer *externen Perspektive* betrachtet. Ressourcen dienen der Erhaltung des Systems und reduzieren auf diese Weise die umweltbedingte Unsicherheit. Somit werden in der Resource-Dependence-Theorie die System-Umwelt-Beziehungen auf eine Ressourcenabhängigkeit reduziert. Vgl. grundlegend PFEFFER/SALANCIK (1978). Vgl. ferner KNYPHAUSEN-AUFSEß (2000), S. 452-454; SCHREYÖGG (2000b), S. 481.

[218] Vgl. RUMELT (1991), S. 167; BAMBERGER/WRONA (1996a), S. 130-131; BAMBERGER/WRONA (1996b), S. 386; KNYPHAUSEN (1993), S. 774; CONNER (1991), S. 138; BARNEY (1986b), S. 1239.

[219] Vgl. PENROSE (1959), S. 24. In Aspekten auch SCHUMPETER (1926); SELZNICK (1957).

[220] In der Literatur finden neben der Bezeichnung „Resource-Based View" weitere Begriffe Verwendung, insbesondere „resource-based approach", vgl. TEECE/PISANO/SHUEN (1990), S. 7; „resource-based strategy", vgl. TEECE/PISANO (1994), S. 538; „resource-based perspective", vgl. MOSAKOWSKI (1993), S. 819; TEECE/PISANO/SHUEN (1997), S. 510; „resource-based theory", vgl. CONNER (1991); GRANT (1991); FOSS/ERIKSEN (1995); ERIKSEN/MIKKELSEN (1996); sowie in der deutschen Verwendung z. B. „Ressourcenbasierter Ansatz (RBA)", vgl. BRESSER (1998); BUCHHOLZ/OLEMOTZ (1995); „Ressourcen-

sierte Arbeiten stammen von RUMELT (1984) und BARNEY (1986b). Größere Beachtung in der Strategieforschung kam dem RBV erst in einer ‚zweiten Welle'[221] insbesondere mit den Veröffentlichungen von DIERICKX/COOL (1989), BARNEY (1991), CONNER (1991) und PETERAF (1993) zu.[222] Zusätzlich erhielt der Ansatz einen erheblichen Popularitätsschub in der Praxis des Strategischen Managements mit dem Konzept der Kernkompetenzen von PRAHALAD/HAMEL (1990).[223]

Heute wird der RBV neben dem MBV als eine zentrale Forschungsrichtung des strategischen Managements bezeichnet[224], die auch in der Unternehmungspraxis erhebliche Relevanz erfährt[225]. Neben theoretischen Arbeiten liegen inzwischen auch umfangreiche empirische Untersuchungen vor,[226] welche z. B. den grundlegenden Erfolgsbeitrag von Ressourcen[227], ihren Einfluss auf Diversifikationen[228], Mergers & Acquisitions[229], Strategische Allianzen[230], Internationalisierungsstrategien[231] sowie Human-Resource-Management-Fragen[232] erörtert. Eine detaillierte Darstellung der Begriffe und der Argumentationslogik des RBV findet in den folgenden Kapiteln

---

ansatz", vgl. BAMBERGER/WRONA (1996a, 1996b); FRIEDRICH/MATZLER/STAHL (2002). Diese Begriffe werden in dieser Arbeit unter der Bezeichnung „Resource-Based View" (RBV) subsumiert. Vgl. auch WERNERFELT (1984), S. 171; WERNERFELT (1995), S. 171; RASCHE (1994), S. 4.

[221] Vgl. BARNEY (2002), S. 186.

[222] Für eine Übersicht vgl. BARNEY/ARIKAN (2001), S. 131-136; MAHONEY/PANDIAN (1992), S. 372.

[223] Vgl. WERNERFELT (1995), S. 171; BARNEY/ARIKAN (2001), S. 137; MACINTOSH/MACLEAN (1999), S. 298.

[224] Vgl. exemplarisch BRESSER (2004), Sp. 1269; BARNEY/WRIGHT/KETCHEN (2001), S. 625; COLLIS/MONTGOMERY (1995), S. 119; HOSKISSON/JOHNSON/YIU/WAN (2001), S. 417.

[225] Vgl. TENG/CUMMINGS (2002), S. 81-88. Vgl. ferner MOSAKOWSKI (1998).

[226] Vgl. für eine Übersicht BARNEY/ARIKAN (2001), S. 146-172; PRIEM/BUTLER (2001a), S. 26.

[227] Vgl. HALL (1992, 1993); HENDERSON/COCKBURN (1994); PISANO (1994); ZANDER/KOGUT (1995); MILLER/SHAMSIE (1996).

[228] Vgl. MARKIDES/WILLIAMSON (1994, 1996, 1997); FARJOUN (1998); SILVERMAN (1999); CHATTERJEE/WERNERFELT (1991); MONTGOMERY/HARIHARAN (1991).

[229] Vgl. CAPRON/DUSSAUGE/MITCHELL (1998); CAPRON/HULLAND (1999).

[230] Vgl. HARRISON/HITT/HOSKISSON/IRELAND (2001); LANE/LUBATKIN (1998); GULATI (1999).

[231] Vgl. COLLIS (1991); PENG (2001) m. w. N.

[232] Vgl. COFF (1997); WRIGHT/DUNFORD/SNELL (2001).

statt. Hierbei beginnen die Ausführungen mit der grundsätzlichen, statischen Perspektive.

3.2. Statische Perspektive des RBV

3.2.1. Begriffsabgrenzungen

Eine grundlegende Schwierigkeit des RBV besteht in seiner erheblichen Begriffsvielfalt.[233] Die Gründe dafür sind unterschiedlicher Natur, lassen sich aber zum Teil darauf zurückführen, in welchem Kontext die Begriffe jeweils verwendet werden. In der neoklassischen Ökonomie wird der für den RBV zentrale Ressourcen-Begriff als Arbeit, Boden und Kapital definiert. In der deutschsprachigen betriebswirtschaftlichen Forschung werden Ressourcen im produktionswirtschaftlichen Zusammenhang genannt. Ressourcen stellen den Input für die Leistungserstellung einer Unternehmung dar.[234]

Im Folgenden wird eine Auswahl zentraler Definitionen als Beispiel für die Begriffsvielfalt gegeben:

- Bereits PENROSE (1959) beschreibt die Unternehmung als Bündel von physischen Ressourcen und Humanressourcen: „... a firm is ... a collection of productive resources ... The physical resources of a firm consist of tangible things ... There are also human resources available in a firm ...“[235]

- WERNERFELT (1984) nimmt eine sehr weite Definition vor. Er bezeichnet alles, was als Stärke oder Schwäche einer Unternehmung betrachtet werden kann, als Ressource: „By a resource is meant anything which could be thought of as a strength or weakness of a given firm. More formally, a firm's resources at a given

---

[233] Vgl. BRESSER (1998), S. 308; NOLTE/BERGMANN (1998), S. 3; RASCHE/WOLFRUM (1994), S. 501-505. Für eine Übersicht vgl. KNAFL (1995), S. 62; NANDA (1996), S. 100.

[234] Vgl. GUTENBERG (1979).

[235] PENROSE (1959), S. 24.

time could be defined as those (tangible and intangible) assets which are tied semipermanently to the firm ..."[236]

- BARNEY (1991) verwendet den Begriff Ressourcen für alles, was von einer Unternehmung kontrolliert wird und zur Entwicklung sowie Umsetzung von effizienz- und effektivitätssteigernden Strategien beiträgt. Dabei schließt er den Begriff der Fähigkeiten explizit mit ein: „... *firm resources* include all assets, capabilities, organizational processes, firm attributes, information, knowledge, etc. controlled by a firm that enable the firm to conceive of and implement strategies that improve its efficiency and effectiveness ..."[237]

- GRANT (1991) orientiert sich an einem produktionswirtschaftlichen Verständnis und bezeichnet Ressourcen als Input eines Produktionsprozesses: „Resources are inputs into the production process ..."[238]

- AMIT/SCHOEMAKER (1993) wiederum verstehen unter Ressourcen alle Faktoren, die sich im Eigentum oder dem Einfluss einer Unternehmung befinden: „The firm's *Resources* will be defined as stocks of available factors that are owned or controlled by the firm."[239]

- TEECE/PISANO/SHUEN (1997) definieren Ressourcen über ihre Eigenschaft der Nichtimitierbarkeit: „Resources are firm-specific assets that are difficult if not impossible to imitate."[240]

- EISENHARDT/MARTIN (2000) argumentieren ähnlich wie Barney und fassen Fähigkeiten unter den Ressourcen-Begriff: „Resources ... are those specific

---

[236] WERNERFELT (1984), S. 172.
[237] BARNEY (1991), S. 101.
[238] GRANT (1991), S. 118.
[239] AMIT/SCHOEMAKER (1993), S. 35.
[240] TEECE/PISANO/SHUEN (1997), S. 516.

physical ... human ... and organizational ... assets that can be used to implement value-creating strategies ... They include the local abilities or 'competencies' ...„[241]

Bei der Betrachtung zentraler Definitionsversuche zeigt sich, dass die Vielfalt der Begriffe vornehmlich aus zwei Gründen problematisch ist. Zum einen werden Begriffe mehrfach mit unterschiedlichen Inhalten belegt. Zum anderen werden unterschiedliche Begriffe parallel für den gleichen Inhalt verwandt. Hinzu kommen Ungenauigkeiten, Mehrdeutigkeiten oder schlichtweg eine andere Betrachtungsperspektive (z. B. Prozess- oder Wirkungsperspektive) bei einigen Definitionen.[242] Ferner wird ein geschlossenes Begriffssystem im Deutschen durch unterschiedliche Übersetzung der englischen Begriffe erschwert.[243] Dies ist umso bedeutender, als die Mehrzahl der grundlegenden Literatur zum RBV in Englisch verfasst wurde. Im Folgenden werden die wesentlichen Begriffe dieser Arbeit definiert.

3.2.1.1. Ressourcen und Inputfaktoren

Das Begriffssystem dieser Arbeit stellt auf den zentralen Terminus *„Ressource" als eine besondere Form von „Inputfaktoren"* ab. Bei der Begriffsdefinition wird auf die Verwendung von Parallelbegriffen wie „Asset" oder „Aktivposten" verzichtet.

Alle materiellen und immateriellen Faktoren, die einer Unternehmung zur Verfügung stehen, werden in dieser Arbeit als *Inputfaktoren* bezeichnet. Diese schließen sowohl die produktionswirtschaftliche Vorstellung von Produktionsfaktoren[244] als auch alle sonstigen Elemente einer Unternehmung ein wie z. B. Controlling-Abteilung und Wachschutz. Inputfaktoren werden in einer Unternehmung zur Erstellung interner oder externer Leistungen eingesetzt. Sie stellen somit eine Art Vorstufe von Ressourcen dar. Dabei wird davon ausgegangen, dass einige der zur Verfügung

---

[241] EISENHARDT/MARTIN (2000), S. 1106-1107.

[242] Vgl. FREILING (2001), S. 76-77.

[243] Vgl. NOLTE/BERGMANN (1998), S. 3.

[244] Ein Produktionsfaktor kann einem Produkt und einem Produktionsprozess im Rahmen eines feststehenden Mengengerüsts eindeutig zugeordnet werden. Vgl. grundlegend GUTENBERG (1979).

stehenden Inputfaktoren ausschlaggebend für (zumindest temporäre) Wettbewerbs-vorteile sind und somit zum gewünschten Unternehmungserfolg führen.[245] Ausschließlich diese besonderen Inputfaktoren werden als „Ressourcen" bezeich-net.[246]

Die Definition von WERNERFELT (1984), der alle Stärken und Schwächen einer Unternehmung als Ressourcen bezeichnet, hat sich in der Vergangenheit als zu weit für ihre Identifikation erwiesen. Aus diesem Grund wurden verschiedene Ansätze vorgeschlagen. Diese Arbeit orientiert sich an den Definitionen von BARNEY (2004) und GRANT (1998).[247] *Demnach sind Ressourcen jene Inputgüter, die werthaltig und knapp sind, zur Erreichung nachhaltiger Wettbewerbsvorteile möglichst nicht imitierbar bzw. nicht substituierbar sein sollen sowie durch organisatorische Einbindung in der Unternehmung genutzt werden.*

Eine sehr generelle Unterscheidung teilt Ressourcen in zwei Gruppen:[248]

- tangible Ressourcen, z. B. Produktionsanlagen und Standorte sowie

- intangible Ressourcen, z. B. Rechte, Know-how, Reputation und Unterneh-mungskultur.

Ferner wird in der Literatur eine Identifikation von Ressourcen anhand der Wertschöpfungskette[249] einer Unternehmung vorgeschlagen. Daneben sind

---

[245] Die Mechanismen, wie Ressourcen auf den Unternehmungserfolg wirken, werden durch die Argumentationslogik des RBV in Kapitel 3.2.2. erklärt.

[246] Vgl. hierzu die Ansätze von BARNEY (1991, 1995); CAPRON/HULLAND (1999); HUNT/MORGAN (1995); SANCHEZ/HEENE/THOMAS (1996).

[247] Vgl. BARNEY (2002), S. 159-160; GRANT (1998), S.128-133.

[248] Vgl. WERNERFELT (1984), S. 72; RASCHE/WOLFRUM (1994), S. 502; BRESSER (1998), S. 306; COLLIS/MONTGOMERY (1995), S. 119.

[249] Zum Konzept der Wert(schöpfungs)kette vgl. PORTER (1985), S. 36-53; PORTER (1998), S. 84-88; BÖRNER (2000), S. 56-57.

Ressourcen umfangreich systematisiert worden.[250] GRANT (1998) beispielsweise differenziert zwischen fünf Kategorien:[251]

- finanzielle Ressourcen, z. B. Eigenkapital, Zugang zum Kapitalmarkt und liquide Mittel,

- physische Ressourcen, z. B. Grundstücke, Gebäude und Infrastruktur,

- technologische Ressourcen, z. B. Patente und technologisches Know-how,

- Reputation, z. B. Marken, Kundenimage und Ansehen bei den Lieferanten sowie

- Humanressourcen, z. B. Qualifikation der Mitarbeiter, Motivation und Loyalität.

Herausragende Bedeutung im RBV wird auch den Organisationalen Fähigkeiten[252] sowie den Kernkompetenzen[253] als speziellen Ressourcen zugesprochen.[254] Diese zwei Begriffe werden in den folgenden beiden Abschnitten näher betrachtet.

3.2.1.2. Organisationale Fähigkeiten und Organisationale Prozesse

Für die Begriffsabgrenzung Organisationaler Fähigkeiten muss zunächst eine Definition Organisationaler Prozesse erfolgen. *Organisationale Prozesse* basieren auf Routinen. Diese stellen einfache, wiederholte Vorgänge dar,[255] z. B. Abläufe in der Buchführung oder bei der Kreditaufnahme. Der Begriff Organisationaler Prozess wird für die Gesamtheit mehrerer Routinen verwendet, die in einem Zusammenhang stehen[256], so z. B. das Finanzmanagement insgesamt. So wie Inputfaktoren im

---

[250] Vgl. exemplarisch HITT/IRELAND (1986); THOMPSON/STRICKLAND (1987); WHEELEN/HUNGER (2004), S. 81; GRANT (1998), S. 111-118.

[251] Vgl. GRANT (1998), S. 114.

[252] Vgl. stellvertretend KNYPHAUSEN-AUFSESS (1995), S. 94-107.

[253] Vgl. stellvertretend PRAHALAD/HAMEL (1990).

[254] Vgl. RASCHE (1994), 112-210; KNYPHAUSEN-AUFSESS (1995), S. 95; LANGLOIS (1992), S. 105-106.

[255] Vgl. CYERT/MARCH (1963), S. 1-3; NELSON/WINTER (1982), S. 96-99.

[256] Vgl. BURMANN (2001), S. 178.

Verhältnis zu Ressourcen stehen, bilden auch die Organisationalen Prozesse eine Vorstufe von Organisationalen Fähigkeiten. Organisationale Prozesse und Inputfaktoren liegen damit begrifflich auf derselben untergeordneten Ebene.

Organisationale Fähigkeiten (organizational capabilities)[257] sind Organisationale Prozesse, die eine Unternehmung besonders gut beherrscht und durch die sie einen Wettbewerbsvorteil erlangt.[258] Organisationale Fähigkeiten umfassen Sequenzen gelernten Verhaltens mehrerer Akteure. Dabei wird nicht auf individuelle Fähigkeiten von Mitarbeitern, sondern auf *kollektive Fähigkeiten der Unternehmung* abgestellt.[259] Organisationale Fähigkeiten schaffen einen Veredelungsprozess, bei dem Inputfaktoren und/oder Ressourcen kombiniert und koordiniert werden.[260] Bedeutsam ist insbesondere die Kombination sich gegenseitig ergänzender (komplementärer) Ressourcen, da hierdurch ein höherer Nutzen hervorgebracht wird als durch die Summe ihrer Einzelnutzen.[261]

Die Abgrenzung und Hierarchie von Ressourcen und Organisationalen Fähigkeiten sind schwierig zu bestimmen und werden in der Literatur uneinheitlich dargestellt. So wird bspw. Know-how in der Literatur als Ressource und auch als Organisationale Fähigkeit identifiziert (Abgrenzungsproblem).[262] Ferner werden Organisationale Fähigkeiten als Ressourcen aus der ‚Tiefenstruktur' von Unternehmungen und damit

---

[257] In der Literatur werden neben diesen Bezeichnungen auch die Begriffe „Fertigkeiten", „Fähigkeiten", „Kompetenzen", „Kapazitäten", „skills", „capabilities", „competencies", „capacities" und „distinctive competencies" verwendet. Vgl. etwa HOFER/SCHENDEL (1978), S. 25, 148; KNYPHAUSEN-AUFSESS (1995), S. 94-107; LADO/BOYD/WRIGHT (1992), S. 87; SANCHEZ/HEENE/THOMAS (1996), S. 7; SEISREINER (1999), S. 186; STALK/EVANS/SHULMAN (1992), S.62; TEECE/PISANO/SHUEN (1997), S. 516; MACMILLAN/TAMPOE (2000), S. 125.

[258] Vgl. SANCHEZ/HEENE/THOMAS (1996), S. 7; GRANT (1998); S. 118; STALK/EVANS/SHULMAN (1992), S. 62; AMIT/SCHOEMAKER (1993), S. 35.

[259] Vgl. TEECE (1982), S. 44.

[260] Vgl. COLLIS (1994), S. 145; TEECE/PISANO (1994), S. 542; TEECE/PISANO/SHUEN (1997), S. 516; BALDWIN/CLARK (1991), S. 4. Vgl. auch den Ansatz der „distinctive capabilities" von SELZNICK (1957).

[261] Vgl. TEECE/PISANO/SHUEN (1990), S. 14-15; MILGROM/ROBERTS (1990), S. 514; MILGROM/QUIAN/ROBERTS (1991), S. 84.

[262] Vgl. GRANT (1998), S. 117; BARNEY (2002), S. 156.

als intangible Ressourcen bezeichnet.[263] Außerdem stehen bei einigen Autoren Organisationale Fähigkeiten unabhängig neben Ressourcen[264] oder sind diesen sogar übergeordnet[265] (Hierarchieproblem). In der vorliegenden Arbeit schließt der Ressourcenbegriff Organisationale Fähigkeiten explizit mit ein. Organisationale Fähigkeiten erfüllen damit die o. g. Ressourcen-Anforderungen[266] in Bezug auf Werthaltigkeit, Knappheit, Nichtimitierbarkeit und Nichtsubstituierbarkeit sowie Nutzbarkeit.[267]

3.2.1.3. Kernkompetenzen

Ein populärer Ansatz in der Praxis des Strategischen Managements wurde mit dem Konzept der Kernkompetenzen von PRAHALAD/HAMEL (1990) geschaffen. Bei *Kernkompetenzen* (core competencies)[268] handelt es sich um eine spezielle Form von Organisationalen Fähigkeiten. Sie sind dadurch gekennzeichnet, dass sie über die gegenwärtige Produkt-Markt-Kombination hinaus in neuen Produkten und/oder Märkten eingesetzt werden können.[269] Damit sind Kernkompetenzen *auf mehrere Geschäftsfelder übertragbar*. Sie fließen nicht direkt in Endprodukte[270], sondern in sog. Kernprodukte ein (vgl. Abb. 12). Kernprodukte sind Zwischenprodukte, die unternehmungsintern in mehreren Geschäftsfeldern eingesetzt und kombiniert werden. Als ein klassisches Beispiel einer Kernkompetenz wird die Miniaturisie-

---

[263]   Vgl. KNYPHAUSEN-AUFSESS (1995), S. 95.

[264]   Vgl. FREILING (2001), S. 90.

[265]   Vgl. COLLIS (1994), S. 149.

[266]   Siehe Abschnitt 3.2.1.1.

[267]   Vgl. EISENHARDT/MARTIN (2000), S. 1107.

[268]   Neben diesen Bezeichnungen finden sich in der Literatur ebenso die Begriffe „metaskills", „core competencies" und „Metakompetenzen". Vgl. etwa THOMPSON/STRICKLAND (1987), S. 108.

[269]   Vgl. PRAHALAD/HAMEL (1990), S. 82-84; TEECE/PISANO/SHUEN (1997), S. 516; SNYDER/EBELING (1992), S. 29-30; KRÜGER/HOMP (1997), S. 27; THIELE (1997), S. 72; BAKKER/JONES/NICHOLS (1994), S. 15; MARKIDES/WILLIAMSON (1994), S. 150; VERY (1993), S. 81; RÜHLI/SACHS (2000), S. 130-135; SIEGLE (1994); LEHMANN (1993). Anders FREILING (2001), S. 92.

[270]   Unter Endprodukt wird ein Produkt verstanden, das als Ergebnis der betrieblichen Wertschöpfung für den Absatzmarkt bestimmt ist. Es unterscheidet sich damit von Zwischenprodukten, die innerhalb eines mehrstufigen Produktionsprozesses entstehen und weiterverarbeitet werden.

rungskompetenz vom Elektronikhersteller Sony angeführt.[271] So entwickelte die Unternehmung als Kernprodukt z. B. Miniaturlaufwerke, die in den unterschiedlichsten Endprodukten zum Einsatz kommen.

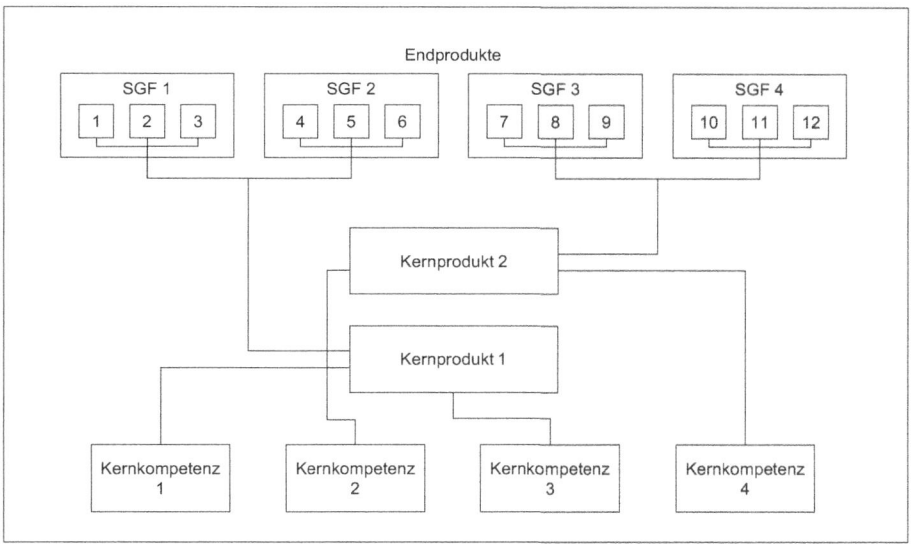

Abb. 12:   Kernkompetenzen, Kernprodukte und Endprodukte.
            Quelle: Nach Prahalad/Hamel (1990), S. 81.

Dass Kernkompetenzen einen umso größeren Nutzen besitzen, je mehr Geschäftsfelder auf diese zurückgreifen können, erklärt sich mit den möglichen Synergieeffekten, durch die der finanzielle Aufwand gesenkt wird und Zeitvorteile entstehen.[272] Kann eine Unternehmung Kernkompetenzen neu miteinander kombinieren, erhöhen sich die Erfolgschancen einer Diversifikation in neue Strategische Geschäftsfelder.

Die vorhergehenden Abschnitte haben die wichtigsten Begriffe des RBV vorgestellt. Dabei war die Abgrenzung von Inputfaktoren und Ressourcen sowie von Organisationalen Prozessen und Organisationalen Fähigkeiten bzw. deren spezieller Form der

---

[271]   Vgl. PRAHALAD/HAMEL (1990), S. 82.
[272]   Vgl. STALK/EVANS/SHULMAN (1992), S. 65-66.

Kernkompetenzen für das weitere Verständnis wesentlich. Im Folgenden wird nun die dem RBV zugrunde liegende Argumentationslogik präsentiert.

3.2.2. Argumentationslogik der statischen RBV-Perspektive

Die Argumentationslogik des RBV verfolgt das Ziel, Ergebnisunterschiede zwischen Unternehmungen zu erklären. Im Kern geht es dabei um die Frage, warum eine Unternehmung erfolgreicher ist als eine andere. Im Gegensatz zum MBV, der diese Unterschiede auf die Ausgestaltung der Branchenstruktur zurückführt und damit dem Structure-Conduct-Performance-Paradigma folgt, stützt sich die Argumentationslogik des RBV auf das Resource-Conduct-Performance-Paradigma (vgl. Abb. 13).[273] Danach werden die Ergebnisunterschiede mit der unterschiedlichen Ressourcenausstattung der Unternehmungen begründet. Eine Unternehmung ist erfolgreicher als eine andere, wenn sie über wirksamere Ressourcen verfügt.

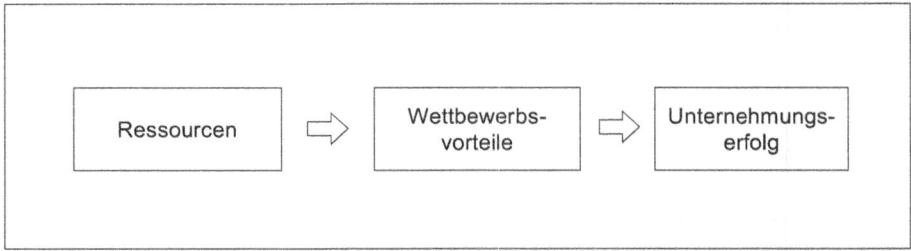

Abb. 13:   Resource-Conduct-Performance-Paradigma.
            Quelle: Eigene Darstellung nach RASCHE (1994), S. 4.

Die Argumentationslogik des RBV basiert auf zwei fundamentalen Prämissen: Ressourcenheterogenität und Ressourcenimmobilität. Unter *Ressourcenheterogenität* ist die asymmetrische Ressourcenausstattung von Unternehmungen zu verstehen.[274] Dabei werden Unternehmungen im Sinne von PENROSE (1959) als Ressourcenbündel verstanden, d. h. als Kombination verschiedener Ressourcen.[275] Das Ressourcenbün-

---

[273]   Vgl. RASCHE (1994), S. 4.
[274]   Vgl. BARNEY (2002), S. 155.
[275]   Vgl. PENROSE (1959), S. 24.

del einer Unternehmung ist von der individuellen historischen Entwicklung und den Entscheidungen der Vergangenheit abhängig, was zu einer ebenso einzigartigen, idiosynkratischen Ressourcenausstattung führt. Aus diesem Grund liegen in Unternehmungen grundsätzlich heterogene Ressourcen vor.[276]

Bezüglich der Prämisse der *Ressourcenimmobilität* geht der RBV davon aus, dass Ressourcen im Gegensatz zu Inputfaktoren nicht oder nur eingeschränkt handelbar sind.[277] Dahinter verbirgt sich die Vorstellung von unvollkommenen oder nicht vorhandenen Märkten für Ressourcen.[278] Unter den Bedingungen eines vollkommenen Markts würde sich für eine Ressource ein Preis in Höhe des künftig zu erwartenden Ertrags einstellen. Damit könnten sich für keine der Unternehmungen Wettbewerbsvorteile, sondern für alle nur gleiche Erträge einstellen. In der Realität liegen jedoch unvollkommene Märkte mit asymmetrischen Erwartungen ihrer Akteure vor. Bei unterschiedlichen Erwartungen der Unternehmungen an die Ertragskraft einer Ressource verschiebt sich das Marktgleichgewicht und es bieten sich Möglichkeiten für Wettbewerbsvorteile. Darüber hinaus existiert für viele Ressourcen kein Markt, da diese in ihrer Komplexität nur intern zu entwickeln sind.[279]

Vor dem Hintergrund dieser Prämissen setzt sich u. a. BARNEY mit der Frage auseinander, welche Bedingungen erfüllt sein müssen, damit Unternehmungen durch ihre Ressourcen nachhaltige Wettbewerbsvorteile erzielen können. Nach seinem VRIO-Katalog[280] müssen Ressourcen werthaltig und knapp sein, um temporäre

---

[276] Vgl. BRESSER (2004), Sp. 1271. Unternehmungen sind im RBV somit grundsätzlich unterschiedlich. Dies stellt einen Gegensatz zum Market-Based View dar, der von homogenen Unternehmungen innerhalb von Branchen oder strategischen Gruppen ausgeht.

[277] Vgl. BARNEY (1991), S. 103-104; KNYPHAUSEN (1993), S. 776.

[278] BARNEY und GRANT sprechen von Faktormärkten. Vgl. BARNEY (1986b), S. 1232; GRANT (1991).

[279] Vgl. DIERICKX/COOL (1989), S. 1506.

[280] Das Akronym VRIO setzt sich aus den Begriffen Value (Wert), Rareness (Knappheit), Inimitability (Nichtduplizierbarkeit) und Organization (Organisation) zusammen. Vgl. BARNEY (2002), S. 159-160. Vgl. darüber hinaus auch die Kriterienkataloge bei AMIT/SCHOEMAKER (1993), S. 36, 38; COLLIS (1991), S. 51; GRANT (1991); GRØNHAUG/NORDHAUG (1992), S. 440; MEYER/UTTERBACK (1993), S. 29-32; PETERAF (1993), S. 180-186; PRAHALAD/HAMEL (1990); REED/DEFILLIPPI (1990); STALK/EVANS/SHULMAN (1992); TAMPOE (1994), S. 69.

Wettbewerbsvorteile zu schaffen. Sollen darüber hinaus nachhaltige Wettbewerbsvorteile erreicht werden, darf eine Ressource von der Konkurrenz nicht vollständig imitierbar oder substituierbar sein.[281] Ferner ist eine Ressource nur dann erfolgswirksam, wenn ihr Wertpotential durch Einbettung in die interne Organisation der Unternehmung genutzt werden kann.[282]

GRANT (1998) nimmt eine Unterteilung dieser Wirkungszusammenhänge in Schaffung, Sicherung und Nutzung von Wettbewerbsvorteilen vor.[283] Die unten stehende Abbildung kombiniert den VRIO-Katalog von Barney sowie die Unterteilung von Grant und ordnet die in dieser Arbeit zugrunde liegenden Begriffe in diese Systematik ein (siehe Abb. 14).

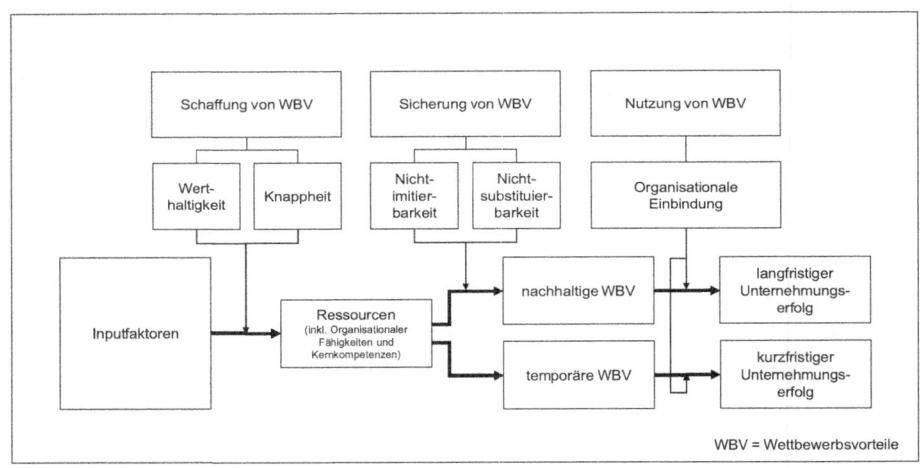

Abb. 14: Elemente der grundlegenden Argumentationslogik des RBV.
          Quelle: Eigene Darstellung.

In den folgenden Abschnitten wird auf die Besonderheiten der Schaffung, Sicherung und Nutzung von Wettbewerbsvorteilen detailliert eingegangen.

---

[281] Vgl. die Ausführungen zu Isolationsmechanismen in Kapitel 3.2.2.2.
[282] Vgl. BARNEY (2002), S. 159-174.
[283] Vgl. GRANT (1998), S. 128-133.

3.2.2.1. Schaffung von Wettbewerbsvorteilen durch Werthaltigkeit und Knappheit von Ressourcen

Die Schaffung von Wettbewerbsvorteilen bezeichnet das Erlangen eines Vorteils gegenüber Konkurrenten.[284] Sie stellt insbesondere auf die Werthaltigkeit und die Knappheit von Ressourcen ab. Besitzt eine Unternehmung werthaltige Ressourcen, vermag sie von einer unterdurchschnittlichen auf eine zumindest branchendurchschnittliche Ertragslage zu gelangen. Sind die Ressourcen zusätzlich knapp und stehen damit nur wenigen oder einzelnen Wettbewerbern zur Verfügung, führen diese zu überdurchschnittlichen Erträgen.[285]

Dabei wird unter der Werthaltigkeit ein grundsätzlich vorhandenes Potential zur Wertstiftung verstanden. Es muss für die betrachtete Unternehmung die Möglichkeit bestehen, Effizienz und Effektivität[286] sowie den vom Kunden wahrgenommenen Wert der Produkte[287] zu steigern. Damit sind für Unternehmungen Inputfaktoren von Interesse, die dazu beitragen, dass

1. die Unternehmung bei identischen Produkten zu geringeren Kosten als die Wettbewerber produziert (günstigere Kostenposition) oder

2. ihre Produkte für Kunden am attraktivsten sind, weil sie z. B. ein besseres Preis-Leistungsverhältnis als ihre Wettbewerber oder einzigartige Eigenschaften aufweisen (Differenzierungsmöglichkeiten).[288]

Die Knappheit von Ressourcen liegt vor, wenn grundsätzlich nur wenige oder einzelne Unternehmungen über diese verfügen können.[289] Wären Ressourcen nicht

---

[284] Vgl. GRANT (1998), S. 128.

[285] Vgl. BARNEY (2002), S. 173.

[286] Vgl. BARNEY (1986a), S. 658; BARNEY (1991), S. 101; BRESSER (1998), S. 306.

[287] Vgl. RASCHE/WOLFRUM (1994), S. 503.

[288] Vgl. CONNER (1991), S. 132.

[289] Vgl. BARNEY (1991), S. 106-107.

knapp, würden alle Unternehmungen eine einheitliche Strategie verfolgen und Wettbewerbsvorteile einzelner nicht mehr möglich sein.[290]

Ist ein Inputfaktor werthaltig und knapp, liegen Ressourcen und temporäre Wettbewerbsvorteile vor. Der Schutz temporärer bzw. das Erlangen nachhaltiger Wettbewerbsvorteile wird durch die im Folgenden beschriebenen Mechanismen zur Sicherung von Wettbewerbsvorteilen gewährleistet.

3.2.2.2. Sicherung von Wettbewerbsvorteilen durch Isolationsmechanismen

Bei der *Sicherung* von Wettbewerbsvorteilen spielen die Nichtimitierbarkeit und Nichtsubstituierbarkeit von Ressourcen die wesentliche Rolle.[291] Der durch werthaltige und knappe Ressourcen geschaffene temporäre Wettbewerbsvorteil führt nur kurzzeitig zu überdurchschnittlichen Erträgen. Diese ziehen jedoch neue Wettbewerber an, deren Leistungsangebote die Ertragslage des bisherigen Marktführers gefährden. Die Herausforderung liegt daher im Aufbau von *Isolationsmechanismen*, welche die Ressourcen einer Unternehmung vor ihren Konkurrenten schützen bzw. von ihnen isolieren (isolating mechanisms).[292]

Die Wettbewerbsposition einer Unternehmung wird zunächst bedrängt, wenn ein Wettbewerber die Ressourcenausstattung imitieren kann. Neben der Imitation sind Unternehmungen grundsätzlich auch von der Substitution ihrer Ressourcen bedroht. Substitution bedeutet den Aufbau von ähnlichen oder alternativen Ressourcen, die gleichwertige Leistungen zur Schaffung von Wettbewerbsvorteilen erbringen.[293] Barrieren, die die Imitation und/oder Substitution von Ressourcen verhindern (Imitations- und Substitutionsbarrieren), werden im RBV durch Isolationsmechanis-

---

[290] Vgl. BARNEY (1986a), S. 658; HOFER/SCHENDEL (1978), S. 25-26.

[291] Vgl. GRANT (1998), S. 128; BARNEY (1991), S. 102.

[292] Vgl. RUMELT (1984), S. 566-568; TALLMAN (1991), S. 70; BÜRKI (1996), S. 109-154; FREILING (2001), S. 94-155; MAHONEY/PANDIAN (1992), S. 371-373; PETERAF (1993), S. 183. Bei WERNERFELT als „resource position barrier" bezeichnet, vgl. WERNERFELT (1984), S. 173.

[293] Vgl. BRESSER (1998), S. 306; RASCHE/WOLFRUM (1994), S. 506.

men erklärt. Analog zu den Markteintritts- und Mobilitätsbarrieren des MBV führen die Isolationsmechanismen im RBV zu nachhaltigen Wettbewerbsvorteilen.[294]

In der Literatur werden im Wesentlichen folgende Isolationsmechanismen diskutiert:

- Path-dependency (Pfadabhängigkeit),

- Causal ambiguity (Kausale Ambiguität),

- Social complexity and Interconnectedness (Soziale Komplexität und Verbundenheit),

- Embeddedness (Unternehmungsspezifität) sowie

- Property rights (Verfügungsrechte).

Die *Path-dependency* von Ressourcen lässt sich auf die Historizität der Unternehmungen zurückführen. Wie bei der Ressourcenheterogenität erklärt, ist jede Unternehmung durch einzigartige historische Umstände und in der Folge durch eine idiosynkratische Entwicklung gekennzeichnet. Diese hat zum spezifischen Aufbau von Ressourcenbündeln geführt, der in dieser Form nicht reproduzierbar ist. Je stärker somit Ressourcen auf einer langen historischen Entwicklung basieren, desto schwerer fällt Konkurrenten ihre Imitation und Substitution.[295]

Unter *Causal ambiguity* ist die Intransparenz von Ursache-Wirkungs-Beziehungen zwischen Ressourcen und Unternehmungserfolg zu verstehen. Bei den Konkurrenten herrscht Unklarheit über den Kausalzusammenhang zwischen unternehmungsspezifischen Ressourcen und daraus resultierenden Wettbewerbsvorteilen.[296] Insbesondere

---

[294] Vgl. CAVES/PORTER (1977); MCGEE/THOMAS (1986); TEECE/PISANO/SHUEN (1997), S. 510; RUMELT (1984), S. 566; MAHONEY/PANDIAN (1992), S. 371; PETERAF (1993), S. 182-193; MAHONEY (1995), S. 94. Zum Unterschied zwischen Mobilitätsbarrieren und Isolationsmechanismen vgl. näher TALLMAN (1991), S. 70.

[295] Vgl. PENROSE (1959), S. 48; BARNEY (1991), S. 107-108; COLLIS/MONTGOMERY (1995), S. 121-122; COHEN/LEVINTHAL (1990), S. 135-137; COLLIS (1991), S. 51; TEECE ET AL. (1994), S. 16-22; DELEO (1994), S. 46; RASCHE (1994), S. 70-71; HUNT/MORGAN (1995), S. 9; HUNT/MORGAN (1996), S. 111-112; OSTERLOH/FROST (1996), S. 148; KNYPHAUSEN-AUFSEß (1997), S. 468-469.

[296] Vgl. DIERICKX/COOL (1989), S. 1508-1509; COLLIS/MONTGOMERY (1995), S. 122; LIPPMAN/RUMELT (1982), S. 420; REED/DEFILLIPPI (1990), S. 90-91; PETERAF (1993), S. 182; BARNEY (1991), S. 108-110; AMIT/SCHOEMAKER (1993), S. 34; KNYPHAUSEN (1993), S. 776; VERDIN/WILLIAMSON (1994), S. 87;

immaterielle Ressourcen lassen sich schwer kopieren.[297] Je mehrdeutiger die Ursachen für den Unternehmungserfolg sind, desto höher sind die Imitations- und Substitutionsbarrieren.

Social complexity[298] und *Interconnectedness*[299] stellen eine Barriere dar, die auf der Verbundenheit von Inputfaktoren als Grundlage zur Schaffung von Ressourcen basiert.[300] Imitations- und Substitutionsversuche von Konkurrenten werden erschwert, wenn die Entwicklung einer Ressource auf verschiedenen Inputfaktoren basiert, deren Kombination nicht bzw. kaum beeinflusst oder isoliert werden kann.[301] Dies trifft z. B. auf die Unternehmungsreputation zu, die auf komplexen sozialen Phänomenen beruht und daher nur schwer zu imitieren und substituieren ist.

Embeddedness bedeutet, dass eine Ressource so innerhalb einer Unternehmung eingebunden ist, dass sich ihr Wert nur beim Einsatz in dieser Unternehmung entfaltet. Durch die damit einhergehende Spezifität ist der Wert einer Ressource für Konkurrenten so gering, dass diese ein vermindertes Interesse an jener Ressource haben.[302] Neben dem Nutzen als Imitations- und Substitutionsbarriere können allerdings auch Nachteile aus der Spezifität von Ressourcen erwachsen. Denn auch für die Unternehmungen selbst entstehen bei einem notwendigen Wechsel von spezifischen Ressourcen hohe Wechselkosten (sunk costs).[303]

RASCHE (1994), S. 76; KNYPHAUSEN-AUFSEß (1995), S. 85; SANCHEZ/HEENE/THOMAS (1996); SANCHEZ/HEENE (1996), S. 42; OLIVER (1997), S. 702; ROUSE/DAELLENBACH (1999), S. 490-492; SIMONIN (1999).

[297] Vgl. RASCHE (1994), S. 76; TEECE ET AL. (1994), S. 15.

[298] Vgl. BARNEY (1991), S. 110-111; KNYPHAUSEN (1993), S. 776-777; RASCHE (1994), S. 73; KNYPHAUSEN-AUFSEß (1995), S. 85; KNYPHAUSEN-AUFSEß (1997), S. 468; OSTERLOH/FROST (1996), S. 149; BÜRKI (1996), S. 119; HAERTSCH (2000), S. 92.

[299] Vgl. DIERICKX/COOL (1989), S. 1508.

[300] Vgl. FREILING (2001), S. 107.

[301] Vgl. BARNEY (1991), S. 110; DIERICKX/COOL (1989), S. 1508.

[302] Vgl. RUMELT (1984), S. 566; SCHOEMAKER (1992); MAHONEY/PANDIAN (1992), S. 370; PETERAF (1993), S. 183; RASCHE/WOLFRUM (1994), S. 505-506; BAMBERGER/WRONA (1996a), S. 137.

[303] Vgl. GHEMAWAT (1991), S. 18; GHEMAWAT (1996); MONTGOMERY/WERNERFELT (1988), S. 625; COLLIS/MONTGOMERY (1995), S. 122; RUMELT (1987), S. 146-147.

Als weitere Barriere wird in der Literatur der Ausschluss Dritter von der Ressourcennutzung durch *Property rights* diskutiert. Verfügungsrechte können die Nutzung von Ressourcen durch Dritte rechtlich unterbinden.[304] Dies geschieht z. B. in Form von Markenrechten oder Patenten. In der Praxis besteht jedoch die Gefahr, dass ein Patentschutz umgangen wird.[305] Property rights alleine bieten folglich selten einen ausreichenden Isolationsmechanismus.[306]

Das Vorhandensein bzw. die Wirksamkeit von Substitutions- und Imitationsbarrieren werden kritisch diskutiert. Letztlich kann keine Ressource vollständig gegen eine Substitutionsgefahr geschützt werden, denn selbst völlig verschieden konfigurierte Ressourcen (z. B. alternative, neue Technologien) können unter Umständen gleichartige Leistungen erbringen. Die Unternehmung muss daher die Umwelt ständig prüfen, um Substitutionsmöglichkeiten frühzeitig zu erkennen und ggf. zu unterbinden.[307]

3.2.2.3. Nutzung von Wettbewerbsvorteilen durch organisationale Einbindung von Ressourcen

Auch wenn Wettbewerbsvorteile bereits geschaffen wurden und deren langfristiger Bestand gesichert ist, kann es einer Unternehmung verwehrt bleiben, diese Wettbewerbsvorteile auch tatsächlich zu nutzen. In diesem Fall ist es der Unternehmung nicht möglich, sich die potentiell generierbaren Erträge anzueignen. Die Nutzung von Wettbewerbsvorteilen kann durch eine geeignete Organisationsstruktur, die die Einbindung von Ressourcen ausdrücklich berücksichtigt, unterstützt werden.[308]

---

[304] Vgl. PETERAF (1993), S. 182; RUMELT (1987), S. 146; LIPPMAN/RUMELT (1982), S. 420; TEECE/PISANO (1994), S. 551.

[305] Vgl. MANSFIELD/SCHWARTZ/WAGNER (1981), S. 913-914; TEECE (1986a), S. 191; TEECE (1986b), S. 287.

[306] Vgl. TEECE/PISANO (1994), S. 551.

[307] Vgl. RASCHE/WOLFRUM (1994), S. 506. Damit ergibt sich eine interessante Parallele zum MBV. Dort wird die Bedrohung durch Substitutionsprodukte explizit als eine der fünf Wettbewerbskräfte untersucht.

[308] Vgl. BARNEY (2002), S. 171-172, 182.

Die Nutzung von Ressourcen kann für sich allein genommen keinen Wettbewerbsvorteil begründen, sondern nur im Zusammenspiel mit der Werthaltigkeit und Knappheit. Durch werthaltige und knappe Ressourcen werden Wettbewerbsvorteile grundsätzlich erst ermöglicht. Die Nachhaltigkeit des möglichen Wettbewerbsvorteils wird durch die unvollständige Imitierbarkeit und Substituierbarkeit beeinflusst. Erst wenn die Unternehmung zusätzlich über eine zweckmäßige interne Organisation verfügt, mit der das gesamte Potential der vorhandenen Ressourcen ausgenutzt werden kann, können die Wettbewerbsvorteile schließlich auch vollständig erreicht werden.

Nach der Darstellung der Argumentationslogik des RBV werden im Folgenden die Grenzen dieser Perspektive aufgezeigt. Ein wesentlicher Kritikpunkt betrifft die statische Ausrichtung dieses Ansatzes. Einige Autoren schaffen daher eine dynamische Erweiterung des RBV, die sie als Dynamic-Capabilities-Ansatz bezeichnen. Diese wird anschließend in Abschnitt 3.3. näher erläutert.

3.2.3. Grenzen der statischen RBV-Perspektive

Anknüpfend an die Kritik zum MBV zeichnet den RBV eine unternehmungsinterne Sichtweise aus. Zur Erklärung unterschiedliche Unternehmungserfolge werden dabei die Ressourcen der Unternehmungen herangezogen, wodurch sich der RBV von der rein umfeldbezogenen Betrachtung des MBV löst.

Trotz der inzwischen umfangreichen, positiven Resonanz auf den RBV in Forschung und Praxis[309] wird nicht nur von Kritikern, sondern auch von RBV-Vertretern auf seine Grenzen hingewiesen. Vor allem die bereits oben angesprochene *Begriffsvielfalt* lässt Aussagen des RBV manchmal als vage und inkonsistent erscheinen. Damit besteht z. B. die Gefahr, dass alle Inputfaktoren einer Unternehmung als Ressourcen bezeichnet werden und die Erklärungen an Aussagekraft verlieren.[310]

---

[309]   Vgl. BARNEY/WRIGHT/KETCHEN (2001), S. 625; TENG/CUNNINGS (2002).

[310]   Vgl. CONNER (1991), S. 145; PETERAF (1993), S. 185; COLLIS (1994), S. 144-145; BRESSER (1998), S. 308; MOSAKOWSKI/MCKELVEY (1997), S. 65-66.

Ferner erschwert die Begriffsvielfalt die Ableitung konkreter *Handlungsempfehlungen* aus dem RBV.[311] In diesem Zusammenhang wird auch die *schlechte Umsetzbarkeit ressourcenbasierter Erkenntnisse* kritisiert.[312] Insbesondere die Isolationsmechanismen Path-dependency, Causal ambiguity und Social complexity stellen ein Problem dar. Wenn per definitionem bestimmte Ressourcen nur durch zeitintensiven Aufbau zu schaffen, die Zusammenhänge zwischen ursächlicher Ressource und Unternehmungserfolg nicht erkennbar sind und bestimmte Ressourcen auf kaum identifizierbaren komplexen sozialen Strukturen aufbauen, dann ist deren strategische Steuerung schwierig. Der Unternehmungserfolg ließe sich dann nicht mehr zielgerichtet beeinflussen.

Weiterhin werden dem RBV häufig *tautologische Definitionen* vorgeworfen.[313] So entsteht ein Zirkelschluss, wenn bei der Definition des Wertes von Ressourcen bereits indirekt der Begriff des Wettbewerbsvorteils verwendet wird.[314] Tautologische Tendenzen sind vornehmlich auf sehr weite Begriffsdefinitionen wie die von WERNERFELT (1984)[315] zurückzuführen. Diese konnten inzwischen durch die Konkretisierungen zentraler Begriffe unabhängig vom Unternehmungserfolg bereinigt werden.[316]

Der RBV stößt außerdem an seine Grenzen, wenn es um die Berücksichtigung *verhaltenswissenschaftlicher Aspekte* geht. Eine verhaltenswissenschaftliche Anreicherung wäre jedoch insbesondere bei der Untersuchung der Ressourcenentstehung zweckmäßig. In diesem Zusammenhang regt BRESSER (1998) eine Top-

---

[311] Vgl. AMIT/SCHOEMAKER (1993), S. 40.

[312] Vgl. ESCHENBACH/KUNESCH (1996), S. 132.

[313] Vgl. PORTER (1991), S. 108; WILLIAMSON (1999), S. 1093-1094; PRIEM/BUTLER (2001b), S. 58-60; MOSAKOWSKI/MCKELVEY (1997), S. 66-67; BARNEY (2001), S. 41; POWELL (2001).

[314] Vgl. MOSAKOWSKI/MCKELVEY (1997), S. 71.

[315] Vgl. WERNERFELT (1984), S. 72.

[316] Vgl. BARNEY (2001), S. 42. Vgl in diesem Zusammenhang auch die Diskussion um die Theoriefähigkeit des RBV bei PRIEM/BUTLER (2001a), S. 25-29; PRIEM/BUTLER (2001b), S. 57-62; BARNEY (2001), S. 41-54; PORTER (1991), S. 107-109.

Management-Perspektive in Anlehnung an das Modell von HAMBRICK/MASON (1984) zur verhaltenswissenschaftlichen Untersuchung von Ressourcen an.[317]

Ferner wird der RBV von einer *Vergangenheitsorientierung* geprägt. Zwar ist ex-post die Identifikation der für einen Wettbewerbsvorteil ursächlichen Ressourcen möglich, eine Ressourcen-Empfehlung hingegen lässt sich ex-ante nur unzureichend geben. Das Zugrundelegen einer historischen Perspektive vermag unter Umständen auch dazu zu verleiten, bisher bewährte Technologien, Verhaltensweisen und Denkmuster ohne Veränderungen beizubehalten. Vermeintliche Kernkompetenzen können leicht zu ‚Kernstarrheiten' werden, wenn in ausgereiztes Potential investiert wird statt in künftig wettbewerbsrelevante Aktivitäten.[318]

Im Gegensatz zum MBV wird dem RBV eine *Vernachlässigung der Marktbetrachtung* unterstellt.[319] In diesem Zusammenhang wird häufig die Frage aufgeworfen, ob sich MBV und RBV ergänzen[320] oder ob zwischen beiden ein hierarchisches Verhältnis besteht[321]. So interpretiert WERNERFELT beide Ansätze als zwei Seiten der gleichen Medaille.[322] Auf der einen Seite berücksichtigt der MBV mit dem Konzept der Wertkette auch die internen Faktoren einer Unternehmung.[323] Auf der anderen Seite lässt sich die Werthaltigkeit von Ressourcen im RBV nur in Hinblick auf die externe Umwelt bestimmen.[324] Die Zusammenführung des MBV und RBV ist noch

---

[317] Vgl. BRESSER (1998), S. 309-310.

[318] Vgl. LEONARD-BARTON (1992), S. 118-121; MONTGOMERY (1995), S. 260-261; GRANT (1991), S. 122.

[319] Vgl. COLLIS (1994), S.150; RÜHLI (1994); RASCHE/WOLFRUM (1994); BAMBERGER/WRONA (1996a).

[320] Vgl. AMIT/SCHOEMAKER (1993), S. 35; MAHONEY/PANDIAN (1992), S. 363-364; RASCHE (1994), S. 5; BARTLETT/GHOSHAL (1991), S. 11; BARNEY (1991), S. 100; BARNEY (1995), S. 49; RÜHLI (1994), S. 51; FOSS/ERIKSEN (1995), S. 44; COLLIS/MONTGOMERY (1995), S. 119. PORTER selbst hält eine Vernetzung des MBV mit dem RBV für erforderlich. Vgl. PORTER (1991), S. 108; PORTER (1996), S. 61, 73. RBV und MBV können z. B. auf die ursprüngliche SWOT-Analyse übertragen werden und sich in diesem Rahmen ergänzen. Vgl. Abschnitt 3.1. FN 202.

[321] Vgl. KOGUT/ZANDER (1992, 1996); PETERAF (1993), S. 190.

[322] Vgl. WERNERFELT (1984), S. 171.

[323] Vgl. PORTER (1985), S. 59-61. Zu den internen Faktoren des MBV vgl. PORTER (1996), S. 64-75.

[324] Vgl. AMIT/SCHOEMAKER (1993), S. 39; PRIEM/BUTLER (2001a), S. 29-30; MOSAKOWSKI/MCKELVEY (1997), S. 67. Zu den externen Faktoren des RBV vgl. WERNERFELT (1984), S. 173-175; BARNEY (1991), S. 103.

ungenügend. Für die zukünftige Strategieforschung wird daher eine engere Verbindung zwischen extern orientierten Ansätzen und dem RBV gefordert.[325]

Schließlich stellt ein weiterer wesentlicher Kritikpunkt auf die *Vernachlässigung einer Dynamik* im RBV ab.[326] Viele Arbeiten dieser Forschungsrichtung beschreiben die optimale Ressourcenallokation als Zustand und damit als Zeitpunktbetrachtung, die nur ein statisches Abbild der Realität wiedergibt. Ferner wird das Ressourcen-Kriterium der Werthaltigkeit am Markt bestimmt. Für eine konstante Werthaltigkeit von Ressourcen muss die Umwelt als konstant angesehen werden.[327] Im Gegensatz dazu zeigt D'AVENI mit dem Hypercompetition-Konzept[328], dass Wettbewerb nicht als stabiler, kontinuierlicher Prozess angesehen werden kann. Vielmehr ist er als Abfolge laufender Veränderungen (Diskontinuitäten) zu verstehen, die nur selten von Stabilität gekennzeichnet sind.

In hypercompetitiven, dynamischen Umwelten kann der Unternehmungserfolg nur aufrechterhalten werden, wenn eine Unternehmung sich ständig wandelt. Nachhaltige Wettbewerbsvorteile sind damit eigentlich nicht möglich.[329] Einige Autoren fordern daher die dynamische Anreicherung des RBV-Konzepts durch die stärkere Berücksichtigung temporärer Wettbewerbsvorteile und damit ein Wettbewerbsver-ständnis, das auf kurzeitige Gleichgewichte ausgerichtet ist.[330] D'AVENI folgend können Wettbewerbsvorteile nur temporärer Natur sein. Hypercompetition verlangt damit die Ausrichtung der Unternehmungsstrategie auf aneinander gereihte,

---

[325] Vgl. BRESSER (1998), S. 308; BÖRNER (2000), S. 96; PORTER (1991), S. 115.

[326] Vgl. PRIEM/BUTLER (2001a), S. 33; D'AVENI (1994), S. 16-17; NAULT/VANDENBOSCH (1996), S. 353; FIOL (2001), S. 697; BRESSER (1998), S. 308; MAKADOK (1998), S. 683-684; HELFAT/PETERAF (2003), S. 997.

[327] Vgl. PRIEM/BUTLER (2001a), S. 29-30.

[328] Vgl. D'AVENI (1994, 1995). Zu einer Diskussion des Hypercompetition-Konzepts vgl. SCHMID (1997), S. 1-14

[329] Vgl. BARNEY/WRIGHT/KETCHEN (2001), S. 631; FIOL (2001), S. 694-697; GHEMAWAT (1986), S. 58.

[330] Vgl. NAULT/VANDENBOSCH (1996), S. 353; FIOL (2001), S. 697; BRESSER (1998), S. 308.

temporäre Vorteile.[331] In der Konsequenz plädiert D'AVENI auch für die rechtzeitige Zerstörung bestehender Wettbewerbsvorteile.[332]

Auf eine dynamische Erweiterung der statischen Perspektive des RBV wird im folgenden Abschnitt eingegangen.

3.3. Dynamische Perspektive des RBV

Die statische Perspektive des RBV stellt den Zusammenhang zwischen Unternehmungsressourcen und dauerhafter Erzielung ökonomischer Gewinne her und diskutiert Eigenschaften von Ressourcen, nicht aber deren Entstehung oder Weiterentwicklung.[333] Ein dynamischer Wandel des Wettbewerbsumfelds erfordert es, den RBV aus dem Gegensatz zwischen spezifischen Ressourceneigenschaften und einer strategischen Flexibilität in ein dynamisches Konzept zu überführen.[334]

Da Ressourcen durch ein sich änderndes Wettbewerbsumfeld ihre Werthaltigkeit und Knappheit schnell einbüßen oder durch Konkurrenten imitiert bzw. substituiert werden können, verlieren nachhaltige Wettbewerbsvorteile ihre Bedeutung.[335] Ein längerfristiger Erfolg kann dann nur auf der Generierung einer Kette von temporären Wettbewerbsvorteilen beruhen.[336] Dazu muss die Unternehmung ihre Ressourcen ständig weiterentwickeln, neue Ressourcenkombinationen hervorbringen[337] und eine Kongruenz mit dem sich wandelnden Umfeld erlangen.[338] Um in der Zukunft erfolgreich zu sein, sollten Unternehmungen frühzeitig das Ressourcenprofil entwickeln, aus dem die künftig erfolgreichen Produkte und Dienstleistungen

---

[331] Vgl. D'AVENI (1995), S. 30; BRUHN (1997), S. 350-352; MAKADOK (1998), S. 683-684.

[332] Vgl. D'AVENI (1995), S. 41.

[333] Vgl. BLACK/BOAL (1994), S. 132; PRIEM/BUTLER (2001a), S. 33.

[334] Vgl. RASCHE (2000), S. 72; BARNEY/WRIGHT/KETCHEN (2001), S. 630-631.

[335] Vgl. BRESSER/HEUSKEL/NIXON (2000), S. 11-12.

[336] Vgl. FIOL (2001), S. 697. Zur Unterscheidung temporärer (gewöhnlicher) und nachhaltiger Wettbewerbsvorteile vgl. Abschnitt 3.1.

[337] Vgl. GHEMAWAT (1986), S. 53; VOLBERDA/BADEN-FULLER (1998), S. 371.

[338] Vgl. TEECE/PISANO/SHUEN (1997), S. 515.

hervorgehen sollen.[339] Für einen nachhaltigen Unternehmungserfolg ist neben der Entwicklung neuer Unternehmungsressourcen ebenso die neuartige Nutzung bestehender Ressourcen denkbar.[340]

Die Anpassung des Ressourcenprofils gelingt einer Unternehmung mittels Fähigkeiten, die aufgrund ihrer dynamischen Wirkung als Dynamic Capabilities (Dynamische Fähigkeiten) bezeichnet werden. Sie sind der Kern einer dynamischen Erweiterung der statischen RBV-Perspektive, der spezielle Wettbewerbsvorteile bei sich verändernder Umwelt erklärt.[341]

Neben theoretischen Arbeiten liegen inzwischen auch umfangreiche empirische Arbeiten zu Dynamic Capabilities vor, welche z. B. den Erfolgsbeitrag von Dynamic Capabilities zum Eintritt in neue Märkte[342], Mergers & Acquisitions[343], Strategische Allianzen[344] sowie Internationalisierungsstrategien[345] untersuchen. In den folgenden Abschnitten werden Dynamic Capabilities abgegrenzt und ihre Wirkungsweise dargestellt.

3.3.1. Begriffsabgrenzung von Dynamic Capabilities

Ebenso wie in der statischen liegen auch in der dynamischen RBV-Perspektive unterschiedliche Definitionen für den zentralen Begriff „Dynamic Capabilities" vor.[346] Die vorliegende Arbeit folgt der Begrifflichkeit von EISENHARDT/MARTIN

---

[339] Vgl. PRAHALAD/HAMEL (1990), S. 81.

[340] Vgl. PENROSE (1959), S. 67; WERNERFELT (1984), S. 178.

[341] Vgl. ZOTT (2003), S. 98; ZAHRA/GEORGE (2002), S. 185.

[342] Vgl. KING/TUCCI (2002).

[343] Vgl. ZOLLO (1998); ZOLLO/SINGH (1998); KARIM/MITCHELL (2000); CAPRON/DUSSAUGE/MITCHELL (1998); HASPESLAGH/JEMISON (1991, 1996).

[344] Vgl. KELLEY/RICE (2002).

[345] Vgl. LUO (2000).

[346] Neben Dynamic Capabilities (Dynamische Fähigkeiten) finden sich in der Literatur weitere Bezeichnungen wie z. B. „combinative capabilities", vgl. KOGUT/ZANDER (1992); „capabilities", AMIT/SCHOEMAKER (1993), S. 35; „architectural competence", vgl. HENDERSON/COCKBURN (1994); HENDERSON/CLARK (1990); „absorptive capacity", vgl. COHEN/LEVINTHAL (1990); ZAHRA/GEORGE (2002). Vgl. auch das Konzept der „Ressourcenprozesse" bei ESSWEIN/KÖRMEIER (1998), S. 56-63, sowie das Konzept der „Capability Lifecycles" bei HELFAT/PETERAF (2003).

(2000). Im Kern geht es bei Dynamic Capabilities um die *Beherrschung besonderer Organisationaler Prozesse*[347], die den Ressourcenbestand einer Unternehmung verändern, so dass auf eine dynamischen Umwelt reagiert und aktiv eine Veränderung hervorgebracht werden kann, um auf einem neuen Markt aktiv zu werden. Die Veränderung des Ressourcenbestands wird auf spezielle Organisationale Prozesse zurückgeführt, welche der *Integration, Rekonfiguration* sowie dem *Auf- und Abbau* der Ressourcen einer Unternehmung dienen.[348] Zu dieser *Wirkungsweise von Dynamic Capabilities* bestehen umfangreiche wissenschaftliche Erkenntnisse auch außerhalb des RBV, die sich mit den jeweiligen Organisationalen Prozessen bereits intensiv auseinander gesetzt haben. Auf die Wirkungsweise von Dynamic Capabilities sowie konkrete, beherrschte Organisationale Prozesse als fester Bestandteil der Argumentationslogik der dynamischen RBV-Perspektive wird in Kapitel 3.3.2.1. eingegangen.

Neben der Wirkungsweise ist auf spezielle Eigenschaften von Dynamic Capabilities einzugehen. Grundsätzlich sind Dynamic Capabilities zwar einerseits unternehmungs-spezifisch aus der Unternehmungshistorie entstanden.[349] Andererseits besitzen sie *unternehmungsübergreifende Gemeinsamkeiten*. Diese Gemeinsamkeiten erklären sich dadurch, dass aus Erfahrung gelernte, empirisch erkennbare, optimale Problemlösungen zur Beherrschung von Organisationalen Prozessen bestehen, die als *Best Practices* bezeichnet werden.[350] Bspw. hat sich für die „Akquisitionsfähigkeit" – einer Dynamic Capability für den externen Ressourcenaufbau – die erfolgreiche Vorgehensweise herausgestellt, bei der Unternehmungen von vornherein auf kulturelle Ähnlichkeiten und die Konsistenz ihrer Visionen abzielen, nach dem Kauf die Integration beschleunigen und zusätzlich die Ressourcen über die Gesamtunter-

---

[347] Vgl. BURMANN (2002), S. 335. Zu Organisationalen Prozessen vgl. Kapitel 3.2.1.2.

[348] Vgl. EISENHARDT/MARTIN (2000), S. 1107; TEECE/PISANO/SHUEN (1997), S. 516; BARNEY/WRIGHT/KETCHEN (2001), S. 630-631; GRANT (1996); PISANO (1994).

[349] Vgl. NELSON/WINTER (1982); TEECE/PISANO/SHUEN (1997); ZOLLO/WINTER (2002).

[350] Vgl. hierzu und zum Folgenden EISENHARDT/MARTIN (2000), S. 1108-1110.

nehmung neu verteilen.[351] Somit können Dynamic Capabilities im Gegensatz zu Ressourcen eine gewisse Homogenität und Mobilität über Unternehmungsgrenzen hinweg besitzen. Als Implikation daraus ergibt sich zum einen die Möglichkeit einer *Äquifinalität in der Entwicklung von Dynamischen Fähigkeiten*. Unternehmungen können ähnliche Dynamic Capabilities entwickeln, auch wenn sie unterschiedliche Rand- und Entwicklungsbedingungen besitzen.[352] Zum anderen ist es möglich, Dynamische Fähigkeiten leichter zu substituieren sowie über Unternehmungs- bzw. Industriegrenzen hinweg zu übertragen, als dies bei Ressourcen der Fall ist. Aus diesen Gemeinsamkeiten folgt aber nicht, dass sich spezielle Dynamic Capabilities direkt auf andere Unternehmungen übertragen lassen, da sie in den Details ebenso wie Ressourcen durch eine idiosynkratische Entwicklung geprägt sind.

In der Literatur wird die idiosynkratische, pfadabhängige Entwicklung von Dynamic Capabilities auf Lernmechanismen zurückgeführt.[353] Wiederholtes, individuelles und kollektives Lernen führt dazu, dass sich eine Unternehmung entlang eines spezifischen Pfads entwickelt, der entscheidend für ihre weitere Zukunft ist.[354] Insbesondere im Sammeln von Erfahrungen (experience accumulation), in der Artikulation von Wissen (knowledge articulation) und der Wissenskodifizierung (knowledge codification) werden Lernmechanismen gesehen, die Dynamic Capabilities entstehen lassen.[355] An dieser Stelle weist die dynamische RBV-Perspektive eine Parallele zu den Ansätzen des Organisationalen Lernens[356] auf. Jedoch zielt die Ressourcentransformation durch Dynamic Capabilities nicht nur auf eine Weiterentwicklung des Wissens ab, sondern darüber hinaus auf eine Weiterentwicklung des gesamten

---

[351] Vgl. CAPRON/DUSSAUGE/MITCHELL (1998); LARRSON/FINKELSTEIN (1999).

[352] Vgl. auch COCKBURN/HENDERSON/STERN (2000).

[353] Vgl. EISENHARDT/MARTIN (2000), S. 1114; ZOLLO/WINTER (2002), S. 340. Vgl. ferner KALE/DYER/ SINGH (2002); HAYWARD (2000); EISENHARDT/SULL (2001); KIM (1998).

[354] Vgl. COHEN/LEVINTHAL (1990), S. 135-137.

[355] Vgl. ZOLLO/WINTER (2002), S. 340-343.

[356] Grundlegend vgl. MARCH/OLSEN (1976); ARGYRIS/SCHÖN (1978); SHRIVASTAVA (1983); SENGE (1990); NONAKA/TAKEUCHI (1995).

Ressourcenbestands. So werden auch physische Ressourcen wie Produktionsanlagen durch Dynamic Capabilities verbessert oder neu aufgebaut.

Außerdem bestehen zwischen Dynamischen und Organisationalen Fähigkeiten umfangreiche Parallelen.[357] Beide stellen auf die Beherrschung kollektiver Prozesse einer Unternehmung ab[358], basieren auf organisationalen Routinen[359] und formen in einem Veredlungsprozess Ressourcen[360]. Der wesentliche Unterschied zwischen beiden Fähigkeiten liegt in ihrem jeweiligen Beitrag, den sie zu den Wettbewerbsvorteilen bzw. zum Unternehmungserfolg leisten. Organisationale Fähigkeiten stellen Ressourcen dar[361], können daher direkt Wettbewerbsvorteile begründen und direkt zum Unternehmungserfolg beitragen. Dynamische Fähigkeiten hingegen beeinflussen nur indirekt die Wettbewerbsvorteile einer Unternehmung, indem sie deren Ressourcenbestand verändern. Sie sind folglich nicht den Ressourcen zuzurechnen und müssen damit auch deren Anforderungen bezüglich der Werthaltigkeit, Knappheit, unvollständigen Imitier- und Substituierbarkeit nicht erfüllen.[362]

Ferner besteht eine grundsätzliche Ähnlichkeit zwischen Dynamic Capabilities und Kernkompetenzen[363]. Bei Kernkompetenzen handelt es sich um eine spezielle Form Organisationaler Fähigkeiten, die auf mehrere Geschäftsfelder übertragbar sind und in diesen einen Wettbewerbsvorteil begründen. Die Veränderung des Ressourcenbestands durch eine Neukombination von Kernkompetenzen stellt eine Schnittstelle zwischen der statischen und der dynamischen Perspektive des RBV dar. So schließen Kernkompetenzen nicht die *Fähigkeit* zur Übertragung ihrer selbst mit ein, sondern besitzen nur die *Eigenschaft*, auf andere Produkte und/oder Märkte übertragbar zu

---

[357] Zu Organisationalen Fähigkeiten siehe Kapitel 3.2.1.2. Vgl. auch COLLIS (1996), S. 149-158.

[358] Vgl. TEECE (1982), S. 44; SANCHEZ/HEENE/THOMAS (1996), S. 7.

[359] Vgl. BURMANN (2001), S. 178.

[360] Vgl. TEECE/PISANO (1994), S. 542; TEECE/PISANO/SHUEN (1997), S. 516.

[361] Vgl. EISENHARDT/MARTIN (2000), S. 1107. Anders FREILING (2001), S. 90.

[362] Vgl. EISENHARDT/MARTIN (2000), S. 1110.

[363] Zu Kernkompetenzen siehe Kapitel 3.2.1.3.

sein. Im Dynamic-Capabilities-Ansatz hingegen sind die Kernkompetenzübertragung bzw. Ressourcenneukombination abgedeckt. Damit verändern Dynamic Capabilities den Ressourcenbestand einer Unternehmung einschließlich ihrer Kernkompetenzen, die in veränderter Form wieder einen Wettbewerbsvorteil begründen können.

In dieser Arbeit werden Dynamic Capabilities folgendermaßen identifiziert: Zunächst werden die Ressourcen einer Unternehmung mittels einer Wertkettenanalyse und Interviews identifiziert. Da dieser Ressourcenbestand durch Dynamische Fähigkeiten verändert wurde,[364] kann von den Ressourcen ausgehend untersucht werden, welche vorangegangenen Organisationalen Prozesse für die Veränderungen verantwortlich waren. Bei diesen handelt es sich um Dynamic Capabilities.

3.3.2. Argumentationslogik der dynamischen RBV-Perspektive

Nach der zuvor erfolgten Begriffsabgrenzung von Dynamic Capabilities soll im folgenden Abschnitt die Argumentationslogik der dynamischen RBV-Perspektive betrachtet werden. Dabei wird die Argumentationslogik der statischen RBV-Perspektive um Dynamic Capabilities ergänzt und ihre typischen Wirkungsweisen sowie Erfolgsbeiträge werden untersucht.

3.3.2.1. Wirkungsweise von Dynamic Capabilities

Für die Argumentationslogik der dynamischen RBV-Perspektive soll zunächst die Wirkungsweise von Dynamic Capabilities untersucht werden. Dynamische Fähigkeiten wirken in besonderer Form auf Ressourcen ein und verändern dabei den Ressourcenbestand einer Unternehmung, was durch bestimmte, effizient beherrschte Organisationale Prozesse gelingt. Diese lassen sich grundsätzlich in drei Gruppen einteilen (vgl. Abb. 15):[365]

---

[364] Siehe Kapitel 3.2.1.1.
[365] Vgl. EISENHARDT/MARTIN (2000), S. 1107-1108.

1. Integration von Ressourcen,

2. Rekonfiguration von Ressourcen sowie

3. Auf- und Abbau von Ressourcen.

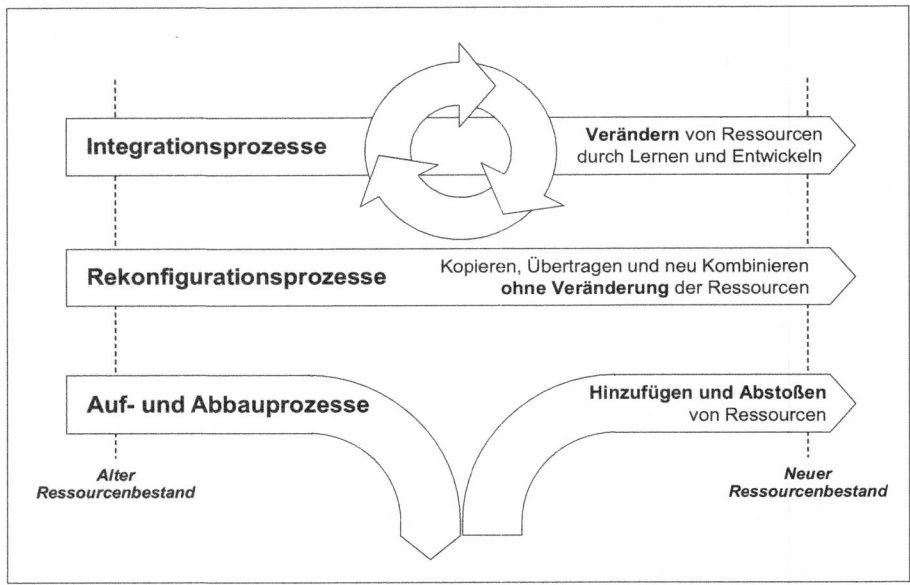

Abb. 15: Wirkungsweisen von Dynamic Capabilities bzw. von diesen beherrschte
Organisationale Prozesse.
Quelle: Eigene Darstellung nach EISENHARDT/MARTIN (2000), S. 1107-1108.

In der Realität bestehen die Organisationalen Prozesse zur Veränderung der Ressourcenbasis aus einer Kombination dieser Prozessgruppen. Daher wird es in der Praxis schwierig sein, Prozesse nur aus einer Gruppe zu identifizieren. Im Folgenden sollen die wesentlichen Merkmale der jeweiligen Prozessgruppe vorgestellt und illustrative Beispiele aufgeführt werden, bei denen einzelne Merkmale besonders stark hervortreten.

Dynamic Capabilities wirken zunächst als *Integrationsprozesse*. Dabei werden alte und neue Ressourcenbestände zusammengeführt sowie Ressourcen durch Lernen und Entwickeln so grundlegend verändert, dass neue Ressourcen entstehen können. Folgende Prozesse sind stark durch die Integration von Ressourcen geprägt:

- Prozesse der Produktentwicklung: Durch die Kombination von unterschiedlichen, individuellen Fähigkeiten und Erfahrungen in fachübergreifenden Teams sowie evtl. unter Einbeziehung von Kundenwissen werden Lernprozesse in der Produktentwicklung gefördert. Dadurch entsteht z. B. spezielles Prozesswissen.[366]

- Strategische Entscheidungsprozesse: In Top-Management-Teams wird unterschiedliches Branchen- und Fach-Know-how sowie individuelle Erfahrung integriert, damit bessere bereichsübergreifende, strategische Entscheidungen gefällt werden können. Damit wird die Wissensbasis der Unternehmung systematisch verändert.[367]

In einer zweiten Gruppe werden sog. *Rekonfigurationsprozesse* von Dynamic Capabilities beherrscht. In diesem Fall werden bestehende Ressourcen *ohne Veränderung* in neue Unternehmungsbereiche kopiert und übertragen. Zudem stellt die Rekonfiguration auf die Neukombination bestehender Ressourcenbestände zu neuen Ressourcenbündeln ab und prägt damit insbesondere folgende Organisationalen Prozesse:

- Wissenstransfer: Die Speicherung und Vermittlung von Know-how stellt sicher, dass vorhandenes Wissen der Unternehmung nicht verloren geht, sondern in anderen Bereichen eingesetzt werden kann.[368]

---

[366] Vgl. CLARK/FUJIMOTO (1991); DOUGHERTY (1992); HELFAT/RAUBITSCHEK (2000); IMAI/NONAKA/ TAKEUCHI (1985); IANSITI/CLARK (1994).

[367] Vgl. EISENHARDT (1989b); FREDRICKSON (1984); JUDGE/MILLER (1991).

[368] Vgl. HANSEN (1999); HARGADON/SUTTON (1997); SZULANSKI (1996).

- Bereitstellungsprozesse für Ressourcen (resource allocation routines): Knappe Ressourcen wie z. B. finanzielle Mittel oder Produktionsanlagen werden innerhalb der Hierarchie effizient verteilt, um sie vielen Bereichen zugänglich zu machen.[369]

- Prozesse zur permanenten Anpassung (coevolving) von Kooperationsnetzwerken innerhalb einer Unternehmung: Durch die Anpassung von Kooperationsnetzwerken lassen sich neue Ressourcenbündel für eine effizientere Zusammenarbeit von Geschäftsbereichen bilden.[370]

- Prozesse zur Anpassung des Geschäftsbereichsportfolios an vorhandene Ressourcen (patching): Durch patching wird ein SGF in seinem Umfang auf sich verändernde Marktchancen angepasst. Dies geschieht z. B. durch Hinzufügen, Verbinden und Teilen von Bereichen je nach Anforderung des Marktes und der unternehmungseigenen Ressourcen.[371]

Die dritte und letzte Gruppe betrifft *Auf- und Abbauprozesse*. Zum einen können diese Organisationalen Prozesse Ressourcen intern und extern aufbauen, ohne auf den vorliegenden Ressourcenbestand zurückzugreifen. Dabei werden die neu geschaffenen Ressourcen der vorhandenen Konfiguration hinzugefügt. Zum anderen können bereits bestehende Ressourcen auf ihre zukünftigen Einsatzmöglichkeiten überprüft und, falls notwendig, abgestoßen werden. Folgende Prozesse zeichnen sich insbesondere durch den Auf- und Abbau von Ressourcen aus:

- Prozesse zur Schaffung neuen Wissens (knowledge creation): Fest verankerte, effiziente knowledge-creation-Prozesse sollen neue Denkweisen ermöglichen, die zum internen Aufbau neuen Wissens notwendig sind.[372]

---

[369] Vgl. BURGELMAN (1994).

[370] Vgl. EISENHARDT/GALUNIC (2000).

[371] Vgl. EISENHARDT/BROWN (1999).

[372] Vgl. HELFAT (1997); HENDERSON/COCKBURN (1994); ROSENKOPF/NERKAR (1999).

- Allianzbildung: Durch strategische Allianzen können insbesondere neue Ressourcen mit externer Unterstützung aufgebaut werden. Damit erhalten Kooperationsformen ein erhebliches Veränderungspotential hinsichtlich des Ressourcenbestands einer Unternehmung.[373]

- Akquisitionsprozesse: Neue Ressourcen können z. T. auch durch Zukauf extern aufgebaut werden. Akquisitionsteilnehmer wandeln sich eher als Unternehmungen, die keine Akquisitionen vornehmen. Akquirierende Unternehmungen besitzen zudem eher knappe und für die Industrie neu erschlossene Ressourcen als nichtakquirierende Unternehmungen.[374]

- Prozesse zur Kontrolle bestehender Ressourcen (exit routines): In standardisierten Regeln werden vorhandene Ressourcen auf ihre Wirksamkeit überprüft, z. B. durch die Evaluation eines Projekterfolgs. Bei entsprechend negativer Beurteilung werden Ressourcenkombinationen aufgegeben und z. B. Projekte beendet, bevor sie die Gesamtunternehmung gefährden.[375]

3.3.2.2. Beitrag von Dynamic Capabilities zum Unternehmungserfolg

Nachdem in Abschnitt 3.3.2.1. die Wirkungsweise von Dynamischen Fähigkeiten untersucht wurde, wird nun ihr Beitrag zum Unternehmungserfolg dargestellt. Hierfür soll zunächst das Resource-Conduct-Performance-Paradigma um Dynamic Capabilities erweitert werden. Es schließt sich ein Überblick über die dynamische Argumentationslogik an.

Ebenso wie in der statischen RBV-Perspektive werden auch im Dynamic-Capabilities-Ansatz Ergebnisunterschiede auf Ressourcen zurückgeführt (Resource-Conduct-Performance-Paradigma). Dieser Zusammenhang wird in der dynamischen

---

[373] Vgl. GULATI (1999); LANE/LUBATKIN (1998); POWELL/KOPUT/SMITH-DOERR (1996); KELLEY/RICE (2002); QUÉLIN/MOTHE (1998).

[374] Vgl. CAPRON/DUSSAUGE/MITCHELL (1998); ZOLLO/SINGH (1998); KARIM/MITCHELL (2000); ZOLLO (1998); HASPESLAGH/JEMISON (1991, 1996).

[375] Vgl. SULL (1999a, 1999b).

RBV-Perspektive um den Einfluss von Dynamic Capabilities erweitert (vgl. Abb. 16). Dadurch basiert der Unternehmungserfolg auf aneinander gereihten, temporären Wettbewerbsvorteilen. Diese werden auf den jeweiligen Ressourcenbestand zu einem bestimmten Zeitpunkt zurückgeführt.

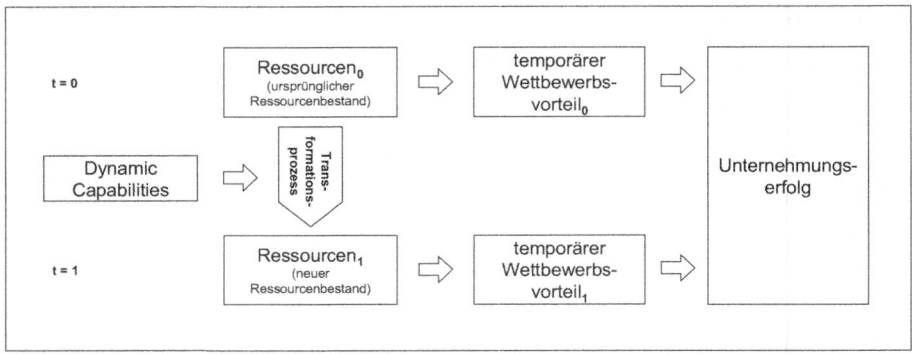

Abb. 16: Dynamisches Resource-Conduct-Performance-Paradigma.
Quelle: Eigene Darstellung.

Die Veränderung der Ressourcen über die Zeit erfolgt in einem Transformationsprozess (bzw. in Organisationalen Prozessen).[376] Dieser kann nur zu einem neuen Ressourcenbestand und damit neuen temporären Wettbewerbsvorteilen führen, wenn er optimal beherrscht wird.

Der beschriebene Wirkungszusammenhang der dynamischen RBV-Perspektive macht noch einmal deutlich, dass Ressourcen direkt und Dynamic Capabilities indirekt Wettbewerbsvorteile beeinflussen.[377] Dabei sichern Dynamic Capabilities die temporären Wettbewerbsvorteile, indem sie den Ressourcenbestand anpassen. In der Argumentationslogik der dynamischen RBV-Perspektive treten damit Dynamic Capabilities neben nichtimitierbare und nichtsubstituierbare Ressourcen zur Sicherung von Wettbewerbsvorteilen (vgl. Abb. 17).

---

[376] Vgl. EISENHARDT/MARTIN (2000), S. 1107.
[377] Vgl. EISENHARDT/MARTIN (2000), S. 1110. Anders BURMANN (2001), S. 177; BURMANN (2002), S. 335.

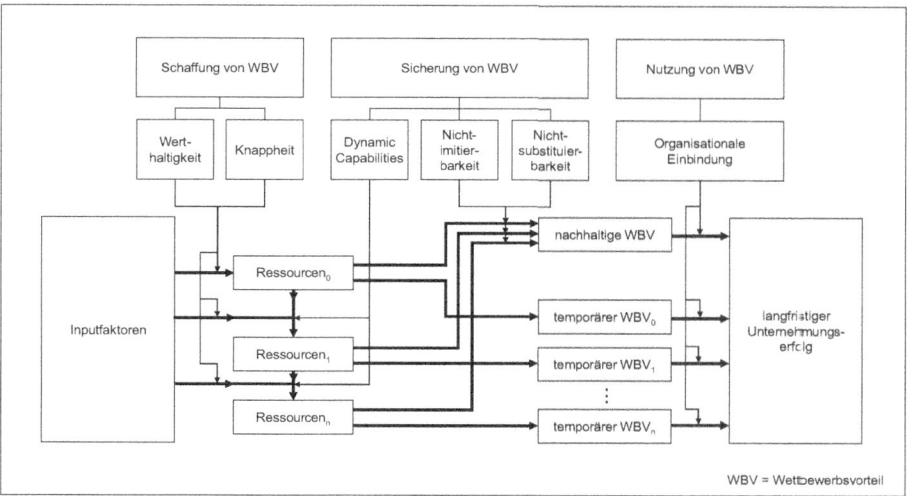

Abb. 17:   Dynamische Erweiterung der Argumentationslogik der statischen RBV-Perspektive.
           Quelle: Eigene Darstellung.

Die um den Dynamic-Capabilities-Ansatz ergänzte Argumentationslogik basiert wie die statischen RBV-Perspektive auf der Schaffung, Sicherung und Nutzung von Wettbewerbsvorteilen.[378] Während die Schaffung und Nutzung in der dynamischen Perspektive fortbestehen, offenbaren sich Veränderungen bei der Sicherung von Wettbewerbsvorteilen, bei denen die Nichtimitierbarkeit und Nichtsubstituierbarkeit von Ressourcen nur noch eine untergeordnete Rolle spielen.

Unter der Annahme einer dynamischen Marktentwicklung ist der Aufbau von Isolationsmechanismen und damit das Erlangen von nachhaltigen Wettbewerbsvorteilen nur bedingt möglich. Wesentlich bedeutsamer ist die Sicherung von temporären Wettbewerbsvorteilen durch Dynamic Capabilities. Diese passen den Ressourcenbestand durch Integration, Rekonfiguration und Abbau von bestehenden Ressourcen sowie den Aufbau neuer werthaltiger und knapper Ressourcen aus den Inputfaktoren

---

[378]   Vgl. Abschnitt 3.2.2.

an. Somit sind aufeinander folgende, temporäre Wettbewerbsvorteile möglich[379], die einer Unternehmung zu längerfristigen überdurchschnittlichen Erträgen verhelfen.

Der statische RBV führt nachhaltige Erfolgsunterschiede zwischen Unternehmungen insbesondere auf die *Auswahl* bzw. das *Halten* von Ressourcen zurück.[380] Er folgt damit vornehmlich einer Ricardiensischen Perspektive, welche Wettbewerbsvorteile durch fixe Produktionsfaktoren, die z. B. eine kostengünstigere Herstellung ermöglichen, begründet.[381] Der dynamische RBV-Ansatz rückt die Ressourcenselektion in den Hintergrund und stellt die Entwicklung von Ressourcen für nachhaltige, überdurchschnittliche Erfolgsunterschiede heraus.[382] Das Konzept der Dynamic Capabilities entspricht daher einer Schumpeterianischen Perspektive, welche Innovationen als permanenten, erschaffenden Zerstörungsprozess (creative destruction) sieht, in dem bestehende Innovationen durch neue ersetzt werden.[383] Erst permanente Innovationen bzw. aufeinander folgende temporäre Wettbewerbsvorteile ermöglichen nachhaltigen Unternehmungserfolg.

Nach der Vorstellung der Argumentationslogik des dynamisch erweiterten RBV wird diese Perspektive im Folgenden kritisch gewürdigt.

3.3.3. Würdigung der dynamischen Perspektive

Ein großer Verdienst der dynamischen Perspektive des RBV liegt darin, dass er die Kritik an der statischen Ausrichtung und die fehlende Dynamik aufgreift. Mit dem Dynamic-Capabilities-Ansatz ist eine dynamische Erweiterung geschaffen worden.[384]

---

[379] Vgl. EISENHARDT/MARTIN (2000), S. 1106.

[380] Vgl. MAHONEY/PANDIAN (1992), S. 364; MAKADOK (2001), S. 388; MAKADOK (2002), S. 1051

[381] Dieser Erfolgsunterschied wird als Ricardo-Rente bezeichnet. Vgl. PETERAF (1993), S. 181; MAHONEY/PANDIAN (1992), S. 364; COLLIS (1991).

[382] Vgl. MAKADOK (2001), S. 388; MAKADOK (2002), S. 1051.

[383] Vgl. SCHUMPETER (1993), S. 134-142. SCHUMPETER unterscheidet Produkt- und Prozessinnovationen, neue Beschaffungs- und Absatzmärkte sowie Neuorganisation (Aufbrechen bzw. Schaffen von Monopolen). Vgl. SCHUMPETER (1926), S. 100-101.

[384] Vgl. PRIEM/BUTLER (2001b), S. 64.

Hierdurch können Anpassungen an ein dynamisches Marktumfeld und Veränderungen der Aktivitäten von Unternehmungen erklärt werden.

Trotz der inzwischen umfangreichen, positiven Resonanz auf den Dynamic-Capabilities-Ansatz werden nicht nur von Kritikern, sondern auch von seinen Repräsentanten offene Fragen aufgezeigt. Insbesondere die zuvor erwähnten *Abgrenzungsschwierigkeiten* sowie die *Begriffsvielfalt*[385] lassen Aussagen der dynamischen RBV-Perspektive evtl. ungenau und inkonsistent erscheinen. Ebenso wie beim statischen RBV besteht vor allem die Gefahr, dass der Begriff der Dynamic Capabilities *tautologisch* aufgefasst wird und damit an Erklärungswert verliert.[386] Ein Zirkelschluss tritt dann auf, wenn der langfristige Unternehmungserfolg in einer sich verändernden Umwelt auf Dynamic Capabilities zurückgeführt wird, die wiederum durch ihren Erfolgsbeitrag in sich verändernden Umwelten definiert werden. Auch bei Dynamic Capabilities sind tautologische Probleme vornehmlich auf sehr weite Begriffsdefinitionen wie die von TEECE/PISANO/SHUEN (1997)[387] zurückzuführen, da diese den genauen Zusammenhang zwischen Dynamischen Fähigkeiten und Erfolgsunterschieden offen lassen.[388] Konkretisierungen der Wirkungszusammenhänge und vom Unternehmungserfolg unabhängige Definitionen, wie von EISENHARDT/MARTIN (2000) vorgenommen, haben inzwischen tautologische Probleme verringert.

Ein weiterer Kritikpunkt ist die *Metaressourcenproblematik*.[389] Diese bezieht sich auf eine Definition von Dynamic Capabilities und Organisationalen Fähigkeiten als Fähigkeiten, die selbst erfolgsrelevante Fähigkeiten hervorbringen („routines to learn routines"). Damit stellen sie höherwertige Ressourcen dar, deren Wert jedoch wiederum durch solche Ressourcen übertroffen wird, die selbst diese Fähigkeiten

---

[385] Vgl. MOSAKOWSKI/MCKELVEY (1997), S. 68-69.

[386] Vgl. ZOLLO/WINTER (2002), S. 340; WILLIAMSON (1999), S. 1093.

[387] Vgl. TEECE/PISANO/SHUEN (1997), S. 516.

[388] Vgl. ZOTT (2003), S. 98-100.

[389] Vgl. PRIEM/BUTLER (2001a), S. 33-34; BRESSER/HEUSKEL/NIXON (2000), S. 10-11.

schaffen können usw.[390] Werden Dynamic Capabilities nicht als Ressourcen und somit nicht als direkt erfolgsrelevant definiert, verliert die endlos rekursive Metaressourcenproblematik an Relevanz.

In der Summe schafft der Dynamic-Capabilities-Ansatz eine vorteilhafte Erweiterung der statischen RBV-Perspektive. Zum einen erklärt er den Unternehmungserfolg über die Zeit auch bei sich schnell verändernden Märkten und hebt dabei temporäre Wettbewerbsvorteile in das Zentrum der Betrachtung. Diese ließen sich in Zeiten hypercompetitiver Umwelten auch häufiger feststellen,[391] wodurch der Dynamic-Capabilities-Ansatz die Realität eher wiedergibt als der statische RBV-Ansatz. Zum anderen sieht die dynamische RBV-Perspektive die Möglichkeit, dass Unternehmungen ihre Ressourcenkonfiguration nicht nur an veränderte Marktbedingungen anpassen, sondern auch von sich aus zielgerichtet verändern, um ihr Geschäftsportfolio umzugestalten. Damit lässt sich auch z. B. die erfolgreiche Aufnahme neuer oder das Abstoßen alter Geschäftsfelder beschreiben.

3.4. Implikationen für eine SNP

In den vorangegangen beiden Abschnitten wurden zunächst die statische RBV-Perspektive und anschließend die dynamische Erweiterung durch den Dynamic-Capabilities-Ansatz erläutert. Aufbauend auf diesen Erkenntnissen sollen im Folgenden die Implikationen für die Forschungsfrage der vorliegenden Arbeit behandelt werden. Dabei wird als erstes gezeigt, welchen Beitrag die RBV-Perspektive zur Untersuchung des SNP-Erfolgs liefert. Im Anschluss wird ein Konzept entwickelt, mit dessen Hilfe der Erfolg einer SNP erklärt werden soll. Da dieses Konzept maßgeblich auf Ressourcen und Dynamic Capabilities beruht, wird abschließend ein Vorgehen zu deren Identifikation dargelegt, welches in der eigenen explorativen Untersuchung angewendet wird.

---

[390] Vgl. COLLIS (1994), S. 144.

[391] Vgl. D'AVENI (1994).

3.4.1. Beitrag der RBV-Perspektive zur SNP-Untersuchung

Der erste Schritt bei der Betrachtung der theoretischen Implikationen ist die Frage, welchen Beitrag der RBV und der Dynamic-Capabilities-Ansatz zur SNP-Forschung leisten. Hierbei werden Ursachen betrachtet, die für den Erfolg einer SNP verantwortlich sein können.

Der RBV als theoretisches Grundgerüst ist für die Forschungsfrage besonders geeignet, weil bei einer SNP eine Unternehmung mit neuen Produkten auf einem neuen Markt auftritt. Es ist daher von besonderem Interesse, ob bestehende Ressourcen für diese neuen Produkte und auf den neuen Märkten eingesetzt werden können. Es ist unwahrscheinlich, wenn auch grundsätzlich denkbar, dass vorhandene Ressourcen weiter in vollem Umfang genutzt werden, weil bei einer SNP keinerlei Verbindung zwischen den alten und den neuen SGF bezüglich Kunden und Technologien bestehen. Bei einer SNP werden die ursprünglichen Geschäftsfelder aufgegeben, so dass deren Ressourcen in aller Regel verändert werden müssen, wenn sie auf die neuen SGF übertragen werden sollen. Außerdem kommt es auf den Aufbau neuer Ressourcen an sowie auf ihre Integration in die Unternehmung.

Im Fokus der SNP-Untersuchung steht neben den Ressourcen vor allem ihr Transformationsprozess. Die dynamische Erweiterung des RBV deckt den Anpassungs-, Aufbau- und Integrationsprozess von Ressourcen ab, so dass sich dieser Ansatz für die Untersuchung einer SNP besonders gut eignet.

Ferner besteht in der Strategieforschung gegenwärtig großes Interesse an Dynamic Capabilities. Die Untersuchung einer SNP könnte die Dynamic-Capability-Forschung aus verschiedenen Gründen voranbringen. Zum einen geht die SNP in ihrer Veränderung weit über die konglomerate Diversifikation hinaus, indem zusätzlich zur Aufnahme unverbundener SGF die alten Geschäftsfelder abgestoßen werden. Ein Wechsel der Produkt-Markt-Kombinationen zwingt eine Unternehmung, radikalere Veränderungen vorzunehmen als bei einer Diversifikation. Damit müssen Maßnahmen zur Anpassung des Ressourcenbestands wesentlich intensiver eingesetzt werden.

Die Untersuchung des Extremfalls SNP lässt somit erwarten, dass Dynamic Capabilities klarer herausgearbeitet werden können, wenn sie Einfluss auf den SNP-Erfolg ausüben.

Zum anderen besteht noch erheblicher Forschungsbedarf zur Identifikation von Dynamischen Fähigkeiten. Durch die Anwendung dieses Konzepts auf konkrete Fallstudien zur SNP lässt sich auch hier ein Forschungsbeitrag erwarten.

Nachdem der Beitrag der dynamischen RBV-Perspektive für die SNP-Untersuchung dargestellt wurde, wird im folgenden Abschnitt ein Konzept entwickelt, mit dessen Hilfe der Erfolg einer SNP erklärt werden kann.

3.4.2. Vermutete Wirkungszusammenhänge

Der theoretische Rahmen des RBV wird im Folgenden zur Untersuchung einer SNP genutzt. Im Verständnis des RBV besteht eine Unternehmung aus *Ressourcen*, die zwischen den Zeitpunkten vor der SNP (t = 0) und nach der SNP (t = 1) verändert werden (vgl. Abb. 18).

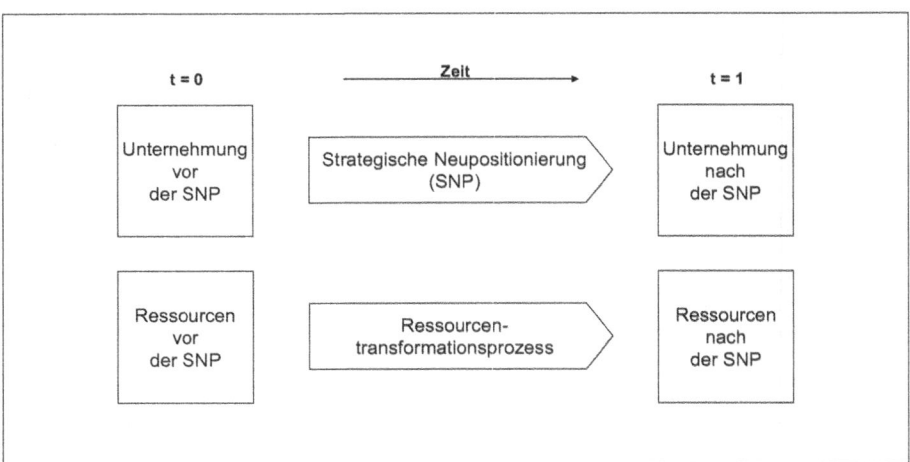

Abb. 18: Ressourcentransformation im Rahmen einer SNP.
Quelle: Eigene Darstellung.

Eine Unternehmung durchläuft somit während der SNP einen *Ressourcentransforma-tionsprozess*, welcher notwendig ist, um den Ressourcenbestand den Anforderungen der neuen Produkt-Markt-Kombination anzupassen. Nur so kann die Unternehmung im neuen SGF Wettbewerbsvorteile erreichen und überdurchschnittliche Erträge erwirtschaften. Wenn eine Unternehmung mit einer neuen Produkt-Markt-Kombination erfolgreich ist, hat sie sich im Ergebnis erfolgreich neu positioniert.

Aus RBV-Sicht sind für den Erfolg einer Unternehmung die zur Verfügung stehenden Ressourcen direkt verantwortlich.[392] Gleichzeitig sorgen *Dynamic Capabilities* für die erfolgreiche Anpassung von Ressourcen. Folglich kann ein erfolgreicher Ressourcen-transformationsprozess einer SNP durch die der Unternehmung zur Verfügung stehenden Dynamischen Fähigkeiten begründet werden. (vgl. Abb. 19)

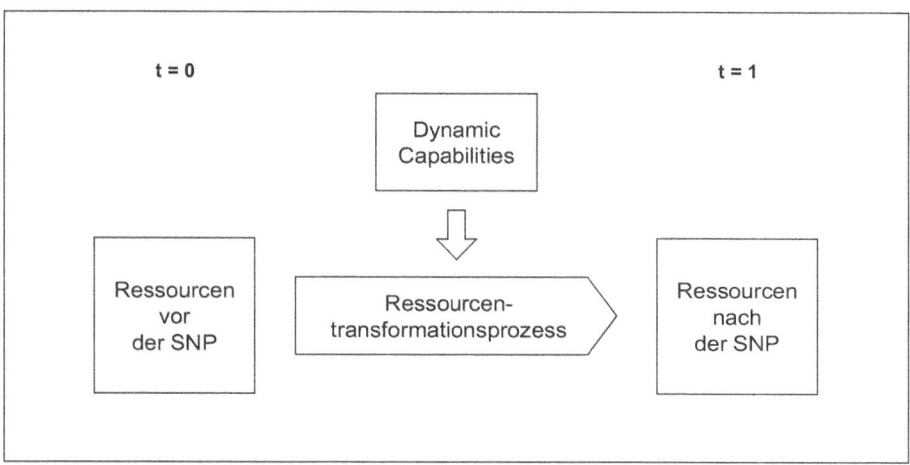

Abb. 19: Wirkung von Dynamic Capabilities auf den Ressourcentransformationsprozess einer SNP.
Quelle: Eigene Darstellung.

Der Ressourcentransformationsprozess stellt auf die Wirkungsweise von Dynamic Capabilities ab.[393] Danach werden Ressourcen integriert, rekonfiguriert bzw. auf- und

---

[392] Vgl. hierzu das Resource-Conduct-Performance-Paradigma in Abschnitt 3.2.2.

[393] Vgl. hierzu Abschnitt 3.3.2.1.

abgebaut. Mit Hilfe der Argumentationslogik der statischen und dynamischen Perspektive des RBV ist es möglich, den Erfolg einer SNP auf Ressourcen und Dynamic Capabilities zurückzuführen. Neben dem direkten Einfluss des neuen Ressourcenbestands besteht ein indirekter Einfluss der Dynamischen Fähigkeiten auf den Erfolg der SNP (vgl. Abb. 20).

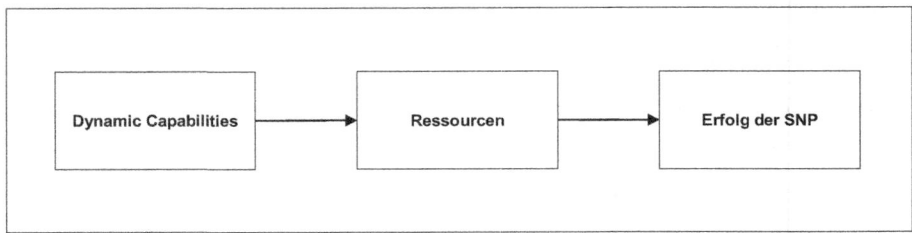

Abb. 20:   Vermutete Wirkungszusammenhänge für den Erfolg einer SNP.
           Quelle: Eigene Darstellung.

Bei einer SNP ist anzunehmen, dass *ohne Veränderung* insbesondere *leicht transferierbare, universell einsetzbare Ressourcen* aus dem vorhandenen Bestand in den neuen SGF genutzt werden. Hierfür kommen z. B. folgende Ressourcen in Betracht: finanzielle Mittel, Unternehmungsinfrastruktur, Personalverwaltung und -recruiting, Marketing-, Einkaufs- und Vertriebs-Know-how.

Da zwischen neuen und alten SGF hinsichtlich der Technologien und Kunden keine Ähnlichkeiten bestehen, dürfte ein Schwerpunkt des Ressourcentransformationsprozesses im Aufbau *neuer Ressourcen* liegen. Bei den zugrunde liegenden Dynamic Capabilities könnte es sich bspw. um Kooperations- und Akquisitionsfähigkeiten handeln.

Außerdem ist zu vermuten, dass es bei den neu aufgebauten Ressourcen wichtig ist, diese *in den vorhandenen Ressourcenbestand zu integrieren*. Für die Integration müssen entsprechende Organisationale Prozesse durch Dynamic Capabilities beherrscht werden. Hierzu zählen z. B. Wissenstransferprozesse und Change-Management-Prozesse.

Für die eigene empirische Untersuchung müssen aus den erhobenen erfolgswirksamen Faktoren die Ressourcen und Dynamic Capabilities erkannt werden. Dazu wird für Ressourcen die Überprüfung ihrer Eigenschaften nach dem VRIO-Katalog von BARNEY[394] vorgenommen. Dynamic Capabilities werden anhand der Prozesse zur Veränderung des Ressourcenbestands identifiziert.

Die vermuteten Wirkungszusammenhänge zwischen Dynamic Capabilities, Ressourcen und dem Erfolg einer SNP sollen in der folgenden empirischen Untersuchung überprüft werden. Hierfür ist die Wahl eines geeigneten Forschungsdesigns, das der Forschungsfrage gerecht wird, von großer Bedeutung. Aus diesem Grund wird in Kapitel vier das methodische Vorgehen der eigenen explorativen Studie detailliert vorgestellt. Es ist zu berücksichtigen, dass es sich bei der SNP um ein bisher nur unzureichend untersuchtes Phänomen handelt, so dass nicht auf vorhandene Forschungsergebnisse aufgebaut werden kann. Zur theoretischen Herangehensweise wurde mit dem in diesem Kapitel vorgestellten RBV eine geeignete Grundlage geschaffen.

---

[394]   Vgl. Abschnitt 3.2.2; BARNEY (2002), S. 149-160.

4. Methodik der empirischen Untersuchung

Der in Kapitel drei ausgearbeitete theoretische Rahmen zur Erklärung des SNP-Erfolgs ist Ansatzpunkt der eigenen empirischen Untersuchung. Um aussagekräftige und überprüfbare Ergebnisse zu erhalten, ist für die empirische Untersuchung ein geeignetes Design zu wählen. Dieses muss nicht nur auf die zu untersuchende Fragestellung, sondern auch auf den Untersuchungshintergrund abgestimmt sein.

Ein *Untersuchungsdesign* beschreibt die grundsätzliche Konzeption eines Forschungsvorhabens.[395] Es enthält auf formaler Ebene sowohl das Untersuchungsziel als auch den geplanten Ablauf.[396] Typische Beispiele für ein Untersuchungsdesign sind Fallstudien, Feldforschung oder Experimente. Vom Design sind die eingesetzten *Untersuchungsverfahren* zu differenzieren. Dabei handelt es sich um die konkreten Techniken der Datenerhebung, Datenaufbereitung und Auswertung, z. B. Fragebögen, Interviews, Protokolle und Inhaltsanalysen.

In diesem Kapitel wird somit die Wahl einerseits des Untersuchungsdesigns und andererseits des Untersuchungsverfahrens für die vorliegende Arbeit erläutert. Dazu wird im ersten Abschnitt dieses Kapitels ein Überblick über quantitative und qualitative Ansätze in der empirischen Forschung gegeben. Anschließend werden die Forschungsstrategie der Fallstudienmethode sowie deren Gütekriterien eingeführt. In den letzten beiden Abschnitten wird das eigene Vorgehen vorgestellt und diskutiert.

4.1. Quantitative und qualitative empirische Forschung

In der empirischen Forschung lässt sich grundsätzlich zwischen *quantitativen* und *qualitativen* Ansätzen unterscheiden.[397] Die quantitative Forschung bedient sich in der

---

[395] Es finden parallel weitere Begriffe Verwendung: Untersuchungsplan, vgl. MAYRING (1990), S. 26; Forschungskonzeption, vgl. HAUßER (1982), S. 64; Forschungsstrategie, vgl. YIN (1989), S. 13-26.

[396] Vgl. hierzu und zum Folgenden MAYRING (1990), S. 26-27.

[397] Vgl. hierzu z. B. GIRTLER (2001), S. 35; MAYRING (2003), S. 16-20. Zu einer ausführlichen Diskussion qualitativer und quantitativer Forschung vgl. exemplarisch LAMNEK (1988), insb. S. 6-21, 201-228.

© Springer Fachmedien Wiesbaden GmbH, ein Teil von Springer Nature 2005
O. Reichel-Busch, *Strategische Neupositionierung von Unternehmungen*,
Edition KWV, https://doi.org/10.1007/978-3-658-24347-0_4

Regel standardisierter Erhebungsverfahren wie z. B. Fragebögen oder Bilanzangaben, um quantifizierbare Unternehmungsdaten auf der Basis großer Stichproben statistisch valide zu messen. Die Datenauswertung erfolgt mittels mathematisch-statistischer Analysetechniken, insbesondere multivariater Methoden. Damit ist es möglich, quantifizierbare Ursache-Wirkungs-Zusammenhänge zwischen Erfolgsfaktoren (Variablen) und Erfolgsgrößen (Ergebnis) zu untersuchen.

Die qualitative Forschung setzt insbesondere Fallstudien ein, um ein möglichst vielseitiges und detailliertes Bild sowohl des Untersuchungsgegenstands als auch des Untersuchungskontexts zu erhalten. Die Daten einer geringen Anzahl bewusst ausgewählter Fälle werden meist mit Hilfe von offenen Fragen in Interviews, Expertengesprächen, Gruppendiskussionen oder teilnehmenden Beobachtungen erhoben.[398]

Die quantitative und die qualitative Forschungsrichtung stehen in einer gewissen Konkurrenz zueinander.[399] Der quantitativen Forschung wurde wegen ihrer Nähe zu naturwissenschaftlichen und mathematischen Methoden bis Ende der 60er Jahre meist der Vorzug gegeben.[400] Qualitative Untersuchungen waren aufgrund vermeintlich mangelnder Präzision und fehlender Objektivität weniger anerkannt. Dabei wurde „Präzision" mit „Quantifizierung" gleichgesetzt.[401]

Seit Anfang der 80er Jahre forderten verschiedene Autoren den vermehrten Einsatz qualitativer Forschung.[402] Es wurde sogar von einer ‚qualitativen Wende' gesprochen.[403] Inzwischen hat die qualitative Empirie große Anerkennung und weite

---

[398] Vgl. MAYRING (1990), S. 26-27; HOPF (1984), S. 13-16.

[399] Vgl. exemplarisch MILES/HUBERMAN (1994), S. 40-41. Zur Rivalität zwischen Chicago School mit qualitativem und Columbia University mit quantitativem Forschungsschwerpunkt vgl. HAMEL/DUFOUR/ FORTIN (1993), S. 15.

[400] Vgl. LAMNEK (1988), S. 6.

[401] Vgl. YIN (1989), S. 10.

[402] Vgl. DYER/WILKINS (1991), S. 613 m. w. N.

[403] Vgl. MAYRING (1989); MAYRING (1990), S. 1.

Verbreitung u. a. auch in der Strategieforschung erlangt.[404] Die steigende Akzeptanz qualitativer Empirie begründet sich zum einen durch aussagekräftige Erkenntnisbeiträge dieser Studien. Zum anderen wird der quantitativen Forschung vorgeworfen, nur den Anschein einer höheren Objektivität zu besitzen.[405] Zwar ließen die umfangreiche Formalisierung und Quantifizierung von Annahmen und Hypothesen sowie der Einsatz mathematisch-statistischer Analyseverfahren die Beschreibung der Wirklichkeit durch Modelle und Formeln weitgehend objektiv und wertfrei erscheinen. Die Wirklichkeit sei jedoch ein komplexes soziales Konstrukt, deren zugrunde liegenden sozialen Vernetzungen und mehrstufigen Entscheidungshierarchien sich nicht einfach quantitativ erfassen lassen. Ein qualitatives Forschungsdesign hingegen ermöglicht eine validere Beschreibung des sozial komplexen Untersuchungsgegenstands und -umfelds.[406]

In der Forschungspraxis stellen qualitative Methoden oftmals die einzige Form dar, ‚weiche' Faktoren wie z. B. Verhalten und Erfahrungen, persönliche Handlungen und Motive sowie Werte und Einstellungen von Personen zu erfassen.[407] Ebenso ermöglichen gerade die Kommunikation und Interaktion zwischen Forscher und Forschungsgegenstand im Rahmen einer qualitativen Untersuchung, dass Verbindungen zwischen Variablen besser offen gelegt werden. Die Interaktion erwies sich als bedeutend für die Interpretation des Untersuchungsgegenstands sowie dessen Umfelds.[408] Damit ist sie kein Störfaktor, sondern ein konstitutiver Bestandteil des Forschungsprozesses.[409]

---

[404] Vgl. YIN (1989), S. 10; FODDY (1993), S. 11; DOOLEY (2002), S. 335; MAYRING (2003), S. 7.

[405] Vgl. hierzu und zum Folgenden LAMNEK (1988), S. 9-10; BONß/HARTMANN (1985).

[406] Vgl. LAMNEK (1988), S. 145-159.

[407] Vgl. FODDY (1993), S. 1-2.

[408] Vgl. LAMNEK (1988), S. 23-24; KÜCHLER (1983), S. 10.

[409] Der Methodenstreit spitzte sich in Deutschland im sog. Positivismusstreit zu. Zur Dichotomie zwischen „Rationalismus" und „Empirismus" vgl. SCHERER (2002), S. 5-10; BONß/HARTMANN (1985). Vgl. grundlegend WEBER (1921); POPPER (1961, 1969); ALBERT (1980); ADORNO (1961, 1965); HABERMAS (1963, 1971); DAHRENDORF (1962).

Eine weitere erhebliche Stärke der qualitativen Empirie liegt in ihrer Offenheit bezüglich des Untersuchungsgegenstands, der Untersuchungssituation sowie des Einsatzes verschiedener Erhebungs- und Analysemethoden.[410] Qualitative Forschung bedeutet nicht den Verzicht auf quantifizierbare Daten. Es ist vielmehr möglich, qualitative mit quantitativen Methoden z. B. bei der Datensammlung zu kombinieren oder zusätzlich statistische Auswertungsverfahren anzuwenden.[411] Im Sinne YINS ist die Wahl des geeigneten Forschungsdesigns[412] bedeutend, z. B. in Form des Experiments, der Beobachtung oder der Fallstudie. Ähnlich vermittelnd argumentiert MAYRING, der dem qualitativen Denken die Funktion zuspricht, sinnvolle Quantifizierungen z. T. erst zu ermöglichen. Folglich sind qualitative und quantitative Designs eher als integrative Elemente im Sinne einer qualitativen Vorstufe für quantitative Erhebungen[413] oder als gegenseitige Anreicherung bei parallelem Einsatz[414] zu verstehen.

Einen erheblichen Einfluss auf die qualitative Forschung hatte die *Grounded Theory* von GLASER/STRAUSS (1967). Als Grounded Theory (Gegenstandsbezogene Theorie) wird eine induktiv entwickelte Theorie bezeichnet, die durch systematische Sammlung sowohl qualitativer als auch quantitativer Daten identifiziert, erschlossen und verifiziert wird.[415] Eine Besonderheit ist darin zu sehen, dass schon während der Datenerhebung Schritte der vorwiegend induktiven Konzept- und Theoriebildung zugelassen werden.[416] So kann sich schon zu einem frühen Zeitpunkt ein theoretischer

---

[410] Vgl. LAMNEK (1988), S. 22.

[411] Vgl. HOPF (1984), S. 14; HUGL (1995), S. 27.

[412] Vgl. YIN (1989), S. 15-17.

[413] Vgl. MAYRING (1990), S. 24.

[414] Vgl. JICK (1979), S. 602-603; STRAUSS/CORBIN (1990), S. 18-19; MILES/HUBERMAN (1994), S. 41 m. w. N. Grundlegend zur „Triangulation" vgl. DENZIN (1989).

[415] Vgl. GLASER/STRAUSS (1998), S. 11; STRAUSS/CORBIN (1990), S. 21.

[416] Vgl. MAYRING (1990), S. 77.

Bezugsrahmen herausbilden, der später schrittweise modifiziert und vervollständigt wird.[417]

Bestimmte Aspekte der Grounded Theory wurden in den 80er Jahren von YIN (1981, 1984) und EISENHARDT (1989a) aufgegriffen, die mit der Untersuchungsstrategie der Fallstudienmethode sowohl qualitative als auch quantitative Daten kombinieren. Vor allem die Methode von EISENHARDT bedient sich dabei des iterativen Vergleichs zwischen Theorie und Daten, der bereits durch die Grounded Theory beschrieben wird.[418]

Da das Phänomen der SNP in der Literatur bisher weder theoretisch noch empirisch untersucht wurde, ist es schwer zu bestimmen, welche Faktoren sich für eine quantitative Erhebung eignen. Für ein bisher noch nicht untersuchtes Phänomen wird besonders die qualitative Methode der Fallstudienerhebung befürwortet.[419] Dieser Empfehlung folgt die vorliegende Arbeit. Die Merkmale und das Vorgehen nach der Fallstudienmethode werden in den nächsten Abschnitten erläutert.

4.2. Fallstudienforschung

Die *Fallstudienforschung* lässt sich bis zum Ende des 19. bzw. Anfang des 20. Jahrhunderts zur Chicago School in den USA zurückverfolgen. Diese bildete das erste wichtige ‚Forum' qualitativer Forschung, das intensiv die Fallstudienmethode einsetzte.[420] Seither wurde die grundlegende Konzeption vielfach aufgegriffen und erweitert. Insbesondere durch die Arbeiten von YIN erlangte die Fallstudienmethode seit den 80er Jahren eine hohe Akzeptanz. Fallstudien haben mittlerweile intensiven

---

[417] Vgl. GLASER/STRAUSS (1998), S. 52.
[418] Vgl. EISENHARDT (1989a), S. 541-544.
[419] Vgl. EISENHARDT (1989a), S. 548.
[420] Vgl. HAMEL/DUFOUR/FORTIN (1993), S. 13-18; DOOLEY (2002), S. 335;

Eingang in die empirische Forschung gefunden.[421] Im Folgenden werden die wichtigsten Begriffe näher erläutert.

Unter einem *Fall* ist ein Bericht über Aktivitäten, Ereignisse oder Probleme zu verstehen, der die Realität unbeeinflusst wiedergeben und bestimmte Entwicklungen dokumentieren soll.[422] Die wesentlichen Elemente eines Falls sind die Ausgangslage, die beteiligten Personen sowie die beobachteten Ereignisse, Probleme und Konflikte. Dabei muss ein Fall folgenden Anforderungen entsprechen: Er muss tatsächlich beobachtbar, d. h. real und nicht hypothetisch sein, auf sorgfältiger Recherche und Beobachtung basieren sowie verschiedene Betrachtungsperspektiven der analysierenden Forscher zulassen.

Eine *Fallstudie* geht über die bloße Beschreibung des Falls hinaus. Sie beinhaltet neben einem Bericht auch eine kontextuelle Analyse einer limitierten Anzahl von Ereignissen oder Bedingungen sowie ihrer Beziehungen zueinander.[423]

Die *Fallstudienmethode* stellt ein empirisches Untersuchungsdesign dar, das auf verschiedenen Analyseebenen (z. B. Branche oder Unternehmung) sowohl Einzelfälle (*Single-Case-Studies*) als auch mehrere Fälle (*Multiple-Case-Studies*) umfassen kann.[424] Typischerweise wird eine Kombination verschiedener Datenerhebungsverfahren eingesetzt, die sowohl qualitativer als auch quantitativer Natur sein können. Die Ziele einer Fallstudie sind die Beschreibung von Untersuchungsgegenständen und darauf aufbauend die Untersuchung einer bestehenden oder das Entwickeln einer neuen Theorie. Wird die Fallstudienmethode verwendet, soll meist ein besonderes Phänomen umfassend untersucht werden, und zwar nicht mit Hilfe von Kontrollvariablen sondern eher durch die Beobachtung verschiedener Variablen und ihrer

---

[421] Vgl. YIN (1989), S. 10; CHETTY (1996), S. 73; GUMMESSON (1991), S. 73.

[422] Vgl. hierzu und zum Folgenden DOOLEY (2002), S. 337.

[423] Vgl. YIN (1989), S. 23. Dabei ist zwischen der Fallstudie als Forschungsmethode und der Fallstudie als Lehrmethode zu unterscheiden. Vgl. YIN (1989), S. 14.

[424] Vgl. hierzu und zum Folgenden EISENHARDT (1989a), S. 534-535; YIN (1989), S. 22-25. Zu Single-Case-Studies vgl. exemplarisch KRATOCHWILL/LEVIN (1992).

Interaktion.[425] Daher eignet sie sich nicht zur Generalisierung oder Vorhersage von Phänomenen.

Wie bereits erwähnt, wird bei der Fallstudienmethode grundsätzlich zwischen Single-Case-Studies und Multiple-Case-Studies unterschieden. Während Einzelfallstudien einen Fall in der Tiefe betrachten, ist ein wesentlicher Vorteil der gleichzeitigen Betrachtung mehrerer Fälle die sog. „Replication Logic".[426] Dabei werden die einzelnen Fälle zunächst wie selbständige Experimente behandelt (*Within-Case-Analyse* bzw. *Intra-Fall-Analyse*) und anschließend einer fallübergreifende Analyse (*Cross-Case-Analyse* bzw. *Inter-Fall-Analyse*) unterzogen. Durch den fallübergreifenden Vergleich können Übereinstimmungen (literal replication) oder Abweichungen (theoretical replication) der Ergebnisse aufgezeigt werden, die eine Theorie dann unterstützen oder ihr widersprechen. Nach YIN kann dieser Effekt zwar auch innerhalb von Einzelfällen genutzt werden, wenn z. B. Ergebnisse aus Interviews und Dokumentanalysen übereinstimmen, jedoch entfalte sich der größte Nutzen bei Multiple-Case-Studies. Ferner sei die Entwicklung von Hypothesen aus einem einzigen Fall zur Theoriebildung nicht ausreichend. Um den betrachteten Fall als Ganzes besser zu verstehen, seien vielmehr weitere Fälle zum Vergleich notwendig. Die Berücksichtigung der Replication Logic führe daher zur Entwicklung eines guten theoretischen Rahmens.

Die Fallstudienmethode lässt sich grundsätzlich in einen mehrstufigen Ablaufplan fassen.[427] Die vorliegende Arbeit orientiert sich speziell am Konzept von EISENHARDT (1989a), da sie den Forschungsablauf besonders gut strukturiert (vgl. Abb. 21).[428]

---

[425] Vgl. DOOLEY (2002), S. 336.

[426] Vgl. hierzu und zum Folgenden YIN (1989), S. 53-58.

[427] Vgl. EISENHARDT (1989a), S. 533, 536-546; YIN (1989), S. 56-57; DOOLEY (2002), S. 338-344.

[428] Auf die einzelnen Stufen wird bei der Vorstellung des eigenen Forschungsdesigns (siehe Abschnitt 4.4.) näher eingegangen.

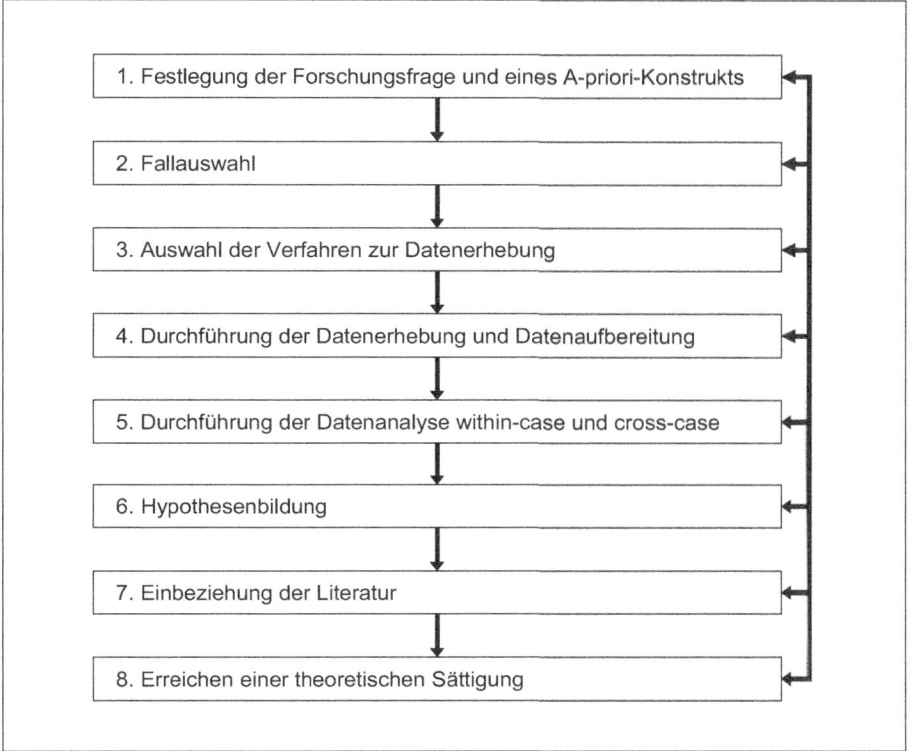

Abb. 21:   Ablaufplan der Fallstudienmethode nach Eisenhardt.
            Quelle: Eigene Darstellung nach EISENHARDT (1989a), S. 533.

Der Ansatz von EISENHARDT verfolgt das Ziel, den Prozess der Fallstudienerstellung zu strukturieren und zu vereinheitlichen. In der Summe stellt die Fallstudienmethode nach EISENHARDT eine Zusammenführung und Weiterentwicklung der Fallstudienmethode nach YIN, der Grounded Theory nach GLASER/STRAUSS sowie der qualitativen Analysetechniken nach MILES/HUBERMAN dar. Wesentliche Erweiterungen liegen in der Fokussierung auf die Theorieentwicklung aus Fallstudien, dem Einsatz von A-priori-Konstrukten, der flexiblen Verwendung von Erhebungs-, Aufbereitungs- und Analyseverfahren, der Kombination von Within-Case-Analysen mit Cross-Case-Analysen sowie der erweiterten, ständigen Integration von Literatur angrenzender

Forschungsgebiete.[429] So ergänzt EISENHARDTS Ablaufplan die Erkenntnisse von YIN (1981, 1984) und definiert das Vorgehen zur Theoriebildung. Im Rahmen von Multiple-Case-Studies werden durch die Replication Logic fallübergreifend übereinstimmende Handlungsmuster identifiziert und zufällige Assoziationen vermieden.[430]

EISENHARDT greift ferner Aspekte der Grounded Theory von GLASER/STRAUSS (1967) auf. Bei der komparativen Analyse zur Generierung einer Theorie werden iterativ in Vergleichen Daten und Theorie aufeinander abgestimmt.[431] Dies ist durch Rückkopplungen zwischen sich zeitlich überschneidenden Phasen der Datensammlung, Kodierung (Datenaufbereitung) und Datenanalyse möglich. Außerdem sollen die Fälle zielgerichtet auf Parallelen bzw. Unterschiede hin ausgesucht werden. Auf weitere Daten bzw. Fälle kann bei erreichter theoretischer Sättigung verzichtet werden.

Schließlich orientiert sich EISENHARDT an den Techniken von MILES/HUBERMAN (1984) zur Aufbereitung und Analyse qualitativer Daten. Diese fordern z. B. beim Einsatz von Tabellen oder Graphiken zur Entwicklung von Konstrukten darauf zu achten, dass die Aussagekraft durch eine zu intensive Codierung nicht zerstört wird.[432]

Kritik an der Fallstudienmethode von EISENHARDT (1989a) äußern DYER/WILKINS (1991). Die Verwendung von Multiple-Case-Studies führt ihrer Ansicht nach dazu, dass wesentliche Aussagen von Single-Case-Studies vernachlässigt werden. Die Beschreibung mehrer Fälle könne leicht zu oberflächlichen, tiefere soziale Dynamiken vernachlässigenden Fallstudien führen.[433] EISENHARDT (1991) entgegnet, dass sie Single-Case-Studies nicht vernachlässige, sondern nur durch Wiederholung ergänzt wissen wolle. Ausschlaggebend für die Qualität einer Fallstudienuntersuchung

---

[429]   Vgl. EISENHARDT (1989a), S. 545-546.
[430]   Vgl. YIN (1989), S. 53-54.
[431]   Vgl. GLASER/STRAUSS (1998), S. 52.
[432]   Vgl. MILES/HUBERMAN (1994), S. 10-11.
[433]   Vgl. DYER/WILKINS (1991), S. 614.

sei nicht die Anzahl der untersuchten Fälle, sondern allein der Zugewinn an Verständnis durch weitere Fälle.[434] Gleichzeitig müssen für eine saubere empirische Untersuchung bestimmte Gütekriterien erfüllt sein. Diese werden im folgenden Abschnitt ausgeführt.

4.3. Gütekriterien von Fallstudien

Um die Güte von Fallstudien feststellen zu können, sind generelle Kriterien zum Vergleich der jeweiligen Qualität notwendig. Diese Kriterien dienen dabei nicht nur als Überprüfung im Nachhinein, sondern sollten auch schon bei der Ausgestaltung des Untersuchungsdesigns als Zielvorgabe berücksichtigt werden. Für die qualitativ orientierte Forschung bedarf es spezieller Beurteilungskriterien.[435] YIN (1989) nennt hierzu vier auf die Fallstudienforschung bezogene Gütekriterien:[436]

- Konstruktvalidität (Construct Validity),

- Interne Validität (Internal Validity),

- Externe Validität (External Validity) sowie

- Verlässlichkeit (Reliability).

Grundsätzlich bedeutet Validität (Gültigkeit), dass tatsächlich jene Merkmale erfasst wurden, die erfasst werden sollten.[437] Die *Konstruktvalidität* (Construct Validity) bezeichnet die richtige Auswahl der Untersuchungsinstrumente. Dieser kommt bei der Fallstudienmethode eine besondere Bedeutung zu, da bei dieser Forscher geneigt sein könnten, bei der Datensammlung eher auf subjektive Urteile zurückzugreifen statt auf im Voraus festgelegte Regeln.[438] Entscheidend für die Gewährleistung der

---

[434] Vgl. EISENHARDT (1991), S. 621-622.

[435] Vgl. hierzu und zu einer Diskussion möglicher Gütekriterien exemplarisch LAMNEK (1988), S. 140-176 m. w. N.

[436] Vgl. YIN (1989), S. 40-41.

[437] Vgl. MAYRING (1990), S. 101.

[438] Vgl. hierzu und zum Folgenden YIN (1989), S. 41-42, 84-103.

Konstruktvalidität sind deshalb die Sammlung möglichst vielfältiger Quellen wie beispielsweise Archivinformationen, Interviews und Beobachtungen, das Aufstellen einer Beweiskette mit Hilfe von Notizen und schließlich der Austausch mit Experten über die ersten Entwürfe der Ergebnisprotokolle.

Die *Interne Validität* (Internal Validity) besagt, dass die Untersuchungsbedingungen notwendigerweise zu den gewonnenen Ergebnissen führen. Im Bereich der Datenanalyse sollten demnach kausale Beziehungen zwischen den einzelnen Variablen hergestellt sowie eine glaubhafte und saubere Argumentationskette aufgezeigt werden.[439]

Bei *Externer Validität* (External Validity) sind die Ergebnisse außerhalb des einzelnen Fallkontexts generalisierbar. Je mehr Personen, Fälle und/oder Situationen untersucht werden, desto besser kann die externe Validität überprüft werden. Eine wesentliche Rolle spielt hierbei der Einsatz der Replication Logic bei Multiple-Case-Studies. Wenn sich beim Vergleich einzelner Fälle Ergebnisse wiederholen, können diese als generalisierbar anerkannt und für eine größere theoretische Basis genutzt werden.[440]

Die *Verlässlichkeit* (Reliability) bezeichnet die Exaktheit des Vorgehens und der Messung. Zentral ist hierbei die Konsistenzprüfung und damit der Nachweis, dass eine Wiederholung der Untersuchung zu gleichen Ergebnissen führen würde.[441] Als wesentliche Voraussetzung für die Verlässlichkeit der Daten wird die Anfertigung eines Protokolls empfohlen, in dem ein Überblick über das Gesamtprojekt, den Untersuchungsablauf, die Forschungsfragen und die Richtlinien für den Fallreport gegeben wird. Das Auftreten von Fehlern und Befangenheiten (Bias) kann durch eine gute Dokumentation der Prozeduren minimiert werden.[442]

---

[439] Vgl. YIN (1989), S. 42-43.

[440] Vgl. YIN (1989), S. 43-45.

[441] Vgl. ähnlich MAYRING (1990), S. 101.

[442] Vgl. YIN (1989), S. 45, 70.

4.4. Design der eigenen, explorativen Fallstudienuntersuchung zur SNP

Die in dieser Arbeit gewählte Forschungsstrategie bedient sich aus mehreren Gründen eines Fallstudiendesigns und vielfältiger qualitativer und quantitativer Daten. Erstens sind über das Phänomen der Strategischen Neupositionierung keine ausreichenden Forschungsergebnisse vorhanden, auf deren Erkenntnissen großzahlige quantitative Erhebungen hätten aufbauen können. Gleichzeitig ist wegen der fehlenden Untersuchungen eine empirische Studie ausschließlich auf Basis einer Literaturauswertung oder historischen Betrachtung nicht möglich. Mit Hilfe intensiver Fallstudien sowie der Verwendung von Interviews und Expertengesprächen lassen sich hingegen erste explorative Erkenntnisse zur SNP gewinnen. Die gewonnenen Ergebnisse können als Grundlage quantitativer Erhebungen dienen. Das gewählte Fallstudiendesign übernimmt somit die Aufgabe der Hypothesenfindung und Theoriebildung.[443]

Zweitens lassen sich bei der gewählten theoretischen Basis des Resource-Based View eine Vielzahl an Ressourcen bzw. Prozessen z. B. Managementfähigkeiten, Unternehmungskultur oder Integrationsprozesse nicht oder nur schwer rein quantitativ über einen Fragebogen identifizieren.

Drittens kommt es bei der Untersuchung von Unternehmungswandel auf ein Verständnis des Gesamtzusammenhangs an. Eine realistische Simulation komplexer Prozesse des Wechsels in neue SGF im Rahmen eines Laborexperiments ist nicht durchführbar. Die Fallstudienmethode hingegen ermöglicht die Abbildung der Komplexität und Vielfalt einer SNP.

Um den wissenschaftlichen Ansprüchen in Bezug auf Validität und Reliabilität zu genügen, ist die induktive Theoriebildung mittels der Fallstudienmethode auf einen systematischen Prozess angewiesen. Dieser ist durch das oben vorgestellte, strukturierte Ablaufschema von EISENHARDT (1991) gegeben. Diesem wird daher in

---

[443]   Vgl. MAYRING (2003), S. 20-21.

der vorliegenden Arbeit gefolgt, wobei die einzelnen Phasen auf den Untersuchungshintergrund der Strategischen Neupositionierung und die spezielle Forschungsfrage
angepasst wurden. Eine detaillierte Erklärung der einzelnen Phasen erfolgt in den
nächsten Abschnitten.

4.4.1. Festlegung der Forschungsfrage und eines A-priori-Konstrukts

Die erste Phase des Ablaufplans von EISENHARDT besteht zunächst aus der Definition
der Forschungsfrage. Diese ist notwendig, um das weitere Vorgehen fokussieren zu
können und die Datenfülle beherrschbar zu machen. Ferner wird in dieser Phase eine
A-priori-Spezifikation festgelegt, die als vorläufige Grundlage der Theoriebildung
dient und auf vermuteten Wirkungszusammenhängen basiert. EISENHARDT weist
darauf hin, dass dieses Vorgehen in der Literatur eher unüblich sei. Es biete dem
Forscher aber den Vorteil, während der Untersuchung durch das Entfernen bzw.
Hinzufügen bestimmter Konstrukte bis hin zu einer Verlagerung der Forschungsfrage
theoretisch flexibel zu bleiben. In diesem Zusammenhang warnt EISENHARDT vor
einer voreingenommenen Perspektive oder festen Thesen vor Beginn der Untersuchung, da diese die Ergebnisse der Fallstudien beeinflussen könnten.[444]

In der eigenen Fallstudienuntersuchung wird die Forschungsfrage erörtert, worauf der
Erfolg eines Wechsels in neue Strategische Geschäftsfelder gründet. Zum Einstieg in
die empirische Untersuchung wurde zunächst die vorhandene Literatur gesichtet, um
erste Eindrücke hinsichtlich bestimmter Einflussfaktoren und Erfolgsursachen von
verwanden Phänomenen wie z. B. der unverbundenen Diversifikation und dem
radikalen Unternehmungswandel zu gewinnen. Die Überlegungen zu den theoretischen Ansätzen (vgl. Kapitel drei) haben herausgestellt, dass die Untersuchung
interner Faktoren als Ursache für den Unternehmungserfolg im Zuge einer SNP
besonders aufschlussreich sein kann. Daher wurde der Resource-Based View als
zentraler theoretischer Rahmen für die eigene Untersuchung festgelegt.

---

[444] Vgl. EISENHARDT (1989a), S. 536.

4.4.2. Fallauswahl

Vor der Durchführung einer Fallstudienuntersuchung ist die Auswahl der geeigneten Fälle (Sampling) von größter Wichtigkeit.[445] Im Vergleich zu statistischen Erhebungen handelt es sich beim Auswahlprozess nach der Fallstudienmethode nicht um die Bestimmung zufälliger Stichproben, die einen Durchschnitt der Gesamtheit aller Unternehmungen abbilden und damit grundlegende Anforderungen an Repräsentativität erfüllen. Es müssen vielmehr bewusst Fälle ausgewählt werden, die wichtige Merkmale des A-priori-Konstrukts sowie mögliche Abweichungen zwischen den Fällen abbilden. Die ausgewählten Fälle sollen bei Vergleichsbetrachtungen (Cross-Case-Analysen) zur Erweiterung bestimmter Erkenntnisse führen und so Generalisierungen ermöglichen. Es ist daher empfehlenswert, möglichst Extrempunkte bzw. Polaritäten zu wählen, um Abweichungen der Ergebnisse beobachtbar zu machen.

Für die vorliegende Fallstudienuntersuchung wurde zunächst nach Unternehmungen recherchiert, die einen Wechsel in neue Strategische Geschäftsfelder durchgeführt hatten (vgl. Tab. 3).

---

[445] Vgl. hierzu und zum Folgenden EISENHARDT (1989a), S. 536-537. Zu möglichen Strategien des Samplings vgl. MILES/HUBERMAN (1994), S. 27-28.

Fall (Land)	Strategische Geschäftsfelder (SGF)		Ver-wandt-heitsgrad	Umsatzanteil der neuen SGF		Zeitrahmen der SNP	
	vor SNP	nach SNP		vor SNP	nach SNP	Beginn	Ende
Preussag/TUI AG (D)	Rohstoffe, Handel, Anlagen- und Schiffbau	Tourismus	gering	0 %	61 %	1997	2002
Mannesmann AG (D)	Röhren, Maschinen- und Anlagenbau	Telekommunikation	gering	0 %	39 % (100 % in 2000)	1989	1999
Salamander AG (D)	Schuhe	Service	gering	29 %	ca. 90 %	1998	2003
Gold-Zack AG I (D)	Textilien	Emissionsberatung	gering	0 %	ca. 100 %	1995	1997
Gold-Zack AG II (D)	Emissionsberatung	Immobilien- und Beteiligungsdienstleistungen	hoch (Beteiligungen)	ca. 0 %	ca. 100 %	2003	2004
mg technologies ag (D)	Rohstoffe	Engineering und Chemie	mittel (Verfahrenstechnik)	ca. 20 %	ca. 70 % und 30 %	1993	2000
Tchibo Holding AG (D)	Kaffee (Weiterverarbeitung und Handel)	Kaffee, Gebrauchsartikel, Dienstleistungen	hoch (Handel)	0 %	k. A.	1972	k. A.
Aventis AG (D, F)	Chemie	Life Sciences (Pharma)	hoch (Chemie)	15 %	80 %	1994	1999
SUEZ (Suez Lyonnaise des Eaux) (F)	Bau- und Betreibergesellschaft Suez Kanal	Energie und Umwelt	gering	ca. 10 %	100 %	1956	1974
Vivendi Universal (F)	Wasserversorgung (Compagnie Générale des Eaux)	Multimedia und Kommunikation	gering	0 %	ca. 100 %	1983	2000
NOKIA (FIN)	Papier, Gummi und Kabel	Telekommunikation	gering	10 %	93 %	1992	1997
Westinghouse Electric Corporation CBS (US)	Elektrotechnik	Multimedia	gering	k. A.	k. A.	1995	1997

Tab. 3: Zusammenstellung möglicher Fallstudien.
Quelle: Eigene Darstellung.

Anschließend war eine Eingrenzung der zu untersuchenden Fälle vorzunehmen, um spezifische Details des Phänomens herausarbeiten zu können. Da der Erkenntnisgewinn durch den Einsatz von Fallstudien nicht auf statistischem, sondern auf argumentativem Weg erreicht wird, sind wenige, gründlich durchgeführte Fallstudien eher zielführend als zahlreiche Fallbetrachtungen mit geringer Untersuchungstiefe.[446] Daher wurde eine Fallanzahl von zwei Unternehmungen festgelegt.

Um eine grundsätzliche Vergleichbarkeit der Fälle zu gewährleisten, mussten Einflüsse der Unternehmungsgröße, der Rechtsform und der landesspezifischen Rahmenbedingungen ausgeschlossen werden. Folglich sollten alle Unternehmungen eine vergleichbare Größe und Rechtsform sowie ihren Stammsitz im selben Land besitzen.

In Deutschland konnten sieben Unternehmungen identifiziert werden, die ihre Strategischen Geschäftsfelder grundlegend verändert hatten. Von diesen Fällen versprachen insbesondere die Unternehmungen Preussag/TUI und Mannesmann für eine Untersuchung geeignet zu sein. Der rohstoff- und technologieorientierte Industriekonzern Preussag AG positionierte sich 1997-2002 als Touristikdienstleister neu und der Technologiekonzern Mannesmann AG wandelte sich 1989-1999 zum Telekommunikationsdienstleister. Beide Unternehmungen wiesen folgende Gemeinsamkeiten auf:

- eine vergleichbare Unternehmungsgröße mit mehr als 50.000 Mitarbeitern,

- einen vergleichbaren Konzernumsatz zwischen 10 und 30 Mrd. Euro,

- die Rechtsform einer Publikumsaktiengesellschaft sowie

- den Sitz der Gesellschaft in Deutschland.

Die übrigen in Tab. 3 aufgeführten Fälle wurden aus unterschiedlichen Gründen nicht für die Untersuchung ausgewählt. So baute die Salamander AG zwischen 1998 und 2003 ihren Servicebereich insbesondere mit der APCOA Parking AG (Parkhaus-Betreiber) aus. Da die Salamander AG nach 2003 vollständig zerschlagen wurde,[447]

---

[446]   Vgl. EISENHARDT (1989a), S. 545; MILES/HUBERMAN (1994), S. 30.

[447]   Vgl. Handelsblatt vom 10.01.2003, S. 15; FAZ vom 23.01.2003, S. 15.

ist zu vermuten, dass dieses Engagement nicht das Ergebnis einer zielgerichteten Neupositionierung war. Wahrscheinlich handelte es sich beim Ausbau des Servicebereichs eher um eine ‚Zwischenlösung' für Beteiligungen des Salamander-Haupteigentümers Energie Baden-Württemberg AG (EnBW) statt um eine SNP.

Die Gold-Zack AG hat seit 1995 zweimal eine SNP durchlaufen. Bis 1997 wurde der einstige Textilhersteller (insb. Gummibänder) zu einem Emissionshaus umgebaut und 2003 nochmals zu einem Immobiliendienstleister gewandelt. Gold-Zack war im Vergleich zu anderen möglichen Fällen jedoch zu klein und wurde daher nicht untersucht (rund 180 Mitarbeiter gegenüber rund 70.000 [TUI] und 120.000 [Mannesmann] Mitarbeitern).

Die Fälle mg technologies ag, Tchibo Holding AG und Aventis AG wurden insbesondere aufgrund des Verwandtschaftsgrads ihrer neuen SGF nicht für die Untersuchung ausgewählt. Die Veränderungen in der ehemaligen Metallgesellschaft mg technologies ag von der Rohstofforientierung zu einem Chemiehersteller bzw. Maschinen- und Anlagenbauer weisen aufgrund der weiterhin starken Rohstoffnähe eine Verwandtschaft im Kundenstamm auf. Die Erweiterung der Herstellung und des Handels von Kaffee um ein sog. Systemgeschäft mit Gebrauchsartikeln und Dienstleistungen bei Tchibo seit 1972 hat aufgrund der Handelskomponente einen hohen Verwandtheitsgrad. Bei der Aventis AG wird ebenfalls ein hoher Verwandtheitsgrad vermutet, da die Verfahrenstechnik der Chemie- und Pharma-Branche sehr ähnlich ist.

Auch in anderen Ländern ließen sich mögliche Fälle identifizieren. In Frankreich haben sich SUEZ und Vivendi Universal neu positioniert. SUEZ ist die ehemalige Bau- und Betreibergesellschaft des Suez Kanals und wandelte sich nach dessen Übergabe an Ägypten 1956 zu einem Energie- und Umwelt-Konzern. Der Medienkonzern Vivendi Universal war vor 1983 als Compagnie Générale des Eaux in der Wasserversorgung tätig. In Finnland wurde der Telekommunikationskonzern NOKIA als SNP-Fall erfasst. Dieser hatte noch 1992 den Hauptumsatzanteil durch Papier-,

Kabel- und Gummiprodukte erwirtschaftet. In den USA wurde als ein Fall einer SNP die Westinghouse Electric Corporation ermittelt. Der Elektro- und Elektronikkonzern hatte seit 1995 verstärkt Fernsehsender – u. a. CBS (The Columbia Phonograph Broadcasting System) – erworben und sich mit der Umbenennung in CBS 1997 ausschließlich auf dieses Geschäftsfeld fokussiert.[448] Die genannten Fälle wurden nicht weiter verfolgt, da jeweils ein vergleichbarer Fall mit ähnlichen Rahmenbedingungen fehlte und somit keine Cross-Case-Analysen möglich waren.

Die vorliegende Fallstudienuntersuchung fokussiert sich somit auf die beiden Fälle Preussag/TUI sowie Mannesmann. Zur Untersuchung alternativer, strategischer Entwicklungspfade sollten ferner Vergleichsfälle ausgewählt werden. Hierzu wurden Unternehmungen identifiziert, die zwar eine Möglichkeit zur Strategischen Neupositionierung hatten, diesen Weg jedoch nicht einschlugen. Bei diesen Unternehmungen handelte es sich um die ThyssenKrupp AG und die DaimlerChrysler AG. Sowohl die ThyssenKrupp AG als auch die DaimlerChrysler AG haben trotz der Chance zur SNP ihre Kerngeschäftsfelder im Wesentlichen nicht gewandelt. Auch diese beiden Fälle erfüllen die o. g. Vergleichbarkeitskriterien Unternehmungsgröße, Rechtsform sowie Sitz in Deutschland.

4.4.3. Auswahl der Verfahren zur Datenerhebung

Im dritten Schritt nach EISENHARDT geht es um die Auswahl geeigneter Datenerhebungsverfahren für die Fallstudien. Hierzu bieten sich insbesondere das Interview, die Gruppendiskussion, die Beobachtung, die Dokumentenanalyse und die schriftliche Befragung an.[449] EISENHARDT empfiehlt den gleichzeitigen Einsatz unterschiedlicher Verfahren. Diese können sowohl qualitativer als auch quantitativer Natur sein, da eine solche Kombination synergetische Wirkung entfalten und einen hohen Beitrag zur

---

[448] Andere mögliche Fälle in den USA stellten sich nach näherer Untersuchung als Diversifikation heraus, so z. B. die Diversifikation des Baumaschinenherstellers Caterpillar Inc. in die Bekleidungsindustrie oder die Diversifikation des Schleifpapierherstellers Minnesota Mining and Manufacturing Company (3M) in die Büroartikel- und Verpackungsindustrie durch innovative Werkstoff- und Verfahrensentwicklungen.

[449] Vgl. MAYRING (1990), S. 44-60; LAMNEK (1989); FRIEDRICHS (1990), S. 189-333.

Theoriebildung leisten kann.[450] Mit Hilfe quantitativer Daten lassen sich z. B. Wirkungszusammenhänge aufdecken, die anhand der eher weichen, qualitativen Faktoren nicht hätten erkannt werden können (z. B. Auswirkungen einer SNP auf den Aktienkurs). Qualitative Daten hingegen gewinnen vor allem dann an Wert, wenn das Verständnis für die Wirkungsbeziehungen erst geschaffen werden muss.

Die vorliegende Untersuchung basiert daher auf der Kombination mehrerer Datenerhebungsmethoden (vgl. Abb. 22). Beginnend mit einer Dokumentensammlung und -analyse[451] wurden Unternehmungsveröffentlichungen (Geschäftsberichte, Ad-hoc-Meldungen, Broschüren, Mitarbeitermagazine), Artikel der Wirtschaftspresse (insb. aus FAZ, Handelsblatt, Financial Times und Manager-Magazin) sowie sonstige Veröffentlichungen (wissenschaftliche Aufsätze, Bücher, Fallstudien etc.) zu den untersuchten Fällen ausgewertet. Dabei wurden die Recherchen durch die jeweiligen Unternehmungsarchive sowie durch Unternehmungshistoriker[452] unterstützt. Anschließend wurden persönliche Interviews mit Schlüsselpersonen in den Unternehmungen durchgeführt, auf die in Abschnitt 4.4.4. genauer eingegangen wird.[453]

In einem weiteren Schritt erfolgte die Befragung von Experten zu ihren Einschätzungen der Erfolgsursachen einer SNP sowie zur Diskussion der bereits gewonnenen Ergebnisse. Die Erörterung der Fälle mit Außenstehenden erlaubt eine objektivere und komplexere Sichtweise des Fallgeschehens. Mögliche subjektive Eindrücke eines Forschers können in der Diskussion mit Experten bestätigt oder korrigiert werden, bevor die empirischen Untersuchungen zu einem ansonsten möglicherweise zu frühen Zeitpunkt abgeschlossen werden.[454]

---

[450] Vgl. auch MINTZBERG (1979), S. 587. Vgl. hierzu und zum Folgenden EISENHARDT (1989a), S. 537-538.

[451] Vgl. MAYRING (1990), S. 31-34; LAMNEK (1989), S. 188-189.

[452] Dies waren im Fall der Mannesmann AG Prof. Dr. Horst A. Wessel und im Fall der Preussag/TUI AG Prof. Dr. Bernhard Stier.

[453] Vgl. MAYRING (1990), S. 45-53; LAMNEK (1989), S. 35-120; FRIEDRICHS (1990), S. 192-236.

[454] Vgl. EISENHARDT (1989a), S. 538.

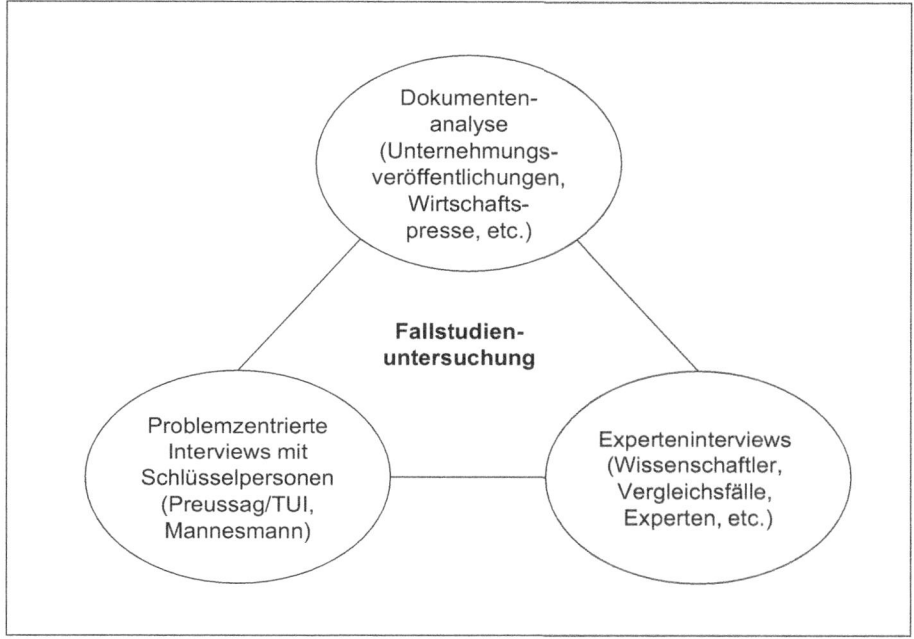

Abb. 22: Kombination von Erhebungsmethoden in der durchgeführten Fallstudienuntersuchung.
Quelle: Eigene Darstellung.

Von schriftlichen Befragungen wurde aufgrund der erheblichen Nachteile dieser Methode abgesehen.[455] Ferner wurde die Gruppendiskussion als Erhebungsmethode verworfen, da sie mit Vorstandsmitgliedern und leitenden Managern zeitlich nicht durchführbar war und zudem individuelle Einschätzungen erhoben werden sollten. Eine Beobachtung kam ebenfalls nicht in Frage, weil die Strategischen Neupositionierungen bereits abgeschlossen waren und nur eine retrospektive Untersuchung möglich war.

---

[455] Bei einer schriftlichen Befragung kann zum einen nicht sichergestellt werden, dass der Adressat den Fragebogen selbst ausfüllt. Zum anderen besteht die Gefahr, dass die Fragen für den Adressaten nicht eindeutig genug formuliert sind. Rückfragen und spätere Erklärungen sind bei der schriftlichen Erhebung nicht möglich. Ferner sind Motivation und Sorgfalt bei der Beantwortung schriftlicher Interviews oft sehr viel geringer als bei persönlichen Interviews, so dass die Rücklaufquote geringer und die Fehlerquote höher ausfallen. Vgl. FRIEDRICHS (1990), S. 236-246; MÜLLER-BÖLING/KLANDT (1994), S. 30.

Hinsichtlich des Interviewtyps fiel die Wahl auf problemzentrierte Interviews in einer teilstrukturierten, offenen Befragungsform mit Hilfe eines Gesprächsleitfadens. Der Vorteil problemzentrierter Interviews liegt im persönlichen Gespräch und damit in der Offenheit sowie Flexibilität der Methode. Da dem Befragten keine Antwortalternativen vorgegeben werden, kann er stattdessen komplexe Zusammenhänge sowie kognitive Strukturen gemeinsam mit dem Interviewer entwickeln. Sofern eine Vertrauensbeziehung zwischen den Gesprächspartnern entsteht, führt diese Methode zu einem reflektierteren und genaueren Ergebnis als die Fragebogenerhebung.[456]

Die Fragenkomplexe und Themenschwerpunkte wurden auf Basis einer Problemanalyse vorstrukturiert (vgl. Abb. 23). Somit flossen insbesondere Aspekte des Ablaufs einer SNP sowie der theoretische Rahmen in den Interviewleitfaden mit ein. Fallspezifisch wurden die Ergebnisse der Dokumentenanalyse in die Leitfäden mit eingearbeitet.

---

[456] Vgl. MAYRING (1990), S. 47.

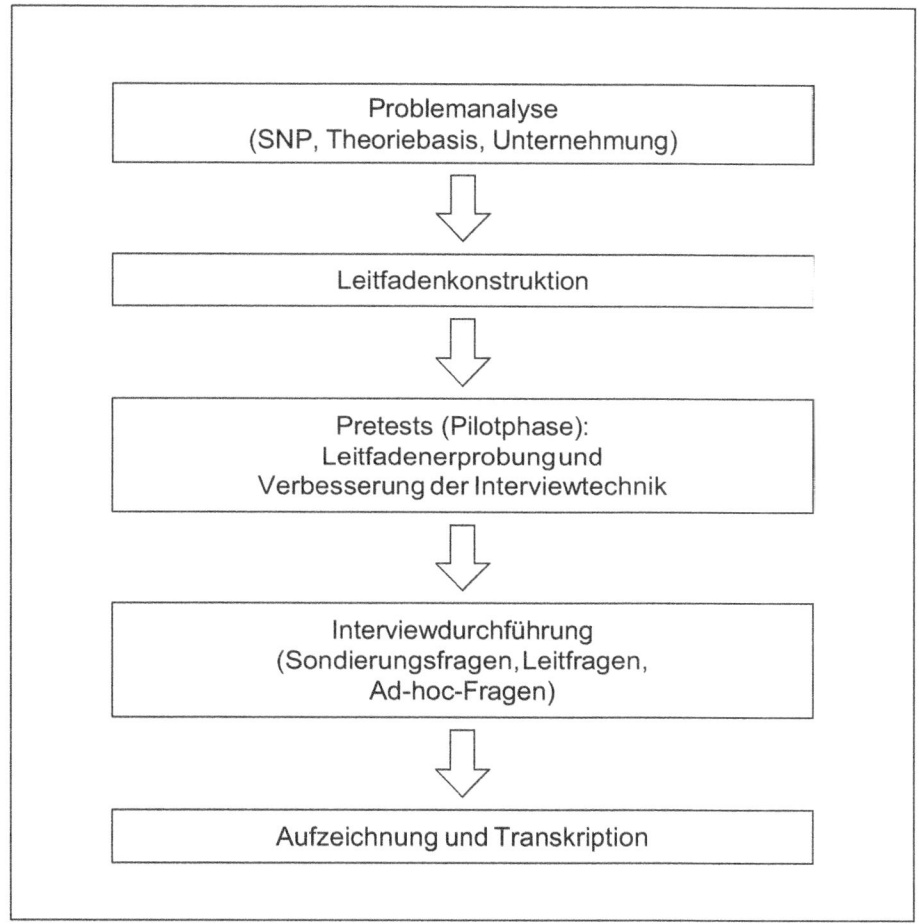

Abb. 23:   Ablauf der eigenen empirischen Erhebung.
           Quelle: In Anlehnung an MAYRING (1990), S. 48.

Der Interviewleitfaden bestand aus Sondierungsfragen zum allgemeinen Einstieg sowie Leitfragen zu den Kernpunkten der SNP. Es wurde bewusst auf exakte Antwortvorgaben sowie fixe Reihenfolge der Fragen verzichtet. Vielmehr war beabsichtigt, erst im Gespräch situationsabhängig zu entscheiden, welche Leitfragen zu welchem Zeitpunkt gestellt bzw. vertieft werden sollten.[457] Im eigentlichen

---

[457]   Vgl. FRIEDRICHS (1990), S. 208.

Interview wurden die Fragen um sog. Ad-hoc-Fragen ergänzt, um ebenfalls situationsabhängig und spontan auf neue Aspekte einzugehen.[458] Der Leitfaden wurde mit Hilfe dreier Pretests[459] erprobt und gleichzeitig die eigene Interviewtechnik geschärft. Zur besseren Fokussierung auf das Gespräch und den Gesprächspartner wurden die Interviews aufgezeichnet. Anschließend wurden die Aufnahmen in Form von Ergebnisprotokollen übertragen.

Zur Vermeidung einer einseitigen Ergebnisprägung wurden Interviews mit mehreren Schlüsselpersonen innerhalb eines Falls durchgeführt. Aus jeder Unternehmung sollten möglichst ein Vorstandsmitglied, ein Manager aus dem Bereich Strategische Unternehmungsentwicklung sowie Manager und Mitarbeiter aus den alten und den neuen SGF interviewt werden. Durch die Integration verschiedener Sichtweisen konnte ein umfassender Eindruck über die internen Transformationsprozesse und Erfolgsursachen der SNP gewonnen werden. In den Vergleichsfällen wurde jeweils nur ein Interview eingeplant und durchgeführt.

4.4.4. Durchführung der Datenerhebung und Datenaufbereitung

Im Anschluss an die Auswahl der Fälle und Instrumente für die Datensammlung findet in EISENHARDTS Ablaufplan die eigentliche Datenerhebung statt. Hierbei überschneiden sich Datensammlung und Datenanalyse, so dass zwischen Erhebung und Auswertung Feedbackschleifen möglich sind.[460] Die Fallstudienmethode lässt ausdrücklich spätere Modifikationen der Fragestellung, der Zusammensetzung der Fälle, der Erhebungsverfahren sowie der Interviewpartner zu. Dies ist im Hinblick auf die Validität der Studie möglich, da es bei der Fallstudienmethode nicht um statistische Genauigkeit geht. Vielmehr sollen die einzelnen Fälle so tief wie möglich

---

[458] Vgl. MAYRING (1990), S. 48-49. Zur Frageformulierung vgl. MÜLLER-BÖLING/KLANDT (1994), S. 32-38; FRIEDRICHS (1990), S. 192-207.

[459] Die Pretests wurden in Form von strukturierten Interviews mit einem Unternehmensberater, einem Wirtschaftsprüfer und einem selbständigen Unternehmer im Herbst 2003 durchgeführt. Zu Pretests vgl. FRIEDRICHS (1990), S. 221-222.

[460] Vgl. hierzu und zum Folgenden EISENHARDT (1989a), S. 538-539.

durchdrungen werden. An den Forscher wird hierbei die Anforderung gestellt, während der Erhebungsphase Verbesserungsmöglichkeiten zu erkennen. Es ist jedoch darauf zu achten, dass diese Flexibilität in der Erhebungsphase nicht zu unsystematischen Messungen führt.

Eine Systematik wird u. a. durch das Anfertigen von Interviewprotokollen und zeitnahen Notizen zum Fall (Field Notes) gefördert. Diese enthalten Kommentare zur Erhebungssituation, persönliche Einschätzungen des Forschers sowie Anmerkungen zu den Interviews und der Gesamtthematik, um ein stärkeres Bewusstsein für die Fallstudie zu entwickeln. Durch die Dokumentation und ständige Beschäftigung mit den Daten soll die spätere Analyse erleichtert werden.

In der eigenen explorativen Erhebung wurden die Interviews im Zeitraum zwischen Dezember 2003 und Juni 2004 durchgeführt. Für die Untersuchung des Falls Preussag/TUI AG wurden vier Interviewpartner befragt:

1. Herr Rainer Feuerhake, Finanzvorstand der der TUI AG, begann seine Kariere im Preussag-Konzern 1968 zunächst in der Konzernrevision. Nach verschiedenen Positionen bei in- und ausländischen Konzerngesellschaften übernahm er 1980 die Leitung der Abteilung Konzern-Rechnungswesen der Preussag AG. Seit 1988 ist Herr Feuerhake Vorstandsmitglied der Preussag AG und für das Ressort Finanzen verantwortlich. Er begleitete als Finanzvorstand die SNP über die gesamte Zeitdauer von 1997 bis 2002 und berichtete aus strategischer Konzernleitungssicht zum Fall Preussag/TUI.

2. Herr Henrik Homann, kaufmännischer Geschäftsführer (CFO) der TUI Deutschland GmbH, war 1997 Chefcontroller der durch die Preussag übernommenen TUI Gruppe. Er bezog seine Aussagen auf die akquirierte Gesellschaft TUI GmbH & Co. KG.

3. Herr Olaf Seifert, Direktor Konzern-Controlling der TUI AG, begann seine Karriere bei der Preussag 1968 in der Abteilung Operations Research. Nach verschiedenen Funktionen als Abteilungsleiter wurde er 1995 Senior Controller

und stellvertretender Leiter des Konzern-Controllings.[461] 1999 übernahm Herr Seifert die Leitung des Controllings der TUI-Group und wurde als Vertreter der Leitenden Angestellten zum Mitglied im Aufsichtsrat berufen[462]. Er berichtete aus Konzernsicht über die Integration der touristischen Gesellschaften in die Holding.

4. Herrn Frank Tietjen, Mitarbeiter der Abteilung Konzernstrategie/Konzernentwicklung der TUI AG, arbeitet seit 1998 bei Preussag. Er stand als Interviewpartner und Vertreter des Abteilungsleiters zu Fragen bezüglich der strategischen Unternehmungsentwicklung der Preussag AG/TUI AG zur Verfügung.

Für die Untersuchung des Falls Mannesmann AG konnten sieben Interviewpartner gewonnen werden:

1. Herr Dr.-Ing. E.h. Werner H. Dieter war Vorsitzender der Geschäftsführung der 1968-1975 von Mannesmann akquirierten G. L. Rexroth GmbH.[463] In den Jahren 1985 bis 1994 hatte er den Vorstandsvorsitz der Mannesmann AG inne.[464] In den Jahren 1989/1990 legte Herr Dieter mit der D2-Lizenzbewerbung den Ursprung für die Telekommunikationsaktivitäten des Konzerns.[465] Er trug die Sicht der strategischen Konzernleitung zum Fall Mannesmann bei.

2. Herr Dr. Manfred Becker war seit 1963 bei der Mannesmann AG beschäftigt, zunächst für Mannesmann Brasilien, später in der Unternehmungsplanung der Konzernzentrale. 1983 bis 1994 wurde er mit der Leitung der Konzern-Direktorialabteilung betraut. 1994 wechselte Herr Becker in den Vorstand der Mannesmann Anlagenbau und verantwortete dort das Ressort Finanzen. 1996 bis 2001 übernahm er die Leitung der Mannesmann Capital Corporation in den USA.

---

[461] Vgl. Preussag profile, 1/2000, S. 7.

[462] Vgl. Preussag AG Geschäftsbericht 1998/1999, S. 149.

[463] Vgl. WESSEL (1990), S. 384, 388.

[464] Vgl. Handelsblatt vom 12.09.1985, o. S.; Wirtschaftswoche, 25/1994, S. 48.

[465] Vgl. FAZ vom 25.09.2003, S. 18.

Herr Becker stand als Interviewpartner aus Sicht der Konzernholding zur Verfügung.

3. Herr Harald Stöber begann seine Karriere 1982 bei der Mannesmann AG und war 1988/1989 Mitglied im D2-Projektteam. Später übernahm er die Geschäftsführung Marketing und Vertrieb der Mannesmann Mobilfunk GmbH. Seit 1997 ist Herr Stöber Vorstandsvorsitzender der Mannesmann-Festnetzsparte Arcor AG & Co. KG. Herr Stöber gab Informationen zur SNP aus Sicht des neuen Geschäftsfelds Telekommunikation der Mannesmann AG. Er deckte insbesondere die Marketing- und Vertriebsperspektive ab.

4. Herr Erhart Meixner war 1988/1989 als Mitglied im D2-Projektteam sowie später in der Mannesmann Mobilfunk GmbH bis 1992 für das Projektmanagement zuständig. Er berichtete detailliert über den Aufbau des Mobilfunkgeschäfts.

5. Herr Dr. Karl-Heinz Strache wurde 1988/1989 als Justitiar der Mannesmann AG zum Mitglied im Projektteam der D2-Lizenzbewerbung berufen. Bei der Mannesmann Mobilfunk GmbH übernahm er 1992 die Geschäftsführung Personal und Recht. Er wurde zu juristischen Fragen des Wandels der Mannesmann AG befragt.

6. Herr Friedel Tischler war 1988/1989 im Projektteam der D2-Lizenzbewerbung zuständig für Technikfragen und später bei der Mannesmann Mobilfunk GmbH bis 1993 verantwortlich für den Netzaufbau. Anschließend wechselte Herr Tischler zur Deutschen Telekom und ist heute Niederlassungsleiter Technische Infrastruktur Nordost. Er gab Auskunft über die Mannesmann-Transformation in Hinblick auf technische Aufgaben.

7. Herr Wolfgang Wussow war seit 1965 im Mannesmann Konzern tätig und als Executive Vice President der Mannesmann Capital Corporation in New York eingesetzt, als er 1990 zum Geschäftsführer Finanzen der Mannesmann Mobilfunk GmbH bestellt wurde. Er stand für eine Beurteilung der SNP insbesondere aus Finanzperspektive zur Verfügung.

Für den Vergleichsfall ThyssenKrupp AG wurde der Vorstandsvorsitzende befragt:

1. Herr Prof. Dr.-Ing. Dr. h.c. Ekkehard Schulz war seit 1972 bei im Thyssen-Konzern beschäftigt. Seit 1985 ist er Vorstandsmitglied der Thyssen Stahl AG, seit 1991 ihr Vorsitzender. 1991 wurde Herr Schulz zum Mitglied des Vorstands der Thyssen AG ernannt, dessen Vorsitz er 1998 übernahm. Von März 1999 bis September 2001 war er einer der beiden Vorsitzenden des Vorstands der ThyssenKrupp AG. Seit Oktober 2001 ist Herr Schulz alleiniger Vorstandsvorsitzender der ThyssenKrupp AG. Darüber hinaus ist Herr Schulz seit 2001 Aufsichtsratmitglied der TUI AG.

Für den Vergleichsfall Mercedes-Benz/DaimlerChrysler AG wurde ein Interviewpartner befragt:

1. Herr Thomas Waschke ist seit 1980 Mitarbeiter der DaimlerChrysler AG. Seit 1994 hat er die Leitung des Bereichs „Sozialwissenschaftliche Systemforschung" innerhalb des Forschungsbereichs Gesellschaft und Technik der DaimlerChrysler AG in Berlin und Palo Alto, Kalifornien, inne. Herr Waschke war 1989 Mitglied im Mercedes-Benz Projektteam für die D2-Lizenzausschreibung und beschäftigt sich mit Fragen der Zukunftsforschung.

Die Interviewpartner erhielten im Vorfeld der Untersuchung keinen Interviewleitfaden, um möglichst spontane Antworten sicherzustellen. Erst zum Einstieg in das Interview wurde den Gesprächspartnern eine Übersicht der zu behandelnden Aspekte vorgelegt. Noch während der Erhebungsphase erfolgte regelmäßig die Aufbereitung der gewonnenen Daten mit Hilfe qualitativer Techniken.[466] Dabei wurden die Aussagen zu bestimmten Themenkomplexen gebündelt, doppelte Aussagen gestrichen und anschließend Vergleiche mit den Angaben anderer Interviewpartner vorgenommen.

---

[466] Vgl. MAYRING (1990), S. 60-76.

4.4.5. Durchführung der Datenanalyse within-case und cross-case

Bei der qualitativen Empirie ist die Datenanalyse von besonderer Bedeutung. Während sich der mit quantitativem Fokus arbeitende Forscher meist auf klare Vorgaben und Regeln zum Umgang mit dem erhobenen Datenmaterial stützen kann, gibt es bei qualitativen Untersuchungen kein standardisiertes Vorgehen für die Datenanalyse.

EISENHARDT lehnt ihr Konzept zur Datenauswertung im Rahmen der Fallstudienmethode an die Erkenntnisse von MILES/HUBERMAN an. Diese schlagen ein iteratives Vorgehen vor, das eine Rückkopplung zwischen Datenreduktion, Datendarstellung und den daraus zu ziehenden Schlussfolgerungen beinhaltet.[467] Dabei ist besonders die Datenreduktion hervorzuheben, da aus der Gesamtheit der erfassten Daten eine begründbare Auswahl vorgenommen, diese abstrahiert oder codiert und schließlich zu zentralen Aussagen verdichtet werden muss. Dieser Prozess darf nicht willkürlich erfolgen, sondern sollte sich an der zu untersuchenden Fragestellung und einer klaren Logik orientieren.

Die Datenanalyse im Rahmen dieser Fallstudienerhebung wurde in zwei Schritten vorgenommen.[468] Zunächst wurden die Protokolle innerhalb des jeweiligen Falls (*within-case*) analysiert. Diese Intra-Fall-Analyse verschaffte einen Überblick über die Datenfülle und brachte spezifische Besonderheiten der Fälle hervor. So konnten Aussagen über die Gründe, den Ablauf und die Erfolgsfaktoren einer SNP innerhalb des jeweiligen Falles getroffen werden.

Anschließend wurde nach fallübergreifenden Phänomenen (*cross-case*) gesucht. Wie in Abschnitt 4.2. dargestellt, bietet die Inter-Fall-Analyse die Möglichkeit einer Datenbetrachtung aus verschiedenen Blickwinkeln. Im Sinne der Replication Logic von YIN versprechen das wiederholte Auftreten bestimmter Phänomene bzw. deren

---

[467] Vgl. MILES/HUBERMAN (1994), S. 10-12.

[468] Vgl. hierzu und zum Folgenden EISENHARDT (1989a), S. 539-541.

Widerspruch verlässliche Schlüsse und eine strukturierte Datenauswertung.[469] Die Gefahr vorschneller Verallgemeinerungen und unausgereifter, subjektiver Schlussfolgerungen lässt sich somit verringern. Erst die Ergebnisse der Cross-Case-Analysen ermöglichen Generalisierungen und eine Übertragung auf den theoretischen Rahmen des RBV. Die Aussagen der Fallstudienanalysen werden in Kapitel fünf und sechs vorgestellt.

4.4.6. Hypothesenbildung

Nach der Analysephase der Fallstudienuntersuchung, in der sich insbesondere durch die Cross-Case-Auswertung erste Tendenzen und Beziehungen zwischen den Ergebnissen abzeichnen, empfiehlt EISENHARDT die Bildung von Hypothesen in zwei Schritten.[470] Zunächst werden die Daten mit den theoretischen Grundlagen verglichen, so dass die Erkenntnisse verschiedener Datenquellen in ein gut definiertes Konstrukt münden. Im zweiten Schritt wird überprüft, ob die sich ergebenden Beziehungen zwischen den Konstrukten weiterhin durch die Fälle unterstützt werden.

Im Unterschied zu statistischen Verfahren der Hypothesenprüfung wird bei der Fallstudienmethode jeder Fall einzeln betrachtet, während die aggregierten Daten zunächst unberücksichtigt bleiben. Es ist durchaus nicht ungewöhnlich, dass einige Fälle einer Hypothese widersprechen, während die Mehrzahl diese unterstützen. Gerade die Auseinandersetzung mit diesen Widersprüchen verspricht eine Erweiterung und klarere Definition der entstehenden Konstrukte.

Im Laufe der Datenerhebung und -analyse wurden in den Fällen bestimmte Elemente herausgearbeitet, die für den Erfolg einer SNP als ursächlich angesehen werden konnten. Durch Cross-Case-Analysen bildeten sich anschließend bestimmte Ähnlichkeiten und auch Unterschiede heraus. Diese Abweichungen ließen sich durch die jeweils verschiedenen Abläufe der SNP erklären, so dass die zugrunde liegenden

---

[469] Vgl. YIN (1989), S. 53-58.

[470] Vgl. hierzu und zum Folgenden EISENHARDT (1989a), S. 541-544.

Beziehungen und Argumentationsketten insgesamt bestätigt wurden. Die Gesamtzusammenhänge zu den Erfolgsursachen einer SNP werden in Kapitel 6.2. erarbeitet.

4.4.7. Einbeziehung der Literatur

Bei der Fallstudienmethode besteht in allen Phasen die Notwendigkeit, die eigenen Erkenntnisse durch das Hinzuziehen vorhandener Literaturquellen zu überprüfen und zu ergänzen.[471] EISENHARDT widmet dieser Rückkopplung daher einen eigenen Schritt. Das Einbeziehen möglichst umfangreicher Literaturquellen erfasst ihrer Meinung nach sowohl übereinstimmende als auch widersprüchliche Aussagen. Gerade diskrepante Aussagen vermitteln ein tieferes Verständnis für die neue Theorie, da sie das Denken in kreativer, ‚den Rahmen sprengender' Weise fördern und den Forscher davor bewahren, wichtige Daten zu ignorieren. Die interne Validität wird durch die Auseinandersetzung mit konträren Ergebnissen ebenso wie durch das Hinzuziehen ähnlicher Untersuchungsergebnisse verbessert.

Für die vorliegende Fallstudienuntersuchung boten sich insbesondere vier Forschungsgebiete an, deren Arbeiten das Phänomen der SNP tangieren. Dies waren Literaturquellen zur unverbundenen Diversifikation, zur Desinvestitionsforschung, zum Unternehmungswandel und zu Dynamic Capabilities. Dieser Abgleich der wissenschaftlichen Literatur mit den Erkenntnissen der eigenen Untersuchung wird in Kapitel sechs dokumentiert.

4.4.8. Erreichen einer theoretischen Sättigung

Ihren Abschluss findet die Fallstudienmethode nach Eisenhardt mit dem Erreichen einer theoretischen Sättigung.[472] Sobald innerhalb der Fälle weitere Interviews bzw. für die Forschungsfrage an sich das Hinzuziehen weiterer Fälle keine neuen theoretischen Erkenntnisse erwarten lassen, sollte die empirische Untersuchung

---

[471] Vgl. hierzu und zum Folgenden EISENHARDT (1989a), S. 544-545.

[472] Vgl. EISENHARDT (1989a), S. 545. Zur theoretischen Sättigung vgl. auch GLASER/STRAUSS (1998), S. 68-70, 117-119.

abgeschlossen werden. Ein Ende der Empirie ist ferner sinnvoll, wenn das schrittweise Vergleichen zwischen Theorie und Daten nur noch minimale Beiträge zur Weiterentwicklung der Theorie erbringt.

In der vorliegenden Fallstudienuntersuchung wurde die Sättigung im Fall Preussag/ TUI recht früh erreicht. Mit vier Interviewpartnern konnten alle relevanten Blickwinkel der Untersuchung (Perspektive des Vorstands, der Abteilung Unternehmungsentwicklung, Konzernsicht, Perspektive der ‚alten' Industriebereiche bzw. des neuen SGF Touristik) abgedeckt werden. Ferner ergaben die gewonnenen Aussagen ein übereinstimmendes Bild, so dass angenommen werden konnte, dass weitere Interviews keine Zusatzinformationen für die Theoriegewinnung erbringen würden.

Im Fall Mannesmann wurden zunächst Interviews zur Perspektive des Managements des neuen SGF Mobilfunk geführt. Die in der Dokumentenanalyse gewonnen Erkenntnisse über mögliche Erfolgsursachen sollten in Gesprächen u. a. mit den Verantwortlichen für Marketing, Technik, Finanzen und Personal überprüft werden. Überraschenderweise ergaben sich andere, z. T. vollständig neue Aspekte. Daraufhin wurden ergänzend der Leiter des Projektmanagements sowie der ehemalige Vorstandsvorsitzende interviewt. Im siebten Gespräch (mit dem ehemaligen Vorstandsvorsitzenden der Mannesmann AG) bestätigte sich schließlich ein Muster in den Aussagen, so dass eine theoretische Sättigung erreicht wurde.

4.5. Fazit zum Untersuchungsrahmen

Das vorliegende Kapitel stellte die Forschungsstrategie und die Instrumente der durchgeführten explorativen Untersuchung vor. Dazu wurde zunächst die Fallstudienforschung von anderen Untersuchungsdesigns der quantitativen und qualitativen Forschung abgegrenzt und auf spezifische Besonderheiten der Fallstudienmethode eingegangen. Für die eigene empirische Untersuchung wurde die Fallstudienmethode nach EISENHARDT (1989a) ausgewählt, da es sich bei der SNP um ein bisher nur unzureichend untersuchtes Phänomen handelt, welches zunächst explorativer Forschung bedarf.

Nach dem Ablaufplan von EISENHARDT wurden ein ständiger Vergleich von Daten und Konstrukten sowie Feedbackschleifen zur Verbesserung der theoretischen Basis und der eingesetzten Instrumente durchgeführt. Ferner wurden vornehmlich qualitative Daten aus problemzentrierten Interviews gewonnen, die um quantitative Daten einer Dokumentenanalyse zu ergänzen waren. Als Fälle einer erfolgreich vollzogenen SNP wurden die Preussag/TUI AG sowie die Mannesmann AG untersucht. Für alternative strategische Pfade fand eine Analyse der ThyssenKrupp AG und der Mercedes-Benz/DaimlerChrysler AG statt.

Zur Sicherstellung der Güte dieser Untersuchung wurden folgende Punkte beachtet. Eine ausführliche Dokumentation des Untersuchungsdesigns, der Daten aus Interviews und Dokumentenanalyse sowie der Auswertungs- und Fallstudienprotokolle gewährleistete die Reliabilität der Untersuchung. Eine große Zahl unterschiedlicher Quellen bei der Datenerhebung sowie Diskussionen mit Experten stärkten die Konstruktvalidität der Fallstudienuntersuchung. Zur Wahrung Interner Validität sollten mit Hilfe qualitativer Analyseinstrumente systematisch Kausalketten zur Begründung der Konstrukte entwickelt werden. Der Externen Validität wurde durch intensiven Einsatz der Replication Logic Rechnung getragen.

Wenngleich bei einer Stichprobe von zwei SNP-Fällen sowie zwei Vergleichsfällen mit der durchgeführten Fallstudienuntersuchung kein Anspruch auf eine generelle Übertragbarkeit der Ergebnisse erhoben werden kann, so ist doch durch das gewählte Vorgehen eine vorläufige Theoriebildung möglich. Die erzielten Ergebnisse können als Hypothesen in quantitativen empirischen Studien zur SNP eingesetzt werden.

5. Fallstudien zur SNP

In den vorangegangenen Kapiteln wurde die eigene, explorative Fallstudienforschung vorbereitet, wobei zum einen die begrifflichen und theoretischen Grundlagen (Kapitel zwei und drei) und zum andern die Methodik der empirischen Untersuchung (Kapitel vier) vorgestellt wurden. Als Forschungsdesign wurde die Fallstudienmethode von EISENHARDT[473] gewählt.[474] Hiernach hat das folgende Kapitel fünf die Aufgabe, die Ergebnisse der Datenanalyse vorzustellen.

Diese Analyse gliedert sich in zwei Schritte: Within-Case-Analyse und Cross-Case-Analyse. Die Ergebnisse der Within-Case-Analyse werden in diesem Kapitel präsentiert, wobei auf die untersuchten Fälle[475] Preussag/TUI und Mannesmann jeweils separat eingegangen wird. Dazu stellt die Untersuchung auf Gemeinsamkeiten bzw. Unterschiede in den Aussagen der Interviewpartner ab,[476] die in jeweils sechs Teilschritten analysiert werden.

In einem ersten Schritt wird ein *geschichtlicher Überblick* zu den Fällen gegeben, welcher einen Einstieg in die Fallstudien und ein Verständnis des zeitlichen Gesamtzusammenhangs ermöglicht. Anschließend wird das Vorliegen einer SNP in den betrachteten Fällen untersucht, wobei dies anhand der *Geschäfts- und Portfolio-entwicklung* der Unternehmungen erfolgt. Ziel ist die Diagnose der SNP-Merkmale „Neuheit der Produkt-Markt-Kombination", „Unverbundenheit" und „Wechsel in das neue SGF".[477] Ferner wird analysiert, ob es sich bei den Fällen um eine erfolgreiche SNP handelt.

---

[473] Vgl. EISENHARDT (1989a), insb. S. 526-246.

[474] Zum Design der eigenen, explorativen Fallstudienuntersuchung vgl. Kapitel 4.4.

[475] Zur Fallauswahl vgl. Kapitel 4.4.2.

[476] Die Grundlage der Analyse bilden Interview-Protokolle sowie Gesprächsnotizen. Zur Auswahl der Interviewpartner vgl. Kapitel 4.4.4.

[477] Zu den SNP-Merkmalen vgl. Kapitel 2.1.3. und 2.1.4.

© Springer Fachmedien Wiesbaden GmbH, ein Teil von Springer Nature 2005
O. Reichel-Busch, *Strategische Neupositionierung von Unternehmungen*,
Edition KWV, https://doi.org/10.1007/978-3-658-24347-0_5

Im dritten Analyseschritt werden die in den Interviews erfassten *SNP-Motive* dargestellt und nach der in Kapitel 2.1.6. entworfenen Systematik eingeordnet. Anschließend wird der *SNP-Ablauf* auf Basis der fallspezifischen Dokumentenanalyse und der Interviews betrachtet. Dazu wird eine Einteilung in inhaltlich zusammenhängende Phasen vorgenommen sowie die zeitliche Entwicklung detailliert dargestellt.

Die Untersuchung der Motive und des Ablaufs der SNP dienen als Grundlage zur Beantwortung der Forschungsfrage, der sich die Fallstudienanalyse im fünften Schritt intensiv widmet. Dabei werden die *Faktoren für den SNP-Erfolg* systematisiert und ihre Wirkungszusammenhänge dargestellt. Die Within-Case-Analyse schließt mit einer *Zusammenfassung* der jeweiligen Fall-Ergebnisse. Auf sie folgt die Cross-Case-Analyse in Kapitel sechs.

5.1. Within-Case-Analyse Preussag AG/TUI AG: SNP vom rohstoff- und technologieorientierten Industriekonzern zum Touristikdienstleister

5.1.1. Geschichtlicher Überblick zur Preussag AG/TUI AG

Die Geschichte der Preussag AG begann 1923 mit der Gründung der „Preußischen Bergwerks- und Hütten-Aktiengesellschaft" durch das Preußische Handels- und Finanzministerium in Berlin.[478] Die Unternehmung fasste die Bergbau-Aktivitäten des Preußischen Staates zusammen. Dies waren insbesondere der Abbau und die Weiterverarbeitung von Kohle, Kali[479] und NE-Metallen[480].

Durch den zweiten Weltkrieg gingen alle Werke in Ostpreußen, Österreich sowie in der sowjetischen Besatzungszone verloren, so dass die Preussag AG bis 1945 rund

---

[478]   Vgl. hierzu und zum Folgenden STIER (2005a), S. 27-68; Preussag profile, Sonderausgabe September 1999.

[479]   Kali ist die Kurzbezeichnung für Kalisalze, z. B. Kaliumchlorid und Kaliumnitrat. Dabei handelt es sich um natürlich vorkommende Salze des Elements Kalium, die als Düngemittel in der Landwirtschaft sowie als Grundstoffe in der Industrie Verwendung finden.

[480]   NE-Metalle ist die Kurzbezeichnung für Nichteisenmetalle, z. B. Zink und Blei.

70 % ihrer Substanz einbüßte. Unter britischer Zwangsverwaltung nahm die Gesellschaft ihre Aktivitäten wieder auf und verlagerte 1952 die Hauptverwaltung nach Hannover. 1959 begann die Bundesrepublik Deutschland mit der Privatisierung des ehemaligen Staatsbetriebs[481]. Zu diesem Zeitpunkt war die Unternehmung außer im Bergbau auch in der Erdölförderung tätig. Mit Übernahme der VTG (Vereinigte Tanklager und Transportmittel GmbH) 1961 wurden zusätzlich Aktivitäten in der Logistik aufgenommen.[482] 1964 erfolgte die Umbenennung in Preussag AG.[483]

1968 versuchte der Vorstand der Preussag, die Abhängigkeit vom Rohstoffgeschäft durch eine Diversifikationsstrategie zu reduzieren und gründete den neuen Geschäftsbereich Konsumgüterartikel, zu dem die Marken Odol (Mundwasser), Fissan (Wundpuder, Salben) und Dr. Best (Zahnbürsten) gehörten.[484] Aufgrund erheblicher Verluste wurde 1974 das Konsumgüter-Geschäft wieder aufgegeben. Nach diesem nicht erfolgreichen, unverbundenen ‚Diversifikationsausflug' in die Konsumgüterindustrie erweiterte der Konzern in der Folgezeit seine Aktivitäten in verwandte Geschäftsfelder. 1978 wurde mit der Übernahme des Londoner Handelshauses AMC Amalgamated Metall Corporation Plc. auch der Handel mit NE-Metallen aufgenommen. Ferner ergänzte die Preussag AG 1981 ihren Energiesektor mit Dienstleistungen in der Erdöl- und Erdgasförderung, indem sie sich an der C. Deilmann AG und deren Tochtergesellschaft Deutag (Deutsche Tiefbohr Aktiengesellschaft) beteiligte.[485]

---

[481] Zunächst verblieb eine 22 %-Beteiligung an der Preussag bei der bundeseigenen Veba (Vereinigte Elektrizitäts- und Bergwerks-AG). Die Privatisierung wurde 1970 durch Abgabe dieser Anteile an die WestLB (Westdeutsche Landesbank Girozentrale, Düsseldorf) vollendet. An dieser ersten privatisierten Staatsunternehmung waren über 200.000 Aktionäre beteiligt. Vgl. STIER (2005b), S. 459; Preussag profile, Sonderausgabe September 1999, S. 12, 23.

[482] Vgl. Preussag profile, Sonderausgabe September 1999, S. 24.

[483] Vgl. Preussag profile, Sonderausgabe September 1999, S. 25.

[484] Vgl. Preussag profile, Sonderausgabe September 1999, S. 27.

[485] Beteiligungserwerbe an der C. Deilmann AG 1981 25,1 %, 1985 50,1 %, 1989 75,1 % und 1991 100 %. Vgl. STIER (2005b), S. 558; Preussag profile, Sonderausgabe September 1999, S. 35.

1989 wuchs der Preussag-Konzern durch die Übernahme der staatlichen Salzgitter AG um rund 75 % und vollzog damit eine umfassende Diversifikation in angrenzende Technologien.[486] Der Salzgitter-Konzern brachte u. a. die Großwerft HDW (Howaldtswerke-Deutsche Werft), die Waggonbau-Unternehmung Linke-Hoffmann-Busch sowie den Mobilfunktechnik-Hersteller Hagenuk mit ein. 1989 war die Preussag AG in der Erdöl- und Erdgas-Förderung, der Stahlproduktion, dem Metall-Handel, dem Stahl-, Schiffs-, Waggon-, Maschinen- und Anlagenbau, der Elektro-, Informations- und Kommunikationstechnik sowie der Umwelt- und Gebäudetechnik tätig. 1993/1994 erfolgte die Ausrichtung als „internationaler Grundstoff- und Technologie-Konzern mit geschärften Konturen"[487], indem der Waggonbau (Linke-Hoffmann-Busch) und die Mobilfunktechnik (Hagenuk) verkauft wurden. Der Preussag-Vorstand hielt damit zwar am Konzept des breit aufgestellten Mehrbereichskonzerns fest, trennte sich jedoch von strategisch nicht interessanten Geschäftsfeldern. 1996 legte sich die Unternehmung auf eine Fokussierung mit den Kerngeschäftsfeldern Stahl, Anlagenbau, Gebäudetechnik, Energie, Handel und Logistik fest.

Die Strategische Neupositionierung der Preussag AG wurde 1997 mit der Übernahme der Hapag-Lloyd AG eingeleitet.[488] Hapag-Lloyd brachte eine Beteiligung an der TUI-Gruppe (Touristik Union International) mit, welche in den Folgejahren vollständig übernommen wurde. Mit dem Mehrheitserwerb an Hapag-Lloyd und TUI setzte ein grundlegender Wandel des Konzerns ein. Ab 1997 gehörten zur Preussag AG Reisebüros, eine Container-Linienschifffahrt, eine Charterfluglinie sowie Kreuzfahrtschiffe. Einerseits wuchs damit zwar der Bereich Transport und Logistik, andererseits prägten die neuen, umfangreicheren Tourismusaktivitäten den ehemals grundstofforientierten Industriekonzern. In der Folgezeit wurde die Touristik organisatorisch gebündelt. Außerdem wurden weitere Reiseunternehmungen in

---

[486]   Vgl. Preussag profile, Sonderausgabe September 1999, S. 33.
[487]   WIBORG/WIBORG/KOPPER (2005), S. 596.
[488]   Vgl. Preussag profile, Sonderausgabe September 1999, S. 39.

Deutschland, England, Frankreich und Skandinavien erworben. 2001 schließlich übernahm die Konzernholding Preussag AG die Aufgabe der touristischen Führungsholding.[489]

Während die Preussag AG zum führenden integrierten Tourismuskonzern Europas anwuchs, wanderten die alten industriellen Geschäftsbereiche aus dem strategischen Fokus. Zeitweise plante der Preussag-Vorstand eine Zusammenfassung der industriellen Aktivitäten in einer Preussag Industrie AG und deren Verkauf über einen Börsengang.[490] Diese Pläne wurden jedoch nicht realisiert.[491] Der Preussag-Konzern stieß stattdessen die Bereiche Stahl, Kohle, Handel, Anlagenbau, Gebäudetechnik und Energie[492] bis einschließlich 2002 schrittweise ab. Nur das Feld Logistik wurde zunächst weitergeführt. Die Hauptversammlung im Jahr 2002 beschloss die Umbenennung der Preussag AG in TUI AG. Damit war eine SNP zum Touristik-dienstleister vollzogen und diese auch durch den neuen Namen nach außen deutlich gemacht worden.

Im Jahr 2004 verkaufte die TUI AG einen Teil ihrer Logistikaktivitäten.[493] So soll sich die Hapag-Lloyd AG zukünftig rein auf den Bereich Schifffahrt konzentrieren. Diese Fokussierungsstrategie verfolgt das Ziel, die Wettbewerbsfähigkeit der Hapag-Lloyd für einen späteren Börsengang zu stärken.[494] Damit wird deutlich, dass die TUI AG ihren Weg der Fokussierung auf den Tourismus weiter fortzusetzen plant.

---

[489]   Vgl. Preussag profile, 4/2000, S. 14.

[490]   Vgl. Handelsblatt vom 22.02.2000, S. 20; Süddeutsche Zeitung vom 22.02.2000, S. 27; Rede des Vorstandsvorsitzenden der Preussag AG, Dr. Michael Frenzel, auf der Hauptversammlung am 12.04.2000, Beilage zu: Wertpapier, 12/2000, S. 2.

[491]   Vgl. Handelsblatt vom 06.10.2000, S. 19; FAZ vom 06.10.2000, S. 17; Financial Times vom 06.10.2000, S. 16.

[492]   Vgl. FAZ vom 28.12.2002, S. 13; Handelsblatt vom 23.01.2003, S. 15; TUI AG Geschäftsbericht 2002, S. 22; TUI AG Geschäftsbericht 2003, S. 23-24.

[493]   Vgl. Handelsblatt vom 19.07.2004, S. 11.

[494]   Vgl. TUI-Pressemeldung vom 21.01.2004; FAZ vom 22.01.2004, S. 15.

5.1.2. Geschäfts- und Portfolioentwicklung des Preussag/TUI-Konzerns im Verlauf der SNP 1997-2002

In diesem Abschnitt wird die Geschäfts- und Portfolioentwicklung der Preussag AG/TUI AG untersucht. Dabei soll verifiziert werden, ob es sich tatsächlich um eine SNP entsprechend der in Kapitel 2 getroffenen Definition handelt, sich diese auch in den Kennzahlen der Unternehmung widerspiegelt und die SNP des Preussag-Konzerns im Ergebnis erfolgreich war.

Das Geschäftsfeldportfolio der Preussag/TUI AG hat in den Jahren von 1997 bis 2002 eine weitreichende Wandlung durchlaufen. Die Unternehmung war zu Beginn des Jahres 1997 mit den sechs SGF Stahl, Anlagen- und Schiffbau, Gebäudetechnik, Energie und Rohstoffe, Handel sowie Logistik als internationaler Grundstoff- und Technologie-Konzern aufgestellt (vgl. Abb. 24).[495] Ab dem Jahr 2000 wurde nach umfangreichen Desinvestitionen der Fokus auf das neue Geschäftsfeld Touristik gelegt.[496]

---

[495] Zur Einteilung in SGF vgl. auch Anhang B.

[496] Vgl. Handelsblatt vom 22.02.2000, S. 20; Preussag AG Geschäftsbericht 1999/2000, S. 2-3.

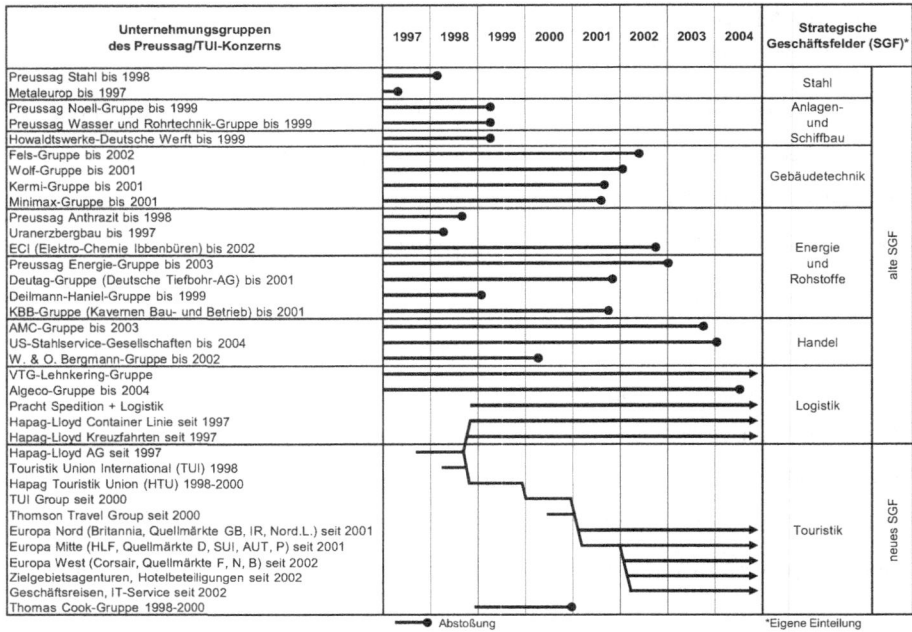

Unternehmungsgruppen des Preussag/TUI-Konzerns	1997	1998	1999	2000	2001	2002	2003	2004	Strategische Geschäftsfelder (SGF)*
Preussag Stahl bis 1998									Stahl
Metaleurop bis 1997									
Preussag Noell-Gruppe bis 1999									Anlagen- und Schiffbau
Preussag Wasser und Rohrtechnik-Gruppe bis 1999									
Howaldtswerke-Deutsche Werft bis 1999									
Fels-Gruppe bis 2002									Gebäudetechnik
Wolf-Gruppe bis 2001									
Kermi-Gruppe bis 2001									
Minimax-Gruppe bis 2001									
Preussag Anthrazit bis 1998									Energie und Rohstoffe
Uranerzbergbau bis 1997									
ECI (Elektro-Chemie Ibbenbüren) bis 2002									
Preussag Energie-Gruppe bis 2003									
Deutag-Gruppe (Deutsche Tiefbohr-AG) bis 2001									
Deilmann-Haniel-Gruppe bis 1999									
KBB-Gruppe (Kavernen Bau- und Betrieb) bis 2001									
AMC-Gruppe bis 2003									Handel
US-Stahlservice-Gesellschaften bis 2004									
W. & O. Bergmann-Gruppe bis 2002									
VTG-Lehnkering-Gruppe									Logistik
Algeco-Gruppe bis 2004									
Pracht Spedition + Logistik									
Hapag-Lloyd Container Linie seit 1997									
Hapag-Lloyd Kreuzfahrten seit 1997									
Hapag-Lloyd AG seit 1997									Touristik
Touristik Union International (TUI) 1998									
Hapag Touristik Union (HTU) 1998-2000									
TUI Group seit 2000									
Thomson Travel Group seit 2000									
Europa Nord (Britannia, Quellmärkte GB, IR, Nord.L.) seit 2001									
Europa Mitte (HLF, Quellmärkte D, SUI, AUT, P) seit 2001									
Europa West (Corsair, Quellmärkte F, N, B) seit 2002									
Zielgebietsagenturen, Hotelbeteiligungen seit 2002									
Geschäftsreisen, IT-Service seit 2002									
Thomas Cook-Gruppe 1998-2000									

●——— Abstoßung   *Eigene Einteilung

Abb. 24:   Unternehmungsgruppen und SGF des Preussag/TUI-Konzerns 1997-2004.
Quelle: Eigene Darstellung nach Preussag/TUI AG Geschäftsberichte 1996/1997-2003.

Die „Touristik" stellte im Vergleich zu den ursprünglichen, industriellen, rohstoff- und technologieorientierten SGF eine völlig neue Produkt-Markt-Kombination dar. Die Preussag AG trat mit den für sie neuen Reisedienstleistungen auf dem für den Konzern ebenfalls neuen Touristikmarkt auf. Zwischen dem Tourismus und den industriellen Aktivitäten bestanden keine Ähnlichkeiten bezüglich der Technologien oder Kunden, so dass es sich bei der Touristik um ein neues, unverbundenes SGF handelte. Inwieweit ein Wechsel in das neue SGF Touristik vorlag, wird anhand der in Kap. 2.1.4. gewählten Diversifikationsmaße Spezialisierungsgrad und Herfindahl-Index sowie den SNP-Indikatoren Umsatz, Mitarbeiterzahl, Investitionen und Ergebnis untersucht.[497]

---

[497]   Zu den Details der Untersuchung vgl. Anhang E.

Sowohl der Spezialisierungsgrad als auch der Herfindahl-Index (vgl. Tab. 4) zeigen 1997/1998 einen kurzzeitigen Abfall der Spezialisierung (Minimum, Zunahme der Diversifikation), was auf einen SGF-Wechsel hinweist.

Diversifikationsmaße	96/97	97/98	98/99	99/00	2001	2002
Spezialisierungsgrad (SR)	0,420	**0,370**	0,430	0,480	0,570	0,610
Herfindahl-Index (H)	0,247	**0,243**	0,284	0,312	0,380	0,432

Tab. 4: Diversifikationsmaße Spezialisierungsgrad (SR) und Herfindahl-Index (H) der Preussag/TUI 1997-2002.
Quelle: Eigene Berechnungen nach Preussag/TUI AG Geschäftsberichte 1996/1997-2002.

Die 1997 bestehenden industriellen SGF wurden bis 2002 desinvestiert (Stahl, Anlagen- und Schiffbau, Gebäudetechnik, Energie und Rohstoffe, Handel) bzw. deren Desinvestition geplant (Logistik). Das neu aufgenommene Geschäftsfeld Touristik war seit 1997/1998 nach Umsatz (vgl. Abb. 25), Mitarbeitern, Investitionen und Ergebnisbeitrag stärkstes SGF im Portfolio der Preussag (vgl. auch Anhang D). Die Bedeutung dieses Bereichs für den Konzern wurde durch den Umbau der Preussag AG zur touristischen Führungsholding 2001 herausgestellt.[498] Durch die Umbenen-nung in TUI AG im Jahr 2002 wurde die SNP abgeschlossen.[499] Auf Grundlage dieser Betrachtung lässt sich feststellen, dass tatsächlich ein Wechsel in das neue SGF vorlag.

---

[498] Vgl. Handelsblatt vom 27.09.2000, S. 32; Preussag AG Geschäftsbericht 1999/2000, S. 3.

[499] Vgl. Handelsblatt vom 27.06.2002, S. 14; TUI AG Geschäftsbericht 2002, S. 5.

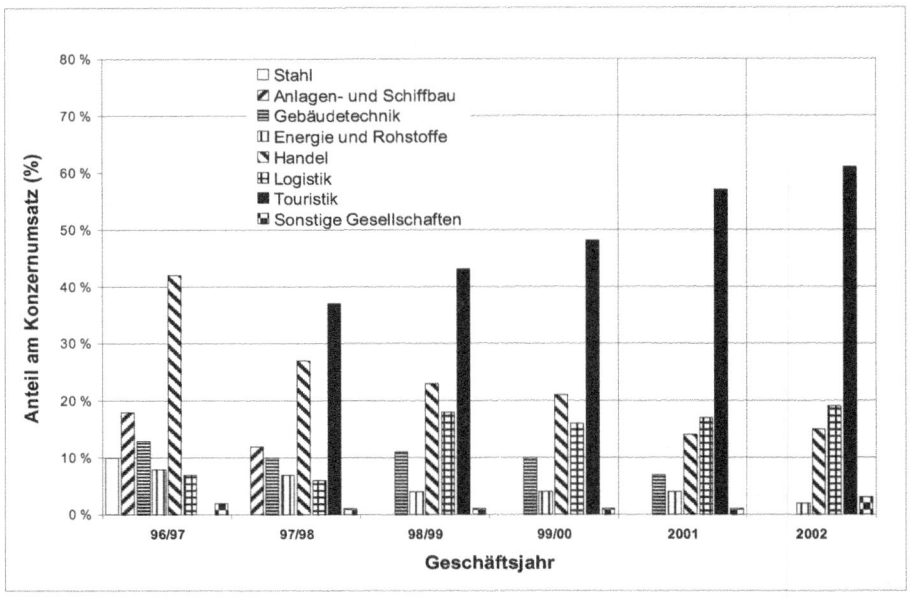

Abb. 25: Umsatz der Geschäftsfelder von Preussag/TUI im Verhältnis zum Gesamtumsatzvolumen 1997-2002.
Quelle: Eigene Berechnung nach Preussag/TUI AG Geschäftsberichte 1996/1997-2002.

Für die Überprüfung, ob es sich im Ergebnis um eine erfolgreiche SNP handelt, werden Marktdaten sowie Konzernkennzahlen herangezogen. Die Preussag/TUI AG entwickelte sich von 1997-2002 zu einem integrierten Touristik-Konzern mit deutscher bzw. europäischer Marktführerschaft.[500] Infolge der Terroranschläge vom 11.09.2001 wurde die Entwicklung bei der TUI ebenso wie in der gesamten Reisebranche getrübt (vgl. Tab. 5, Umsatz und Ergebnis im Vergleich 2002 zu 2001). 2003 konnte die TUI AG wieder ein steigendes Ergebnis, einen höheren Jahresüberschuss, ein positives EBITDA[501] mit 10,8 % Wachstum sowie größere Umsatz- und Eigenkapitalrenditen aufweisen.

---

[500] Vgl. MACHARZINA/FISCH (2002), S. 716; Handelsblatt vom 25.03.2002, S. 31.

[501] EBITDA = Earnings Before Interest, Taxes, Depreciation and Amortization, d. h. Ergebnis vor Zinsen, Steuern, Abschreibungen und Goodwill-Amortisation.

Preussag/TUI-Konzern		96/97[1]	97/98[1]	98/99	99/00	2001[2]	2002	2003[3]
Ergebniskennzahlen								
Konzernumsatz	Mio. €	13.630	17.972	16.500	21.854	22.411	20.302	19.215
Ergebnis der gewöhnlichen Geschäftstätigkeit	Mio. €	360	411	533	576	533	280	301
Finanzergebnis	Mio. €	41	66	49	-79	-303	-247	-147
Jahresüberschuss	Mio. €	203	276	345	403	411	41	315
Finanzkennzahlen								
EBITDA	Mio. €	k. A.	k. A.	k. A.	k. A.	1.892	1.546	1.713
EBITDA-Wachstum	%	k. A.	k. A.	k. A.	k. A.	k. A.	-18,3 %	10,8 %
Cashflow[4]	Mio. €	803	975	577	966	1.383	1.391	902
Investitionen in Sachanlagen	Mio. €	538	1.952	880	1.348	967	747	724
Rentabilitätskennzahlen und sonstige								
Umsatzrendite[5]	%	2,6 %	2,3 %	3,8 %	3,4 %	3,6 %	3,0 %	4,8 %
Eigenkapitalrendite[5]	%	22,5 %	27,7 %	22,8 %	22,8 %	24,0 %	19,1 %	33,0 %
Ergebnis je Aktie[4]	€	1,23	1,64	1,78	1,91	1,96	0,18	1,54
Eigenkapitalquote	%	21,0 %	17,6 %	17,8 %	17,7 %	20,4 %	20,5 %	21,3 %
Mitarbeiter am Bilanzstichtag[2]	30.09.	62.601	66.563	79.142	79.959	69.550	70.299	64.257

[1] Handelsrechtliche Jahresabschlüsse, ab 1998/1999 nach IAS. [2] Ab 2001 Bilanzstichtag 31.12. [3] Anwendung IAS 1, IAS 21 (überarbeitet 2003).
[4] 96/97 und 97/98 nach DVFA/SG. [5] Ab 98/99 vor Steuern und Goodwill-Abschreibungen.

Tab. 5: Konzernkennzahlen Preussag/TUI 1997-2003.
Quelle: Eigene Berechnungen nach Preussag/TUI AG Geschäftsberichte 1996/1997-2003.

Nach Einschätzung von Analysten hat sich die TUI AG besser als die Branchenkonkurrenz entwickelt.[502] Insbesondere aufgrund der Marktführerschaft in Europa sowie der im Vergleich zur Branchenkonkurrenz besseren Umsatz- und Ertragsentwicklung ist die SNP der Preussag AG zum Touristikdienstleister als erfolgreich zu bezeichnen.

5.1.3. Motive für die SNP im Fall Preussag/TUI

Nachdem zuvor festgestellt wurde, dass es sich im Fall Preussag/TUI um eine erfolgreiche SNP handelte, werden im folgenden Abschnitt die von den Interviewpartnern[503] angegebenen Motive für die SNP erörtert. Dabei orientieren sich die Ausführungen an der in Abschnitt 2.1.6. erarbeiteten Systematisierung, die die Motive in die Dimensionen Veränderungsdruck und -möglichkeit sowie unternehmungsinterne und -externe Auslöser unterteilt. Eine Übersicht der Ergebnisse findet sich in folgender Tabelle (siehe Tab. 6).

---

[502] Vgl. Handelsblatt vom 23.01.2003, S. 15.

[503] Zur Auswahl der Interviewpartner vgl. Kapitel 4.4.4.

Motive	Veränderungsdruck	Veränderungsmöglichkeit
Unternehmungs-interne Auslöser		• Innovatives Selbstverständnis des Preussag-Vorstands • Finanzierungsmöglichkeit des neuen SGF Touristik durch Verkauf der alten industriellen SGF Stahl, Anlagen- und Schiffbau, Gebäudetechnik sowie Handel
Unternehmungs-externe Auslöser	• Zugeständnisse aufgrund des Finanzmarktdrucks (Verringerung der starken Diversifikation des Preussag-Konzerns) • Aufgabe schwacher Marktpositionen der industriellen SGF (keine Marktdominanz und zu geringe Unternehmungsgröße) • Reduktion der Abhängigkeit des Preussag-Konzerns von verfallenden Rohstoffmärkten • Ausweichen vor der negativen Preis-Kosten-Schere im SGF Stahl	• Nutzung von günstigen Kaufoptionen für Touristik-Unternehmungen • Umsatzsteigerung durch großes Umsatzvolumen in der Touristik • Nachhaltig bessere Marktpositionierung (Marktführerschaft) in der Touristik • Verstetigung der Zahlungsströme in der Touristik

Tab. 6:   Motive für die SNP der Preussag AG.
Quelle: Interviews.

Die Gesprächspartner nannten überwiegend extern ausgelöste Motive für die SNP der Preussag AG.[504] Insbesondere die Situation auf dem Finanzmarkt übte Druck auf den Konzernvorstand aus, sein breit diversifiziertes Portfolio zu konsolidieren.[505] Hintergrund war, dass die Preussag Ende der 80er Jahre im Vergleich zu internationalen Großkonzernen aufgrund ihrer zu geringen Unternehmungsgröße nicht wettbewerbsfähig war. 1989 bot sich eine Möglichkeit zur Übernahme der Salzgitter AG, wodurch in verwandte Bereiche expandiert wurde. Damit konnte der Preussag-Konzern zwar ausreichend wachsen[506], musste jedoch eine breite Diversifikation und

---

[504]   Im Folgenden werden extern ausgelöster Veränderungsdruck und Veränderungsmöglichkeiten zusammen betrachtet.

[505]   „Insbesondere die Finanzmärkte ließen eine solche breite Streuung ohne Dominanz nicht mehr zu." Interview mit Herrn Feuerhake vom 01.03.2004.

[506]   Durch die Salzgitter-Übernahme 1989 wurde nahezu eine Umsatzverdopplung erreicht.

Aktivitäten in rund 60 verschiedenen Märkten in Kauf nehmen. Hinzu kam, dass der Konzern in keiner seiner Aktivitäten eine der vorderen Marktpositionen belegte.[507] Hatte dies noch in den 70er und 80er Jahren kein Problem dargestellt, wurde es in den 90er Jahren problematisch, da die Finanzmärkte eine solch breite Streuung ohne Marktdominanz nicht mehr zuließen. Folglich musste sich der Konzern massiv wandeln.

Anfang der 90er Jahre begann die Preussag AG, jedes Jahr mehrere kleinere Randaktivitäten zu verkaufen.[508] So wurden u. a. die Funktechnik, der Telefonbau und der Schienenfahrzeugbau abgestoßen. Unberührt blieben hingegen die Stahlproduktion und der Stahlhandel, die NE-Metall-Herstellung, der Anlagen- und Schiffbau, die Gebäudetechnik sowie die Sparten Energie und Logistik. 1997 bot sich in der Touristik mit dem Kauf von Hapag-Lloyd und TUI die Option, ein bedeutendes Geschäftsvolumen und eine Marktführerschaft aufzubauen.[509] Gleichzeitig wurden selektiv industrielle Bereiche nach dem Best-owner-Prinzip verkauft. Die eingeschlagene Strategie zur Reduzierung der Diversifikation bei gleichzeitig besserer Marktpositionierung wurde somit durch den Einstieg in die Touristik konsequent fortgeführt.

Somit lagen zum einen SNP-Motive in den *Zugeständnissen aufgrund des Finanzmarktdrucks* zur Reduzierung der Diversifikation des Preussag-Konzerns und in der *Aufgabe schwacher Marktpositionen* in den industriellen SGF. Zum anderen bestanden SNP-Motive in einer *Nutzung günstiger Kaufoptionen* für Touristik-Unternehmungen, einer *erhofften Umsatzsteigerung* durch das große Touristik-

---

[507] Vgl. TUI profile, 2/2002, S. 18.

[508] Vgl. FAZ vom 12.11.1997, S. 28.

[509] Vgl. Börsen-Zeitung vom 13.11.1997, o. S. Siehe auch das Urteil der Finanzanalysten von MM. Warburg: „Diese seltene Chance, mit einem begrenzten Mitteleinsatz in einem konsumnahen Wachstumsfeld zum Marktführer aufzusteigen, hat das Preussag-Management konsequent ergriffen." M. M. Warburg Investment Research, November 1997, S. 2.

Umsatzvolumen sowie einer nachhaltig *besseren Marktpositionierung* in der Touristik.[510]

Ein weiterer externer Veränderungsdruck für die Preussag AG hatte seine Ursache im Verfall der Rohstoffmärkte in Europa. Dieser verstärkte die negative Preis-Kosten-Schere, so dass das Kostenwachstum am Standort Deutschland höher war als das weltweite Preiswachstum für Stahl. Dies bedeutete, dass die Umsätze in der Branche auf lange Sicht die Kosten nicht decken und somit die Rohstoffmärkte zusammenbrechen würden. Hinzu kamen die langfristig mangelnde Wettbewerbsfähigkeit der Preussag-Stahlsparte im internationalen Vergleich aufgrund ihrer geringen Größe[511] und ohnehin erhebliche Überkapazitäten am europäischen Stahlmarkt[512]. Um die Existenzbedrohung des Gesamtkonzerns zu verringern, versuchte der Vorstand, die *Abhängigkeit von den Rohstoffmärkten zu reduzieren*[513] und der *negativen Preis-Kosten-Schere auszuweichen*[514]. Dies erreichte er einerseits durch die Stärkung bestehender und Aufnahme neuer, chancenreicher Geschäftsfelder (z. B. Stärkung der Logistik durch Hapag-Lloyd-Zukauf und Aufnahme der Touristik-Aktivitäten). Andererseits war der Preussag-Vorstand jederzeit bereit, den Stahl-Bereich abzustoßen.[515] 1998 wurde die Möglichkeit zum Verkauf der Preussag Stahl AG an das Land Niedersachsen genutzt.

---

[510]   „Mit Hapag-Lloyd und TUI ergab sich die Option, ein Geschäftsvolumen mit nachhaltig verbesserten Erträgen zu generieren, das dann ein Börsenvolumen im Dax dann auch darstellen würde." Interview mit Herrn Feuerhake vom 01.03.2004.

[511]   Vgl. Financial Times vom 13.11.1997, S. 15. Zum Vergleich: Die Stahlsparte der Preussag AG umfasste 1997 nur rund ein Viertel der Stahlsparte der Thyssen AG.

[512]   Vgl. Handelsblatt vom 27.03.1998, S. 22.

[513]   „Die Stahldesinvestition war notwendig, da Preussag wusste, dass das Stahlgeschäft in 10-20 Jahren zusammenbrechen würde; und der Koloss war so groß, dass er drohte, später einmal den ganzen Konzern zu gefährden." Interview mit Herrn Feuerhake vom 01.03.2004. Vgl. auch die Rede des Vorstandsvorsitzenden der Preussag AG, Dr. Michael Frenzel, auf der Hauptversammlung am 26.03.1998, Beilage zu: Wertpapier, 10/1998, S. 2.

[514]   „Der Stahlbereich war mit einer negativen Preis-Kosten-Schere belastet." Interview mit Herrn Feuerhake vom 01.03.2004.

[515]   Vgl. FAZ vom 20.11.1997, S. 25; Handelsblatt vom 20.11.1997, S. 17.

Die Aufnahme der Touristikaktivitäten war außerdem durch die Chance zur *Verstetigung der Zahlungsströme* motiviert. Insbesondere die Bereiche Stahl sowie Anlagen- und Schiffbau unterlagen erheblichen Schwankungen in den Konjunktur-zyklen[516] und damit auch den Zahlungsströmen. Durch eine Expansion in die Touristik hoffte der Preussag-Vorstand, diese Schwankungen zu eliminieren. In dieser Branche sind eher saisonale Schwankungen in den Zahlungsströmen vorherrschend, die jedoch durch ihre periodische Regelmäßigkeit finanztechnisch abgesichert werden können.[517]

Neben diesen extern verursachten sahen die Interviewpartner auch einige intern ausgelöste Motive. So bot das *innovative Selbstverständnis des Preussag-Vorstands* eine Veränderungsmöglichkeit, da konstant mögliche Neuinvestitionen auf ihre finanzielle Vorteilhaftigkeit geprüft wurden. Im Herbst 1997 wurde der Preussag AG ein Investitionsangebot für die Hapag-Lloyd AG unterbreitet. Diese Option war ursprünglich kein strategisches Ziel der Unternehmung, der Vorstand erkannte jedoch, dass sich durch diese Übernahme eine außergewöhnliche Chance in Bezug auf die TUI-Group auftat. Diese Konstellation ermöglichte einen gewichtigen und zugleich schnellen Eintritt in den Touristik-Markt, der damit auch eine Antwort auf die Zukunftsfrage des Konzerns bot.

Ferner wurde als intern ausgelöstes Motiv die *Finanzierungsmöglichkeit des neuen SGF* genannt. Durch einen Verkauf der industriellen SGF bot sich die Chance, das neue Touristik-Geschäftsfeld zu finanzieren. Durch die Desinvestition der Gebäude-technik sowie des Energie-Bereichs zum ‚optimalen Zeitpunkt' an einen ‚optimalen Eigentümer' (Best-owner-Prinzip)[518] sollten möglichst hohe Verkaufserlöse erzielt

---

[516] Vgl. Handelsblatt vom 12.11.1997, S. 21.

[517] Die touristische Hochsaison liegt im dritten Quartal, so dass dort die höchsten Umsätze erzielt werden. Das vierte und erste Quartal sind von der schwachen Wintersaison sowie Vorleistungen für den nächsten Sommer geprägt. Das zweite Quartal mit sich erhöhenden Umsätzen gleicht den Winter aus. Die wichtigen Umsätze im Tourismus werden in den fünf Monaten Mai-September erreicht. Vgl. auch Börsen-Zeitung vom 19.05.2001, S. 12.

[518] Vgl. Börsen-Zeitung vom 20.11.1997, o. S.

werden, auch wenn dafür lange nach geeigneten Käufern gesucht werden musste. 2001 wurden schließlich die Minimax-Gruppe, die Kermi-Gruppe und die Wolf-Gruppe, 2002 die Fels-Gruppe sowie 2002/2003 die Preussag Energie GmbH verkauft, wobei die Verkaufserlöse zur Deckung des Finanzbedarfs aus den Touristik-Akquisitionen beitrugen.

Die Untersuchung der SNP-Motive zeigt, dass die Wandlung der Preussag AG zum reinen Touristikdienstleister 1997 nicht von vornherein als solche geplant worden war. Im Grunde führte der Preussag-Vorstand seine nach der Übernahme der Salzgitter AG entwickelte Diversifikationsstrategie fort. So bestand das strategische Ziel darin, sich zu einem ‚fokussierten Dienstleistungs- und Technologie-Konzern' zu diversifizieren.[519] 1999 wollte sich die Preussag AG auf Dienstleistungen konzentrieren.[520] Mit dem Erfolg ihres integrierten deutschen Touristik-Anbieters TUI-Group und der Chance ihrer weiteren internationalen Touristik-Expansion entschloss sich der Preussag-Vorstand im Jahr 2000, den Fokus auf das neue Kerngeschäft Touristik zu legen und die restlichen Industriebereiche schrittweise abzustoßen.[521] Damit wandelte sich die Diversifikationsstrategie zu einer Fokussierungsstrategie.[522] Das Ergebnis zeigt, dass es sich daher letztlich um eine *emergente Strategie* des Preussag-Konzerns zur Strategischen Neupositionierung handelte.

5.1.4. Ablauf der SNP im Fall Preussag/TUI

In diesem Abschnitt wird der Ablauf der SNP im Fall der Preussag AG/TUI AG untersucht, wobei inhaltlich zusammenhängende Phasen dargestellt werden. Anschließend werden die Markteintrittstrategien zum Aufbau des neuen SGF

---

[519] Vgl. FAZ vom 12.11.1997, S. 28; Preussag AG Geschäftsbericht 1996/1997, S. 8; Preussag AG Geschäftsbericht 1997/1998, S. 4.

[520] Vgl. Börsen-Zeitung vom 03.02.1999, o. S.; Preussag AG Geschäftsbericht 1998/1999, S. 4.

[521] Vgl. Handelsblatt vom 22.02.2000, S. 20; Preussag AG Geschäftsbericht 1999/2000, S. 2-3.

[522] „Die Touristik sollte ein kräftiges Standbein der Preussag werden, aber eine Integration und Dominanz im heutigen Umfang eines fast reinen Touristikkonzerns war 1997/1998 nicht abzusehen." Interview mit Herrn Homann vom 08.03.2004.

Touristik und die Marktaustrittsstrategien zum Abbau der alten industriellen SGF betrachtet.

5.1.4.1. SNP-Phasen im Fall Preussag/TUI

Auf Basis der Interviews im Fall der Preussag AG/TUI AG lässt sich der SNP-Ablauf in folgende vier Abschnitte unterteilen (vgl. Abb. 26):

- Touristik-Initial-Phase,
- Touristik-Konsolidierungs-Phase,
- Touristik-Internationalisierungs- und Industrie-Bereinigungs-Phase sowie
- Touristik-Fokussierungs-Phase.

Die Phasen vor und nach der eigentlichen SNP werden nicht betrachtet.

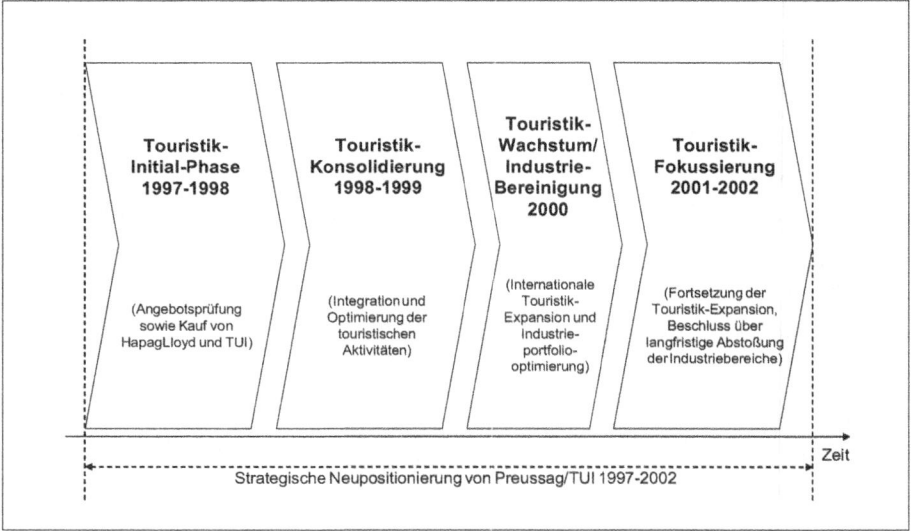

Abb. 26: Ablauf der SNP im Fall Preussag/TUI (schematische Darstellung).
Quelle: Eigene Darstellung.

Die *Touristik-Initial-Phase* erstreckte sich über die Analyse des Kaufangebots Mitte 1997 bis zum Erwerb von Hapag-Lloyd und TUI durch die Preussag AG Anfang 1998. Der Transport- und Touristik-Konzern Hapag-Lloyd AG war 1970 durch den

Zusammenschluss der Hapag und dem Norddeutschen Lloyd entstanden.[523] Das Portfolio der Hapag-Lloyd bedeutete für den Preussag-Konzern eine Diversifikation in den Dienstleistungsbereich. Neben der Seeschifffahrt hatte die Gesellschaft seit 1972 die Luftfahrt aufgebaut und war mit der Hapag-Lloyd Flug GmbH zur zweitgrößten deutschen Charterfluggesellschaft nach der Lufthansa-Tochter Condor geworden. Mit den Hapag-Lloyd-Reisebüros besaß die Unternehmung gut ausgebaute Vertriebsketten. Ferner wurde die Hapag-Lloyd AG in Bezug auf ihre Rendite und Kapitalstruktur als eine gesunde Unternehmung mit hohen stillen Reserven in Flugzeugen und Schiffen bezeichnet[524]. Außerdem besaß die Hapag-Lloyd eine 30%-ige Beteiligung an der TUI-Gruppe, die der Preussag AG die vollständige Übernahme der TUI ermöglichte. Durch eine Zusammenfassung der touristischen Aktivitäten von Hapag-Lloyd und TUI bestand für den Preussag-Konzern die Chance, eine integrierte Touristik-Gruppe auf dem deutschen Reisemarkt zu formen.

Aufgrund der Vermögenswerte und der unternehmerischen Möglichkeiten in Bezug auf die TUI war selbst der relativ hohe Kaufpreis i. H. v. 2,8 Mrd. DM[525] für die Hapag-Lloyd gerechtfertigt. Eine Kaufvereinbarung mit den sieben Großaktionären der Hapag-Lloyd AG über rund 99 % des Grundkapitals schloss die Preussag AG im September 1997.[526] Im März 1998 stimmte auch das Bundeskartellamt dem Erwerb zu,[527] so dass die Übernahme der TUI durch den Preussag-Konzern durchgeführt werden konnte.

---

[523] Die 1847 gegründete „Hamburg-Amerikanische Packetfahrt-Actien-Gesellschaft" (Hapag) und der 1857 gegründete Norddeutsche Lloyd waren ehemalige Konkurrenten in der Reise- und Logistikbranche. Vgl. WIBORG/WIBORG/KOPPER (2005), S. 591; Vgl. Preussag profile, Sonderausgabe September 1999, S. 39.

[524] Vgl. M. M. Warburg Investment Research, November 1997, S. 6-8.

[525] Vgl. Preussag AG Geschäftsbericht 1996/1997, S. 13.

[526] Vgl. Preussag AG Geschäftsbericht 1996/1997, S. 13. Anteilseigner an der Hapag-Lloyd AG waren Veba AG, Agfa Gevaert und Lufthansa AG (jeweils 18 %), Metro AG (15 %), Deutsche Bank, Dresdner Bank und Veritas Verwaltungsgesellschaft (jeweils 10 %). Vgl. Handelsblatt vom 30.05.1997, S. 16. Die restlichen Anteile an der Hapag-Lloyd AG von rund 1 % wurden 2002 im Rahmen eines Squeeze-out (Ausschluss der Minderheitsaktionäre gegen Barabfindung) übernommen. Vgl. Börsen-Zeitung vom 23.02.2002, S. 12.

[527] Vgl. FAZ vom 03.03.1998, S. 23.

Die Touristik Union International GmbH & Co. KG (TUI-Gruppe) war 1968 durch eine Fusion der Reiseveranstalter Scharnow, Touropa, Hummel-Reisen und Dr. Tigges entstanden.[528] Bis 1998 war die TUI- Eigentümerstruktur von unklaren Mehrheitsverhältnissen geprägt. Jeweils 30 % des Kommanditkapitals besaßen die Hapag-Lloyd und der Preussag-Großaktionär WestLB, jeweils 20 % befanden sich im Eigentum der Bahn und der Schickedanz-Gruppe.[529] Ferner waren die Anteilseigner der TUI zerstritten und hatten durch gegenseitige Vorkaufsrechte eine Änderung dieser Beteiligungsstruktur vertraglich ausgeschlossen. Mit der Zusammenführung der Hapag-Lloyd- und der WestLB-Anteile in den Einfluss des Preussag-Konzerns war erstmalig die Möglichkeit einer Mehrheitsbeteiligung an der TUI gegeben.

Die TUI-Akquisition durch die Preussag AG verlief in drei Stufen (vgl. Abb. 27) mit dem Ziel, die TUI über die zwischengeschaltete Hapag-Lloyd vollständig zu erwerben.

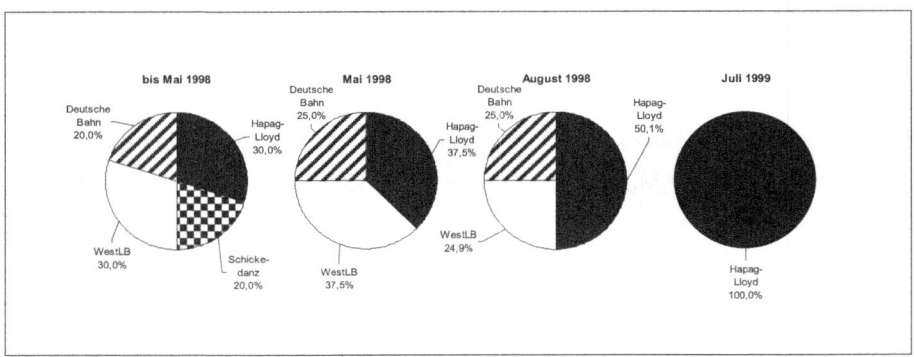

Abb. 27:   Eigentümerstruktur der TUI GmbH & Co. KG im Zeitablauf.
            Quelle: Eigene Darstellung nach Preussag AG Geschäftsbericht 1997/1998, S. 13;
            Preussag AG Geschäftsbericht 1998/1999, S. 10.

Die Preussag AG traf 1998, noch vor dem Vollzug des Hapag-Lloyd-Kaufs, mit der WestLB eine Vereinbarung zur Stimmrechtsbindung von WestLB und Hapag-

---

[528]   Vgl. Financial Times vom 03.09.1997, S. 22; FAZ vom 03.09.1997, S. 25; CORSTEN (1999), S. 171;
         WIBORG/WIBORG/KOPPER (2005), S. 588-589.
[529]   Vgl. CORSTEN (2000), S. 135.

Lloyd.[530] Somit verfügte der Preussag-Konzern über 60 % der Stimmen und konnte über Hapag-Lloyd die Kommanditmehrheit an der TUI in drei Schritten erwerben (vgl. Abb. 27). Hierzu traf die Hapag-Lloyd AG eine Vereinbarung über den Erwerb des 20%-igen Anteils der Schickedanz-Gruppe an der TUI.[531] Daraufhin übte die Deutsche Bahn und infolgedessen auch die WestLB im Mai 1998 ihr anteiliges Vorkaufsrecht aus. Im Rahmen dieser Vereinbarung erwarb die Hapag-Lloyd AG eine 7,5%-ige TUI-Beteiligung und im August 1998 weitere 12,6 % von der WestLB.[532] Damit hatte die Preussag AG über den Umweg Hapag-Lloyd die Mehrheit von 50,1 % an der Touristik Union International GmbH & Co. KG erlangt. Im Juli 1999 übernahm die Hapag-Lloyd die verbliebenen Anteile von WestLB und Deutsche Bahn.[533] Aus steuerlichen Gründen hat der Preussag-Konzern diese rein aktienrechtliche Einflusskonstellation auf die TUI über die Hapag-Lloyd AG beibehalten und auf die gesellschaftsrechtliche Umstrukturierung verzichtet.

Die *Touristik-Konsolidierungs-Phase* umfasste die Aufnahme des SGF Touristik im Jahr 1998 einschließlich dessen Konsolidierung zu einer integrierten Touristik-Gruppe bis Ende 1999.

Die Chance, die sich durch die Zusammenfassung der touristischen Aktivitäten von Hapag-Lloyd und TUI bot, lag in der Integration verschiedener touristischer Wertschöpfungsstufen[534] unter einem Dach. Hierbei bestand die Möglichkeit einer

---

[530] Vgl. FAZ vom 11.10.1997, S. 19.

[531] Vgl. FAZ vom 27.03.1998, S. 28.

[532] Vgl. Preussag AG Geschäftsbericht 1997/1998, S. 13.

[533] Vgl. Handelsblatt vom 14.05.1999, S. 18; Handelsblatt vom 02.07.1999, S. 19; Preussag AG Geschäftsbericht 1998/1999, S. 10.

[534] Die touristischen Wertschöpfungsstufen erstrecken sich über Vertrieb, Veranstalteraktivitäten, Beförderung, Unterkunft bis hin zu Zielgebietsaktivitäten. Der Vertrieb (Retail-Aktivitäten) umfasst u. a. Reisebüros und sonstige Buchungsstellen, Internet-Buchungsportale, TV-Reisekanäle, Call Center, Cross-Selling bzw. branchenfremden Vertrieb sowie Reisefinanzierung. Unter Veranstalteraktivitäten (Touroperator) sind insbesondere der Einkauf von Transport- und Übernachtungskapazitäten, die Zusammenstellung von Reisen bzw. Urlaubspaketen sowie der Katalogdruck zu verstehen. Die Beförderungsleistungen können durch Flug-, Bahn- oder Busgesellschaften erbracht werden. Die Unterkunftsaktivitäten schließen Hotels, Ferienclubs, Apartments, Ferienwohnungen und Timesharing mit ein. Die Zielgebietsaktivitäten (Destination Management) umfassen Zielgebietsagenturen zur Betreuung der Reisenden, Mietwagenge-

optimalen Koordination von Retail-, Touroperator-, Airline-, Destination- und Hotel-Management. In dieser integrierten Touristik-Gruppe sah und sieht TUI mehrere Vorteile.[535] Zum einen werden Teilleistungen, die ansonsten von eigenständigen Anbietern erbracht werden, ‚aus einer Hand' angeboten. Dadurch lassen sich die einzelnen Leistungen qualitativ beeinflussen und touristische Innovationen (wie z. B. Reiseindividualisierung, Baustein-Konzepte, Internet-Buchungsportale) können zentral und damit zielgerichteter gesteuert werden.[536] Zum anderen ergeben sich Synergien durch gemeinsame Vermarktungsplattformen sowie standardisierte Prozesse. Eine einheitliche Steuerung erreicht ferner Auslastungs- und damit Kostenvorteile[537].

Die Koordination der integrierten Touristik-Gruppe übernahm ab 1998 die von der Preussag neu gegründete Zwischenholding Hapag Touristik Union (HTU).[538] 1998/1999 ergänzten die First Reisebüros[539] und L'tur[540] die Wertschöpfungsstufe des Vertriebs. Ende 1999 wurde die HTU in TUI Group GmbH umbenannt und zur touristischen Führungsgesellschaft mit direkter Unterstellung unter die Preussag AG.[541]

Die *Touristik-Wachstums- und Industrie-Bereinigungs-Phase* erstreckte sich im Kern über das Jahr 2000. Für die TUI brachte die Übernahme durch den Industriekonzern Preussag AG eine hohe Finanzkraft zur weiteren Expansion mit sich. Nach der Bildung der integrierten Touristik-Gruppe in Deutschland setzte die Preussag ihre

---

sellschaften, Freizeitparks, Eventagenturen und Restaurants. Vgl. BASTIAN (2004), S. 9-11; BASTIAN (2000), S. 68-69.

[535] Vgl. auch Preussag AG Geschäftsbericht 1998/1999, S. 26-27.

[536] Vgl. CORSTEN (2000), S. 143.

[537] Auslastungsverluste können z. B. durch nahtlose, passgenaue Belegung, die mit Hilfe von Flugtagen gesteuert wird, verringert werden. Somit lässt sich durch Optimierungen im Airline-Management gleichzeitig im Hotelmanagement eine Verbesserung erreichen.

[538] Vgl. FAZ vom 04.07.1998, S. 22; Handelsblatt vom 06.07.1998, S. 15.

[539] Vgl. FAZ vom 18.12.1998, S. 23; Financial Times vom 30.12.1998, S. 12; Handelsblatt vom 30.12.1998, S. 11; Preussag AG Geschäftsbericht 1997/1998, S. 39.

[540] Vgl. Preussag AG Geschäftsbericht 1998/1999, S. 10.

[541] Vgl. FAZ vom 14.12.1999, o. S.; Handelsblatt vom 14.12.1999, S. 19; CORSTEN (2000), S. 137.

finanziellen Mittel dazu ein, die Touristikaktivitäten auf den internationalen Markt auszuweiten.

So wollte der Preussag-Konzern seine touristischen Aktivitäten zunächst nach Großbritannien ausdehnen, da dies nach Deutschland der zweitgrößte Touristikmarkt der Welt war (gefolgt von Skandinavien und Frankreich)[542]. Aus diesem Grund hatte sich die Unternehmung bereits 1999 weniger erfolgreich am englischen Touroperator Thomas Cook beteiligt, der sich nach einer Fusion mit dem amerikanischen Reisekonzern Carlson Companies Inc.[543] in einem Konsolidierungsprozess befand. Thomas Cook betrieb neben der Touristik auch Finanzdienstleistungen in Form von Wechselstuben und eigenen Traveller's Cheques. Bei der Beteiligung der Preussag AG an Thomas Cook war insbesondere problematisch, dass der Preussag-Konzern gerade nicht ins Bankgeschäft diversifizieren wollte. Außerdem war trotz einer Anteilsmehrheit von 50,1 % die Preussag nicht die volle unternehmerische Beherrschung möglich. Die anderen Mitgesellschafter verhinderten übergreifende unternehmerische Entscheidungen zur Schaffung von Synergien z. B. mit der TUI Gruppe in den Zielgebieten. Ferner war Thomas Cook stark auf Financial Services ausgerichtet und hatte keinen Zugang zum skandinavischen Markt, der vom Preussag-Konzern jedoch angestrebt wurde.

In Mai 2000 eröffnete sich für die Preussag AG mit dem Kauf der Thomson Travel Group plc. eine neue Chance auf dem britischen und skandinavischen Markt.[544] Die Gesellschaft wies große Parallelen zur TUI auf. So hatte Thomson in Großbritannien die Marktführerschaft inne, war ebenso im gehobenen Marktsegment sowie in den gleichen Zielgebieten wie die TUI-Group tätig.[545] Ferner agierte Thomson erfolgreich auf dem skandinavischen Markt und bot damit die Chance, auch im drittwichtigsten

---

[542] Vgl. UNECE (2003), Chapter 8.16; Preussag AG Geschäftsbericht 1999/2000, S. 33.

[543] Vgl. Handelsblatt vom 07.10.1998, S. 15.

[544] Vgl. Financial Times Deutschland vom 15.05.2000, S. 1.

[545] Vgl. Süddeutsche Zeitung vom 16.05.2000, S. 25.

Markt als europäischer Tourismuskonzern aufzutreten.[546] Nach einem missglückten Übernahmeversuch von Thomson durch Neckermann nutzte die Preussag AG die Gelegenheit zum Unternehmungskauf.[547] Aus kartellrechtlichen Gründen wurde gleichzeitig die Thomas-Cook-Beteiligung an einen Treuhänder übergeben und später verkauft.[548]

Der Preussag-Konzern setzte seinen internationalen Expansionskurs in 2000 noch fort. So wurde der Erwerb der französischen Nouvelles Frontières S.A.[549] und der österreichischen Touropa eingeleitet.

Die *Touristik-Fokussierungs-Phase* erstreckte sich von 2001 bis 2002. Ab dem Jahr 2001 bestand die Strategie der Preussag in der Konzentration auf die Touristik-Sparte. Nötige Umstrukturierungen begannen im Januar 2001 in Form der Verschmelzung der TUI Group GmbH mit der Preussag AG. Letztere wurde damit touristische Führungsholding.[550] Im Juni 2002 fand die Umbenennung der Preussag AG in TUI AG statt.

Die Fokussierungsstrategie ging mit einer Trennung von den industriellen Aktivitäten einher. Bereits 1998 waren die Preussag Stahl, 1999 die Kohle-Sparte sowie der Anlagen- und Schiffbau verkauft worden. 2001/2002 trennte sich die Preussag/TUI von der Gebäudetechnik[551], Ende 2002 vom Energie-Bereich[552]. Zum Abschluss der Strategischen Neupositionierung im Jahr 2002 war der TUI-Konzern als reiner

---

[546] Vgl. FAZ vom 15.05.2000, S. 21; Preussag profile, 3/2000, S. 20; Preussag profile, 4/2000, S. 23-31.

[547] Vgl. Handelsblatt vom 16.05.2000, S. 1; FAZ vom 16.05.2000, S. 23.

[548] Vgl. FAZ vom 28.07.2000, S. 21. Ende 2000 stießen die Mitanteilseigner an Thomas Cook gleichzeitig mit Preussag ihre Beteiligungen ab. Dadurch war es möglich, Thomas Cook aufzuspalten. Der Bereich Financial Services ging an einen englischen Investor und die Reiseaktivitäten wurden an C&N Touristik verkauft. C&N wurde später in Thomas Cook umbenannt.

[549] Vgl. Preussag profile, 4/2000, S. 33-38; Preussag profile, 1/2001, S. 10-11.

[550] Vgl. Handelsblatt vom 27.09.2000, S. 32; Preussag AG Geschäftsbericht 1999/2000, S. 3.

[551] Vgl. FAZ vom 31.03.2001, S. 17; Handelsblatt vom 27.04.2001, S. 17; FAZ vom 07.07.2001, S. 17; Preussag AG Geschäftsbericht 2001, S. 17; TUI AG Geschäftsbericht 2002, S. 21.

[552] Vgl. FAZ vom 28.12.2002, S. 13; Handelsblatt vom 23.01.2003, S. 15; TUI AG Geschäftsbericht 2002, S. 22; TUI AG Geschäftsbericht 2003, S. 23-24.

Dienstleister vornehmlich in der Touristik-Branche aufgestellt. Zusätzlich befanden sich Logistik-Aktivitäten und einige Handelsgesellschaften weiter in seinem Portfolio, für die jedoch langfristige Verkaufsabsichten bestanden.

Die Übernahme von TUI durch Preussag setzte eine Konsolidierung im deutschen Reisemarkt in Gang. Die Deutsche Lufthansa AG und die Karstadt AG beschlossen 1997, ihre touristischen Aktivitäten in einer gemeinsamen Holding zu bündeln. Hierzu wurden die Lufthansa-Tochtergesellschaft Condor Flugdienst GmbH und die Karstadt-Tochtergesellschaft NUR Touristic GmbH (Neckermann-Touristik) Ende 1997 in der C&N Condor Neckermann Touristic AG zusammengeführt.[553] C&N umfasste als integrierter Touristikkonzern die Wertschöpfungsstufen Vertrieb, Reiseveranstalter, Flug, Hotels und Serviceagenturen.[554] Nach Übernahme der Thomas Cook Holdings Ltd. von Preussag wurde die C&N im Sommer 2001 in Thomas Cook AG umbenannt. Zusammen mit Rewe Touristik deckten Thomas Cook und TUI im Jahr 2002 annähernd 70 % des deutschen Reiseveranstaltermarkts ab.[555] Dies entsprach einer vollständigen Veränderung des deutschen Reisemarkts, da vorher unabhängig operierende Geschäftspartner zu integrierten Touristikanbietern geworden waren und mittelständische Gesellschaften sich zu Touristik-Konzernen gewandelt hatten.[556]

5.1.4.2. Markteintritts- und Marktaustrittsstrategien im Fall Preussag/TUI

Nach der phasenorientierten Betrachtung des SNP-Ablaufs sollen die Markteintritts- und Marktaustrittstrategien zum Aufbau neuer und zum Abbau alter SGF untersucht werden. Den Aufbau ihres neuen SGF Touristik vollzog die Preussag AG ausnahms-

---

[553] Vgl. Die Welt vom 03.09.1997, o. S.; Süddeutsche Zeitung vom 04.09.1997, S. 28; Handelsblatt vom 16.10.1997, S. 14.

[554] Vgl. http://cms.thomascookag.com/tck/de/de/abu/0,2773,0-0-402981,00.html (Stand: 23.02.2004) sowie http://www1.thomascook.de/tck/ueberuns.html (Stand: 29.05.2005).

[555] TUI Deutschland 29,7 %, Thomas Cook 22,7 %, Rewe Touristik 16,9 %.

[556] Ähnliche Veränderungen ließen sich auch auf europäischer Ebene feststellen. Vgl. Financial Times vom 16.05.2000, S. 17.

los durch Unternehmungsakquisitionen (vgl. Abb. 28; zur Systematisierung von Markteintrittsstrategien für den Aufbau von SGF vgl. Kapitel 2.4.1.).

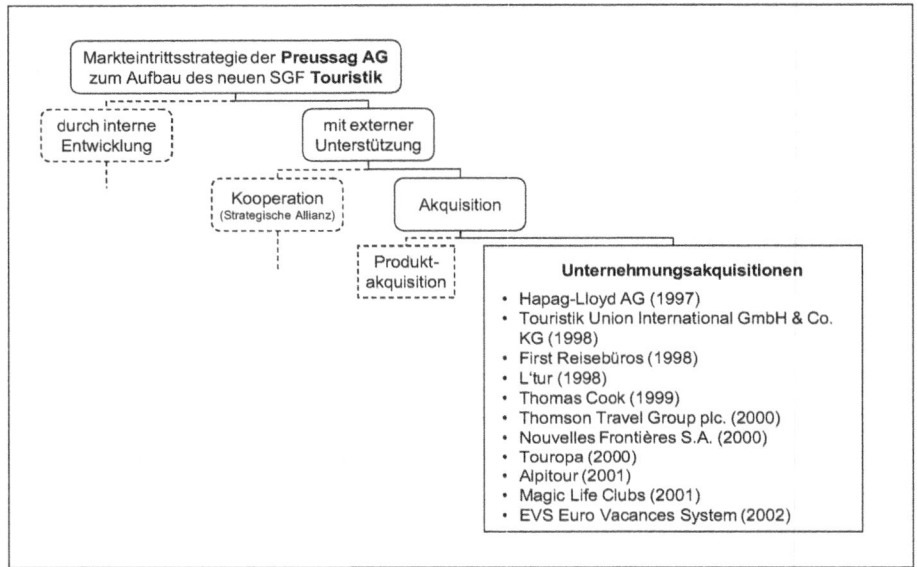

Abb. 28: Markteintrittsstrategie von Preussag/TUI zum Aufbau des neuen SGF Touristik.
Quelle: Eigene Darstellung.

Vor 1997/1998 hatte der Konzern keinerlei Touristik-Aktivitäten besessen und verfolgte das Ziel, sich auf wenige Geschäftsfelder bei gleichzeitiger Marktführerschaft zu konzentrieren (vgl. die SNP-Motive in Kapitel 5.1.3.). Eine Option zur Realisierung bot sich in der Touristikbranche durch den Kauf der Hapag-Lloyd AG und der TUI Gruppe. Ein interner Aufbau bzw. ein Spin-off kam für die Preussag AG wegen des fehlenden Touristik-Know-hows nicht in Frage. Gegen eine zeitintensive interne Entwicklung sprach ferner, dass der Preussag-Konzern in möglichst kurzer Zeit ein hohes Geschäftsvolumen im neuen SGF erreichen wollte. Aus den gleichen Gründen schieden auch strategische Allianzen als Weg für den Touristikaufbau aus.

Die ab 1998 folgenden Ergänzungen der touristischen Wertschöpfungskette der Preussag AG zum integrierten Reisekonzern sowie das Unternehmungswachstum in Deutschland und Europa erfolgten per Unternehmungs- bzw. Beteiligungsakquisitionen (First, Thomas Cook[557], L'tur, Thomson, Touropa, Nouvelles Frontières, Alpitour, Magic Life Clubs, EVS Euro Vacances System).

Beim Ausstieg aus den industriellen Geschäftsfeldern (vgl. Abb. 29) entschied sich der Preussag-Konzern für einen zeitnahen Verkauf sowie für eine mittel- bis langfristige Abschöpfungsstrategie. Eine Stilllegung einzelner Bereiche kam hingegen nicht in Frage.

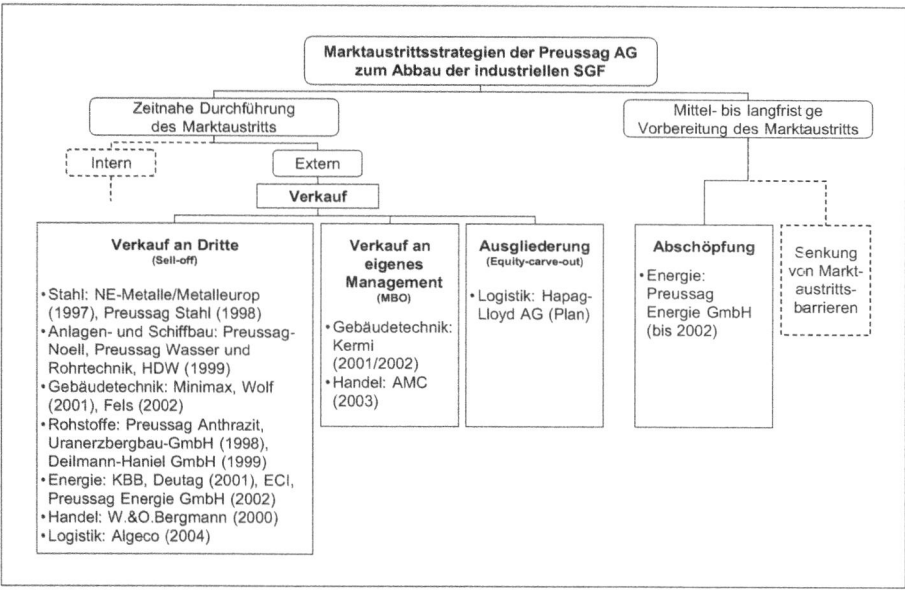

Abb. 29:   Marktaustrittsstrategien von Preussag/TUI zum Abbau der industriellen SGF.
            Quelle: Eigene Darstellung.

Preussag Stahl, Preussag Anthrazit sowie der Anlagen- und Schiffbau wurden zeitnah zur Aufnahme der Touristik-Aktivitäten verkauft. Im erfolgreichen Energie-Sektor hingegen verfolgte die Preussag AG eine Abschöpfungsstrategie. Erst 2002/2003 wurde dieser Bereich verkauft. In der Gebäudetechnik misslang der Abschöpfungs-

---

[557] Aufgrund wettbewerbsrechtlicher Auflagen im Rahmen des Erwerbs der Thomson Travel Group musste Thomas Cook im Jahr 2000 wieder veräußert werden. Vgl. Preussag AG Geschäftsbericht 1999/2000, S. 26.

versuch zunächst aufgrund negativer Entwicklungen in der Baubranche, so dass 2001 und 2002 die Abstoßung durch einen Verkauf an die Geschäftsführer (MBO) realisiert wurde. 2004 plant die TUI, die verbleibenden Logistikaktivitäten mit der Hapag-Lloyd in den folgenden Jahren an die Börse zu bringen (Equity-carve-out).

5.1.5. Faktoren für den Erfolg der SNP im Fall Preussag/TUI

Für die Untersuchung des SNP-Erfolgs im Fall Preussag/TUI bot sich eine Analyse der vereinfachten touristischen Wertschöpfungskette des TUI-Konzerns nach Ende der SNP im Jahr 2002 (vgl. Abb. 30) an. Diese verdeutlicht die jeweilige Herkunft der Aktivitäten (intern/extern). Auf Grundlage dieser Analyse ließen sich in den Interviews systematisch Ressourcen bzw. Veränderungen im Ressourcenbestand erheben.

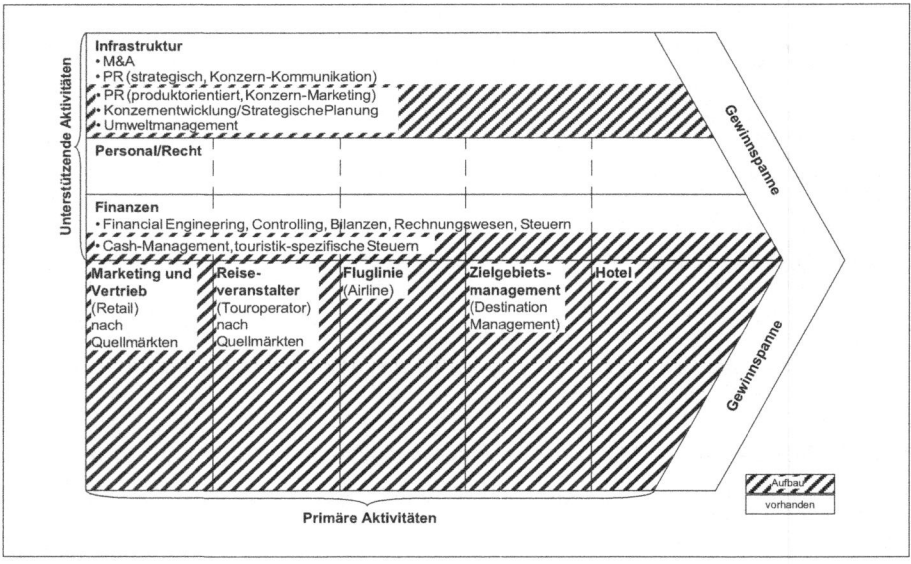

Abb. 30: Herkunft von Aktivitäten. Analyse anhand einer vereinfachten touristischen Wertschöpfungskette des TUI-Konzerns 2002.
Quelle: Eigene Darstellung nach Interviews; vgl. PORTER (1985), S. 37.

Die primären Aktivitäten bzw. operativen Funktionen des TUI-Konzerns wurden vollständig durch Akquisitionen aus externen Quellen aufgebaut und erst ab 2002 von den touristischen Führungsgesellschaften (z. B. TUI Deutschland oder Thomson Travel) wahrgenommen. Die unterstützenden Aktivitäten bzw. Steuerungs- und Planungsfunktionen der TUI AG entstammten zum großen Teil dem alten Preussag-Konzern. Spezifische, touristische Aufgabengebiete wurden von der TUI GmbH & Co. KG übernommen. Ab 2002 oblagen die Steuerungs- und Planungsfunktionen der Konzernholding.

Neben der Wertschöpfungskette gaben die Interviewpartner weitere Faktoren an, die für den Erfolg der SNP von Preussag verantwortlich seien. Hierbei handelte es sich vornehmlich um den Aufbau des SGF Touristik und die Integration der touristischen Steuerungs- und Planungsfunktionen in die Konzernholding. Weitere Faktoren fanden sich zusätzlich in der Desinvestition der industriellen Bereiche. In der Summe konnten sieben Faktoren identifiziert werden (vgl. Tab. 7).

Faktoren für den SNP-Erfolg	Herkunft der Faktoren
1. Touristisches Steuerungs- und Planungs-Know-how	TUI, Thomas Cook usw.
2. Finanzmanagement-Fähigkeiten	Preussag
3. Lernbereitschaft und Lernfähigkeit	Preussag
4. Unterstützung des Wandels durch Promotoren	Preussag
5. Informations- und Kommunikationsfähigkeiten	Preussag
6. Unternehmungskultur	Preussag
7. Finanzielle Mittel	Preussag

Tab. 7:   Faktoren für den SNP-Erfolg im Fall Preussag/TUI.
Quelle: Interviews.

Nach Einschätzung der Interviewpartner war für den SNP-Erfolg insbesondere das *touristisches Steuerungs- und Planungs-Know-how* verantwortlich.[558] Mit der

---

[558] „Die Preussag hat die touristischen Wertschöpfungsstufen integriert. Deren optimale Abstimmung und Steuerung ist der Schlüssel." Interview mit Herrn Tietjen vom 01.03.2004.

Akquisition von Hapag-Lloyd und der TUI-Gruppe hatte die Preussag AG dieses übernommen und gebündelt. Das Touristik-Wissen war auf Geschäftsfeldebene vor allem für die erfolgreiche Integration der touristischen Aktivitäten über die Wertschöpfungsstufen hinweg wichtig. Auf seiner Basis wurden das Vertriebs-, Veranstalter-, Airline-, Zielgebiets- und Hotel-Management optimal koordiniert und Effizienzsteigerungen erreicht. Trotz der branchenweiten Umsatzeinbrüche infolge des 11. September 2001 konnte die TUI daher im Gegensatz zu ihren Konkurrenten weiterhin positive Ergebnisbeiträge aufweisen.

Am Aufbau des Touristik-Know-hows und damit am SNP-Erfolg beteiligt waren ebenso die *Finanzmanagement-Fähigkeiten* der Preussag AG.[559] Die Wahrnehmung der strategischen Chance für den Hapag-Lloyd-Kauf in Verbindung mit der TUI-Akquisition wäre ohne diese Fähigkeiten nicht möglich gewesen. Hierbei kam es auf die hohe Geschwindigkeit der Angebotsanalyse, das Erkennen der Übernahmemöglichkeit sowie die finanztechnische Ausgestaltung an. Die Finanzmanagement-Fähigkeiten kamen ebenso bei den Akquisitionen und Desinvestitionen in späteren Phasen zum erfolgreichen Einsatz. Insbesondere beim Verkauf der Industrie-Gesellschaften nach dem Best-owner-Prinzip sicherten sie dem Preussag-Konzern hohe Verkaufserlöse bei gleichzeitiger Wahrung der Glaubwürdigkeit gegenüber ihren Mitarbeitern. Die für die SNP bedeutsamen Finanzmanagement-Fähigkeiten hatte die Preussag AG über lange Zeit entwickelt und beispielsweise bereits im Rahmen der Salzgitter-Übernahme 1989 unter Beweis gestellt.

Für die Integration des Touristik-Know-hows waren ferner *Lernbereitschaft und Lernfähigkeit* des Preussag-Führungsteams sowie die Unterstützung durch *Promotoren*[560] notwendig, die somit zum Erfolg der SNP beitrugen. Die Preussag AG

---

[559] „Ein Erfolgsfaktor ist ein geschicktes Finanzmanagement." Interview mit Herrn Feuerhake vom 01.03.2004.

[560] Zu Promotoren vgl. Kapitel 2.5.3.

hatte ihre industriellen Beteiligungen bis 1998/1999 als Finanzholding geführt.[561] Mit dem Eintritt in den Touristik-Markt wandelte sich die Unternehmung in eine operative Management-Holding[562]. Die neuen touristischen Aktivitäten waren so komplex miteinander vernetzt, dass für sinnvolle strategische Entscheidungen ein tiefes Verständnis aller Aktivitäten aufgebaut werden musste.[563] So musste sich z. B. der Vorstand in der Touristik mit Details beschäftigen, die zuvor im Industrie-Bereich durch die Führungsgesellschaften übernommen worden waren. Diese touristischen Steuerungs- und Planungsfunktionen wurden bis zur Touristik-Fokussierung schrittweise von der Geschäftsfeldebene auf die Holding transferiert.[564]

Eine erfolgreiche Integration des zugekauften Touristik-Know-hows war nur durch die Lernbereitschaft und die Lernfähigkeit des Preussag-Führungsteams möglich. Diese zeigte sich u. a. darin, dass den Touristik-Aktivitäten seit der Übernahme von Hapag-Lloyd und TUI eine hohe Priorität beim Vorstand zukam. Gleichzeitig war dem Vorstand bewusst, dass seitens Preussag AG keinerlei touristisches Know-how vorhanden war und dieses somit neu aufgebaut werden musste.[565] Dabei erkannte der Preussag-Vorstand die Touristik-Kompetenz der TUI an und wollte von dieser lernen.[566] Statt einer sofortigen Führungsübernahme und eines Austauschs der Manager der erworbenen Gesellschaften wurden die Tourismusführungskräfte in die

---

[561] Auch wenn der Vorstandsvorsitzende 1997 die Preussag AG als ‚Industrie-Holding' bezeichnete, wurde die Gesellschaft wie eine Finanz-Holding mit Renditekennziffern als Steuerungsinstrumente geführt. Vgl. FAZ vom 28.04.1997, o. S.

[562] Zur Unterscheidung der Holding-Formen ‚Finanz-Holding', ‚strategische Management-Holding' und ‚operative Management-Holding' vgl. exemplarisch SCHULTE (1992), S. 36-38. Vgl. zu Formen der Management-Holding BÜHNER (1992), S. 55-77; THEISEN (2000). Die operative Management-Holding zeichnet sich u. a. durch einen umfassenden Führungsanspruch (finanziell, strategisch, operativ) sowie durch einen hohen Wertschöpfungsbeitrag der Konzernleitung aus.

[563] „Touristikgeschäfte sind nicht als Finanz-Holding zu führen. Es ist viel intensiver einzugreifen. Die Wertschöpfungsstufen sind so komplex miteinander vernetzt, so dass massiv gesteuert werden muss." Interview mit Herrn Seifert vom 08.03.2004.

[564] Im Januar 2001 wurde die Preussag AG zur touristischen Führungsholding. Es fand ein Aufgabenübergang von der TUI Group GmbH auf die Preussag AG statt.

[565] Vgl. auch Handelsblatt vom 16.05.2000, S. 32.

[566] „Gegenseitiges voneinander Lernen ist wichtig... In diesen kleinen Zirkeln lernt der Vorstand auch, welche Alltagssorgen die Leute haben, die das operative Tagesgeschäft erledigen." Interview mit Herrn Feuerhake vom 01.03.2004.

Preussag-Holding integriert und speziell gefördert, damit sie ihr Wissen im Konzern weiter einbringen konnten. Auf Vorstandsebene integrierten ab 01.01.2001 Herr Dr. Ralf Corsten, der ehemalige Vorstandsvorsitzende der Touristik Union International GmbH & Co. KG,[567] sowie Herr Charles Gurassa, der ehemalige Vorstandsvorsitzende der Thomson Travel Group,[568] ihr Tourismus-Wissen in den Vorstand der Preussag AG.[569]

Diesen beiden Vorstandsmitgliedern kam eine besondere Bedeutung zu, da sie für die Mitarbeiter der übernommenen Touristikunternehmungen als Machtpromotoren, für den Preussag-Vorstand als Fachpromotoren sowie vermittelnd zwischen beiden als Beziehungspromotoren fungierten. Ebenso wurden Preussag-Führungskräfte als ‚Brückenköpfe' in die HTU bzw. TUI Group versetzt, die den ständigen Wissenstransfer zwischen Holding und operativen Bereichen sicherstellten. Damit agierten diese ebenso als Beziehungspromotoren zwischen der Preussag AG und den Touristik-Töchtern. Ferner wirkten sie später mit der Übernahme in die Holding als Multiplikatoren des Touristik-Know-hows und damit als Fachpromotoren.

Organisatorisch unterstützte der Vorstand die Lernbereitschaft durch monatliche Treffen (Jour Fixe) außerhalb der Berichtslinien sowie Förderung informeller Netzwerke, die für die Touristik typisch waren.[570] Im Gegenzug lernten die Touristik-Manager von der Börsenerfahrung und dem Finanzmanagement-Know-how der Preussag AG.

Sowohl bei der Integration des Touristik-Wissens als auch bei der Abstoßung der industriellen SGF stellten die *Informations- und Kommunikationsfähigkeiten* des Preussag-Führungsteams einen wichtigen Faktor dar. Die treibende Kraft für die

---

[567] Vgl. Handelsblatt vom 27.09.2000, S. 32. Siehe auch Touristik Union International Geschäftsbericht 1995/1996, S. 7.

[568] Vgl. Handelsblatt vom 27.09.2000, S. 32.

[569] „Es war ein friendly take-over mit einer Integration der Kompetenzen in der neuen Führungsgesellschaft." Interview mit Herrn Tietjen vom 01.03.2004.

[570] Vgl. auch das Interview mit Herrn Michael Frenzel im Manager Magazin, 5/1999, S. 122-129.

Neupositionierung war der Vorstand selbst, dessen Vision eines Dienstleistungskonzerns innerhalb des Konzerns erklärt und verbreitet wurden. Dabei wurde das Ziel verfolgt, ein positives Bild vom geplanten Wechsel und Vertrauen in die Transformation zu schaffen. In persönlichen Gesprächen wurden die Mitarbeiter motiviert[571], so dass beginnend beim Vorstand schließlich das gesamte Führungsteam hinter den Maßnahmen stand und sich auch persönlich dafür verantwortlich machen ließ.

Die umfangreichen Desinvestitionen in den Industrie-Geschäftsfeldern verliefen ausnahmslos ohne Proteste und öffentliches Aufsehen. Dies wurde auf die Kommunikation und Einbeziehung der betroffenen Interessengruppen zurückgeführt (u. a. Mitarbeiter, Betriebsrat, Gewerkschaften, Regierung). Die Botschaft des Vorstands besagte, dass die Bereiche nicht verkauft werden sollten, weil der Preussag-Konzern sie ‚loswerden' wollte. Stattdessen seien sie bei der Preussag AG für die Zukunft nicht wettbewerbsfähig und gehörten daher in ‚bessere Hände' (Best-owner-Prinzip).[572] Durch die Betonung dieser Zukunftssicherung bewahrte der Preussag-Vorstand seine Vertrauenswürdigkeit und schuf bei seinen Mitarbeitern eine Akzeptanz für die Veränderungen. Die Preussag stellte außerdem vertraglich sicher, dass nach einem Verkauf die Gesellschaften nicht zerschlagen wurden. Der in Folge der Desinvestitionen notwendige, umfangreiche Personalabbau im Industriebereich der Konzernholding wurde durch normale Fluktuation, Altersteilzeit, Sozialprogramme und Mitarbeiter-Transfers zu den zu verkaufenden Gesellschaften erreicht. Somit konnten Arbeitsgerichtsprozesse vermieden werden.

Nach Einschätzung der Interviewpartner entstammten Lernbereitschaft und Lernfähigkeit sowie Informations- und Kommunikationsfähigkeiten der *Unternehmungskultur* des Preussag-Konzerns. Diese wurde durch einen Ausgleich der

---

[571] „Jeder Vorstand hat seine Leute genommen und informiert." Interview mit Herrn Feuerhake vom 01.03.2004.

[572] „Ohne Krachen und Knirschen wurden 70.000 Mitarbeiter verkauft. Dabei ist Information und Kommunikation unerlässlich. Unsere Botschaft: Wir verkaufen die Unternehmen nicht, weil wir sie loswerden wollen, sondern weil sie hier nicht in der besten Hand sind, aber in die besten Hände gehören." Interview mit Herrn Feuerhake vom 01.03.2004.

Gegensätze geprägt.[573] Zum einen bestand Offenheit gegenüber der neuen Touristik und zum anderen Fairness gegenüber den alten, industriellen Bereichen.[574] Als Signal nach außen wurde die Dachmarke World of TUI eingeführt. Sie stand intern als positives Symbol (lachendes Gesicht) für das gemeinsame Dach des Konzerns (Zusammengehörigkeitsgefühl)[575] und die Wandlung in Richtung Touristik. Mit Kritikern an den tief greifenden Veränderungen ging der Vorstand offen und demonstrativ fair um. Die TUI-Umbenennung schließlich unterstrich die Bedeutung der Touristik für die Zukunft des Preussag/TUI-Konzerns. Dem Vorstand war bewusst, dass die Umbenennung neben der Motivation der touristischen Bereiche für die Industrie-Sparten vor allem einen Traditionsverlust darstellte.

Der Ausgleich der Gegensätze in der Unternehmungskultur äußerte sich ferner darin, dass auf der einen Seite die Preussag AG von den Touristik-Erfahrungen der TUI lernen wollte. Auf der anderen Seite bot die Preussag ihr Finanz- und Börsen-Know-how den touristischen Bereichen an. Außerdem war es im Preussag-Konzern nicht üblich, externe Unternehmungsberater hinzuzuziehen. Auch im Rahmen der SNP wurde darauf verzichtet.

Neben den bereits aufgeführten Faktoren sind auch *finanzielle Mittel* für die erfolgreiche SNP verantwortlich gewesen.[576] Der Kauf von Hapag-Lloyd und der TUI-Group sowie die weiteren Akquisitionen wurden rein aus dem Cashflow des Preussag-Konzerns sowie den Verkäufen der industriellen Bereiche finanziert.[577] Auf Kapitalerhöhungen konnte vollständig verzichtet werden. Die finanziellen Mittel wurden somit aus den alten SGF in das neue SGF übertragen.

---

[573] Vgl. ähnlich STIER/LAUFER (2005), S. 18-21.

[574] Vgl. Handelsblatt vom 18.02.2000, S. 16.

[575] Vgl. Preussag profile, 3/2001, S. 11.

[576] „Alte industrielle Ressourcen sind der Paycheque der Preussag für neue Investitionen in die Zukunft des Konzerns." Interview mit Herrn Feuerhake vom 01.03.2004.

[577] Vgl. FAZ vom 31.03.2001, S. 17.

5.1.6. Zusammenfassung der Ergebnisse im Fall Preussag/TUI

Die vorhergehenden Abschnitte haben ergeben, dass der Fall Preussag/TUI die Abgrenzungskriterien einer SNP erfüllt und im Ergebnis erfolgreich war. In der Geschäfts- und Portfolioanalyse konnte gezeigt werden, dass der Preussag-Konzern seit 1997 mit der Touristik ein neues, unverbundenes Geschäftsfeld aufgebaut und schrittweise bis 2002 die alten industriellen Geschäftsfelder reduziert hat. Die Fokussierung auf die Touristikbranche und damit auch der Wechsel in das neue SGF wurde durch die Umbenennung der Preussag AG in TUI AG im Jahr 2002 abgeschlossen.

Die durchgeführten Interviews haben verdeutlicht, dass die SNP der Preussag AG durch den Vorstand 1997/1998 mit dem Einstieg in die Touristik nicht als solche geplant worden war. Erst durch den Erfolg in der Touristik und den hohen Finanzbedarf für touristische Akquisitionen wurde mit dem Abstoßen der Industriebereiche eine Positionierung als fokussierter Touristikdienstleister eingeleitet. Bei der SNP des Preussag-Konzerns handelt es sich daher eher um eine emergente Strategie. Die Motive für die SNP der Preussag waren vornehmlich extern ausgelöst.

Der Ablauf der SNP beim Preussag/TUI-Konzern durchlief vier Phasen. Beim Aufbau des neuen Geschäftsfelds Touristik übernahm die Preussag AG bereits etablierte Touristik-Unternehmungen, um einen schnellen Markteintritt, dabei ein hohes Umsatzvolumen sowie eine führende Marktposition zu erreichen. Für den Ausstieg aus den industriellen Geschäftsfeldern wählte der Konzern sowohl eine Strategie des zeitnahen Verkaufs (Sell-off, MBO und Equity-carve-out), als auch in Einzelfällen eine Abschöpfungsstrategie.

Der Erfolg der SNP bei der Preussag AG war vom Aufbau und Erfolg des SGF Touristik und von der Integration der touristischen Aktivitäten in den Konzern abhängig. Als Faktor für die erfolgreiche SNP wurde insbesondere das touristische Steuerungs- und Planungs-Know-how identifiziert. Da dieses Know-how bei der Preussag vor der SNP noch nicht vorhanden war, musste es aufgebaut werden. Hierfür waren neben den Finanzmanagement-Fähigkeiten speziell die Lernbereitschaft und Lernfähigkeit, die Unterstützung des Wandels durch Promotoren, die Informations- und Kommunikationsfähigkeiten des Preussag-Führungsteams sowie die Unternehmungskultur des Preussag/TUI-Konzerns verantwortlich. Ferner wurden die Unternehmungsakquisitionen durch die finanziellen Mittel der Preussag AG finanziert.

5.2. Within-Case-Analyse Mannesmann AG: SNP vom Technologiekonzern zum Telekommunikations-dienstleister

5.2.1. Geschichtlicher Überblick zur Mannesmann AG

Zum Einstieg in die Fallstudienuntersuchung der Mannesmann AG wird ein historischer Abriss zur Unternehmungsgeschichte gewählt, die mit der Gründung 1890 in Berlin begann.[578] Die Geschäftsgrundlage der Deutsch-Österreichischen Mannesmannröhren-Werke Aktiengesellschaft war eine Erfindung zur Herstellung nahtloser Stahlrohre[579] durch die Brüder Reinhard und Max Mannesmann. 1893 wurde die Firmenzentrale von Berlin nach Düsseldorf verlegt und ab 1907 konnten Mannesmann-Aktien an der Börse gehandelt werden. Ein Jahr später entstand die erste Holding-Struktur mit der Mannesmannröhren-Werke AG als Konzern-Muttergesellschaft sowie den Röhrenwerken in Österreich, Großbritannien und Italien als Tochtergesellschaften.[580]

Die Mannesmannröhren-Werke AG war zunächst ausschließlich in der Stahlverarbeitung tätig und damit abhängig von Qualität, Preis sowie rechtzeitiger Lieferung des

---

[578] Vgl. WESSEL (1990), S. 13; FAZ vom 04.10.1990, o. S.

[579] Die Mannesmann-Erfindung hatte deshalb hohe Bedeutung, weil erstmalig Stahlrohre, die bis dahin kompliziert aus Blechen geformt und verschweißt wurden, in einem Arbeitsschritt ohne störanfällige Naht hergestellt werden konnten. Das revolutionäre Mannesmann-Verfahren, eine Kombination aus dem Schrägwalz- und dem Pilgerschritt-Verfahren, wird noch heute in der Röhrenproduktion eingesetzt. Vgl. WESSEL (1990), S. 20-22, 52-53.

[580] Vgl. Handelsblatt vom 26.09.1990, o. S.

Einsatzmaterials. Aus diesem Grund wurden in den Jahren 1906-1929 sukzessive die Gründung und der Zukauf von Unternehmungen betrieben, die der Röhrenherstellung vor- bzw. nachgelagert waren.[581] Zu Mannesmann gehörten u. a. die Saarbrücker Gußstahlwerke AG, das Blechwalzwerk Grillo Funke und das Hüttenwerk Duisburg-Huckingen. Die Mannesmann AG wurde zu einem vertikal diversifizierten Montankonzern mit eigenen Erz- und Kohlebergwerken, Hochöfen, Stahl- und Blechwalzwerken, einer Maschinenfabrik sowie Transport- und Handelsgesellschaften.[582]

Nach dem Zweiten Weltkrieg liquidierten die Alliierten die Mannesmannröhren-Werke AG und teilten sie in drei selbständige Unternehmungen auf. 1952-1955 wurde der Konzern unter der Führung der Mannesmann AG wieder zusammengeführt.[583] Ab Ende der 60er Jahre begann die Unternehmung mit einer starken horizontalen Diversifikation,[584] wobei sie sich aus angestammten Bereichen zurückzog und gleichzeitig durch umfangreiche Zukäufe wuchs. So übernahm Mannesmann z. B. 1968 den deutschen Hydraulikhersteller G.L. Rexroth GmbH, während 1969 der Steinkohlebergbau abgestoßen und in die Ruhrkohle AG eingebracht wurde. 1970 vereinbarte die Mannesmann AG mit der Thyssen AG eine Arbeitsteilung. An Thyssen wurden die Walzstahl-Herstellung und die Blechverarbeitung abgegeben. Im Gegenzug übernahm Mannesmann von Thyssen die Stahlrohrfertigung und -verlegung, wodurch sich dieses Geschäft für den Konzern verdoppelte. Der Maschinen- und Anlagenbau wurde durch die Akquisitionen der Demag AG und der Krauss-Maffei AG verstärkt. Die Übernahme der Hartmann & Braun AG sowie der Kienzle GmbH ließ die Mannesmann AG in die Bereiche Elektrotechnik und Elektronik diversifizieren. Mit dem Erwerb der Fichtel & Sachs AG, der VDO Adolf

---

[581] Vgl. BÜHNER (1993a), S. 591-595.

[582] Vgl. http://www.mannesmann-archiv.de/deutsch/download/konzern.rtf (Stand: 29.05.2005); FAZ vom 02.04.1990, o. S.

[583] Vgl. Börsen-Zeitung vom 02.10.1990, o. S.

[584] Vgl. FAZ vom 02.12.1989, o. S.

Schindling AG und der Boge GmbH nahm der Konzern ebenso Aktivitäten in der Fahrzeugtechnik auf. So war die Mannesmann AG 1989 als breit diversifizierter Technologiekonzern aufgestellt.[585]

Die SNP des Mannesmann-Konzerns begann 1989/1990. Sie wurde durch die Ausschreibungsteilnahme um die D2-Mobilfunk-Lizenz ausgelöst. Ein von Mannesmann angeführtes Konsortium hatte sich um den Aufbau und Betrieb des ersten privaten Mobilfunknetzes in Deutschland (D2) beworben und gegen acht weitere Teams durchsetzen können. Nach dem Lizenzerhalt 1990 setzte ein grundlegender Wandel der Mannesmann AG ein. Das neue Geschäftsfeld Telekommunikation wuchs und stützte bereits 1995 die schwächeren Geschäftsbereiche. In der Folgezeit wurden eine eigene Festnetzsparte gegründet und weitere Telekommunikationsunternehmungen in Frankreich, Österreich, Italien und Großbritannien erworben.

Während sich die Mannesmann AG zu einem führenden privaten Telekommunikationsdienstleister in Europa entwickelte, waren ihre alten industriellen Unternehmungsbereiche einem zunehmenden Marktdruck ausgesetzt, der mehrfache Umstrukturierungen auslöste. Ferner wurde der Mannesmann-Konzern dank seines SGF Telekommunikation an der Börse hoch bewertet, so dass dieses die industriellen Bereiche in den Schatten stellte, die nur noch rund 10 % des Unternehmungswerts abbildeten.[586] Aus diesem Grund wurden 1999/2000 alle industriellen Aktivitäten in die Atecs Mannesmann AG[587] ausgegliedert, deren Aktien schrittweise an der Börse platziert werden sollten. Damit war die SNP zum reinen Telekommunikationsdienstleister beschlossen.

Vor Umsetzung des Börsengangs von Atecs übernahm im Jahr 2000 die britische Telekommunikationsgesellschaft Vodafone-Airtouch plc. den Mannesmann-Konzern

---

[585] Vgl. Mannesmann AG Geschäftsbericht 1989, S. I; Wirtschaftswoche, 51/1989, o. S.; Süddeutsche Zeitung vom 02.10.1990, o. S.; HEUSNER/THEUVSEN (1993), S. 186.

[586] Vgl. FAZ vom 25.09.2003, S. 18.

[587] Ursprünglicher Name: Mannesmann Engineering & Automotive (MEA). Vgl. Handelsblatt vom 24.11.1999, S. 26; Handelsblatt vom 20.12.1999, S. 14.

und zerschlug diesen vollständig.[588] Die Atecs Mannesmann AG wurde an die Siemens AG[589] und die Röhrenproduktion mit der Mannesmannröhren-Werke AG an die Salzgitter AG[590] verkauft. Die Konzernholdinggesellschaft Mannesmann AG sowie alle Telekommunikationsaktivitäten wurden in die Vodafone Group eingegliedert.[591]

Das Jahr 2000 kann aufgrund der Übernahmeereignisse nicht mehr in die eigentliche Fallstudienuntersuchung mit einbezogen werden.

5.2.2. Geschäfts- und Portfolioentwicklung des Mannesmann-Konzerns im Verlauf der SNP 1989 bis 1999

In diesem Abschnitt wird die Geschäfts- und Portfolioentwicklung der Mannesmann AG untersucht. Die Entwicklung des Portfolios soll zum einen Aufschluss darüber geben, ob es sich beim Fall Mannesmann entsprechend der in Kapitel 2 getroffenen Definition um eine SNP handelt und diese sich auch in den Kennzahlen der Unternehmung widerspiegelt. Die Betrachtung der Geschäftsentwicklung ermöglicht schließlich eine Beurteilung des SNP-Erfolgs. Dabei wird von einer positiven Geschäftsentwicklung auf eine im Ergebnis erfolgreiche SNP geschlossen.

Das Geschäftsfeldportfolio der Mannesmann AG durchlief in den Jahren 1989 bis 1999 eine weitreichende Wandlung. 1989 war Mannesmann breit diversifiziert in den vier SGF Röhren und Handel, Maschinen- und Anlagenbau, Fahrzeugtechnik sowie Elektrotechnik tätig (vgl. Abb. 31).[592] Die seit Mitte der 60er Jahre entstandenen

---

[588] Vgl. Handelsblatt vom 04.02.2000, S. 1; http://www.vodafone.com/article/0,3029,CATEGORY_ID%253D406%2526LANGUAGE_ID%253D1%2526CONTENT_ID%253D232112,00.html?# (Stand: 29.05.2005).

[589] Siemens integrierte die Bereiche Demag, Dematic und VDO. Rexroth wurde an Bosch und Sachs an ZF Friedrichshafen verkauft. Vgl. FAZ vom 21.03.2000, S. 23; Handelsblatt vom 17.04.2000, S. 15; FAZ vom 14.12.2000, S. 23; Financial Times Deutschland vom 15.01.2002, S. 7; Handelsblatt vom 16.01.2002, S. 12; FAZ vom 10.04.2001, S. 29; Manager Magazin, 3/2002, S. 64-73; http://www.vodafone.com/article/0,3029,CATEGORY_ID%253D406%2526LANGUAGE_ID%253D1%2526CONTENT_ID%253D232103,00.html?# (Stand: 29.05.2005).

[590] Vgl. FAZ vom 31.05.2000, S. 23.

[591] Vgl. Manager Magazin, 7/2000, S. 42.

[592] Zur Einteilung in SGF vgl. Anhang F.

Bereiche Maschinen- und Anlagenbau, Fahrzeugtechnik sowie Elektrotechnik erfuhren noch bis 1994 umfangreiche Erweiterungen.[593] Während 1995 das Geschäftsfeld Elektrotechnik vollständig aufgegeben wurde,[594] durchliefen ab diesem Zeitpunkt die anderen industriellen Geschäftsfelder eine Bereinigung und Optimierung.[595] Diese wurden 1999/2000 in der Atecs Mannesmann AG zusammengefasst und für einen späteren Börsengang vorbereitet.[596] Die Röhrenaktivitäten sollten 1999/2000 verkauft werden.[597] Durch diese Veränderungen verschob sich der Fokus der Mannesmann AG auf das neue SGF Telekommunikation.

---

[593] Vgl. Mannesmann AG Geschäftsbericht 1990, S. 6; FAZ vom 02.12.1989, o. S.

[594] Vgl. Mannesmann AG Geschäftsbericht 1995, S. 2, 5, 11.

[595] Vgl. Mannesmann AG Geschäftsbericht 1996, S. 11-12; Mannesmann AG Geschäftsbericht 1997, S. 3-4, 12; Mannesmann AG Geschäftsbericht 1998, S. 14; Mannesmann AG Geschäftsbericht 1999, S. 2, 12.

[596] Vgl. Handelsblatt vom 24.11.1999, S. 26.

[597] Vgl. Mannesmann AG Geschäftsbericht 1999, S. 3, 12, 66. Erst nach Übernahme durch Vodafone im Jahr 2000 wurde die Abstoßung der alten, industriellen SGF per Verkauf realisiert.

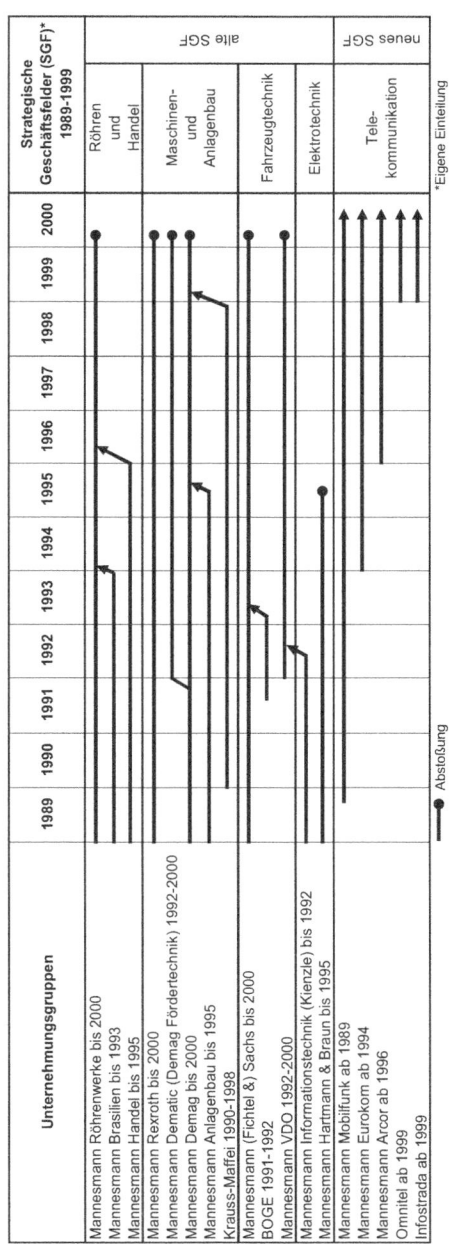

Abb. 31:   Unternehmungsgruppen und SGF des Mannesmann-Konzerns 1989-2000.
Quelle: Eigene Darstellung nach Mannesmann AG Geschäftsberichte 1989-1999.

Die Telekommunikation stellte im Vergleich zu den alten industriellen SGF der Mannesmann AG eine neue Produkt-Markt-Kombination dar, denn es wurden neue Telekommunikationsdienstleistungen auf ebenfalls neuem Telekommunikationsmarkt angeboten. Außerdem bestanden zwischen den alten industriellen Mannesmann-Geschäftsfeldern und der Telekommunikation keine Ähnlichkeiten bezüglich Technologien oder Kunden. Damit handelte es sich bei den Telekommunikations-dienstleistungen für Mannesmann um ein neues, unverbundenes SGF.

Ob ein Wechsel in dieses neue SGF erfolgt ist, soll im Folgenden anhand der Diversifikationsmaße und SNP-Indikatoren aus Kapitel 2.1.4. analysiert werden.[598] Der Spezialisierungsgrad und der Herfindahl-Index weisen 1997/1998 ein Minimum in der Spezialisierung, d. h. eine kurzzeitige Zunahme in der Diversifikation, auf (vgl. Tab. 8), was auf eine SNP hinweisen kann.

Diversifikationsmaße	1989	1990	1991	1992	1993	1994	1995	1996	1997	1998	1999
Spezialisierungsgrad (SR)	0,390	0,480	0,480	0,450	0,440	0,380	0,430	0,430	0,420	**0,350**	0,390
Herfindahl-Index (H)	0,304	0,338	0,341	0,316	0,308	0,283	0,287	0,285	**0,279**	**0,279**	0,300

Tab. 8: Diversifikationsmaße Spezialisierungsgrad (SR) und Herfindahl-Index (H) von Mannesmann 1989-1999.
Quelle: Eigene Berechnungen nach Mannesmann AG Geschäftsberichte 1989-1999.

Die vor 1989 bestehenden Geschäftsfelder wurden bis 1999/2000 desinvestiert (Elektrotechnik) bzw. ihre zeitnahe Desinvestition geplant (Röhren und Handel, Maschinen- und Anlagenbau, Fahrzeugtechnik). In das neu aufgenommene Geschäftsfeld Telekommunikation wurde seit 1993 am umfangreichsten investiert (vgl. Anhang H). Gleichzeitig trug es seit 1994 am stärksten zum Ergebnis (vgl. Anhang H) und seit 1999 am stärksten zum Umsatz der Unternehmung bei (vgl. Abb. 32). 1999 wurde die Telekommunikation zum zukünftig einzigen Geschäftsfeld bestimmt.

Die Umstrukturierungen im Portfolio von Mannesmann schlugen sich auch in der Umgruppierung der Mannesmann-Aktie von der C-DAX-Branche „Industrial" bzw.

---

[598] Zu den Details der Untersuchung vgl. Anhang I.

DAX-100-Branche „Machinery & Industrials" in die jeweilige Branche „Telecommu-nications" nieder.[599]

Die Untersuchung der Geschäfts- und Portfolioentwicklung der Mannesmann AG macht deutlich, dass der einstige Technologiekonzern in den Jahren 1989 bis 1999 eine SNP zum Telekommunikationsdienstleister durchführte. Auf Grundlage der vorangegangenen Analyse lässt sich feststellen, dass es sich beim Fall Mannesmann tatsächlich um einen Wechsel in das neue, unverbundene SGF handelt.

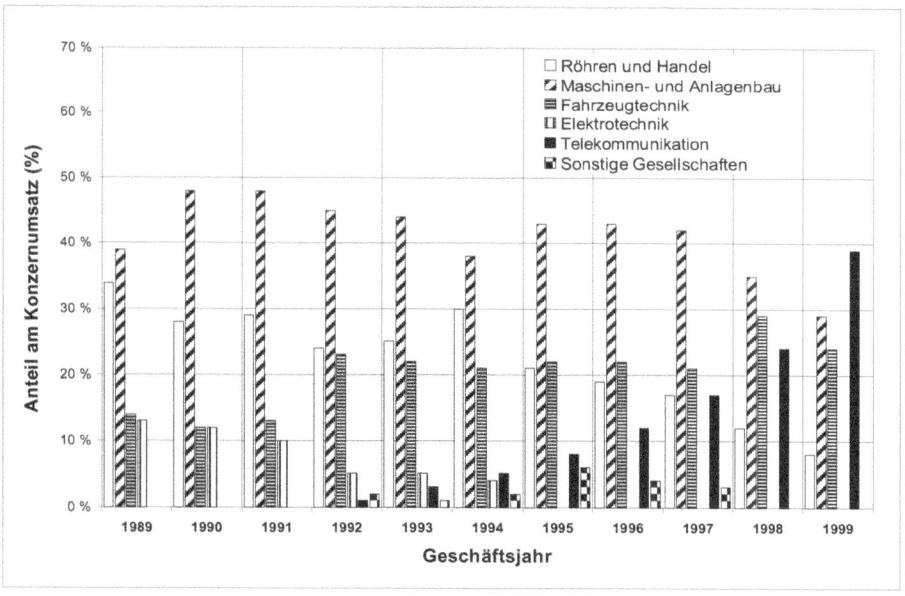

Abb. 32: Umsatz der Geschäftsfelder von Mannesmann im Verhältnis zum Gesamtumsatzvo-lumen 1988-1999.
Quelle: Eigene Berechnung nach Mannesmann AG Geschäftsberichte 1988-1999.

Für die Überprüfung, ob es sich im Ergebnis um eine erfolgreiche SNP handelt, werden Marktdaten sowie Konzernkennzahlen herangezogen. So wurde der Wandel der Mannesmann AG in den Jahren 1989 bis 1999 zunächst in der Wirtschaftspresse

---

[599] Vgl. Mannesmann AG Geschäftsbericht 1999, S. 9.

als erfolgreich bewertet.[600] Dieser Ansicht kann insofern zugestimmt werden, als Mannesmann 1999 über 50 % des westeuropäischen Telekommunikationsmarktes abdeckte.[601] Tab. 9 zeigt in der Entwicklung des Konzerns ab 1994 Steigerungen im Umsatz, Ergebnis, EBITDA[602], Cashflow sowie bei Umsatz- und Eigenkapitalrendite. In den Jahren 1999/2000 führte die Entwicklung des Mannesmann-Konzerns dazu, dass er von Vodafone-Airtouch plc. übernommen wurde.

Mannesmann-Konzern		1989	1990	1991	1992	1993	1994	1995	1996	1997[1]	1998	1999
Ergebniskennzahlen												
Konzernumsatz	Mio. €	11.417	12.242	12.432	14.325	14.297	15.542	16.409	17.733	19.989	19.065	23.265
Ergebnis der gewöhnlichen Geschäftstätigkeit	Mio. €	534	513	320	173	-65	306	466	516	891	1.385	1.548
Finanzergebnis	Mio. €	156	171	234	190	146	-38	-1	-56	8	-95	-407
Jahresüberschuss	Mio. €	258	237	134	32	-262	174	358	308	312	630	497
Finanzkennzahlen												
EBITDA	Mio. €	935	845	669	948	839	1.312	1.525	1.679	2.204	3.125	4.292
EBITDA-Wachstum	%	k. A.	-9,6 %	-20,8 %	41,7 %	-11,5 %	56,4 %	16,2 %	10,1 %	31,3 %	41,8 %	37,3 %
Cashflow[2]	Mio. €	916	897	785	984	613	1.129	1.281	1.440	1.484	1.915	2.836
Investitionen in Sachanlagen[3]	Mio. €	594	656	754	958	891	1.558	1.364	1.832	4.531	3.588	16.485
Rentabilitätskennzahlen und sonstige												
Umsatzrendite	%	4,7 %	4,2 %	2,6 %	1,2 %	-0,5 %	2,0 %	2,8 %	2,9 %	4,5 %	7,3 %	6,7 %
Eigenkapitalrendite[4]	%	22,9 %	17,9 %	9,7 %	5,0 %	-1,8 %	8,5 %	12,7 %	13,5 %	21,1 %	25,5 %	10,3 %
Ergebnis je Aktie[5]	€	1,21	1,10	0,73	0,41	-0,20	0,79	1,06	1,15	1,34	1,91	1,85
Eigenkapitalquote	%	30,8 %	34,1 %	34,4 %	33,2 %	33,3 %	32,8 %	32,1 %	32,0 %	29,8 %	36,7 %	39,4 %
Mitarbeiter am Bilanzstichtag	31.12.	122.311	123.997	125.188	136.747	127.695	124.914	122.684	119.709	120.859	116.247	130.860

[1]Annäherung der Bilanzierungsmethoden an IAS. [2]Ab 1993 nach DVFA/SG. [3]Ohne Beteiligungszugänge bei unterschiedlichem Erwerbs- und Erstkonsolidierungsjahr.
[4]Periodenbezogene Berechnung. [5]Vor Goodwill-Amortisation, Rückwirkende Anpassung 1989-1997 aufgrund Aktiensplits im Verhältnis 1:10 im Juni 1998.

Tab. 9:   Konzernkennzahlen Mannesmann 1989-1999.
            Quelle: Eigene Berechnungen nach Mannesmann AG Geschäftsberichte 1989-1999.

Die positiven Unternehmungszahlen sowie die Attraktivität zur Übernahme durch einen Konkurrenten weisen auf eine insgesamt erfolgreiche SNP der Mannesmann AG hin.

5.2.3. Motive für die SNP im Fall Mannesmann

Nachdem im vorangegangenen Abschnitt festgestellt wurde, dass im Fall Mannesmann eine erfolgreiche SNP vorliegt, werden nun die Motive für diese Strategie untersucht. Hierbei sollen die Ergebnisse der Interviews nach der Systematik aus

---

[600]   Vgl. FAZ vom 25.09.2003, S. 18.

[601]   Vgl. Handelsblatt vom 31.05.1999, S. 14.

[602]   EBITDA = Earnings Before Interest, Taxes, Depreciation and Amortization, d. h. Ergebnis vor Zinsen, Steuern, Abschreibungen und Goodwill-Amortisation.

Abschnitt 2.1.6. in Veränderungsdruck und -möglichkeit sowie unternehmungsinterne und -externe Auslöser strukturiert werden (vgl. Tab. 10).

Motive	Veränderungsdruck	Veränderungsmöglichkeit
Unterneh-mungsinterne Auslöser		• Innovatives Selbstverständnis des Mannesmann-Vorstands
Unterneh-mungsexterne Auslöser	• Verringerung der Abhängig-keit des Mannesmann-Konzerns von einer schwachen Stahlkonjunktur	• Verstetigung der Zahlungsströme im Markt für Telekommunikati-onsdienstleistungen • Starkes erwartetes Wachstumspo-tential des Mobilfunkmarkts
Unterneh-mungsinterne Auslöser		• Innovatives Selbstverständnis des Mannesmann-Vorstands
Unterneh-mungsexterne Auslöser	• Verringerung der Abhängig-keit des Mannesmann-Konzerns von einer schwachen Stahlkonjunktur	• Verstetigung der Zahlungsströme im Markt für Telekommunikati-onsdienstleistungen • Starkes erwartetes Wachstumspo-tential des Mobilfunkmarkts

Tab. 10:   Motive für die SNP der Mannesmann AG.
            Quelle: Interviews.

Im Fall Mannesmann liegen überwiegend extern ausgelöste Motive für die SNP vor. So wurde übereinstimmend von allen Gesprächspartnern ein externer *Veränderungs-druck durch die schwache Stahlkonjunktur* als Motiv für die SNP der Mannesmann AG angesehen.[603] Diesem lag zugrunde, dass die Stahlproduktion sowie ihre vor- und nachgelagerten Wertschöpfungsstufen seit Ende der 60er bzw. Anfang der 70er Jahre unter einer strukturellen Krise litten. Aufgrund erhöhter Weltproduktionskapazitäten waren die Preise für Stahl und deren Verarbeitungsprodukte wie z. B. Röhren erheblich gefallen. Um wettbewerbsfähig zu bleiben, mussten Kosten reduziert und Marktpositionen ausgebaut werden. Hierzu wählten die Unternehmungen in der

---

[603]   „Mannesmann musste raus aus den Konjunkturschwankungen". Interview mit Herrn Stöber vom 04.12.2003.

Stahlbranche eine Wachstumsstrategie durch Unternehmungsakquisitionen, so dass ein weltweiter Konsolidierungsprozess einsetzte.

Mannesmann reagierte auf diese Entwicklung durch das Einbringen des Steinkohlebergbaus in die Ruhrkohle AG 1969 sowie die Vereinbarung einer Arbeitsteilung mit der Thyssen AG 1970, um seine wettbewerbsnotwendige Unternehmungsgröße zu sichern. Ferner wollte der Mannesmann-Konzern durch eine Diversifikation in den Maschinen- und Anlagenbau 1972[604] sowie in die Automobiltechnik 1987[605] seine Abhängigkeit vom Stahlmarkt reduzieren.[606]

Nachdem sich Ende der 80er Jahre die Lage auf dem Stahlmarkt nicht gebessert und auch die Geschäftsfelder Maschinen- und Anlagenbau sowie Fahrzeugtechnik Umsatzrückgänge zu bewältigen hatten, entschloss sich die Mannesmann AG zu weiteren Diversifikationen.[607] Mit der Teilnahme an der D2-Lizenzausschreibung 1989 und dem Eintritt in den Markt für Telekommunikationsdienstleistungen verfolgte der Vorstand somit erneut das Motiv, die Abhängigkeit des Mannesmann-Konzerns vom Stahlmarkt noch weiter zu verringern.[608]

Ein zweites Motiv für die Aufnahme der Telekommunikationsaktivitäten lag in der Chance, die *Zahlungsströme des Mannesmann-Konzerns zu verstetigen*. Insbesondere die Bereiche Stahlrohre und Anlagenbau unterlagen starken und z. T. unberechenbaren Schwankungen in ihren Zahlungsströmen. Zum einen war Mannesmann daher von den Schwankungen der Rohstoffmärkte abhängig und zum anderen lagen Vorleistung und Zahlungseingang zeitlich erheblich auseinander. Bei den hohen Auftragsvolumina in industriellen Branchen barg eine Ballung von Zahlungsverzögerungen das Risiko,

---

[604] Kauf der Demag AG 1972-1974.

[605] Kauf von Fichtel & Sachs 1987. Fortführung dieser Strategie mit Kauf von VDO und Boge 1991.

[606] „Mannesmann hat schon sehr früh versucht über den Stahl hinaus in den Maschinenbau hineinzugehen, um eine geringere Abhängigkeit vom Stahlmarkt zu erreichen." Interview mit Herrn Dieter vom 23.06.2004.

[607] Vgl. Handelsblatt vom 01.04.1987, o. S.; Wirtschaftswoche, 11/1987, S. 128-134.

[608] Vgl. auch Wirtschaftswoche, 36/1992, S. 82-86.

existenzbedrohlich sein zu können. Bereits durch die Diversifikation in die Automobiltechnik 1987 hatte die Mannesmann AG versucht, die Zahlungsströme des Konzerns zu verstetigen.[609] Dies gelang aufgrund der Beschaffenheit des Automobilmarkts nur partiell, weil sich die Schwankungen der Rohstoffmärkte auch dort ausprägten. Im Markt von Telekommunikationsdienstleistungen finden sich solche starken Schwankungen im Zahlungsstrom eher selten. 1989 entschloss sich der Mannesmann-Vorstand daher, die Chance eines Einstiegs in den Mobilfunk-Dienstleistungssektor zu nutzen und somit die Verstetigung der Zahlungsströme weiter voranzutreiben.[610]

Damit einher geht auch eine weitere Veränderungsmöglichkeit durch unternehmungs-externe Auslöser, die im *starken erwarteten Wachstumspotential des Mobilfunkmarkts* zu sehen ist. Ein Motiv zur Teilnahme an der D2-Lizenzausschreibung lag bei Mannesmann – wie auch bei den anderen Konsortien – darin, die Chance zu nutzen, die sich durch den noch jungen und stetig wachsenden Mobilfunkmarkt in Deutschland ergab.

Neben unternehmungsextern ausgelösten Motiven sahen die Interviewpartner auch einen unternehmungsinternen Auslöser für den Erwerb der D2-Lizenz: das *innovative Selbstverständnis des Mannesmann-Vorstands*.[611] Der Vorstand der Mannesmann AG hatte das Bestreben, sowohl in bestehenden[612] als auch in neuen[613] Märkten mit gezielten Innovationen tätig zu werden. Er versuchte nicht nur durch Förderung von Produktneuerungen in bestehenden Geschäftsfeldern die Basis seiner Unternehmung

---

[609]   „Die Konsumnähe haben wir versucht zu erreichen durch den Eintritt in den Automobilzulieferersektor. Das hat uns leider nur in die Nähe gebracht." Interview mit Herrn Dieter vom 23.06.2004.

[610]   Vgl. Handelsblatt vom 30.05.1990, o. S.; Rede des Vorstandsvorsitzenden der Mannesmann AG, Dr. Werner H. Dieter, auf der Hauptversammlung am 05.07.1990, Beilage zu: Die Aktiengesellschaft, 8/1990, S. 1.

[611]   „Sie brauchen innovative Wachstumsfelder, um die Firma in die Zukunft zu bringen." Interview mit Herrn Dieter vom 23.06.2004. „Dieter war offen für tausend Sachen, die sich am Markt boten." Interview mit Herrn Wussow vom 13.12.2003. Vgl. auch Die Welt vom 06.12.1989, o. S.

[612]   Beispiel Produktinnovation im Bereich Stahlröhren. Vgl. Handelsblatt vom 05.04.1989, o. S.

[613]   Beispiel Beteiligung an der D2-Lizenzausschreibung. Vgl. FAZ vom 07.07.1989, o. S.

zu verbessern, sondern auch durch Investitionen in zukunftsträchtige neue Märkte.[614] Dies hatte sich schon in den Diversifikationsbemühungen Ende der 60er Jahre gezeigt. Beispiele für diese ständige „Überprüfung von Suchfeldern" sind Engagements in der PC-Druckertechnik[615], der Funktechnik[616] und der Chemie[617].

Das innovative Selbstverständnis zeigte sich insbesondere im Sektor Automobiltechnik. Dort war Herr Dr. Peter Mihatsch, der spätere Leiter des D2-Projektteams und Vorsitzende der Mannesmann Mobilfunk GmbH, im Juli 1988 als Geschäftsführer zu Mannesmann-Kienzle geholt worden.[618] Bei der Überprüfung der Attraktivität der D2-Lizenz und der Entscheidung für die Ausschreibungsbeteiligung hatte der Mannesmann-Vorstand vor allem an die Nutzung der Telekommunikation im Automobilbereich für Logistik-, Ortungs- und Navigationsanwendungen im Sinn. Ferner wurde eine Übertragung der Aspekte Mobilität und Sicherheit auf die Telekommunikation angedacht.[619] Der Vorstand vermutete, dass sich analog zum Erfolg des Autos zur Ermöglichung individueller Mobilität auch ein entsprechender Massenmarkt für mobile Kommunikation entwickeln würde. Außerdem vermutete er ein mobiles Kommunikationsbedürfnis zur Erhöhung der Sicherheit bei Pannen oder Gefahrensituationen.

---

[614]   Vgl. Wirtschaftswoche, 24/1984, o. S.; Anlagestudie des Schweizerischen Bankvereins vom September 1984, S. 1; FAZ vom 04.07.1985, o. S.; Mannesmann AG Geschäftsbericht 1988, S. 6; FAZ vom 28.05.1986, o. S.; FAZ vom 01.12.1989, o. S.

[615]   Der Kauf von ‚Tally Drucker' erfolgte 1978/1979, der Verkauf 1987. Vgl. Wirtschaftswoche, 33/1985, S. 80; Mannesmann AG Geschäftsbericht 1979, o. S.; FAZ vom 01.06.1988, o. S.; WESSEL (1990), S. 391.

[616]   Der 50%-ige Anteilserwerb an der ANT Nachrichtentechnik GmbH (ehemals AEG Telefunken Nachrichtentechnik) erfolgte 1984, der Verkauf 1987. Vgl. Handelsblatt vom 06.04.1984, o. S.; WESSEL (1990), S. 480. Die Investition in ANT war dadurch geprägt, dass sich die Anteilseigner gegenseitig blockierten. So war die Beherrschung der ANT und deren für Mannesmann vorteilhafte strategische Ausrichtung nicht möglich. Mit dem Ausstieg aus ANT entschied sich die Mannesmann AG gegen die Aufstellung als Produzent von Mobilfunktechnik-Hardware. Als solcher wäre es ihr zudem später nicht erlaubt gewesen, an der D2-Mobilfunklizenzausschreibung teilzunehmen. Mannesmann profitierte schließlich nicht als Hardwareproduzent vom Mobilfunkmarkt, sondern als Dienstleistungsanbieter.

[617]   Messo-Chemietechnik GmbH, vgl. WESSEL (1990), S. 461.

[618]   Vgl. PÄCH (1994), S. 111-112.

[619]   Siehe auch Manager Magazin, 2/1990, S. 59.

Die Betrachtung der SNP-Motive im Fall Mannesmann zeigt, dass diese Strategie nicht als solche im Jahre 1989 geplant worden war. Vielmehr setzte der Vorstand mit der Teilnahme an der D2-Lizenzbewerbung seine Diversifikationsstrategie fort.[620] Erst aufgrund des nachhaltigen Erfolgs des neuen SGF Telekommunikation entschied sich die Mannesmann AG dafür, die alten Industriebereiche abzuspalten. Damit wandelte sich die ursprüngliche Diversifikationsstrategie zu einer Fokussierungsstrategie. Im Ergebnis handelt es sich daher um einen *emergenten Weg* des Mannesmann-Konzerns zur SNP.

5.2.4. Ablauf der SNP im Fall Mannesmann

Nach der Betrachtung von Motiven für die SNP der Mannesmann AG soll in diesem Abschnitt deren Ablauf untersucht werden. Dabei werden zunächst inhaltlich zusammenhängende Phasen erläutert. Anschließend werden die Markteintrittsstrategien zum Aufbau des neuen SGF Telekommunikation und die Marktaustrittsstrategien der alten industriellen SGF betrachtet.

5.2.4.1. SNP-Phasen im Fall Mannesmann

Auf Basis der Interviews ließ sich der Ablauf der SNP bei Mannesmann in vier Abschnitte unterteilen (vgl. Abb. 33):

- D2-Initial-Phase,
- D2-Start-up-Phase,
- Telekommunikations-Wachstums- und Industrie-Bereinigungsphase sowie
- Telekommunikations-Fokussierungsphase.

---

[620] „Der Anschub war ein Ausgleich zwischen den Geschäftsbereichen und nicht Konzentration auf einen Geschäftsbereich." Interview mit Herrn Dieter vom 23.06.2004.

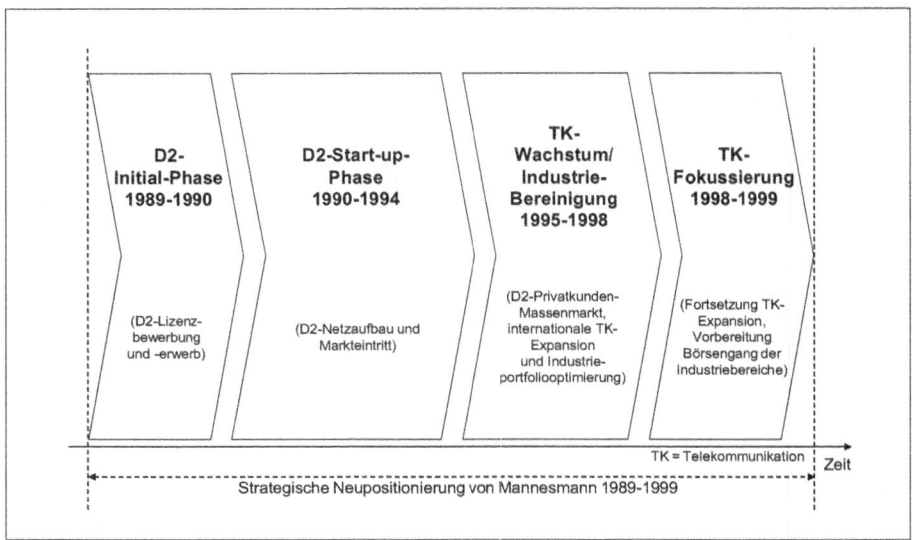

Abb. 33: Ablauf der SNP im Fall Mannesmann (schematische Darstellung).
           Quelle: Eigene Darstellung.

Die *D2-Initial-Phase* erstreckte sich über den Zeitraum der Lizenzbewerbung von 1989 bis zum Lizenzerwerb 1990. Die D2-Initial-Phase begann mit der Ideengenerierung für die Teilnahme an der D2-Ausschreibung und der Ideenbewertung. Dieser Abschnitt umfasste ferner die Bildung des D2-Bewerbungsteams und des Mannesmann Mobilfunk-Konsortiums, die Erstellung der Bewerbung und den eigentlichen Erwerb der D2-Lizenz. In dieser Phase wurden somit die Grundlagen für das neue Geschäftsfeld Telekommunikation gelegt.

Im Zuge der Postreform in der Bundesrepublik Deutschland[621] wurde 1989 die Telekommunikation schrittweise für den Wettbewerb geöffnet. Die analogen B- und C-Mobilfunk-Netze waren bis dahin vom staatlichen Monopolisten Telekom betrieben worden. Der digitale Nachfolger war das D-Netz[622] nach europäischem

---

[621] Reform des Post- und Fernmeldewesens in der Bundesrepublik Deutschland.

[622] „D" steht für den nächsten Buchstaben im Alphabet nach dem „C" des C-Netzes. Vgl. FAZ vom 16.03.1991, o. S.

GSM-Standard[623], für das zwei Lizenzen vergeben werden sollten. Eine davon (D1) verblieb in staatlicher Hand bei der Telekom. Die zweite Lizenz (D2) wurde 1989 öffentlich ausgeschrieben[624].

Bei Mannesmann waren im Wesentlichen zwei Personen für das Mobilfunk-Engagement verantwortlich, Herr Dr. Peter Mihatsch und Herr Dr. Werner Dieter. Ersterer erwähnte im Juli 1988 während eines Gesprächs mit dem Vorstandsvorsitzenden der Mannesmann AG, Herrn Dr. Dieter, die D2-Lizenzausschreibung. Herr Dr. Dieter war für den Mannesmann-Konzern auf der stetigen Suche nach Diversifikationsmöglichkeiten und verfügte über einen ,visionären Blick' sowie die notwendige Bereitschaft zum Austesten neuer Geschäftsmöglichkeiten. Er forcierte die Beteiligung an der Mobilfunk-Ausschreibung innerhalb des Konzerns und bewilligte die notwendigen finanziellen Mittel. Herr Dr. Mihatsch wurde mit der D2-Projektleitung betraut.

Zunächst wurde ein Bewerbungsteam aus Mannesmann-Mitarbeitern gebildet. Anschließend wurde ein Konsortium konstituiert, für das nach geeigneten Kooperationspartnern gesucht wurde.[625] Aus politischen Gründen erschien es notwendig, hierbei eine internationale bzw. amerikanische Komponente, eine europäische sowie eine Mittelstandskomponente zu integrieren. Ferner durften die Partner weder staatliche Unternehmungen sein noch Monopolisten oder Quasi-Monopolisten. Ebenso war laut Ausschreibung die Teilnahme von Telekommunikationstechnik-Herstellern seitens der Regulierungsbehörde nicht erwünscht.[626]

Das Mannesmann-Mobilfunk-Konsortium setzte sich schließlich aus sieben Mitgliedern zusammen, die in der Summe 8 Mio. DM Eigenkapital aufbrachten. Die

---

[623] GSM, Groupe Spéciale Mobile, eine 1982 eingerichtete Arbeitsgruppe der Konferenz europäischer Post- und Fernmeldeverwaltungen (CEPT) zur Entwicklung von Normen. Vgl. PÄCH (1994), S. 87.

[624] 30.01.1989 Ankündigung der Ausschreibung im Bundesanzeiger. 03.03.1989 D2-Hearing für interessierte Bewerber. 09.06.1989 D2-Ausschreibung im Bundesanzeiger.

[625] „Wir hatten keinerlei Kenntnisse auf dem Gebiet der Telekommunikation und haben uns daher schon in der Bewerbungsphase nach Partnern umgesehen." Interview mit Herrn Dieter vom 23.06.2004.

[626] Vgl. Börsen-Zeitung vom 16.11.1989, o. S.

Mannesmann AG als Konsortialführer hielt 51 % der Anteile. Als größter Partner wurde das amerikanische Mobilfunkunternehmung Pacific Telesis (PacTel) mit 26 % gewonnen. Die DG Bank hielt 10 %[627], die britische Cable & Wireless 5 %[628] und die französische Lyonnaise des Eaux 2,5 % der Anteile. Ferner wurden die Zentralverbände des Deutschen Elektrohandwerks und des Deutschen Kraftfahrzeughandwerks zu je 1 % an Mannesmann Mobilfunk beteiligt.[629] Die restlichen 5,5 % wurden treuhänderisch von der Mannesmann AG verwaltet.

Neben der Mannesmann Mobilfunk GmbH bewarben sich neun weitere Konsortien. Unter den Bewerbern waren namhafte deutsche Großkonzerne wie MAN, BMW, Daimler-Benz und RWE, aber auch eine Vielzahl ausländischer Unternehmungen (vgl. Anhang J).[630] Am 07.12.1989 wurde der D2-Zuschlag für das Mannesmann-Konsortium bekannt gegeben[631] und am 15.02.1990 der D2-Lizenzvertrag unterzeichnet[632].

Die *D2-Start-up-Phase* dauerte von 1990 bis 1994. Ihr Beginn war durch die Gründung der Mannesmann Mobilfunk GmbH mit Sitz in Düsseldorf 1990 gekennzeichnet. Vorsitzender der Geschäftsführung wurde Herr Dr. Peter Mihatsch.[633] Die D2-Start-up-Phase umfasste den D2-Netzaufbau mit Hard- und Software, Sendestationen und Vermittlungsstellen, die D2-Netzinbetriebnahme, die Produkteinführung D2-Privat sowie den Netzausbau bis 1994 ein. Die D2-Netzinfrastruktur wurde Anfang 1990 öffentlich ausgeschrieben und die Lieferantenverträge im Sommer 1990 unterzeichnet.[634] Im Zuge der Wiedervereinigung wurde

---

[627] Ausstieg der DG Bank 1994. Vgl. Handelsblatt vom 23.09.1994, S. 17.

[628] Ausstieg von Cable & Wireless 1995. Vgl. Financial Times vom 21.09.1995, o. S.; Börsen-Zeitung vom 21.09.1995, o. S.

[629] Vgl. Handelsblatt vom 30.11.1989, S. 16.

[630] Vgl. Handelsblatt vom 14.09.1989, S. 18; Handelsblatt vom 08.12.1989, S. 16; Päch (1994), S. 151-169.

[631] Vgl. Handelsblatt vom 08.12.1989, S. 1; FAZ vom 08.12.1989, o. S.

[632] Vgl. FAZ vom 17.02.1990, o. S.

[633] Vgl. hierzu und zum Folgenden Handelsblatt vom 05.01.1990, S. k03; Handelsblatt vom 16.02.1990, S. 23; Manager Magazin 2/1990, S. 56.

[634] Vgl. Handelsblatt vom 14.05.1990, S. 13; Päch (1994), S. 243.

1991 die D2-Lizenz auf die neuen Bundesländer ausgedehnt und die Netzplanung entsprechend erweitert.[635]

Der Start der D-Netze war ursprünglich für Juli 1991 festgesetzt worden. Die Endgeräte-Hersteller gerieten jedoch wegen später und fehlerhafter Festlegungen der GSM-Spezifikationen in erheblichen Lieferverzug.[636] Diese Wartezeit nutzten die Betreiber Telekom und Mannesmann Mobilfunk dazu, die mangels Test- und Messgeräten nur unzureichend konfigurierten Netze auszubauen und weiterzuentwickeln.[637] War im Juli 1991 beim D2-Netz nur eine Versorgung von 10 % der Fläche und 20 % der Bevölkerung erreicht worden, erreichte Mannesmann-Mobilfunk Ende 1992 bereits 60 % der Fläche und damit 80 % der Bevölkerung.[638] Im Sommer 1992 wurden schließlich die ersten digitalen Handgeräte für D2 ausgeliefert, so dass Mannesmann Mobilfunk erstmals Umsätze generieren konnte.[639]

Im Januar 1990 siedelte Mannesmann Mobilfunk von Kienzle in Donaueschingen nach Düsseldorf über. Bis Ende 1992 wuchs die Unternehmung auf über 1.400 Mitarbeiter.

Neben dem Aufbau des neuen Geschäftsfelds Telekommunikation wurde in der Start-up-Phase der SNP im Mannesmann-Konzern begonnen, den Röhren-Bereich neu zu strukturieren. In diese Zeit fielen die Kooperationen mit Krupp (Hüttenwerke Krupp Mannesmann), Usinor Sacilor (Europipe), Hoesch (Mannesmann Hoesch Präzisrohr) sowie Dalmine und Vallourec.[640]

Die *Telekommunikations-Wachstums- und Industrie-Bereinigungsphase* verlief von 1995 bis 1998. Mit Einführung des D2-Fun-Tarifs trat Mannesmann Mobilfunk in den

---

[635] Vgl. Börsen-Zeitung vom 31.07.1990, o. S.; Handelsblatt vom 31.07.1990, o. S.; PÄCH (1994), S. 235-239.

[636] Vgl. PÄCH (1994), S. 278; FAZ vom 21.12.1991, o. S.; Handelsblatt vom 23.12.1991, o. S.

[637] Vgl. Handelsblatt vom 27.05.1994, S. k02.

[638] Vgl. Börsen-Zeitung vom 02.06.1992, o. S.; FAZ vom 04.12.1992, o. S.

[639] Vgl. Handelsblatt vom 26.06.1992, o. S.

[640] Vgl. M & A Review, 7/1992, o. S.

Privatkunden-Massenmarkt ein[641] und erfuhr eine überproportionale Kundenzunahme. Ein derart starker Anstieg war nicht erwartet worden und die Unternehmung musste ebenfalls expandieren, um dieses Kundenwachstum verkraften zu können. So stieg Ende 1998 die Mitarbeiterzahl auf über 7.250 an.[642] In diese Wachstums-Phase fielen die Gründung der Festnetzsparte Mannesmann Arcor sowie die internationale Expansion durch Beteiligungen an Cegetel, tele.ring und Citycom Austria.

In der Zeit zwischen 1995 und 1998 wurde das gesamte Industrieportfolio des Mannesmann-Konzerns um Verlustbringer bereinigt und mit dem Ziel besserer Wettbewerbsfähigkeit umstrukturiert.[643] Mit dem Verkauf von Hartmann & Braun wurde das Geschäftsfeld Elektrotechnik aufgegeben. Außerdem wurden u. a. drei Mannesmann Demag-Geschäftsbereiche[644], die Krauss-Maffei Verkehrstechnik, Dorr Oliver, Rexroth Hydraulik, Hercules Fahrräder, Mannesmann Fahrzeugteile, Sachs Energietechnik, Kronprinz, Sachs Fahrzeug- und Motorentechnik sowie alle Handelsaktivitäten verkauft.

Die *Telekommunikations-Fokussierungsphase* der SNP bei Mannesmann fand von 1998 bis 1999 statt.[645] Hierbei wurde der Expansionskurs in der Telekommunikation durch den Mehrheitserwerb von o.tel.o., Omnitel, Infostrada und Orange fortgesetzt.[646] Gleichzeitig gliederte die Mannesmann AG ihre industriellen Aktivitäten in die Atecs Mannesmann AG aus und bereitete den Verkauf von Atecs über die Börse

---

[641] Vgl. Handelsblatt vom 09.12.1994, S. 23; FAZ vom 10.12.1994, o. S.; FAZ vom 26.08.1995, o. S.; Mannesmann AG Geschäftsbericht 1995, S. 38.

[642] Vgl. Mannesmann AG Geschäftsbericht 1998, S. 48.

[643] Vgl. Manager Magazin, 12/1995, S. 100-107.

[644] Vgl. Handelsblatt vom 28.09.1998, S. 13; FAZ vom 22.12.1998, S. 22.

[645] Die weitere Entwicklung in den Jahren nach Übernahme der Mannesmann AG durch Vodafone im Jahr 2000 wird nicht untersucht, da über den Interviewzeitraum Gerichtsverfahren zur Übernahme andauerten. Eine Fokussierung des Mannesmann-Konzerns auf seine Telekommunikationsaktivitäten war bereits 1998/1999 eindeutig erkennbar. Die Untersuchung der SNP kann somit zwar in der letzten Phase nicht vollständig sein, trotzdem bleibt sie bezüglich der wesentlichen Aussagen bis zur Fokussierung ausreichend fundiert.

[646] Vgl. Handelsblatt vom 17.02.1999, S. 13; Handelsblatt vom 22.12.1999, S. 18.

vor. In dieser letzten Phase positionierte sich der einstige Technologie-Konzern damit als reiner Telekommunikationsdienstleister.[647]

5.2.4.2. Markteintritts- und Marktaustrittsstrategien im Fall Mannesmann

Nach der phasenorientierten Untersuchung des SNP-Ablaufs sollen die Markteintritts- und Marktaustrittsstrategien untersucht werden. Für den Aufbau des neuen SGF Telekommunikation verfolgte die Mannesmann AG vorwiegend eine Strategie der Beteiligungs-Allianz (Mannesmann Mobilfunk, Arcor, OliMan; vgl. Abb. 34). Ein interner Aufbau oder eine Ausgründung war wegen des fehlenden technischen Know-hows nicht möglich. Ferner stand keine Unternehmung mit entsprechender GSM-Kompetenzen für eine Übernahme zur Verfügung, weil der GSM-Standard bis 1989 noch nicht fest definiert war. Die Übernahme einer Unternehmung mit Analogtechnik-Know-how hätte neben dem GSM-Entwicklungsrisiko auch ein Akquisitionsrisiko mit sich gebracht. Eine Beteiligungs-Allianz hielt das Gesamtrisiko durch die Verteilung auf mehrere Unternehmungen in Grenzen und stellte ein entsprechendes Engagement der Partner sicher. Nach 1998 wählte Mannesmann beim weiteren Aufbau der Telekommunikation vor allem die Strategie des Unternehmungszukaufs (tele.ring, Citycom, o.tel.o, Omnitel, Infostrada und Orange).

---

[647] Vgl. Handelsblatt vom 24.11.1999, S. 26.

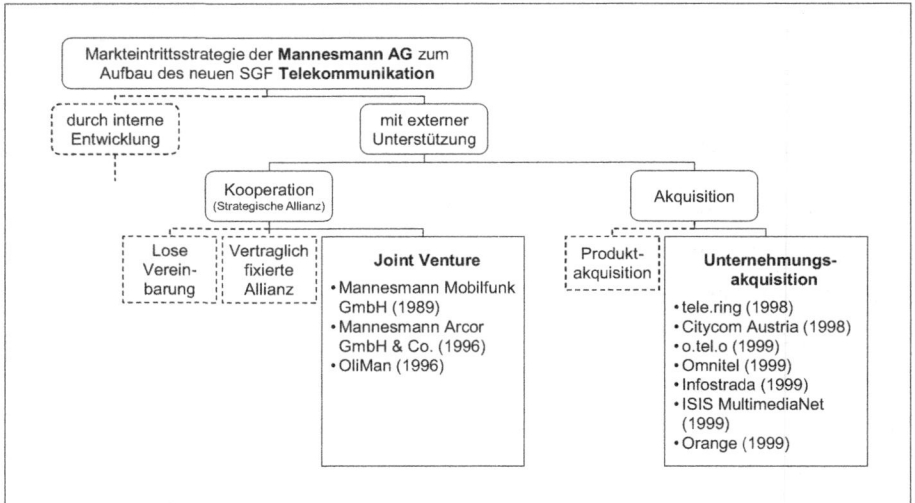

Abb. 34: Markteintrittsstrategien von Mannesmann zum Aufbau des neuen SGF Telekommunikation.
Quelle: Eigene Darstellung in Anlehnung an REMMERBACH (1988), S. 23.

Beim Ausstieg aus den industriellen Geschäftsfeldern (vgl. Abb. 35) entschied sich der Mannesmann Konzern bezüglich der Elektrotechnik-Aktivitäten (Hartmann & Braun) für einen zeitnahen Verkauf. In den anderen SGF Röhren und Handel, Maschinen- und Anlagenbau sowie Fahrzeugtechnik sah der Mannesmann-Vorstand zunächst eine Reduktion der Austrittsbarrieren vor. Die Optimierung des jeweiligen Geschäftsportfolios innerhalb dieser Bereiche sollte einen späteren Verkauf über die Börse (Equity-carve-out) erleichtern.

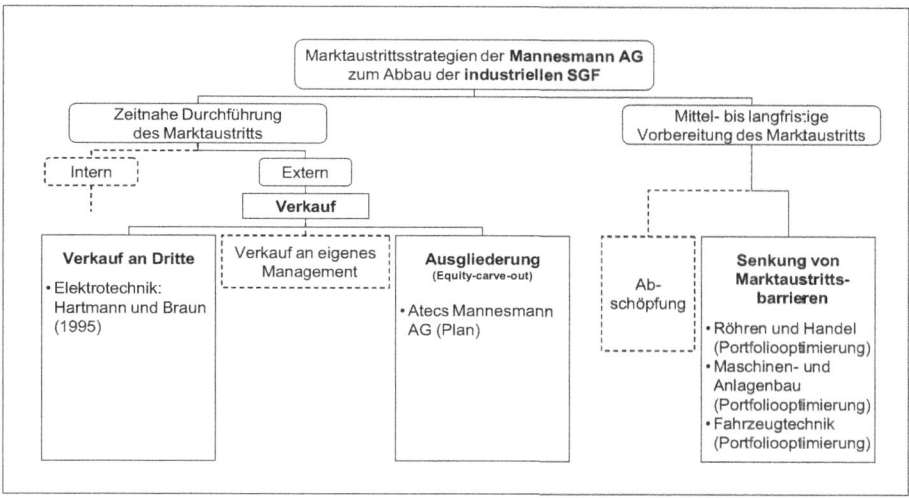

Abb. 35: Marktaustrittsstrategien von Mannesmann zum Abbau der industriellen SGF.
Quelle: Eigene Darstellung nach MEFFERT (1984), S. 63; RECHSTEINER (1994), S. 19-
23.

5.2.5. Faktoren für den Erfolg der SNP im Fall Mannesmann

Die Untersuchung des SNP-Erfolgs im Fall Mannesmann beginnt mit einer Analyse
der vereinfachten Wertschöpfungskette von Mannesmann Mobilfunk[648] im Jahr 1999
(vgl. Abb. 36). Sie verdeutlicht die Herkunft der Aktivitäten anhand der Wertschöpfungskette. Die primären Aktivitäten sowie spezifische Mobilfunk-Aufgabenfelder
wurden durch Kooperationen aufgebaut. Die unterstützenden Aktivitäten stammten
zum großen Teil aus den alten Mannesmann-Bereichen.

---

[648] Mannesmann Mobilfunk trug 1999 zu rund 80 % zum Konzernergebnis bei (ohne Berücksichtigung der
Verluste des Bereichs Röhren/Übrige Gesellschaften; vgl. Mannesmann AG Geschäftsbericht 1999,
S. 13, 32). Daher kommt ihr bei der SNP die größte Bedeutung zu. Siehe hierzu auch die im Folgenden
dargestellten Aussagen der Interviewpartner.

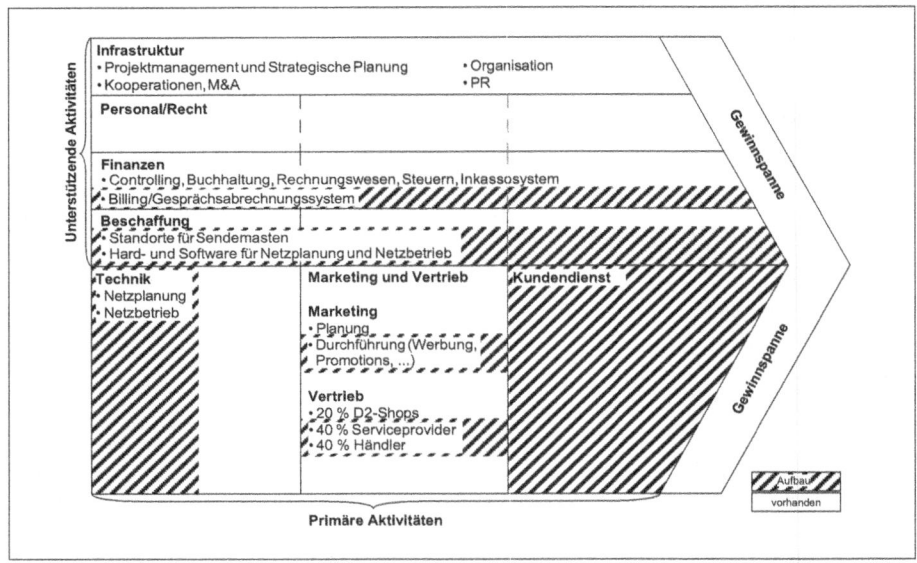

Abb. 36: Herkunft von Aktivitäten. Analyse anhand einer vereinfachten Wertschöpfungskette
von Mannesmann-Mobilfunk 1999.
Quelle: Eigene Darstellung nach Interviews; vgl. PORTER (1985), S. 37.

Die Faktoren für die erfolgreiche SNP bei Mannesmann sind nach Einschätzung der Interviewpartner vornehmlich im Aufbau des Telekommunikationsbereichs bzw. des D2-Mobilfunks zu suchen.[649] Insgesamt konnten zehn Faktoren identifiziert werden (vgl. Tab. 11).

---

[649] Faktoren für den erfolgreichen Abbau der industriellen SGF konnten nicht untersucht werden, da dieser Ende 1999 noch nicht umgesetzt war.

Faktoren für den SNP-Erfolg	Herkunft der Faktoren
1. Technisches Know-how	PacTel, Lernen
2. Marketing-Know-how	Mannesmann, Lernen am Markt
3. Projektmanagement-Fähigkeiten	Mannesmann
4. Kooperationsfähigkeit	Mannesmann
5. Lernbereitschaft und Lernfähigkeit	Mannesmann
6. Unterstützung des Wandels durch Promotoren	Mannesmann
7. Unternehmungskultur	Mannesmann
8. Finanzielle Mittel	Mannesmann
9. Marktwachstum	-
10. Staatlich reglementierter Marktzugang	-

Tab. 11: Faktoren für den SNP-Erfolg im Fall Mannesmann.
Quelle: Interviews.

Der Zuschlag für die D2-Lizenz begründete den Erfolg in der Initial-Phase und war ausschlaggebend für den tatsächlichen Einstieg in den Mobilfunk. Die Bewerber um die D2-Lizenz hatten ein Lizenzangebot in drei Bänden abzugeben[650]. Für die Zuteilung wurden die Angebote nach differenzierten Bewertungskriterien mit unterschiedlicher Gewichtung beurteilt (vgl. Anhang K).[651] Das Mannesmann-Konsortium konnte sich bei der Lizenzbewerbung vor allem aufgrund der ausgereiften technischen Planung und des Marketingkonzepts gegen die Konkurrenten durchsetzen.[652]

Nicht nur für die Erstellung der D2-Bewerbung, sondern auch für den Netzaufbau und den späteren Betrieb war ein fundiertes *technisches Know-how* in der Telekommuni-

---

[650] Gliederung des Lizenzangebots: Band 1: Fachkunde des Bewerbers, Leistungsfähigkeit des Bewerbers, Vorgeschlagene Änderungen und Ergänzungen des vorgesehenen Lizenzvertrages. Band 2: Technische Planung. Band 3: Geschäftliche Planung, Wettbewerbsaspekte. Bewerbungsschluss für D2-Lizenz: 10.07.1989. Abgabefrist Bände 2 und 3: 12.09.1989. Abgabefrist Band 1: 05.10.1989.

[651] Vgl. PÄCH (1994), S. 175-176, 183.

[652] Vgl. PÄCH (1994), S. 182, 188.

kation notwendig.[653] Obwohl der digitale GSM-Standard neu eingeführt wurde, konnte grundsätzliches Technikwissen aus den analogen Netzen auf die digitale Netz-Technologie übertragen werden. Hierzu zählten insbesondere die Netzauslegung mit der Planung von Funkzellen und Vermittlungsstellen sowie die Planung der Steuerungssoftware. Zu Beginn der D2-Aktivitäten besaß Mannesmann jedoch dieses Telekommunikations-Know-how nicht und war somit auf seinen Kooperationspartner PacTel angewiesen.[654]

PacTel (Pacific Telesis) war ein amerikanischer Telekommunikationskonzern, der Mitte der 80er Jahre aus der Bell Company AT & T hervorgegangen war.[655] Der PacTel-Konzern bestand insbesondere aus den Festnetz-Telefongesellschaften Pacific Bell und Nevada Bell sowie aus den Mobilfunkgesellschaften PacTel Cellular und PacTel International.[656] Die Unternehmung hatte zu den Olympischen Spielen 1984 die Mobilfunklizenz für Los Angeles erhalten und betrieb weitere Netze in Sacramento sowie San Diego. In San Francisco trat sie als Serviceprovider auf. PacTel stellte Mannesmann Mobilfunk ein umfangreiches Techniker-Team zur Verfügung.

Das technische Wissen der Mannesmann Mobilfunk GmbH schlug sich insbesondere in der Qualität des D2-Netzes nieder, was für die Akzeptanz der Kunden und den Erfolg von D2 wesentlich war.[657] D2 sorgte durch den parallelen Aufbau von

---

[653] „Wir haben ein Konsortium zusammengestellt, von dem wir ausgingen, dass es technisch richtig aufgestellt war." Interview mit Herrn Dieter vom 23.06.2004. „Wir haben uns die Technik-Kompetenz mit PacTel besorgt." Interview mit Herrn Becker vom 03.06.2004.

[654] Vgl. Handelsblatt vom 16.11.1989, S. 21; Börsen-Zeitung vom 16.11.1989, o. S.

[655] AT & T (American Telegraph and Telephone Company) wurde Ende des 19. Jahrhundert durch Graham Bell gegründet. Aufgrund eines gerichtlichen Vergleichs im Rahmen eines Antitrust-Prozesses musste sich AT & T 1982-1984 in sieben eigenständige regionale Holding-Gesellschaften aufspalten. Diese sog. ‚Baby Bells' waren Ameritech, Bell Atlantic, Bell South, Nynex, Pacific Telesis, Southwestern Bell und US West. Vgl. WITTE (1994), S. 363; PÄCH (1994), S. 18-19; WIELAND (1985). Zur Entwicklung von PacTel vgl. GALAMBOS/ABRAHAMSON (2002).

[656] Vgl. PÄCH (1994), S. 120.

[657] „Die Akzeptanz beim Kunden wurde durch Leistung geschaffen, d. h. Qualität des Netzes sowie schneller Ausbau in der Breite." Interview mit Herrn Dieter vom 23.06.2004. „Ein Wettbewerbsvorteil von D2 bestand in der Qualität und im Netzausbau." Interview mit Herrn Tischler vom 19.12.2003.

technischen Planungs- und Qualitätskontrollprozessen für eine ständig hohe Netzqualität. Kurze Zeit nach Lizenzerteilung änderte Mannesmann die Netzphilosophie. Statt der alten, großzelligen Netzplanung für leistungsstarke portable Mobil- und Autotelefone wurde auf Kleinzellen für leistungsschwächere Handgeräte umgeplant.[658] Dadurch konnte eine hohe Netzqualität von D2 erreicht werden. Die Telekom folgte mit ihrer Entscheidung für ein Kleinzellennetz erst mit fast einem Jahr Verzögerung, wodurch sie mit dem Netzausbau zeitweilig zurücklag.

Das Netz selbst wurde bei Mannesmann Mobilfunk ebenso bei der Telekom mit zugekaufter Hard- und Software aus der Industrie aufgebaut. Die Betreibersoftware wurde zunächst vom Kooperationspartner PacTel übernommen und später extern bezogen. Notwendige Antennenstandorte wurden durch externe Ingenieurbüros akquiriert.

War das spezifische Technik-Know-how anfangs an die amerikanischen Ingenieure gebunden, ,diffundierte' es mit der Zeit in das gesamte D2-Team und konnte von Mannesmann Mobilfunk auch nach dem Rückzug von PacTel aus dem operativen Geschäft bewahrt und genutzt werden.

Für die Zuteilung der D2-Lizenz sowie für den Aufbau von Mannesmann Mobilfunk war ein spezielles *Marketing-Know-how* auf dem Telekommunikationsmarkt erforderlich. Zwischen den industriellen Investitionsgütermärkten der alten Mannesmann-SGF und dem neuen Mobilfunk-Dienstleistungsmarkt bestanden erhebliche Unterschiede, so dass Mannesmann nicht auf entsprechendes Marketingwissen zurückgreifen konnte. Auch das Know-how des amerikanischen Kooperationspartners PacTel war nicht direkt auf den deutschen Markt übertragbar. Dies bedeutete, dass sich das D2-Team eigenes Wissen durch Lernen am Markt erarbeiten musste. Umfangreiche Marktforschung und die Adaption bestehender Konzepte ausländischer Märkte ermöglichten eine steile Lernkurve. Das Ergebnis waren u. a.

---

[658] Vgl. PÄCH (1994), S. 241.

spezielle Tarife für Privatkunden. Das Vertriebskonzept sah nach englischem Vorbild die Einbindung von Serviceprovidern (ca. 40 %) und Händlern (ca. 40 %) vor. Zusätzlich sollten im Direktvertrieb in eigenen „D2-Shops" Kunden gewonnen werden (ca. 20 %).

Für den SNP-Erfolg waren insbesondere die *Projektmanagement-Fähigkeiten* von Mannesmann wichtig.[659] Zum einen war das Projektmanagement für die zeitliche, finanzielle und inhaltliche Planung, Koordination und Durchführung der D2-Lizenzbewerbung zuständig. Zum anderen waren diese Fähigkeiten für die erfolgreiche Umsetzung der Lizenzbewerbung zum Aufbau des D2-Netzes bedeutsam. Notwendig für das Beherrschen einer Aufgabe in dieser Größenordnung waren Erfahrungen aus entsprechenden Großprojekten.

Der Mannesmann-Konzern konnte auf Projektmanagement-Erfahrung z. B. aus dem Pipeline- oder Walzwerkbau zurückgreifen[660] und daher Experten aus dem eigenen Hause als Projektmanager bei Mannesmann Mobilfunk einsetzen. Die bei der Mannesmann AG im Projektgeschäft angewandten Prozesse wurden auf das D2-Projekt übertragen.

Mannesmann Mobilfunk hätte das Telekommunikations-Know-how für das D2-Projekt nicht ohne die Unterstützung von PacTel aufbauen können. Insofern war bei der Allianz mit PacTel die *Kooperationsfähigkeit von Mannesmann* essentiell für den D2-Erfolg.[661]

Eine entsprechende Erfahrung hatte sich der Mannesmann-Konzern auf nationaler wie internationaler Ebene aus Projekten und Kooperationen im Steinkohlebergbau und Stahlbereich erworben. Die Zusammenarbeit mit PacTel basierte auf Gleichberechtigung und Interessenausgleich. Auch wenn die Mannesmann AG die Mehrheit an

---

[659] „Der entscheidende Faktor war das Projektmanagement." Interview mit Herrn Becker vom 03.06.2004.

[660] Vgl. Handelsblatt vom 16.11.1989, S. 21.

[661] „Ein wichtiger Erfolgsfaktor war die Zusammenarbeit mit PacTel." Interview mit Herrn Meixner vom 11.12.2003.

Mannesmann Mobilfunk hielt und PacTel ‚nur' einen 26 %-Anteil zugestand, wurde die technische Kompetenz der Amerikaner durchweg anerkannt und diese als gleichwertige Partner angesehen.

Aus Gründen der Lizenzvoraussetzungen wurden auch andere Kooperationspartner neben PacTel integriert. So stellten die britische Cable & Wireless und die französische Lyonnaise des Eaux die notwendige europäische Komponente für das Konsortium dar, wobei beide nach Lizenzerhalt im Grunde zu reinen Kapitalgebern wurden. Durch die Einbindung der DG Bank hatte Mannesmann sich einen leichteren Zugang zu Immobilien und Standorten für Sendemasten erhofft. Dieser Vorteil konnte jedoch aufgrund technischer Planungsvorgaben für die Standorte nicht genutzt werden. Die Zentralverbände des Deutschen Elektrohandwerks und des Deutschen Kraftfahrzeughandwerks sollten den Zugang zum Vertriebskanal Kfz-Einbau ermöglichen. Dieser war mit Einführung der tragbaren Handgeräte, die nicht an den Kfz-Einbau gebunden waren, nicht mehr relevant. Die DG Bank und die beiden Handwerkszentralverbände stellten außerdem die notwendige Mittelstandskomponente für die Lizenzbewerbung dar. Somit hatte die Kooperationsfähigkeit des Mannesmann-Konzerns letztlich auch zum Erlangen der D2-Lizenz beigetragen.

Wie zuvor erwähnt, erschloss sich Mannesmann das Mobilfunk-Know-how durch die Kooperation mit PacTel. Für die Übertragung dieses Wissens auf die späteren Mannesmann Mobilfunk-Mitarbeiter waren die *Lernbereitschaft und Lernfähigkeit* des Teams sowie das Wirken von *Promotoren* verantwortlich. Nach Angaben der Interviewpartner habe das Bewusstsein geherrscht, dass Mannesmann Mobilfunk im neuen Markt umfangreich lernen müsse.[662] Vergleiche mit anderen Ländern erbrachten Konzepte für Deutschland, die ausprobiert wurden und zu Lerneffekten führten.[663]

---

[662] „Es bestand die Bereitschaft zu lernen." Interview mit Herrn Strache vom 11.12.2003.

[663] „Wir sind in die USA geflogen und haben uns hinter die Theke bei einem Händler gestellt und beobachtet. Ebenso ins Call Center. ... wir haben gelernt und Ideen aufgenommen." Interview mit Herrn Stöber vom 04.12.2003.

Ferner wurde der Einstieg in die Telekommunikation auch gegen Kritik innerhalb des Konzerns gewagt. Der Vorstand und insbesondere dessen Vorsitzender protegierten als Machtpromotoren das Projekt durch die Bereitstellung finanzieller Mittel und personeller Kapazitäten.[664] Spezialisten aus verschiedenen Bereichen des Mannesmann-Konzerns halfen als Fachpromotoren, die unterstützenden Aktivitäten der Mannesmann Mobilfunk GmbH aufzubauen. Als Visionäre mit der ursprünglichen D2-Idee sind Herr Dr. Dieter und Herr Dr. Mihatsch zu sehen. Als Vorstandsmitglied in der Konzernholding wirkte Herr Dr. Mihatsch insbesondere als Beziehungspromotor vermittelnd zwischen der industriell geprägten Holding und den Telekommunikationsaktivitäten.

Eng verknüpft mit der Lernbereitschaft war die *Unternehmungskultur* von D2, die ebenfalls als verantwortlich für den Erfolg der SNP gesehen wurde. Mannesmann Mobilfunk arbeitete nach dem Grundsatz „Alles ist möglich".[665] Diese bereits in der Bewerbung entstandene Vision wurde in die Mannesmann Mobilfunk GmbH hineingetragen und dort durch die Geschäftsführung vorgelebt. Das D2-Team stand den neuen Herausforderungen des Mobilfunks aufgeschlossen gegenüber und war bereit, größte Anstrengungen für die Zielerreichung auf sich zu nehmen. Dies prägte die Unternehmungskultur der Mannesmann Mobilfunk GmbH.

Auch gehörte ein „Understatement" zur Unternehmungskultur von Mannesmann Mobilfunk, das in dieser Form ebenso nach außen kommuniziert wurde. Details aus dem Konsortium, mögliche Vorsprünge in der Bewerbung oder Wettbewerbsvorteile wurden nicht an die Presse weitergegeben. Mannesmann Mobilfunk wollte nach außen als „graue Maus" auftreten, wofür der Vergleich mit „David gegen Goliath" benutzt wurde. Mannesmann trat als scheinbar unterlegener, privater Anbieter „D2

---

[664] „Entscheidend ist der Mann an der Spitze: Dr. Dieter hat auch gegen Widerstände Geld und personelle Ressourcen zur Verfügung gestellt." Interview mit Herrn Meixner vom 10.12.2003.

[665] „Der Erfolg von D2 ... lag am unabdingbaren Glauben, dass alles geht." Interview mit Herrn Stöber vom 04.12.2003.

Privat" (Foto eines Babys mit Boxhandschuhen) gegenüber der übermächtigen, staatlichen Telekom auf.[666]

Neben den bereits aufgeführten Faktoren waren ebenso *finanzielle Mittel* für die erfolgreiche SNP verantwortlich.[667] Der D2-Aufbau sowie die späteren Telekommunikationsakquisitionen wurden vornehmlich aus dem Cashflow der industriellen Bereiche finanziert. Die finanziellen Mittel wurden somit aus den alten SGF auf das neue SGF übertragen.

Ferner unterstützte den Erfolg von D2 das große *Marktwachstum*. Aufgrund des enormen technologischen Fortschritts in der Mobilfunktechnik Anfang der 90er Jahre sanken die Preise für Endgeräte und die Mobiltelefonie wurde für Privatkunden erschwinglich. Für die Netzbetreiber öffnete sich damit ein Massenmarkt. Laut Lizenzausschreibung von 1989 war das D2-Netz für maximal 1 Mio. Nutzer auszulegen. Das Mannesmann-Konsortium hatte zusätzlich eine Alternativplanung für 2 Mio. Nutzer vorgelegt, doch auch diese Planzahlen lagen weit unter dem tatsächlichen Marktpotential. 1995 waren bereits 1 Mio. und 1996 2 Mio. Kunden gewonnen. 1999 verfügte Mannesmann Mobilfunk sogar über 9 Mio. Nutzer (vgl. Abb. 37).

---

[666] „Die Start-up-Mentalität bei D2 ergab sich von selbst ... aus dem Bild „David gegen Goliath ' – D2-Privat gegen öffentliche Telekom." Interview mit Herrn Strache vom 11.12.2003.

[667] „Mannesmann hatte keine Telekommunikations-Vergangenheit, ... hatte aber Managementfähigkeiten und Geld." Interview mit Herrn Stöber vom 04.12.2003.

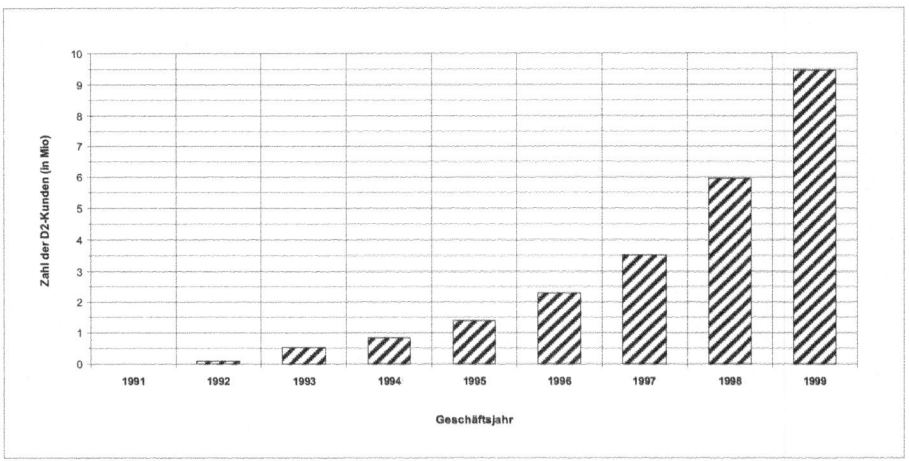

Abb. 37: Entwicklung der D2-Kundenzahl.
          Quelle: Mannesmann Geschäftsberichte 1992-1999.

Die Besonderheit des Mobilfunk-Dienstleistungsmarkts lag ferner in ihrem *staatlich reglementierten Marktzugang*. Für das D-Netz wurde neben der staatlichen Telekom nur ein weiterer Betreiber als Konkurrent zugelassen. Damit waren bis zur Vergabe der Folge-Lizenzen (E-Netz) zusätzliche Konkurrenten ausgeschlossen. Telekom und Mannesmann Mobilfunk teilten sich damit zeitlich begrenzt den gesamten Mobilfunkmarkt in Deutschland.

5.2.6. Zusammenfassung der Ergebnisse im Fall Mannesmann

Die Analyse in den vorhergehenden Abschnitten hat ergeben, dass der Fall Mannesmann die Abgrenzungskriterien einer SNP erfüllt, die außerdem im Ergebnis erfolgreich war. In der Geschäfts- und Portfolioanalyse konnte gezeigt werden, dass die Mannesmann AG ab 1989 ein neues Geschäftsfeld Telekommunikation aufbaute und gleichzeitig die alten industriellen Geschäftsfelder reduzierte. 1990 bereitete der Mannesmann-Konzern durch umfangreiche Kooperationen und Umstrukturierungen den langfristigen Ausstieg aus dem Röhrengeschäft vor. 1995 wurde der Geschäftsbereich Elektrotechnik aufgegeben. Von 1995 an strukturierte die Mannesmann AG die Bereiche Maschinen- und Anlagenbau sowie Fahrzeugtechnik um und bereitete diese schließlich 1999 mit der Zusammenfassung in der Mannesmann Atecs AG auf eine endgültige Trennung über die Börse vor. Aufgrund der Übernahme von Mannesmann durch Vodafone im Jahr 2000 wurde der Abbau der industriellen Geschäftsfelder erst vom neuen Eigentümer vollzogen.

Die Interviews haben ergeben, dass die SNP der Mannesmann AG nicht als solche mit dem Einstieg in die Telekommunikation 1989 geplant war. Erst nach dem Erkennen des unterschiedlichen Ergebnis- und Wachstumspotentials wurden die Abtrennung der Industriebereiche und eine Positionierung als reiner Telekommunikationsdienstleister beschlossen. Bei der SNP der Mannesmann AG handelt sich daher um eine eher emergente Strategie. Die SNP-Motive des Mannesmann-Konzerns lagen vornehmlich in externen Marktzwängen und -chancen, aber auch im internen Anspruch aus dem innovativen Selbstverständnis des Vorstands.

Die SNP der Mannesmann AG durchlief vier Phasen. Beim Aufbau des neuen Geschäftsfelds Telekommunikation wählte die Mannesmann AG anfangs vorwiegend Beteiligungs-Allianzen, ab 1998 hingegen Akquisitionen. Für den Ausstieg aus den industriellen Geschäftsfeldern reduzierte die Mannesmann AG Austrittsbarrieren und plante einen späteren Verkauf.

Der Erfolg der SNP bei Mannesmann war vom Aufbau des SGF Telekommunikation und des D2-Mobilfunks abhängig. Als wichtige Faktoren wurden hierbei insbesondere Technikwissen, Marketing-Know-how und Projektmanagement-Fähigkeiten identifiziert. Im Gegensatz zu den Projektmanagement-Fähigkeiten und finanziellen Mittel, die beim Mannesmann-Konzern bereits vorhanden waren, mussten das Technikwissen sowie das Marketing-Know-how für den Telekommunikationsmarkt erst aufgebaut werden. Hierfür waren speziell die Kooperationsfähigkeit, die Lernbereitschaft und Lernfähigkeit, der Einsatz von Promotoren sowie die Unternehmungskultur bei Mannesmann Mobilfunk verantwortlich. Der Aufbau des SGF Telekommunikation wurde durch die finanziellen Mittel des Mannesmann-Konzerns finanziert. Ferner wirkte sich auf den Erfolg positiv aus, dass der neue Mobilfunkmarkt ein großes

Wachstumspotential hatte und für weitere Konkurrenten neben Telekom und Mannesmann Mobilfunk nicht zugänglich war.

5.3. Zusammenfassung der Ergebnisse der Within-Case-Analysen

Die Ergebnisse der Within-Case-Analysen werden im Folgenden in einer Übersichtstabelle zusammengefasst.

Fall	Preussag/TUI	Mannesmann
Gründung	1923 Berlin	1890 Berlin
SNP-Zeitraum	1997-2002	1989-1999
Ursprungs-SGF (alte SGF)	• Stahl • Anlagen- und Schiffbau • Gebäudetechnik • Energie und Rohstoffe • Handel • Logistik	• Röhren und Handel • Maschinen- und Anlagenbau • Fahrzeugtechnik • Elektrotechnik
Ziel-SGF (neues SGF)	• Touristik	• Telekommunikation
Neuheit von Produkten und Märkten	Dienstleistungen im Touristikmarkt neu für Preussag	Dienstleistungen im Telekommunikationsmarkt neu für Mannesmann
Unverbundenheit	keine Ähnlichkeit bezüglich Kunden und Technologien zwischen Industrie-SGF und Touristik	keine Ähnlichkeit bezüglich Kunden und Technologien zwischen Industrie-SGF und Telekommunikation
Spezialisierungsgrad	1997/1998 möglicher SGF-Wechsel	1998 möglicher SGF-Wechsel
Herfindahl-Index	1997/1998 möglicher SGF-Wechsel	1997/1998 möglicher SGF-Wechsel
Umsatz	ab 1996/1997 Touristik umsatzstärkstes SGF	ab 1999 Telekommunikation umsatzstärkstes SGF
Mitarbeiterzahl	ab 1997/1998 Touristik mitarbeiterstärkstes SGF	-
Investitionen	ab 1997/1998 Touristik investitionsstärkstes SGF	ab 1993 Telekommunikation investitionsstärkstes SGF
Ergebnis	ab 1997/1998 Touristik ergebnisstärkstes SGF	ab 1994 Telekommunikation ergebnisstärkstes SGF
SNP-Beginn	1997: Hapag-Lloyd/TUI-Übernahme durch Preussag	1989: Teilnahme an D2-Lizenzausschreibung

Tab. 12: Übersicht zu den Fallstudien Preussag/TUI und Mannesmann.
Quelle: Eigene Darstellung.

Fall (Fortsetzung 1)	Preussag/TUI	Mannesmann
SNP-Ende	2002: Umbenennung der Preussag in TUI AG	1999: Gründung der Atecs Mannesmann AG als Vorbereitung eines Verkaufs über die Börse
Erfolgreiche SNP	durch Marktdaten und Geschäftsentwicklung belegt	durch Marktdaten und Geschäftsentwicklung belegt
Motive durch intern ausgelösten Veränderungsdruck	-	-
Motive durch intern ausgelöste Veränderungsmöglichkeiten	• Innovatives Selbstverständnis des Preussag-Vorstands • Finanzierungsmöglichkeit des neuen SGF Touristik durch Verkauf der alten industriellen SGF Stahl, Anlagen- und Schiffbau, Gebäudetechnik sowie Handel	• Innovatives Selbstverständnis des Mannesmann-Vorstands
Motive durch extern ausgelösten Veränderungsdruck	• Zugeständnisse aufgrund des Finanzmarktdrucks (Verringerung der starken Diversifikation des Preussag-Konzerns) • Aufgabe schwacher Marktpositionen der industriellen SGF (keine Marktdominanz und zu geringe Unternehmungsgröße) • Reduktion der Abhängigkeit des Preussag-Konzerns von verfallenden Rohstoffmärkten • Ausweichen vor der negativen Preis-Kosten-Schere im SGF Stahl	• Verringerung der Abhängigkeit des Mannesmann-Konzerns von einer schwachen Stahlkonjunktur
Motive durch extern ausgelöste Veränderungsmöglichkeit	• Nutzung von günstigen Kaufoptionen für Touristik-Unternehmungen • Umsatzsteigerung durch großes Umsatzvolumen in der Touristik • Nachhaltig bessere Marktpositionierung (Marktführerschaft) in der Touristik • Verstetigung der Zahlungsströme in der Touristik	• Verstetigung der Zahlungsströme im Markt für Telekommunikationsdienstleistungen • Starkes, erwartetes Wachstumspotential des Mobilfunkmarkts

Tab. 12 (Fortsetzung 1):   Übersicht zu den Fallstudien Preussag/TUI und Mannesmann. Quelle: Eigene Darstellung.

Fall (Fortsetzung 2)	Preussag/TUI	Mannesmann
SNP-Ablauf	1. Touristik-Initial-Phase 1997-1998 2. Touristik-Konsolidierungs-Phase 1998-1999 3. Touristik-Internationalisierungs- und Industrie-Bereinigungs-Phase 2000 4. Touristik-Fokussierungs-Phase 2001-2002	1. D2-Initial-Phase1989-1990 2. D2-Start-up-Phase 1990-1994 3. Telekommunikations-Wachstums- und Industrie-Bereinigungsphase 1995-1998 4. Telekommunikations-Fokussierungsphase 1998-1999
Markteintrittsstrategien zum SGF-Aufbau	• Unternehmungsakquisition	• Joint Venture • Unternehmungsakquisition
Marktaustrittsstrategien zum SGF-Abbau	• Verkauf: Sell-off, MBO, Spin-off • Abschöpfung	• Verkauf: Spin-off • Senkung von Marktaustrittsbarrieren
Faktoren für eine erfolgreiche SNP	1. Touristisches Steuerungs- und Planungs-Know-how 2. Finanzmanagement-Fähigkeiten 3. Lernbereitschaft und Lernfähigkeit 4. Unterstützung des Wandels durch Promotoren 5. Informations- und Kommunikationsfähigkeiten 6. Unternehmungskultur 7. Finanzielle Mittel	1. Technisches Know-how 2. Marketing-Know-how 3. Projektmanagement-Fähigkeiten 4. Kooperationsfähigkeit 5. Lernbereitschaft und Lernfähigkeit 6. Unterstützung des Wandels durch Promotoren 7. Unternehmungskultur 8. Finanzielle Mittel 9. Marktwachstum 10. Staatlich reglementierter Marktzugang

Tab. 12 (Fortsetzung 2):   Übersicht zu den Fallstudien Preussag/TUI und Mannesmann.
Quelle: Eigene Darstellung.

Die Übersichtstabelle mit den Ergebnissen der Within-Case-Analyse bildet die Grundlage für die Cross-Case-Analyse zwischen Preussag/TUI und Mannesmann, die im folgenden Kapitel vorgenommen wird.

6. Diskussion der Ergebnisse

In diesem Kapitel werden die Ergebnisse der Fallstudienuntersuchung aus Kapitel fünf diskutiert. Dazu wird eine Cross-Case-Analyse durchgeführt, die auf fallübergreifende Phänomene abzielt. Aus den Resultaten lassen sich Theorieimplikationen bezüglich der Forschungsfrage dieser Arbeit ableiten und in Hypothesen zusammenfassen. Abschließend werden die in dieser Arbeit gewonnenen Erkenntnisse kritisch gewürdigt.

6.1. Cross-Case-Analyse Preussag AG/TUI AG und Mannesmann AG

Bei den Within-Case-Analysen in Kapitel fünf wurden die Fälle Preussag/TUI und Mannesmann jeweils separat betrachtet. Darauf aufbauend wird nun nach Gemeinsamkeiten bzw. Unterschieden zwischen den Fällen gesucht. In dieser Cross-Case-Analyse soll analog der Replication Logic von YIN[668] herausgearbeitet werden, inwieweit bestimmte fallübergreifende Parallelen bzw. Abweichungen auftreten und welche Bedeutung ihnen für die Forschungsfrage zukommt.

Die Hintergründe und Rahmenbedingungen einer erfolgreichen SNP werden mit Hilfe der Merkmale, Motive und Abläufe untersucht. Direkt auf die Forschungsfrage zielt die Betrachtung der erfolgsrelevanten Faktoren einer SNP ab. Die Vergleichsfälle ThyssenKrupp und DaimlerChrysler ergänzen die beiden intensiv betrachteten SNP-Fälle Preussag/TUI und Mannesmann. Die Ergebnisse der Cross-Case-Analyse sowie der Vergleichsfälle werden abschließend zusammengefasst und mögliche Implikationen für die Praxis aufgezeigt.

---

[668] Zur Replication Logic vgl. YIN (1989), S. 53-58 sowie Kapitel 4.2.

© Springer Fachmedien Wiesbaden GmbH, ein Teil von Springer Nature 2005
O. Reichel-Busch, *Strategische Neupositionierung von Unternehmungen*,
Edition KWV, https://doi.org/10.1007/978-3-658-24347-0_6

6.1.1. SNP-Merkmale

In der Cross-Case-Analyse ist zunächst festzustellen, dass die in dieser Arbeit definierten SNP-Merkmale[669] sowohl für Preussag/TUI als auch für Mannesmann zutrafen (vgl. Tab. 13): In beiden Fällen lagen jeweils die *Neuheit* von Produkten und Märkten sowie die *Unverbundenheit* zwischen alten und neuen SGF vor. Ebenso konnte ein *Wechsel* von alten zu neuen SGF anhand der Diversifikationsmaße und SNP-Indikatoren beobachtet werden.

SNP-Merkmale	Preussag/TUI	Mannesmann
Ursprungs-SGF	• Stahl • Anlagen- und Schiffbau • Gebäudetechnik • Energie und Rohstoffe • Handel • Logistik	• Röhren und Handel • Maschinen- und Anlagenbau • Fahrzeugtechnik • Elektrotechnik
Ziel-SGF	• Touristik	• Telekommunikation
Neuheit von Produkten und Märkten	Dienstleistungen im Touristikmarkt neu für Preussag	Dienstleistungen im Telekommunikationsmarkt neu für Mannesmann
Unverbundenheit	keine Ähnlichkeit bezüglich Kunden und Technologien zwischen Industrie-SGF und Touristik	keine Ähnlichkeit bezüglich Kunden und Technologien zwischen Industrie-SGF und Telekommunikation
SGF-Wechsel	angezeigt durch Spezialisierungsgrad, Herfindahl-Index, Entwicklung von Umsatz, Mitarbeiterzahl, Investitionen und Ergebnis	angezeigt durch Spezialisierungsgrad, Herfindahl-Index, Entwicklung von Umsatz, Investitionen und Ergebnis; nicht abgebildet durch Mitarbeiterzahl
SNP-Zeitraum	1997-2002	1989-1999
SNP-Beginn	1997: Hapag-Lloyd/TUI-Übernahme durch Preussag	1989: Teilnahme an D2-Lizenzausschreibung
SNP-Ende	2002: Umbenennung der Preussag in TUI AG	1999: Gründung der Atecs Mannesmann AG als Vorbereitung eines Verkaufs über die Börse
Erfolgreiche SNP	durch Marktdaten und Geschäftsentwicklung belegt	durch Marktdaten und Geschäftsentwicklung belegt

Tab. 13: Wesentliche SNP-Merkmale bei Preussag/TUI und Mannesmann.
Quelle: Eigene Darstellung.

---

[669] Zu den SNP-Merkmalen vgl. Kapitel 2.1.

Im Fall Preussag/TUI wurde ein SGF-Wechsel durch alle SNP-Indikatoren angezeigt. Im Fall Mannesmann wies hingegen nicht jeder Indikator auf die SNP hin, was auf spezifische Umstände zurückzuführen ist. So konnte die Abstoßung der alten SGF vor der Vodafone-Übernahme noch nicht durchgeführt werden, wodurch die Entwicklung der Mitarbeiterzahlen des Mannesmann-Konzerns die SNP nicht abbildete. Obwohl das SGF Telekommunikation 1999 noch nicht den größten Anteil an Mitarbeitern stellte, war es bereits zum umsatzstärksten Geschäftsfeld geworden. Damit wurden die Überlegungen aus Kapitel 2.1.4.2. unterstützt, nach denen die Umsatzentwicklung für das Vorliegen einer SNP am aussagekräftigsten ist. Die Indikatoren Mitarbeiterzahl, Investitionen und Ergebnis sowie die Diversifikationsmaße Spezialisierungsgrad und Herfindahl-Index eignen sich für eine zusätzliche Bestätigung der SNP sowie für deren Ablaufbeschreibung.

In beiden Fällen wurde der Beginn der SNP an den Aktivitäten zur Aufnahme des neuen SGF festgemacht. Bei der Preussag handelte es sich dabei um die Hapag-Lloyd/TUI-Übernahme in 1997, bei Mannesmann um die Beteiligung an der D2-Lizenzausschreibung in 1989.

Das SNP-Ende bestimmte sich durch die Fokussierung auf das neue SGF. Im Fall Preussag war dies die Umbenennung in TUI AG im Jahr 2002 und im Fall Mannesmann die Zusammenfassung der alten industriellen SGF zur Atecs Mannesmann AG im Jahr 1999 als Vorbereitung des Verkaufs über die Börse. Da die Mannesmann AG im Jahr 2000 von der Vodafone-Airtouch plc. übernommen wurde, konnte der tatsächliche SGF-Abbau nicht in die Untersuchung mit einbezogen werden.

Ferner handelte es sich in beiden Fällen um eine erfolgreiche SNP, was anhand der Marktdaten und der Geschäftsentwicklung belegt werden konnte.

6.1.2. SNP-Motive

Die SNP-Motive ließen sich in zwei Dimensionen nach dem internen bzw. externen Ursprung sowie nach dem Druck bzw. der Möglichkeit zu Veränderungen unterteilen (vgl. Tab. 14).

Motive	Veränderungsdruck		Veränderungsmöglichkeit	
	Preussag/TUI	Mannesmann	Preussag/TUI	Mannesmann
Unternehmungs-interne Auslöser	Vermeiden interner Schwächen		Nutzung interner Stärken	
			• Innovatives Selbstverständnis des Vorstands	
			• Finanzierungsmöglichkeit neuer SGF durch Verkauf alter SGF	
Unternehmungs-externe Auslöser	Vermeiden externer Risiken		Nutzung externer Chancen	
	• Reduktion der Abhängigkeit von Rohstoffmärkten		• Verstetigung der Zahlungsströme	
	• Zugeständnisse aufgrund eines Finanzmarktdrucks		• Umsatzsteigerung	• Wachstumspotential des Zielmarkts
	• Aufgabe schwacher Marktpositionen		• Nachhaltig bessere Marktpositionierung	
	• Ausweichen einer negativen Preis-Kosten-Schere		• Nutzung günstiger Kaufoptionen	

Tab. 14: Motive für die SNP der Preussag AG und der TUI AG. Quelle: Interviews.

Bei der Cross-Case-Analyse der SNP-Motive stellt sich heraus, dass die Interviewpartner sowohl bei Preussag/TUI als auch bei Mannesmann vornehmlich *unternehmungsextern ausgelöste Motive* gesehen haben. Damit scheinen unternehmungsinterne SNP-Motive eine eher untergeordnete Rolle zu spielen. In beiden Fällen wurde kein intern ausgelöster Veränderungs*druck* erfasst. Hingegen konnten intern ausgelöste Veränderungs*möglichkeiten* bei beiden Unternehmungen festgestellt werden.

Unter den *intern ausgelösten Veränderungsmöglichkeiten* ist das sowohl bei Preussag als auch bei Mannesmann genannte *innovative Selbstverständnis des Vorstands* hervorzuheben. Diesem kommt eine besondere Bedeutung zu, da der Vorstand letztendlich die SNP-Entscheidung treffen muss. Bei der SNP handelt es sich wegen der grundlegenden Veränderung der Unternehmung und des Wechsels in eine unverbundene Produkt-Markt-Kombination um eine risikoreiche Strategie. Daher ist zu vermuten, dass eine SNP nur dann durchgeführt wird, wenn der Vorstand wegen eines innovativen Selbstverständnisses diese Veränderungen initiiert und das unternehmerische Risiko eines SGF-Wechsels wagt.

Bei Preussag bestand eine weitere *intern ausgelöste Veränderungsmöglichkeit*. Um die Aufnahme des neuen SGF Touristik zu ermöglichen, konnten die alten SGF zur *Finanzierung* desselben genutzt werden. Dazu wurden die industriellen Geschäftsfelder schrittweise desinvestiert und ihre Verkaufserlöse für den Aufbau des Ziel-SGF verwendet.

Für eine fallübergreifende Analyse der SNP-Motive ist hervorzuheben, dass Mannesmann mit vier Ursprungs-SGF vor der SNP weniger breit diversifiziert war als Preussag (sechs Ursprungs-SGF) und mit seinen Geschäftsfeldern jeweils vordere Marktpositionen belegte. Damit kann von einer besseren Ausgangslage des Mannesmann-Konzerns gesprochen werden, weshalb auch der von außen wirkende Veränderungsdruck geringer war als bei der Preussag. Dies spiegelt sich in den SNP-Motiven wider, die bei Preussag stärker als bei Mannesmann *von externen Risiken ausgelöst* waren.

Beide Unternehmungen hatten vor der SNP industrielle SGF betrieben. Sowohl die Preussag AG mit ihrer Stahlproduktion als auch die Mannesmann AG mit ihrer Herstellung von Stahlrohren waren damit stark vom Stahlmarkt abhängig. Dessen Verfall sowie der anderer vorgelagerter Rohstoffmärkte wirkten sich in beiden Fällen als *externer Veränderungsdruck* aus. Daher gaben auch beide Unternehmungen als SNP-Motiv an, die *Abhängigkeiten von diesen Märkten verringern* zu wollen. Zusätzlich war der Preussag-Konzern motiviert, dem aus der eigenen, hohen

Diversifikation resultierenden *Finanzmarktdruck* nachzugeben sowie *schwache Marktpositionen* in den industriellen SGF aufzugeben.

Bei den extern ausgelösten SNP-Motiven bestanden neben dem Veränderungs*druck* ebenso Veränderungs*möglichkeiten*. Die Ziel-SGF lagen in beiden Fällen im Dienstleistungsbereich, da dieser im Gegensatz zur Stahlindustrie und dem Anlagenbau nicht von stark schwankenden Zahlungsströmen geprägt war. Damit ergab sich eine *externe Veränderungsmöglichkeit* durch die SNP in der *Verstetigung der Zahlungsströme*.

Ein weiteres, auf externen Chancen basierendes Motiv wurde von den Interviewpartnern beim Fall Mannesmann im *starken, erwarteten Wachstumspotential* des Telekommunikationsmarkts gesehen. Dieses Motiv war relativ allgemein gehalten, da der GSM-Mobilfunkmarkt[670] erst mit dem Markteintritt von Telekom und Mannesmann Mobilfunk geschaffen wurde. Preussag trat hingegen in den bereits bestehenden Markt der Touristikdienstleistungen ein, so dass hier konkrete Motive wie *Umsatzsteigerung* und *Marktführerschaft* genannt wurden. Da auf diesem Markt bereits Touristik-Unternehmungen etabliert waren, konnte Preussag *günstige Kaufoptionen für die zu übernehmenden Unternehmungen* nutzen, was bei Mannesmann aber nicht möglich war.

Bei der Betrachtung der Gesamtheit an SNP-Motiven fällt auf, dass für eine SNP vor allem *Marktleistungs-, Marktpositionierungs-, Rentabilitäts-* und *finanzwirtschaftliche Motive* genannt wurden. Motive zur *Steigerung von Macht und Prestige* sowie zur *Verwirklichung sozialer* oder *gesellschaftsbezogener Verbesserungen* wurden hingegen nicht gefunden.

Sowohl bei Preussag/TUI als auch bei Mannesmann wurden die gleichen abschließenden Untersuchungsergebnisse zu den SNP-Motiven abgeleitet. Die SNP stellte in beiden Fällen eine emergente Strategie dar. Ursprünglich wurde jeweils eine

---

[670] Vgl. zur Entwicklung des deutschen Mobilfunkmarkts Kapitel 5.2.4.

Diversifikationsstrategie verfolgt, die aufgrund des nachhaltigen Erfolgs des neuen SGF zu einer Konzentrationsstrategie gewandelt wurde. Es ist daher zu vermuten, dass die SNP eher selten eine intendierte Strategie ist, da anfangs immer Unsicherheiten über ihren Erfolg bestehen. Vielmehr ist naheliegend, dass aus einer Diversifikationsstrategie und einer anschließenden Konzentrationsstrategie letztlich eine SNP wird. Dabei werden zur Risikominimierung zunächst neu aufgenommene SGF auf ihren Erfolg hin ‚getestet', bevor sich die Unternehmung evtl. auf dieses neue SGF konzentriert.

Grundsätzlich ist die SNP auch als intendierte Strategie möglich und würde wahrscheinlich häufiger verfolgt werden, wenn mehr Sicherheit bei der Einschätzung des SNP-Erfolgs bestehen würde. Die vorliegende Arbeit liefert mit der Untersuchung der Faktoren einer erfolgreichen SNP hierzu weitere Erkenntnisse, die in der Praxis genutzt werden können.

6.1.3. SNP-Ablauf

Bei einem Vergleich der SNP-Abläufe konnte bei Preussag/TUI und Mannesmann jeweils eine vierphasige Entwicklung erkannt werden, die sich bei der Preussag über 6 Jahre (1997-2002) und bei Mannesmann über 11 Jahre (1989-1999) erstreckte (vgl. Abb. 38).

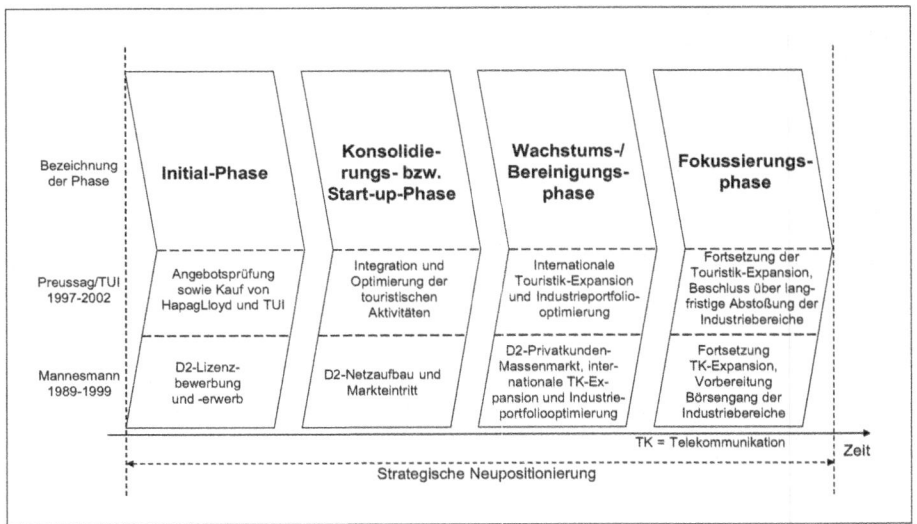

Abb. 38:   SNP-Ablauf (Schematische Darstellung).
            Quelle: Eigene Darstellung.

Zu Beginn der SNP durchliefen beide Unternehmungen eine *Initialphase*. In dieser wurden die Vor- und Nachteile des neuen, unverbundenen Geschäftsfelds abgewogen, der Aufbau des neuen SGF geplant sowie schließlich die neuen Aktivitäten aufgenommen. Dabei wählten die untersuchten Unternehmungen unterschiedliche Markteintrittsstrategien. Während Preussag das Ziel eines schnellen Markteintritts mit zugleich hohem Umsatz verfolgte und dafür eine Strategie der Unternehmungsübernahme nutzte, bestanden für Mannesmann keine Akquisitionsmöglichkeiten im neuen Mobilfunkmarkt in Deutschland. Mannesmann suchte daher zunächst für den SGF-Aufbau mit externer Unterstützung ein Joint Venture.

In der zweiten Phase wurde die neuen SGF in beiden Fällen intensiv bearbeitet. Preussag fügte die akquirierten touristischen Aktivitäten zu einem integrierten Touristik-Konzern zusammen (*Touristik-Konsolidierung*). Mannesmann baute in dieser Phase zusammen mit den Kooperationspartnern die neu gegründete Telekommunikationsunternehmung auf (*D2-Start-up-Phase*).

220

In der dritten SNP-Phase fanden in beiden Fällen ein *Wachstum der neuen SGF* sowie eine *Bereinigung der alten SGF* statt. Für ersteres wählten sowohl Preussag als auch Mannesmann eine Unternehmungsakquisitionsstrategie. Dabei wurden die neuen Dienstleistungsaktivitäten auch auf den internationalen Markt ausgedehnt. Ferner führten beide Konzerne eine Bereinigung ihres Industrieportfolios durch. Preussag wählte hierfür eine Marktaustrittsstrategie, bei der die meisten Industrie-Geschäftsfelder an dritte Unternehmungen oder an das eigene Management verkauft wurden. Ein SGF (Energie) wurde erst relativ spät abgestoßen, um bestehende Gewinne abzuschöpfen. Mannesmann baute während der Bereinigungsphase keine Geschäftsfelder ab, sondern optimierte das Portfolio innerhalb der Bereiche, was einen späteren Marktaustritt erleichtern sollte.

In der vierten und letzten SNP-Phase, die als *Fokussierungsphase* bezeichnet werden kann, wurden bei Preussag und Mannesmann zunächst die Expansion der neuen SGF intensiviert. Gleichzeitig wurde die Konzentration auf die erfolgreichen neuen SGF beschlossen. In beiden Fällen bedeutete dies, dass die noch verbleibenden SGF auf eine Ausgliederung per Börsengang (Equity-carve-out) vorbereitet wurden.

Der Vergleich der SNP-Verläufe beider Fälle zeigte starke Ähnlichkeiten bezüglich der *Phasengestaltung*. Unterschiedlich waren hingegen die gewählten *Realisierungswege* für den Auf- und Abbau der SGF. Während Preussag beim SGF-Aufbau durch Unternehmungsakquisitionen schnell in die neue Produkt-Markt-Kombination eintrat, verlängerte sich der Markteintritt bei Mannesmann, da das neue SGF vollständig neu errichtet werden musste. Auch Mannesmann wählte hier nicht den Weg der internen Entwicklung, sondern baute die Telekommunikation mit Hilfe eines Kooperationspartners auf. In beiden untersuchten Fällen waren keine eigenen Ressourcen vorhanden, die als Ausgangspunkt einer internen Entwicklung genutzt werden konnten. Auch wäre ein SGF-Aufbau über eine interne Entwicklung zeitlich und von den Kosten her zu aufwendig gewesen. Um das Risiko zu mindern, wurde das neue Geschäftsfeld mit externer Hilfe aufgebaut.

Beim SGF-Abbau reduzierte Preussag sein Portfolio kontinuierlich teils zeitnah über Verkäufe und teils mittelfristig über eine Abschöpfungsstrategie. Mannesmann hingegen verkaufte zunächst nur ein SGF und optimierte seine Aktivitäten in den verbliebenen industriellen Geschäftsfeldern. Beide Unternehmungen planten den endgültigen Ausstieg per Verkauf über die Börse. Weder Preussag/TUI noch Mannesmann verfolgte beim Abbau der alten SGF den Weg der Stilllegung und damit eine zeitnahe interne Durchführung des Marktaustritts. Dies erklärte sich dadurch, dass diese Strategiealternativen mit höheren Kosten und größeren Risiken verbunden gewesen wären.

Ob in der Praxis beobachtete SNP-Abläufe sich regelmäßig in vier Phasen einteilen lassen, ist anhand der zwei Untersuchungsfälle nicht abschließend zu beurteilen. Jedoch werden die Initial- sowie die Fokussierungsphase immer zu beobachten sein, da die beiden Phasen mit dem Aufbaustart eines neuen SGF und der endgültigen Fokussierung auf dieses Geschäftsfeld wesentliche Merkmale einer SNP enthalten. Der zwischen den Phasen liegende Zeitraum wird je nach Realisierungsweg zum weiteren Aufbau und/oder zur Integration des neuen SGF sowie evtl. bereits zum Abbau der alten SGF genutzt werden.

Welcher Realisierungsweg für eine SNP gewählt wird, hängt sowohl von internen Faktoren als auch von Marktgegebenheiten ab. Ist ein schneller Markteintritt gewünscht, empfehlen sich Kooperationen und insbesondere Akquisitionen. Stehen Kosten und unternehmerisches Risiko im Zentrum der Betrachtung, sind eher Kooperationen sinnvoll.

6.1.4. Faktoren einer erfolgreichen SNP

In der Cross-Case-Analyse spielen die Faktoren einer erfolgreichen SNP (vgl. Tab. 15) eine besondere Rolle. Sie zielen direkt auf die Forschungsfrage der vorliegenden Arbeit ab. In diesem Abschnitt werden die Faktoren der einzelnen Fälle miteinander verglichen. Welche Implikationen die gewonnenen Ergebnisse auf das theoretische Konzept haben, wird in Kapitel 6.2. untersucht.

Erfolgskritische Faktoren		Preussag/TUI	Mannesmann
Direkt erfolgswirksame Faktoren		• Touristisches Steuerungs- und Planungs-Know-how	• Technisches Know-how in der Telekommunikation
			• Marketing-Know-how in der Telekommunikation
		• Finanzielle Mittel	
Indirekt erfolgswirksame Faktoren	Change-Management-Fähigkeiten	• Finanzmanagement-Fähigkeiten	• Kooperationsfähigkeit
			• Projektmanagement-Fähigkeiten
		• Lernbereitschaft und Lernfähigkeit	
		• Unterstützung des Wandels durch Promotoren	
		• Unternehmungskultur	
		• Informations- und Kommunikationsfähigkeiten	
Nebenbedingungen			• Marktwachstum
			• Staatlich reglementierter Marktzugang

Tab. 15:   Faktoren für eine erfolgreiche SNP bei Preussag/TUI und Mannesmann.
            Quelle: Eigene Darstellung.

Im Vergleich der Faktoren für die erfolgreichen SNP-Fälle wird deutlich, dass sowohl bei Preussag/TUI als auch bei Mannesmann *branchenspezifisches Know-how in den Ziel-Geschäftsfeldern* für erfolgskritisch gehalten wurde. Im Fall der Preussag/TUI AG handelte es sich dabei um *touristisches Steuerungs- und Planungs-Know-how*, bei der Mannesmann AG um *Technik-* sowie *Marketing-Know-how im Mobilfunk*. Standorte oder Produktionsanlagen wurden hingegen von den Interviewpartnern nicht genannt. Ein spezifisches Wissen scheint in den betrachteten Fällen vor allem deshalb so bedeutsam, da es sich bei den Ziel-SGF um Aktivitäten in Dienstleistungsmärkten handelte, bei denen das Wissen über Kunden, Länderspezifika oder Technologien elementar ist.

Ähnlichkeiten zwischen beiden Fällen bestanden außerdem in Hinblick auf die Übertragung *finanzieller Mittel* aus den alten SGF. Ohne eine ausreichende monetäre Basis wären die nötigen Investitionen in die neuen SGF nicht möglich gewesen. Bei

Preussag wurden die Großakquisitionen vor allem durch Verkäufe alter SGF finanziert. Mannesmann hingegen konnte den D2-Aufbau sowie das Wachstum durch Akquisitionen vornehmlich aus dem Cashflow der industriellen Geschäftsfelder decken.

Sowohl bei Preussag als auch bei Mannesmann konnten in den Interviews Fähigkeiten identifiziert werden, die halfen, das branchenspezifische Know-how aufzubauen sowie die finanziellen Mittel zu übertragen. Je nach Realisierungsweg unterschieden sich diese Fähigkeiten. Beim Preussag-Konzern waren es *Finanzmanagement-Fähigkeiten*, die die komplexe Übernahme der TUI-Gruppe ermöglichten und damit wesentlich zum erfolgreichen Aufbau des touristischen Steuerungs- und Planungs-Know-hows beitrugen. Diese Finanzmanagement-Fähigkeiten hatte Preussag im Laufe ihrer Unternehmungsgeschichte entwickelt. Sie zeigten sich insbesondere in der Steuerung der industriellen Tochtergesellschaften als Finanzholding.

Mannesmann setzte zum Aufbau des SGF Telekommunikation seine *Kooperationsfä-higkeit* sowie seine *Projektmanagement-Fähigkeiten* erfolgreich ein. Die Kooperati-onsfähigkeit ermöglichte u. a. das Joint Venture mit dem amerikanischen Telekom-munikationskonzern PacTel, der technisches Wissen im Mobilfunk beisteuerte. Mit Hilfe der Projektmanagement-Fähigkeiten wurde dieses Wissen beim Erwerb der D2-Lizenz und beim Aufbau sowie beim Betrieb des D2-Netzes eingesetzt. Mannesmann hatte diese spezielle Fähigkeit im Laufe seiner Unternehmungsgeschichte entwickelt. So entstand die Kooperationsfähigkeit z. B. im Rahmen umfangreicher Industrieko-operationen u. a. 1970 mit Thyssen im Walzstahl. Die Projektmanagementfähigkeiten bildeten sich bei den Großprojekten im Anlagenbau heraus.

In beiden SNP-Fällen waren neben den Fähigkeiten, die das branchenspezifische Wissen aufbauten, auch solche zur Integration des Wissens sowie zur Übertragung der finanziellen Mittel bedeutsam. Diese umfassten *Lernbereitschaft und Lernfähigkeit*, *Unterstützung des Wandels durch Promotoren*, *Unternehmungskultur* und bei Preussag/TUI zusätzlich *Informations- und Kommunikationsfähigkeiten*. Beim

Vergleich dieser Fähigkeiten mit den Akzeptanzfaktoren und Instrumenten des Change Managements[671] lassen sich verschiedene Parallelen erkennen.

Die Lernbereitschaft und Lernfähigkeit entsprechen den Akzeptanzfaktoren des Wandels (Änderungsfähigkeit und Änderungsbereitschaft). Somit bestanden bei Preussag und Mannesmann die grundsätzlichen Voraussetzungen für den Wandel, der durch die SNP ausgelöst wurde. Da die Führungsteams beider Unternehmungen jeweils die notwendige *Lernbereitschaft und Lernfähigkeit* aufwiesen, konnten sie das für sie im neuen SGF erfolgskritische Wissen aufnehmen. Ferner wurde die Akzeptanz des Wandels durch Offenheit und Ausgleich der Gegensätze gefördert, die in den jeweiligen *Unternehmungskulturen* verankert waren.

Die Änderungsakzeptanz wurde außerdem durch verschiedene Change-Management-Instrumente verbessert. Bei Preussag/TUI und Mannesmann wirkten *Macht-, Fach- und Beziehungspromotoren* sowie *Visionäre*. Sie halfen u. a. bei der Überwindung von Motivations- und Qualifikationsbarrieren sowie bei der interorganisationalen Zusammenarbeit. Die besonders herausgehobenen *Informations- und Kommunikationsfähigkeiten* bei Preussag/TUI äußerten sich beispielsweise auch in der neuen Dachmarke „World of TUI" sowie der Umbenennung der Preussag AG in TUI AG, mit deren Hilfe die neuen Mitarbeiter und deren Touristik-Wissen in die Preussag integriert werden konnten.

Auf Grundlage dieser Betrachtung werden Lernbereitschaft und Lernfähigkeit, Unterstützung des Wandels durch Promotoren, Unternehmungskultur und Informations- und Kommunikationsfähigkeiten unter dem Begriff der *Change-Management-Fähigkeiten* zusammengefasst.

Neben den Faktoren zum erfolgreichen Aufbau neuer SGF konnten bei Preussag/TUI auch Fähigkeiten zum erfolgreichen Abbau von SGF identifiziert werden. Dies waren *Finanzmanagement-* sowie *Informations- und Kommunikationsfähigkeiten*. Mit Hilfe

---

[671] Vgl. hierzu Kapitel 2.5.3.

der Finanzmanagementfähigkeiten wurden die Verkäufe schnell und zielgerichtet durchgeführt. Die Informations- und Kommunikationsfähigkeiten verhinderten unter Einbeziehung der betroffenen Interessengruppen eine Blockade der Transformation. Da der SGF-Abbau bei Mannesmann 1999 noch nicht umgesetzt worden war, konnten dort entsprechende Faktoren nicht beobachtet werden.

Schließlich wurden bei Mannesmann das *starke Wachstum des Mobilfunkmarkts* sowie ein *staatlich reglementierter Marktzugang* für Konkurrenten als erfolgskritische Faktoren genannt. Dies war umso bedeutsamer, als mit dem GSM-Mobilfunkmarkt in Deutschland ein vollständig neuer Markt entstanden war. Ein vergleichbar starkes Wachstum konnte hingegen auf dem deutschen Touristikmarkt nicht erreicht werden, so dass Preussag international expandieren musste.

Die von den Interviewpartnern genannten Faktoren für eine erfolgreiche SNP weisen vergleichbare *Wirkungsbeziehungen* auf. Dabei wurden drei Gruppen von erfolgskritischen Faktoren identifiziert (vgl. auch Tab. 15). *Direkt erfolgswirksame Faktoren* trugen unmittelbar zur Wertsteigerung im neuen SGF bei, wohingegen eine zweite Gruppe ‚nur' *indirekt erfolgswirksam* war. Diese Faktoren leisteten einen Beitrag, die direkten Faktoren für das neue SGF zu schaffen. Ferner wurden *Nebenbedingungen* erfasst, welche den Erfolg der direkt erfolgswirksamen Faktoren positiv beeinflussten.

Bei Preussag/TUI wurden von den Interviewpartnern als *direkt erfolgswirksame Faktoren* das touristische Steuerungs- und Planungs-Know-how sowie finanzielle Mittel erkannt. Für Aufbau und Integration des Touristik-Know-hows waren *indirekt erfolgswirksame Faktoren* verantwortlich. Dabei handelte es sich um Finanzmanagement-Fähigkeiten und die Change-Management-Fähigkeiten Lernbereitschaft und Lernfähigkeit, Informations- und Kommunikationsfähigkeiten, Unternehmungskultur sowie Unterstützung des Wandels durch Promotoren. Die Übertragung finanzieller Mittel gelang aufgrund von Finanzmanagement-Fähigkeiten sowie der Protektion durch den Vorstandsvorsitzenden als Macht-Promotor. Der erfolgreiche Abbau alter SGF war zum einen auf Finanzmanagement-Fähigkeiten und zum anderen auf

Informations- und Kommunikationsfähigkeiten zurückzuführen. Abb. 39 veranschaulicht die Wirkungszusammenhänge bei Preussag/TUI.

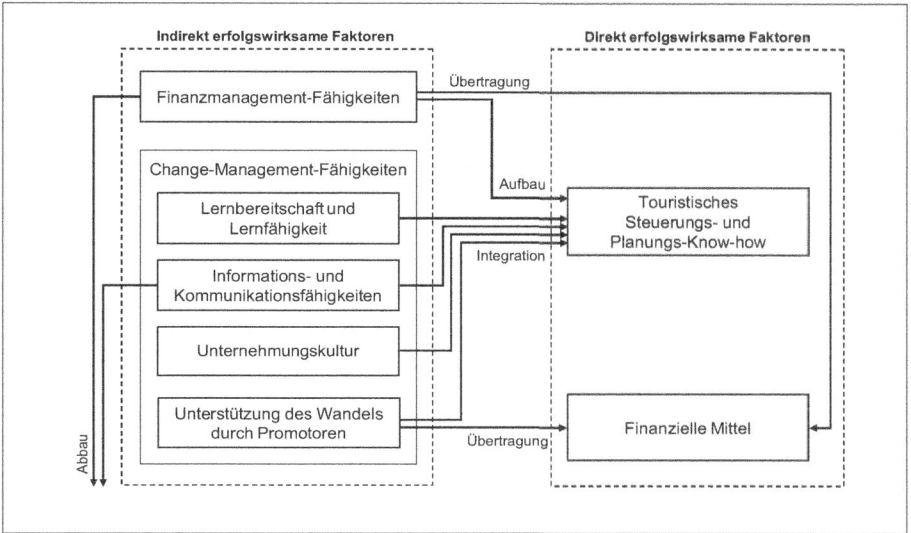

Abb. 39: Wirkungsbeziehungen zwischen den Faktoren der erfolgreichen SNP bei Preussag/TUI.
Quelle: Eigene Darstellung.

Bei Mannesmann wurden von den Interviewpartnern als direkt erfolgswirksame Faktoren technisches Know-how und Marketing-Know-how im Mobilfunk sowie finanzielle Mittel identifiziert. Der Aufbau, die Integration, die Anpassung sowie die Übertragung dieser Faktoren basierten auf indirekt erfolgswirksamen Faktoren. Beim Aufbau des Technik-Wissens halfen vor allem die Kooperationsfähigkeit sowie Projektmanagement-Fähigkeiten. Zur Integration des Wissens in die Mannesmann Mobilfunk GmbH waren insbesondere die Change-Management-Fähigkeiten Lernbereitschaft und Lernfähigkeit, Unternehmungskultur sowie Unterstützung des Wandels durch Promotoren. Das bei der Mannesmann AG vorhandene Marketing-Know-how wurde durch die Projektmanagement-Fähigkeiten sowie Lernbereitschaft und Lernfähigkeit auf den Telekommunikationsmarkt angepasst. Die Übertragung finanzieller Mittel war vor allem auf die Protektion durch den Vorstandsvorsitzenden als Macht-Promotor zurückzuführen. Als Nebenbedingungen für eine erfolgreiche SNP wurden Marktwachstum und ein für Konkurrenten staatlich reglementierter Marktzugang erkannt. Abb. 40 veranschaulicht die Wirkungszusammenhänge bei Mannesmann grafisch.

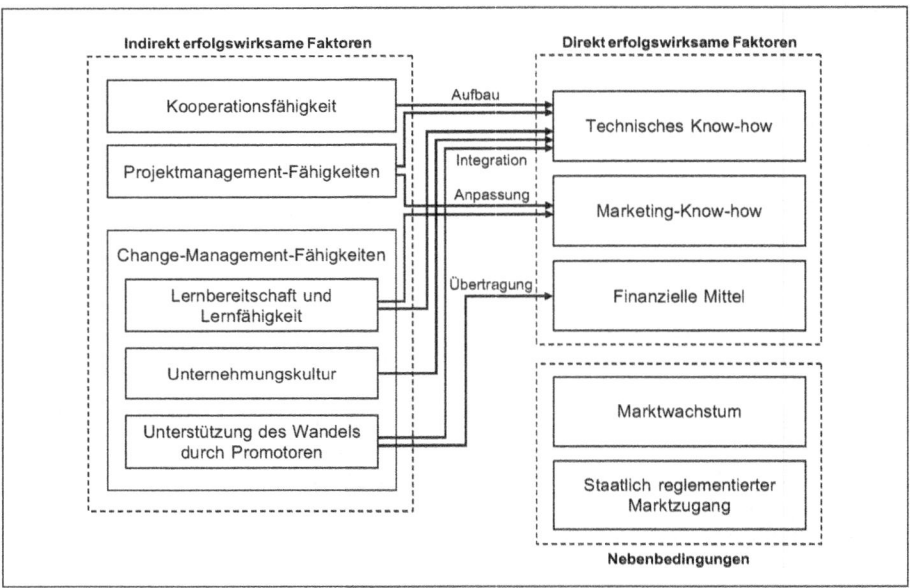

Abb. 40: Wirkungsbeziehungen zwischen den Faktoren der erfolgreichen SNP bei
Mannesmann.
Quelle: Eigene Darstellung.

Aus den Ergebnissen zu den erfolgskritischen Faktoren einer SNP lassen sich verschiedene Schlussfolgerungen ziehen. Branchenspezifisches Know-how und finanzielle Mittel sind bei einer SNP mit Ziel-SGF in Dienstleistungsmärkten direkt erfolgswirksam. Besitzt eine Unternehmung diese Faktoren nicht, müssen sie zunächst aufgebaut und anschließend in die Unternehmung integriert werden. Bestehen bereits ähnliche Faktoren in der Unternehmung, die als Grundlage einer Weiterentwicklung dienen können, müssen diese übertragen und angepasst werden. Mit Fähigkeiten für Auf- und Abbau, Integration, Übertragung und Anpassung bestehen indirekt erfolgswirksame Faktoren für eine SNP. Einfluss auf den Erfolg der direkt wirksamen

Faktoren haben bestimmte Nebenbedingungen, die aus der Unternehmungsumwelt resultieren. Diese können den Erfolg verstärken, wenn z. B. ein hohes Marktwachstum oder eine Einschränkung der möglichen Konkurrenz besteht.

6.1.5. Ergebnisse aus Vergleichsfällen

In der vorliegenden Fallstudienuntersuchung wurden die beiden Fälle Preussag/TUI sowie Mannesmann bereits intensiv betrachtet. Zur Analyse alternativer, strategischer Entwicklungspfade wurden ferner die Vergleichsfälle ThyssenKrupp und Daimler-Chrysler ausgewählt. Beiden Unternehmungen bot sich die Möglichkeit zur SNP. Sie schlugen diesen Weg jedoch nicht ein.

6.1.5.1. ThyssenKrupp AG

Der Vergleich zwischen der ThyssenKrupp AG mit den untersuchten Fällen ist aufgrund verschiedener Berührungspunkte interessant. So waren die ThyssenKrupp AG und die Preussag AG 1996 ähnlich breit diversifiziert. Die breite Diversifikation bei Thyssen war Mitte der 60er Jahre durch den Aufbau der Thyssen Handelsunion AG und 1973 durch die Übernahme der Rheinstahl AG entstanden. Der ursprünglich reine Stahlproduzent Thyssen trat in die Stahlweiterverarbeitung, den Stahlhandel sowie den Technologie- und Dienstleistungsbereich ein. Während sich die Preussag AG 1997 mit der Übernahme von Hapag-Lloyd und TUI vom angestammten Geschäft entfernte und im Ergebnis eine SNP durchführte, konzentrierte sich die Thyssen AG auf ihre fünf Kerngeschäftsfelder: Aufzüge, Automobilzulieferung, Flachstahlerzeugung, Produktionssysteme und Werkstoffhandel. Im Rahmen dieser Konzentrationsstrategie gab Thyssen viele Randbereiche auf, so u. a. die Wehrtechnik von Thyssen Henschel, die Rheinische Kalksteinwerke GmbH sowie die Thyssen Haniel Logistik GmbH.

Nach Einschätzung des Interviewpartners hatte sich die Preussag AG strategisch neu positionieren müssen, weil sie 1996 in den jeweiligen Märkten *keine Marktführerschaft* besaß. Die ThyssenKrupp AG hingegen wies bei ihren Aktivitäten *ausreichend hohe Marktanteile* vor, so dass eine Weiterentwicklung der bestehenden Bereiche sinnvoller erschien.[672] Thyssen baute daher Kooperationen weiter aus und trieb den Konsolidierungskurs in der europäischen Stahlindustrie voran. So führten 1997 die Thyssen AG und die Krupp AG Hoesch-Krupp ihre Flachstahlbereiche in der Thyssen Krupp Stahl AG zusammen. 1999 schließlich fusionierten beide Konzerne zur ThyssenKrupp AG.

Auch zwischen der ThyssenKrupp AG und der Mannesmann AG bestanden Berührungspunkte. Beide Unternehmungen hatten sich 1989 um die D2-Lizenz beworben. Ein wesentliches Motiv für Thyssen lag ähnlich wie bei der Mannesmann AG[673] im *Ausgleich von Zahlungsschwankungen* im Stahlbereich und in der Automobilzulieferung. Mit dem Mobilfunk wollte sich der Konzern ein weiteres ‚Standbein' im Dienstleistungsmarkt schaffen. Thyssen hatte sich jedoch erst sehr spät um Kooperationspartner bemüht, so dass seine D2-Bewerbung nicht erfolgreich war.

1993 gelang Thyssen schließlich doch ein Einstieg in die Telekommunikation, indem sich der Konzern zu rund 30 % an der E-Plus Mobilfunk GmbH beteiligte.[674] Der Aufbau von E-Plus war jedoch mit einem sehr *hohen finanziellen Aufwand* verbunden, den Thyssen nicht erbringen konnte.[675] 1997 wurden die E-Plus-Anteile im Zuge der Konzentrationsstrategie an RWE veräußert.

Nach Einschätzung des Interviewpartners bauten sowohl die Preussag AG als auch die Mannesmann AG ihre neuen, unverbunden SGF erfolgreich auf. Jedoch konnten beide Unternehmungen keine Synergien zwischen den neuen und alten Geschäftsbereichen schaffen, so dass die weniger erfolgreichen industriellen Geschäftsfelder

---

[672] „Selbst nach der Fusion von Preussag mit der Salzgitter AG waren alle Bereiche in unterkritischen Größen ... Also war es fast folgerichtig den Einstieg in die Touristik zu machen ... Thyssen war in den meisten Bereichen nach der Fusion mit Krupp in überkritischer Größe." Interview mit Herrn Schulz vom 03.02.2004.

[673] Vgl. Kapitel 5.2.3.

[674] Vgl. BECKER/KAHL (2000), S. 293.

[675] „Im Mobilfunk war das Wachsen nur mit interner Entwicklung nicht ausreichend. Um unter die großen Spieler in Deutschland und Europa zu kommen, hätte Thyssen extrem viel Geld in die Hand nehmen müssen. Die Finanzkraft war im Konzern nicht vorhanden." Interview mit Herrn Schulz vom 03.02.2004.

desinvestiert wurden. Bei ThyssenKrupp hingegen konnten und können zwischen den SGF „Stahl", „Investitionsgüter" (Aufzüge, Automobilzulieferung, Technologien) und „Dienstleistungen" umfangreiche Quersynergien erreicht werden. Diese liegen in den bereichsübergreifenden Werkstoff- und Technologiekompetenzen, Dienstleistungskonzepten, Kundenlösungen und der globalen Präsenz.

Der Vergleichsfall ThyssenKrupp AG zeigte, dass eine SNP aufgrund des fehlenden externen Marktdrucks nicht gewählt wurde. Der Interviewpartner vermutete vielmehr, dass ein wesentliches Motiv einer SNP in der Aufgabe schwacher Marktpositionen und in der Verstetigung von Zahlungsströmen lag. Gleichzeitig wurde ein intern ausgelöstes SNP-Motiv vermutet. Bei den Fällen Preussag und Mannesmann mussten aufgrund nicht vorhandener Synergien zwischen neuen und alten SGF die weniger erfolgreichen alten Geschäftsfelder desinvestiert werden.

Ein weiterer erfolgskritischer Faktor einer SNP wurde in den freien finanziellen Mitteln gesehen, da neue Geschäftsfelder mit hohem Umsatz nur durch umfangreiches finanzielles Engagement aufzubauen sind. Ferner sah der Interviewpartner eine Stärke von Vorständen darin, nicht an einer einmal getroffenen Strategie festzuhalten, sondern sich auf veränderte Rahmenbedingungen immer wieder flexibel einzustellen und entsprechende Korrekturen vorzunehmen.

6.1.5.2. DaimlerChrysler AG

Auch der Vergleichsfall DaimlerChrysler AG beinhaltet verschiedene Berührungspunkte mit den untersuchten Fällen. Der Konzern hatte sich 1989 ebenso wie die Mannesmann AG um die D2-Lizenz beworben. Außerdem hat die DaimlerChrysler AG einen der SNP ähnlichen Strategiewandel durchlaufen. Nach einer breiten Diversifikation fand jedoch keine Konzentration auf die neuen SGF sondern vielmehr eine „Rückbesinnung vom integrierten Technologiekonzern zum fokussierten Automobilkonzern"[676] statt.

Ab 1985 diversifizierte die damalige Daimler-Benz AG u. a. in die Luft- und Raumfahrttechnik, die Nachrichtentechnik und die Verteidigungsindustrie.[677] 1990 wurde die Daimler-Benz Inter Services (debis) als Dienstleistungsunternehmung der Daimler-Benz AG gegründet und 1993 die Mehrheit am holländischen Fokker-Konzern übernommen. Der damalige Vorstandsvorsitzende der Daimler-Benz AG (1987-1994), Herr Edzard Reuter, verfolgte mit diesen Diversifikationen das strategische Ziel eines „integrierten Technologiekonzerns". Seine Idee bestand darin, die in einzelnen Bereichen entwickelten Technologien im gesamten Konzern zu nutzen. Durch die Übertragung bestimmter Entwicklungen z. B. aus der Luft- und Raumfahrttechnik auf die Automobilentwicklung sollten umfassende Synergien geschaffen werden.

Da die Synergien nicht wie erhofft realisierbar waren und aufgrund einer veränderten politischen Lage zusätzlich der Markt für Verteidigungsgüter zusammen brach, war die Strategie des integrierten Technologiekonzerns im Ergebnis nicht erfolgreich.[678] Der Daimler-Benz-Konzern erwirtschaftete 1995 rund 3 Mrd. Euro Verlust, so dass eine Fokussierung zurück auf die Automobilaktivitäten beschlossen wurde.[679] Der damalige, neue Vorstandsvorsitzende der Daimler-Benz AG, Prof. Dr. h.c. Jürgen E. Schrempp, führte die 35 SGF aus 1995 auf vier Geschäftsfelder in 2004 zurück. Dabei

---

[676] HAHNER/TÖPFER (2004), S. 276. Vgl. auch TÖPFER (1999), S. 11.

[677] Vgl. hierzu und im Folgenden TÖPFER (1999), S. 12-14. Der Automobilkonzern erwarb die Unternehmungen MTU (Maschinen und Turbinen Union), MBB (Messerschmitt-Bölkow-Blohm), Dornier, Deutsche Airbus sowie AEG. 1989 wurde die Deutsche Aerospace AG (Dasa) als eine hundertprozentige Tochter von Daimler-Benz gegründet. Darin waren zunächst Dornier, MTU, zwei Teilbereichen der AEG und später auch MBB sowie Deutsche Airbus integriert.

[678] „Man ging von Synergien innerhalb des integrierten Technologiekonzerns aus. Diese wurden jedoch erheblich überschätzt ... In der Szenario-Planung bei Edzard Reuter war die Auflösung der Blockbildung in der Welt eine Wildcard gewesen, aber die Konsequenzen waren nicht so konsequent durchdacht worden." Interview mit Herrn Waschke und Herrn Steinbrecher vom 08.01.2004. Vgl. auch TÖPFER (1999), S. 15-20.

[679] Vgl. hierzu und im Folgenden TÖPFER (1999), S. 33-149.

wurden zuvor aufgenommene SGF wieder abgestoßen, so z. B. AEG, Adtranz, Debitel, T-Systems, debis, Dornier und Fokker.

Bei der DaimlerChrysler AG lag keine SNP vor, da sich die Unternehmung nicht auf ein neues SGF, sondern stattdessen auf die ursprünglichen Automobil-SGF fokussierte. Damit handelte es sich um die Rücknahme der Diversifikation.

Die Interviewpartner nannten drei Gründe, weshalb DaimlerChrysler keine SNP durchgeführt hatte:[680] Erstens seien die neuen SGF nicht erfolgreich gewesen, so dass eine Fokussierung auf diese Bereiche den gesamten Konzern gefährdet hätte. Zweitens sei die Daimler-Benz AG als Marktführer erfolgreich in der Automobilproduktion tätig gewesen und habe damit trotz ausreichender finanzieller Mittel keine Veranlassung für einen grundlegenden Wandel gehabt. Drittens habe im automobilgeprägten Konzern insgesamt sowie im Vorstand keine Bereitschaft für eine SNP bestanden.

Der Vergleichsfall DaimlerChrysler unterstützt die bisher gewonnenen Ergebnisse. Danach liegt ein starkes Motiv für eine SNP im Vermeiden externer Risiken in den alten SGF. Bestehen jedoch in den neuen SGF Risiken, wird das neue Engagement aufgegeben und keine SNP durchgeführt. Zusätzlich vermuteten die Interviewpartner in der Veränderungsbereitschaft sowie den finanzielle Mitteln erfolgskritische Faktoren für das Gelingen einer SNP.

6.1.6. Zusammenfassung der Ergebnisse

Die empirische Untersuchung der vorliegenden Arbeit setzte sich mit dem Phänomen der Strategischen Neupositionierung (SNP) auseinander. Forschungsziel war die Beantwortung der Frage, wie sich Unternehmungen erfolgreich strategisch neu positionieren können. Dabei wurden zwei Beispiele einer erfolgreichen SNP untersucht: Preussag/TUI und Mannesmann.

---

[680]   Vgl. Interview mit Herrn Waschke und Herrn Steinbrecher vom 08.01.2004.

Die Preussag AG hat sich zwischen 1997 und 2002 vom rohstofforientierten Industriekonzern zum Touristikdienstleistunskonzern TUI AG gewandelt. Die Mannesmann AG entwickelte sich zwischen 1989 und 1999 vom Technologiekonzern zum Telekommunikationsdienstleister. Die neuen Geschäftsfelder Touristik bzw. Telekommunikation waren für beide Unternehmungen jeweils neue, unverbundene Produkt-Markt-Kombinationen, die innerhalb des betrachteten Zeitraums neu aufgebaut wurden und zum umsatzstärksten SGF heranwuchsen. In beiden Fällen beschlossen die Vorstände, sich ausschließlich auf die jeweiligen neuen SGF zu konzentrieren und die alten Bereiche abzubauen. Sowohl bei Preussag/TUI als auch bei Mannesmann lag somit ein Wechsel in ein neues, unverbundenes SGF vor.

Die untersuchten Neupositionierungen ließen sich insbesondere auf unternehmungs-extern ausgelöste Motive zurückführen: dem Vermeiden externer Risiken sowie der Nutzung externer Chancen. Als externes Risiko wurde ein Marktdruck von außen identifiziert, wie z. B. Reduktion der Abhängigkeit von vorgelagerten Rohstoffmärk-ten, Aufgabe schwacher Marktpositionen, Ausweichen einer negativen Preis-Kosten-Schere[681] sowie Zugeständnisse aufgrund eines Finanzmarktdrucks. Anhand der Vergleichsfälle ThyssenKrupp und DaimlerChrysler konnte gezeigt werden, dass bei fehlendem Marktdruck eine SNP nicht durchgeführt wird. Bei diesen Unternehmun-gen war der Veränderungsdruck zu gering, so dass keine Veranlassung bestand, von den bestehenden Geschäftsfeldern abzuweichen.

Externe Chancen offenbarten sich als Marktopportunitäten, so z. B. Nutzung günstiger Kaufoptionen, Verstetigung von Zahlungsströmen durch ausgeglichene Erträge in den neuen SGF, Umsatzsteigerungen, nachhaltig verbesserte Marktpositionierungen oder ein allgemein erwartetes hohes Wachstumspotential des Zielmarkts.

Die Nutzung externer Chancen war eng verbunden mit einem SNP-Motiv: dem innovativen Selbstverständnis (Nutzung interner Stärke) des Vorstands. Dieses

---

[681] Eine negative Preis-Kosten-Schere liegt vor, wenn Produktionskosten stärker steigen als die Absatzpreise.

Selbstverständnis wurde als Voraussetzung zur Wahrnehmung externer Chancen und damit auch einer SNP angesehen. Eine weitere interne Stärke lag in der Verfügbarkeit finanzieller Mittel für Investitionen z. B. durch den Verkauf alter SGF. Damit konnten bei den betrachteten SNP vor allem Positionierungs-, Rentabilitäts- und finanzwirtschaftliche Motive sowie Motive aus dem innovativen Selbstverständnis nachgewiesen werden.

Bemerkenswert ist ferner, dass die SNP in der Praxis aufgrund von Erfolgsunsicherheiten eher selten als intendierte Strategie ergriffen wird. So konnte bei Preussag/TUI und Mannesmann beobachtet werden, dass zunächst eine konglomerate Diversifikationsstrategie gewählt wurde. Erst als sich das neue SGF als nachhaltig erfolgreich herausstellte, wurde sich auf dieses fokussiert. Damit wandelt sich die Diversifikationsstrategie durch die Konzentration auf ein neues SGF zu einer SNP. Im Vergleichsfall DaimlerChrysler stellten sich die neuen SGF als nicht erfolgreich heraus, so dass die Diversifikation zurückgenommen wurde, bevor eine Konzentration auf diese möglich war. Könnten die Unsicherheiten bezüglich eines SNP-Erfolgs reduziert werden, wäre eine SNP als intendierte Strategie auch häufiger in der Praxis beobachtbar.

Der SNP-Ablauf bei Preussag/TUI und Mannesmann ließ sich in vier Phasen unterteilen. In einer Initialphase fiel bei beiden Unternehmungen die Entscheidung für das neue, unverbundene SGF und es wurden erste Aktivitäten für dessen Aufbau unternommen. Während der zweiten Phase wurden die akquirierten Unternehmungen konsolidiert bzw. gänzlich neu zu schaffende SGF aufgebaut (Start-up). Eine dritte Phase umfasste die Expansion der neuen SGF sowie die Bereinigung alter Geschäftsfelder. In der abschließenden Fokussierungsphase wurden die ausschließliche Konzentration auf das neue SGF und somit die Abstoßung der alten SGF eingeleitet.

Bei den Faktoren einer erfolgreichen SNP konnten verschiedene Schlussfolgerungen gezogen werden. So waren ein branchenspezifisches Know-how und finanzielle Mittel bei einer SNP mit einem Ziel-SGF im Dienstleistungsmarkt direkt erfolgswirksam. Besaß eine Unternehmung diese Faktoren nicht, mussten sie zunächst aufgebaut und anschließend in die Unternehmung integriert werden. Bestanden bereits ähnliche Faktoren in der Unternehmung, die als Grundlage für eine Weiterentwicklung geeignet waren, mussten diese übertragen und angepasst werden.

Indirekt erfolgswirksame Faktoren ließen sich in den Fähigkeiten für Auf- und Abbau, Integration, Übertragung und Anpassung der direkten Faktoren ermitteln. Ebenso wurden Fähigkeiten für den erfolgreichen SGF-Abbau als weitere indirekt erfolgs- wirksame Faktoren erkannt. In den konkreten Fällen waren die indirekt erfolgswirk- samen Faktoren vor allem Finanzmanagement-, Projektmanagement-, Change Management- und Kooperationsfähigkeiten.

Welcher Realisierungsweg für die SNP gewählt wurde, hing von den direkt und indirekt wirksamen Faktoren sowie von der jeweiligen Strategie ab. Waren die Faktoren nicht vorhanden und war ein schneller Markteintritt geplant, wurde die externe Unterstützung der internen Entwicklung vorgezogen. Dabei wurde ein Unternehmungskauf in Hinblick auf den sofortigen Markteintritt mit hohem Umsatz vor der Kooperation präferiert (z. B. bei Preussag/TUI). Standen geringe Kosten und eine Reduzierung des Risikos im Zentrum der Betrachtung, eigneten sich eher Kooperationen (z. B. bei Mannesmann) für die Realisierung der SNP.

Einen weiteren Einfluss auf den Erfolg der direkt wirksamen Faktoren hatten ferner bestimmte Nebenbedingungen. Diese konnten den Erfolg verstärken, wenn z. B. ein hohes Marktwachstum oder eine Einschränkung der möglichen Konkurrenz bestand oder führten im Fall von DaimlerChrysler zum Wechsel der Strategie.

6.2. Theorieimplikationen

Die durch die Interviews identifizierten Faktoren für einen SNP-Erfolg haben sowohl in den Within-Case-Analysen als auch in der Cross-Case-Analyse ein spezielles Muster aufgezeigt. So wurden drei Gruppen von Faktoren erkannt, die direkt oder indirekt erfolgswirksam waren bzw. als Nebenbedingungen wirkten.

Ordnet man diese Erkenntnisse in den theoretischen Rahmen dieser Arbeit, fallen mehrere Aspekte auf. Aus RBV-Sicht weisen die direkten Faktoren Ähnlichkeiten mit Ressourcen auf. Um dies zu überprüfen, werden die ermittelten Faktoren in Kapitel 6.2.1. auf ihre Eigenschaften nach dem VRIO-Katalog von BARNEY[682] untersucht.

Außerdem nannten die Interviewpartner Faktoren, die jene direkt wirksamen Faktoren hervorgebracht hatten und daher als indirekte Faktoren bezeichnet wurden. Bei diesen könnte es sich um Dynamic Capabilities handeln, was anhand ihrer zugrunde liegenden Prozesse in Kapitel 6.2.2. überprüft werden soll.[683]

Auf die dritte Gruppe erfolgskritischer Faktoren, bei denen es sich um Umwelteinflüsse handelt, wird ebenso eingegangen. Abschließend wird der Gesamtzusammenhang betrachtet, um die in Kapitel 3.4.4. vermuteten Wirkungszusammenhänge zu überprüfen. Eine Übersicht der erfassten Ressourcen, Dynamic Capabilities und Umweltfaktoren stellt Tab. 16 dar.

Ressourcen (direkt erfolgswirksam)	Branchenspezifisches Know-how:	• Touristisches Steuerungs- und Planungs-Know-how • Technisches Know-how in der Telekommunikation • Marketing-Know-how in der Telekommunikation
	Finanzielle Mittel	
Dynamic Capabilities (Wirkung auf Ressourcen, indirekt erfolgswirksam)	Finanzmanagement-Fähigkeiten	
	Kooperationsfähigkeit	
	Projektmanagement-Fähigkeiten	
	Change-Management-Fähigkeiten:	• Lernbereitschaft und Lernfähigkeit • Unterstützung des Wandels durch Promotoren • Unternehmungskultur • Informations- und Kommunikationsfähigkeiten
Umweltfaktoren (Nebenbedingungen)	Marktwachstum	
	Staatlich reglementierter Marktzugang	

Tab. 16: Ressourcen, Dynamic Capabilities und Umweltfaktoren aus der Fallstudienuntersuchung.
Quelle: Eigene Darstellung.

---

[682] Vgl. BARNEY (2002), S. 149-160. Siehe auch Kapitel 3.2.2.
[683] Siehe Kapitel 3.3.2.

6.2.1. Ressourcen

In dieser Arbeit werden Ressourcen als jene Inputgüter definiert, die *werthaltig* und *knapp* sind, zur Erreichung nachhaltiger Wettbewerbsvorteile möglichst *nicht imitierbar* bzw. *nicht substituierbar* sein sollen sowie durch *organisatorische Einbindung* in der Unternehmung genutzt werden.[684] Auf diese Eigenschaften hin sollen die in der Fallstudienuntersuchung identifizierten, direkt erfolgswirksamen Faktoren „branchenspezifisches Know-how" und „finanzielle Mittel" nun untersucht werden.

Bei der Preussag/TUI besaß das branchenspezifische Know-how in Form von *touristischen Steuerungs- und Planungs-Know-how* eine hohe *Werthaltigkeit* im Touristik-Markt, da es zur Integration der touristischen Wertschöpfungsstufen[685] eingesetzt wurde und so eine optimale Koordination der TUI-Aktivitäten ermöglichte. Der Konzern konnte damit Kostenersparnisse durch bessere Auslastungen realisieren und für die Touristik-Kunden eine hohe Qualität seiner Reisedienstleistungen sicherstellen.

Im zweiten Schritt kann davon ausgegangen werden, dass das touristische Steuerungs- und Planungs-Wissen generell *knapp* war. Dies trifft insbesondere deshalb zu, weil das Know-how an Mitarbeiter gebunden war, die grundsätzlich nicht allen Unternehmungen zur Verfügung standen. Durch seine Werthaltigkeit und Knappheit stellte das touristische Steuerungs- und Planungs-Know-how somit eine Ressource für die Preussag/TUI dar, die einen (zumindest temporären) Wettbewerbsvorteil auf dem Reisemarkt begründete.

Das touristische Steuerungs- und Planungs-Wissen der TUI war außerdem gegen eine *Imitation* und *Substitution* durch Wettbewerber weitgehend geschützt. Das Know-how basierte auf Erfahrungen im Reisemarkt sowie auf umfangreichen Netzwerken

---

[684] Siehe Kapitel 3.2.1.1.

[685] Zu den touristischen Wertschöpfungsstufen vgl. die Ausführungen zur Touristik-Konsolidierungs-Phase in Kapitel 5.1.4.

zwischen den touristischen Leistungsanbietern, so dass Pfadabhängigkeiten und soziale Komplexität als Schutzmechanismen wirkten.

Ferner konnten das touristische Steuerungs- und Planungs-Know-how von Preussag/TUI auch intern *genutzt* werden. Dies war möglich, da Preussag die Touristikunternehmungen nicht nur formell akquirierte, sondern nach der Akquisition die operativen Gesellschaften in die Holding organisatorisch integrierte.

Im Fall Mannesmann lag das branchenspezifische Know-how in Form von *technischem Know-how* auf dem Telekommunikationsmarkt vor und war von hoher *Werthaltigkeit* gekennzeichnet. Nach Aussagen der Interviewpartner nutzte der Mannesmann-Konzern dieses Wissen einerseits, um die D2-Lizenz zu erlangen, andererseits zum Aufbau und Betrieb des D2-Netzes. So errichtete Mannesmann Mobilfunk bspw. kleine Funkzellen, die auf die Sendeleistung von Handys angepasst waren, oder baute parallel Planungs- und Qualitätskontrollprozesse auf. Die hohe Netzqualität stellte die Akzeptanz beim Mobilfunkkunden sicher.

Außerdem war das technische Telekommunikationswissen der Mannesmann AG *knapp*, weil es an Mitarbeiter gebunden und damit nicht grundsätzlich allen Unternehmungen verfügbar war. Mit der Werthaltigkeit und Knappheit stellte das technische Wissen eine Ressource für den Mannesmann-Konzern dar, die einen (zumindest temporären) Wettbewerbsvorteil auf dem Mobilfunkmarkt begründete.

Zusätzlich waren die *Imitation* und *Substitution* des technischen Telekommunikations-Know-hows eingeschränkt. Die Erfahrungen des Kooperationspartners PacTel mit analogen Mobilfunknetzen wurden bei Mannesmann Mobilfunk zum Technikwissen in der GSM-Technik weiterentwickelt. Damit unterlag das Wissen in seinem Aufbau einer Pfadabhängigkeit, die als Schutzmechanismus diente.

Die Mannesmann AG *nutzte* das technische Know-how in der Telekommunikation, welches damit zum Unternehmungserfolg beitrug. Hierfür wurde das über PacTel aufgebaute Wissen in die Mobilfunktochter integriert. Gleichzeitig blieb das

Technikwissen auch über das personelle Engagement von PacTel hinaus zugänglich und wurde in Netzqualität umgesetzt.

Als zweiter erfolgskritischer Faktor wurden sowohl bei Preussag/TUI als auch bei Mannesmann *finanzielle Mittel* identifiziert. Finanzielle Mittel sind per se *werthaltig*. Außerdem besteht i. d. R. eine *Knappheit* an finanziellen Mitteln, welche sich z. B. darin zeigte, dass nicht alle Bewerber um die D2-Lizenz eine ausreichende Kapitaldecke aufweisen konnten oder nur wenige Unternehmungen in der Lage gewesen wären, derart umfangreiche Touristik-Akquisitionen vorzunehmen wie die Preussag.

Aufgrund ihrer Werthaltigkeit und Knappheit stellten die finanziellen Mittel eine Ressource für Preussag/TUI und Mannesmann dar, die einen (zumindest temporären) Wettbewerbsvorteil begründeten.

Finanzielle Mittel können einer Pfadabhängigkeit unterliegen, z. B. wenn der Zugang zu Bankkrediten nur aufgrund einer positiven Unternehmungsentwicklung oder langjähriger Kontakte möglich ist. Die Wirkung von finanziellen Mittel ist hingegen durch Konkurrenten einfach zu erkennen, so dass keine kausale Ambiguität vorliegt. Ferner bestehen keine sozialen Komplexitäten oder Verbundenheiten, die diese Ressourcen vor *Imitation* bzw. *Substitution* schützen würden. Finanzielle Mittel sind zwar unternehmungsunspezifisch, können aber nicht durch Verfügungsrechte geschützt werden. Damit werden finanzielle Mittel vornehmlich *temporäre Wettbewerbsvorteile* gegenüber Konkurrenten hervorbringen.

Für die SNP bei Preussag/TUI und Mannesmann waren finanzielle Ressourcen von besonderer Bedeutung, weil sie leicht transferierbar und auch in neuen SGF ohne weitere Veränderungen einsetzbar waren. So haben beide Unternehmungen die im Konzern jeweils vorhandenen finanziellen Mittel auch *genutzt*, um Investitionen in die neuen SGF zu finanzieren. Bei Preussag geschah dies durch Akquisitionen von Touristik-Unternehmungen. Bei Mannesmann wurde insbesondere in die D2-

Netzinfrastruktur und für eine internationale Telekommunikationsexpansion schließlich ebenso in Unternehmungskäufe investiert.

Die Ausführungen zeigten also, dass es sich bei den direkten Faktoren branchenspezifisches Know-how und finanzielle Mittel um Ressourcen handelte. Die Rolle der indirekten Faktoren wird im folgenden Abschnitt untersucht.

6.2.2. Dynamic Capabilities

Dynamic Capabilities sind in dieser Arbeit als optimal beherrschte Organisationale Prozesse des *Auf- und Abbaus*, der *Rekonfiguration* sowie der *Integration von Ressourcen* definiert.[686] *Aufbauprozesse* schaffen neue Ressourcen und greifen dabei nicht auf den bestehenden Ressourcenbestand zurück. *Abbauprozesse* überprüfen die Einsatzmöglichkeiten bestehender Ressourcen und stoßen diese ab. *Rekonfigurationsprozesse* kopieren und übertragen bestehende Ressourcen ohne Veränderung in neue Unternehmungsbereiche, wo sie zu neuen Ressourcenbündeln kombiniert werden. *Integrationsprozesse* führen alte und neue Ressourcenbestände zusammen und verändern bestehende Ressourcen durch Lernen und Entwickeln so grundlegend, dass neue Ressourcen entstehen können.

Ob die in der Fallstudienuntersuchung identifizierten indirekt erfolgswirksamen Faktoren Dynamische Fähigkeiten waren, wurde anhand der Prozesse überprüft, welche zur Veränderung des Ressourcenbestands führten. Im Folgenden werden die „Finanzmanagement-Fähigkeiten", die „Kooperationsfähigkeit", die „Projektmanagement-Fähigkeiten" sowie die Change-Management-Fähigkeiten „Lernbereitschaft und Lernfähigkeit", „Unterstützung des Wandels durch Promotoren", „Unternehmungskultur" sowie „Informations- und Kommunikationsfähigkeiten" betrachtet.

---

[686] Siehe Kapitel 3.3.1.

Indirekt wirksame Faktoren (Dynamic Capabilities)		Prozess zur Veränderung des Ressourcenbestands		
		Auf- und Abbau	Rekonfiguration	Integration
Finanzmanagement-Fähigkeiten		X	X	
Kooperationsfähigkeit		X		
Projektmanagement-Fähigkeiten		X		X
Change-Management-Fähigkeiten	Lernbereitschaft und Lernfähigkeit			X
	Unterstützung des Wandels durch Promotoren		X	X
	Unternehmungskultur			X
	Informations- und Kommunikationsfähigkeiten	X		X

Tab. 17: Identifizierung von Dynamic Capabilities anhand von Prozessen zur Veränderung des Ressourcenbestands.
Quelle: Eigene Darstellung.

Bei *Finanzmanagement-Fähigkeiten* handelte es sich um Dynamic Capabilities, weil sie den Ressourcenbestand einer Unternehmung durch *Auf- und Abbau-* sowie *Rekonfigurationsprozesse* verändern. Im Fall Preussag/TUI halfen die Finanzmanagement-Fähigkeiten durch die Nutzung von Akquisitionschancen beim Aufbau des touristischen Steuerungs- und Planungs-Know-hows. Daneben unterstützten sie durch optimale Desinvestitionsprozesse den Abbau der industriellen SGF. Damit haben die Finanzmanagement-Fähigkeiten die Übertragung (Rekonfiguration) der finanziellen Mittel der Preussag von den alten SGF auf das neue Geschäftsfeld Touristik ermöglicht.

Auch die *Kooperationsfähigkeit* ist eine Dynamic Capability, da sie durch einen *Ressourcenaufbau* den Ressourcenbestand einer Unternehmung wandelt. Dem Mannesmann-Konzern ermöglichte die Kooperation mit PacTel den Zugriff auf zuvor nicht vorhandenes technisches Know-how in der Telekommunikation. Somit unterstützte die Kooperationsfähigkeit von Mannesmann sowohl die Erlangung der D2-Lizenz als auch den erfolgreichen Aufbau des D2-Mobilfunknetzes.

Die *Projektmanagement-Fähigkeiten* sind ebenfalls Dynamic Capabilities, weil sie durch den *Aufbau* und die *Integration* von Ressourcen zu deren Bestandsveränderung beitragen. Im Fall Mannesmann unterstützten Projektmanagement-Fähigkeiten den Aufbau des technischen Know-hows in der Telekommunikation sowie die Anpassung (Integration) des Marketing-Know-hows auf den deutschen Telekommunikationsmarkt. Auf diese Weise war es dem Mannesmann-Konzern möglich, sowohl den Zuschlag für die D2-Mobilfunklizenz zu erhalten als auch das D2-Netz erfolgreich aufzubauen.

Lernbereitschaft und Lernfähigkeit verkörpern Dynamic Capabilities, da sie den Ressourcenbestand mit Hilfe von Integrationsprozesse wandeln. Lernbereitschaft und Lernfähigkeit sind analog der Änderungsbereitschaft und Änderungsfähigkeit beim Unternehmungswandel Grundvoraussetzung für die Akzeptanz neuen Wissens bzw. von Veränderungen. Damit ermöglichen Sie sowohl die Integration neuer als auch die Anpassung bestehender Ressourcen.

Beide untersuchten Unternehmungen integrierten jeweils ihr neu aufgebautes branchenspezifisches Know-how in den bestehenden Ressourcenbestand. Bei Preussag wurde das touristische Steuerungs- und Planungs-Know-how aus den akquirierten Touristik-Unternehmungen durch Lernen des Preussag-Führungsteams in die Holding integriert, wodurch die längerfristige Nutzung des Touristik-Wissens gesichert war.

Der Mannesmann-Konzern integrierte das durch die Kooperation mit PacTel aufgebaute technische Know-how in die Mannesmann Mobilfunk GmbH, so dass dieses auch nach dem Rückzug von PacTel verfügbar blieb. Außerdem wurde das vorhandene Marketing-Know-how durch Lernen auf die Telekommunikationsbranche angepasst.

Die *Unterstützung des Wandels durch Promotoren* stellt ebenfalls eine Dynamic Capability dar, weil Promotoren z. B. durch *Rekonfigurations-* und *Integrationsprozesse* den Ressourcenbestand einer Unternehmung ändern. Promotoren sind am Unternehmungswandel beteiligte Mitarbeiter, die Veränderungen nachhaltig unterstützen. Sie helfen bei der Überwindung von Änderungsbarrieren und ermöglichen damit den Wandel des Ressourcenbestands.

Bei der Preussag AG und der TUI AG unterstützten Machtpromotoren im Vorstand die Übertragung (Rekonfiguration) der finanziellen Mittel auf die neuen SGF. Ebenso wurde die Integration des touristischen Steuerungs- und Planungs-Know-hows im Preussag-Konzern sowie des technischen Telekommunikations-Know-hows im Mannesmann-Konzern durch Promotoren getragen.

Auch die *Unternehmungskultur* ist eine Dynamic Capability, die durch Integration von Ressourcen an der Transformation des Ressourcenbestands beteiligt ist. Werte und Einstellungen, die in der Unternehmungskultur einer Unternehmung verankert sind, können z. B. Offenheit gegenüber Veränderungen und Visionen beinhalten. Damit sind sie wichtig bei Veränderungen und tragen zum Ressourcenwandel bei.

Im Preussag-Konzern war die Unternehmungskultur durch den Ausgleich von Gegensätzen bestimmt. Offenheit für das neue SGF Touristik und Fairness gegenüber den alten Industrie-Geschäftsfeldern erhöhten die Akzeptanz der Veränderungen. So war die „World of TUI" Dachmarke bzw. die Umbenennung der Preussag AG in TUI AG Motivation und Traditionsverlust zugleich. Auch bot die Preussag auf der einen Seite ihr Finanz- und Börsen-Know-how an und war auf der anderen Seite bereit, von der Erfahrung der Touristik-Unternehmungen zu lernen. Die Werte und Einstellungen der Preussag-Unternehmungskultur ermöglichten damit die Integration des touristischen Steuerungs- und Planungs-Know-hows.

Im Fall Mannesmann wurde die Unternehmungskultur von dem Grundsatz „Alles ist möglich" geprägt. Die Geschäftsführung lebte den Mitarbeitern diese Einstellung vor und propagierte ein „Understatement" nach außen. Das dadurch entstandene Zusammengehörigkeitsgefühl motivierte und trug zur Integration der Mitarbeiter von PacTel und Mannesmann bei.

Die *Informations- und Kommunikationsfähigkeiten* repräsentieren ebenfalls Dynamic Capabilities, denn sie können in Abbau- und Integrationsprozessen den Ressourcenbestand einer Unternehmung verändern. Informations- und Kommunikationsmaßnahmen sollen die Interessengruppen am Wandel beteiligen und damit die Akzeptanz für die Änderungen erhöhen.

Die Preussag AG erklärte und verbreitete unternehmungsintern die Vision eines Dienstleistungskonzerns. Dabei wurde ein positives Bild von der Transformation geschaffen und die Mitarbeiter in persönlichen Gesprächen motiviert. Diese Maßnahmen halfen anschließend bei der Integration des touristischen Steuerungs- und Planungs-Know-how in die Preussag/TUI. Der reibungslose Abbau der alten industriellen SGF wurde ebenso durch Informations- und Kommunikationsfähigkeiten unterstützt. Diese verstärkten die Akzeptanz für die Desinvestitionen der industriellen Bereiche und verhinderten u. a. aufgrund der Integration von Mitarbeitern und Gewerkschaften einen Widerstand gegen die geplanten Änderungen.

Die Darstellung hat gezeigt, dass es sich bei den indirekten Faktoren „Finanzmanagement-Fähigkeiten", „Kooperationsfähigkeit", „Projektmanagement-Fähigkeiten" sowie einzelnen „Change-Management-Fähigkeiten" um Dynamic Capabilities handelt (vgl. Abb. 41).

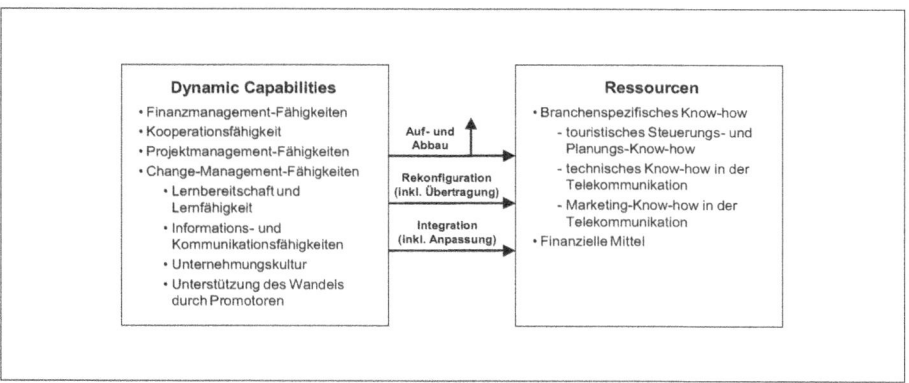

Abb. 41: Identifizierte Dynamic Capabilities.
Quelle: Eigene Darstellung.

6.2.3. Umweltfaktoren

In der empirischen Untersuchung wurde noch eine dritte Gruppe erfolgskritischer Faktoren identifiziert, die als Umweltfaktoren bezeichnet wurde. Diese nehmen eine Sonderrolle ein, da sie nicht auf Ressourcen zurückzuführen sind, sondern vielmehr Nebenbedingungen berücksichtigen, die den Unternehmungserfolg in einem Markt beeinflussen.

Im Fall Mannesmann unterstützten das starke Wachstum des Mobilfunkmarkts und ein beschränkter Marktzugang (durch staatlich limitierte und kontrollierte Lizenzen) die positive Entwicklung der neuen SGF. Zwar hätte Mannesmann auch ohne diese Faktoren Wettbewerbsvorteile durch seine Ressourcen erreicht und sich mithilfe der Dynamic Capabilities erfolgreich neu positionieren können, der Erfolg der Unternehmung auf dem Mobilfunkmarkt wäre jedoch nicht so groß ausgefallen. Die Umweltfaktoren haben den Erfolg der Ressourcen zusätzlich erhöht.

Gleichzeitig wurde im Vergleichsfall DaimlerChrysler festgestellt, dass aufgrund des zusammenbrechenden Markts in den neuen SGF keine Konzentrationsstrategie ergriffen wurde. Somit verhinderten die Marktfaktoren eine eventuelle SNP.

6.2.4. Gesamtzusammenhang

Die in der Fallstudienuntersuchung von den Interviewpartnern genannten erfolgsrelevanten Faktoren einer SNP konnten aus RBV-Sicht auf Ressourcen, Dynamic Capabilities und Umweltfaktoren zurückgeführt werden (vgl. Abb. 42). Bei den Ressourcen, welche direkt für den Erfolg der SNP verantwortlich waren, handelte es sich um „branchenspezifisches Know-how" und „finanzielle Mittel".

Dynamische Fähigkeiten waren bei der SNP für den Abbau alter und den Aufbau neuer Ressourcen, für die Rekonfiguration und Integration von Ressourcen verantwortlich. Hierbei schloss die Rekonfiguration eine Übertragung von Ressourcen auf neue SGF und die Integration eine Anpassung von Ressourcen durch Lernen mit ein. Als Dynamic Capabilities wurden in der vorliegenden Arbeit „Finanzmanagement-Fähigkeiten", „Kooperationsfähigkeit", „Projektmanagement-Fähigkeiten" sowie „Change-Management-Fähigkeiten" identifiziert. Da diese Dynamic Capabilities nur auf die Ausgestaltung der Ressourcen wirkten, waren sie lediglich indirekt erfolgswirksam für die SNP.

Als Nebenbedingungen des SNP-Erfolgs traten Umweltfaktoren auf, die den Erfolg der Ressourcen unterstützten oder schwächten. In den untersuchten Fällen wurden „Marktwachstum" und „staatlich reglementierter Marktzugang" als Umweltfaktoren identifiziert.

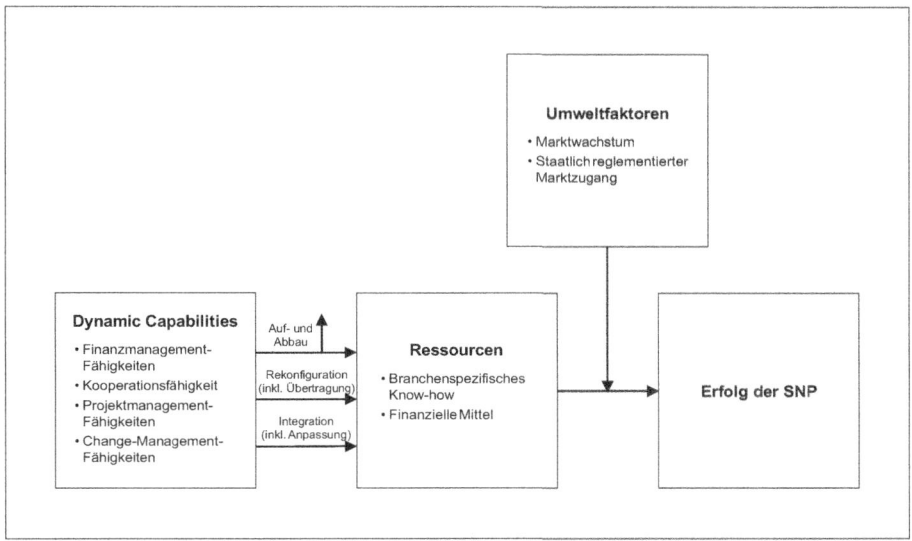

Abb. 42:   Wirkungszusammenhänge von Dynamic Capabilities, Ressourcen und Umweltfaktoren für den Erfolg einer SNP.
Quelle: Eigene Darstellung.

In Kapitel 3.4.2. wurde vermutet, dass der Erfolg einer SNP direkt von Ressourcen sowie indirekt von Dynamic Capabilities beeinflusst wird. Die eigene empirische Untersuchung konnte den vermuteten Einfluss von Ressourcen und Dynamic Capabilities bestätigen. Damit unterstreicht dieses Ergebnis die Notwendigkeit einer dynamisch erweiterten Perspektive des RBV und unterstützt die entsprechende Kritik an der statischen RBV-Sichtweise.[687]

Die statische RBV-Perspektive nimmt einen ‚Zustand' der optimalen Ressourcenallokation an und ist damit eine Zeitpunktbetrachtung. Dynamische Veränderungen des Wettbewerbs, wie sie bspw. von D'AVENI in seinem Hypercompetition-Konzept[688] beschrieben werden, erfordern jedoch eine Dynamisierung des RBV. Durch die Umweltdynamik verlieren Ressourcen schnell ihre Werthaltigkeit und Knappheit oder werden durch Konkurrenten imitiert bzw. substituiert.[689] Damit nimmt auch die Bedeutung nachhaltiger Wettbewerbsvorteile ab, denn ein längerfristiger Erfolg kann nur aus einer Kette von temporären Wettbewerbsvorteilen generiert werden.[690] Eine Unternehmung muss hierfür ihren Ressourcenbestand ständig weiterentwickeln und neue Ressourcenbündel schaffen.[691]

Eine Anpassung der Ressourcen an veränderte Wettbewerbsbedingungen wird erst in einer Zeitraumbetrachtung denkbar, welche der Dynamic-Capabilities-Ansatz bietet. Dynamic Capabilities verändern den Ressourcenbestand insofern, als neue Ressourcen geschaffen werden, die dann zu (wenigstens) temporären Wettbewerbsvorteilen führen. Nach dieser Logik werden bei einer SNP bestehende Ressourcenbündel in einem Transformationsprozess zu einem neuen Ressourcenausstand gewandelt. Ohne ein Hinzuziehen von Dynamischen Fähigkeiten wäre der Erfolg einer SNP aus RBV-Sicht nicht erklärbar.

Wie zuvor dargelegt, ermöglichen Dynamische Fähigkeiten die Anpassung von Ressourcen an veränderte Wettbewerbsbedingungen. Über diesen *reaktiven* Prozess

---

[687] Vgl. PRIEM/BUTLER (2001a), S. 33; D'AVENI (1994), S. 16-17; NAULT/VANDENBOSCH (1996), S. 353; FIOL (2001), S. 697; BRESSER (1998), S. 308; MAKADOK (1998), S. 683-684; HELFAT/PETERAF (2003), S. 997.

[688] Vgl. D'AVENI (1994, 1995).

[689] Vgl. BRESSER/HEUSKEL/NIXON (2000), S. 11-12.

[690] Vgl. FIOL (2001), S. 697. Zur Unterscheidung temporärer (gewöhnlicher) und nachhaltiger Wettbewerbsvorteile vgl. Abschnitt 3.1.

[691] Vgl. GHEMAWAT (1986), S. 58.

hinaus befähigen Dynamic Capabilities eine Unternehmung auch zu *aktiven* Maßnahmen der Ressourcenveränderung. Verfolgt eine Unternehmung z. B. eine Expansionsstrategie auf neue Geschäftsfelder, kann sie mit Hilfe von Dynamischen Fähigkeiten ihre Ressourcen proaktiv gestalten.

Außerdem konnten weitere Vermutungen aus Kapitel 3.4.2. bestätigt werden. So wurden insbesondere leicht transferierbare und universell einsetzbare Ressourcen aus dem vorhandenen Bestand ohne Veränderung in den neuen SGF genutzt. Dabei handelte es sich ausschließlich um eine Rekonfiguration der finanziellen Mittel. Zwar wurden Unternehmungsinfrastruktur, Personalverwaltung und -rekruting sowie Controlling- und Rechnungslegungsfähigkeiten in die neuen SGF transferiert, jedoch wurden diese von den Interviewpartnern nicht als Ressourcen identifiziert.

Anders als angenommen, ließ sich das Marketing-Know-how nicht ohne Veränderung transferieren, sondern musste in Integrationsprozessen der internen Entwicklung auf spezifische Branchen und Landesspezifika angepasst werden. Des Weiteren lag ein Schwerpunkt des Ressourcentransformationsprozesses im Aufbau neuer Ressourcen. Dabei halfen „Kooperationsfähigkeit" sowie zusätzlich „Finanzmanagement-Fähigkeiten" und „Projektmanagement-Fähigkeiten".

Auch konnte der Erwartung zugestimmt werden, dass der Integration neu aufgebauter Ressourcen in den vorhandenen Ressourcenbestand eine besondere Bedeutung zukommt. Hierbei wurde vornehmlich die Dynamic Capability „Change-Management-Fähigkeiten" eingesetzt.

Zusätzlich wurden in dieser Arbeit Umweltfaktoren identifiziert, die als Nebenbedingung auftraten (vgl. Abb. 43). Der Erfolg einer SNP war demnach nicht nur direkt von Ressourcen und indirekt von Dynamic Capabilities abhängig, sondern wurde auch von Umweltfaktoren beeinflusst.

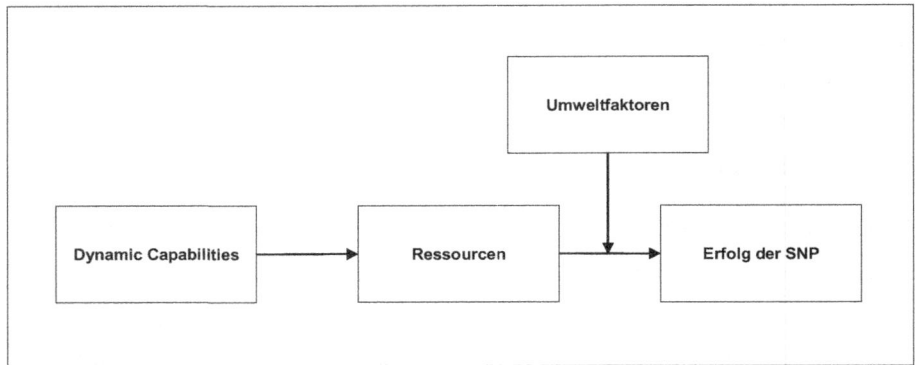

Abb. 43:   Gesamtzusammenhänge für den Erfolg einer SNP.
            Quelle: Eigene Darstellung.

Das Auftreten von Umweltfaktoren entsprach nicht den vermuteten Wirkungszusammenhängen und ist umso erstaunlicher, als der RBV Erfolgsunterschiede von Unternehmungen ausschließlich auf unternehmungsinterne Ressourcen zurückführt.[692] Der Befund von Umweltfaktoren in der empirischen Studie schließt damit an die Kritik an, dass der RBV unternehmungsexterne Faktoren vernachlässigt.

Im RBV wird einzig die Wirksamkeit von Ressourcen in Bezug zum Markt betrachtet.[693] Dabei werden jedoch positive oder negative Marktentwicklungen sowie staatliche Eingriffe nicht berücksichtigt. In der RBV-Logik können Ressourcen werthaltig, knapp, nicht imitierbar und nicht substituierbar sowie organisatorisch eingebunden sein, obwohl auf einem Markt nur (noch) ein geringer Teil der bisherigen Menge abgesetzt wird. Aus RBV-Sicht dürfte eine Unternehmung trotz eines plötzlich schrumpfenden Markts nicht weniger erfolgreich sein als zuvor. In der

---

[692]   Vgl. z. B. BARNEY (1991), S. 99-101; BARNEY (2002), S. 155; CASTANIAS/HELFAT (1991), S. 155-157; CASTANIAS/HELFAT (2001), S. 661-662; COFF (1997), S. 374-375; COLLIS (1991), S. 50; COLLIS/ MONTGOMERY (1995), S. 119; CONNER (1991), S 121-122; DIERICKX/COOL (1989), S. 1504; EISEN-HARDT/MARTIN (2000), S. 1105-1106; MAHONEY (1995), S. 91-92; MAHONEY/PANDIAN (1992), S. 364-365; MONTGOMERY/WERNERFELT (1988), S. 623; PETERAF (1993), S. 179; RUMELT (1984), S. 561; TEECE/PISANO/SHUEN (1997), S. 510; WERNERFELT (1984), S. 172.

[693]   Vgl. AMIT/SCHOEMAKER (1993), S. 39; PRIEM/BUTLER (2001a), S. 29-30; MOSAKOWSKI/MCKELVEY (1997), S. 67.

Realität und vor allem in dieser empirischen Studie wurde diese These jedoch relativiert.

Entscheidend bei Umweltfaktoren – wie z. B. staatlichen Einflüssen, die den Unternehmungserfolg erheblich beeinflussen – ist die Tatsache, dass sie durch Unternehmungen nicht beherrscht werden können. Der Unternehmungserfolg ist nicht nur auf unternehmungsinterne, sondern ebenso auf Faktoren der Umwelt zurückzuführen. Aus diesem Grund wird in dieser Arbeit der Aufruf nach stärkerer Integration externer Einflussfaktoren in den RBV unterstützt.[694]

6.3. Eigener Forschungsbeitrag

Der Forschungsbeitrag der vorliegenden Arbeit ist in drei Punkten zu sehen: einem inhaltlichen Beitrag, einem theoretischen Beitrag sowie Impulsen für weitere Forschungsbemühungen.

---

[694] Vgl. BRESSER (1998), S. 308; BÖRNER (2000a), S. 96; PORTER (1991), S. 115.

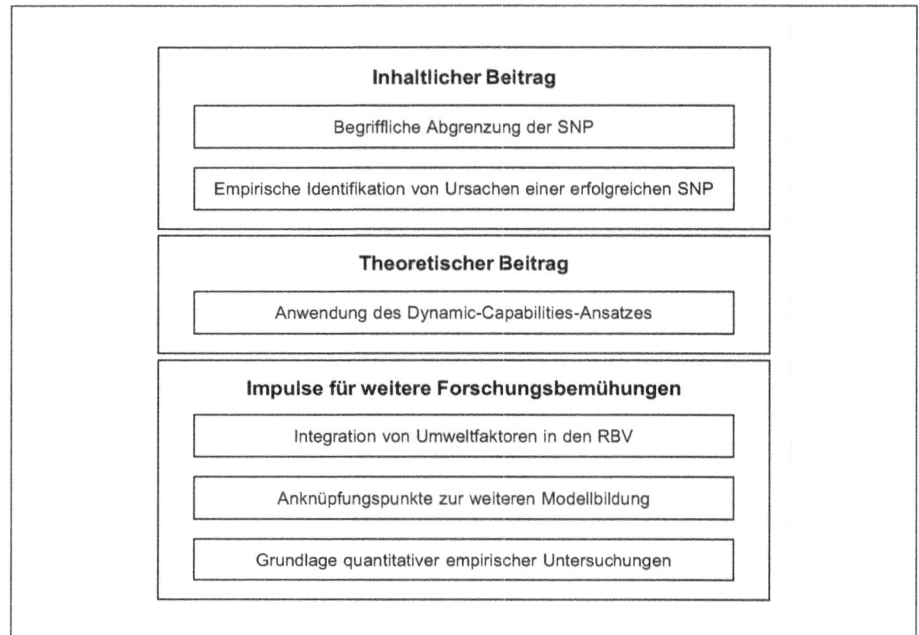

Abb. 44:   Eigener Forschungsbeitrag.
           Quelle: Eigene Darstellung.

Der *inhaltliche Beitrag* dieser Arbeit besteht aus der *begrifflichen Abgrenzung der SNP* sowie der *empirischen Identifikation von Erfolgsursachen* in der Praxis. Für die Begriffsklärung wurde vor allem die Unterscheidung der SNP von der Diversifikations- und der Konzentrationsstrategie vorgenommen. So hat die SNP mit einer konglomeraten Diversifikation die Unverbundenheit des neu aufgenommen SGF gemeinsam. Dabei werden für die Erstellung neuer Produkte gänzlich neue Technologien genutzt und diese Produkte bei neuen Kundengruppen auf neuen Märkten abgesetzt. Die SNP geht insofern über die unverbundene Diversifikation hinaus, als eine Unternehmung die alten SGF vollständig aufgibt und sich analog einer Konzentrationsstrategie auf das verbliebene, neue Geschäftsfeld fokussiert.

Für die empirische Untersuchung des SNP-Erfolgs wurde ein exploratives Forschungsdesign in Form der Fallstudienmethode von EISENHARDT (1989a) gewählt. Dabei wurden die zwei erfolgreichen SNP-Fälle Preussag/TUI sowie Mannesmann betrachtet und teilstrukturierte Interviews mit mehreren Schlüsselpersonen durchgeführt. Ergänzend dazu wurden Vergleichsfälle (ThyssenKrupp und DaimlerChrysler) hinzugezogen und Experten befragt.

Die Hintergründe und Rahmenbedingungen einer erfolgreichen SNP wurden an Hand von Merkmalen, Motiven und Abläufen untersucht. Die von den Interviewpartnern genannten erfolgskritischen Faktoren einer SNP ließen sich in drei Gruppen einteilen. Die *direkt erfolgswirksamen Faktoren* trugen unmittelbar zur Wertsteigerung im neuen SGF bei, wohingegen eine zweite Gruppe *indirekt erfolgswirksam* war. Diese Faktoren trugen dazu bei, die direkten Faktoren für das neue SGF zu schaffen. Ferner wurden *Nebenbedingungen* erfasst, welche den Erfolg der direkten Faktoren beeinflussten.

Ein weiteres Ergebnis der empirischen Untersuchung war, dass die SNP selten als intendierte Strategie verfolgt wird, da Unsicherheiten bezüglich des SNP-Erfolgs bestehen. Zur Reduzierung dieser Unsicherheiten tragen die Ergebnisse dieser Arbeit bei.

Beim *theoretischen Beitrag* dieser Arbeit handelt es sich um die Anwendung des Dynamic-Capabilities-Ansatzes auf ein konkretes Phänomen in der Unternehmungs-praxis. Hierzu wurde aufbauend auf der statischen RBV-Perspektive die dynamische Erweiterung des RBV betrachtet. Dabei wurden Begriffsabgrenzungen der zentralen Begriffe Ressourcen und Dynamische Fähigkeiten vorgenommen sowie die Argumentationslogik zur Erlangung temporärer bzw. nachhaltiger Wettbewerbsvorteile dargelegt. Schließlich formte sich aus diesen Elementen ein theoretischer Rahmen zur Erklärung des SNP-Erfolgs, nachdem Ressourcen direkt sowie Dynamic Capabilities indirekt relevant sind. Der Einfluss von Ressourcen und Dynamic Capabilities wurde durch die eigene empirische Untersuchung bestätigt und die Kritik an der fehlenden Dynamik der statischen RBV-Perspektive hervorgehoben.

Ferner wurden in der empirischen Untersuchung *Umweltfaktoren identifiziert*, die als Nebenbedingungen des Erfolgs von Ressourcen auftraten. Damit wird die Kritik an der Vernachlässigung unternehmungsexterner Faktoren im RBV aufgegriffen und bestärkt.

Die vorliegende Arbeit liefert außerdem *Impulse für weitere Forschungsbemühungen*. Anknüpfend an die Kritik einer Vernachlässigung unternehmungsexterner Faktoren im RBV wird explizit die *Integration von Umweltfaktoren in den RBV* angeregt. Dabei ist zukünftig u. a. zu klären, welche Umweltfaktoren in bestimmten Branchen auftreten, welche detaillierten Merkmale sie aufweisen sowie welche Wirkungen diese Umweltfaktoren auf die jeweiligen Ressourcen einer Unternehmung ausüben.

Außerdem besteht weiterhin ein umfangreicher Forschungsbedarf zum Phänomen der SNP selbst. In der vorliegenden Arbeit war eine großzahlige quantitative Untersuchung nicht durchführbar, da nicht auf bestehende Forschungsergebnisse zur SNP aufgebaut werden konnte. Vielmehr wurde ein exploratives Forschungsdesign nach der Fallstudienmethode von EISENHARDT (1989a) gewählt. Die Fallstudienuntersuchung ermöglichte die Identifizierung grundlegender Wirkungsbeziehungen zwischen Faktoren sowie die Erklärung der Erfolgsursachen zweier erfolgreicher SNP-Fälle.

Die erarbeiteten Ergebnisse sind damit als *Anknüpfungspunkte zur weiteren Modellbildung* zu verstehen. Sie können als Ausgangspunkt theoretischer Überlegungen sowie als *Grundlage weiterer, auch quantitativer empirischer Untersuchungen* zur SNP dienen.

7. Zusammenfassung und Ausblick

Die vorliegende Arbeit beschäftigte sich mit einer Fragestellung aus dem Strategischen Management. Vor dem Hintergrund der Strategiealternativen „Diversifikation" und „Konzentration auf das Kerngeschäft" wurde das in der Praxis beobachtbare, aber nur wenig erforschte Phänomen der *Strategischen Neupositionierung* (SNP) untersucht. Das Ziel der vorliegenden Arbeit war es, den *Erfolg einer SNP* zu erklären.

Aufgrund der offenbar bisher nur unzureichenden betriebswirtschaftlichen Forschung zur SNP wurden zunächst die begrifflichen Grundlagen aufgearbeitet. Bei der SNP handelt es sich um eine Strategie auf der Unternehmungsgesamtebene, welche die Entwicklungsrichtungen der Schrumpfung und des Wachstums kombiniert. Die SNP kann als *Kombination von Diversifikations- und Konzentrationsstrategie* aufgefasst werden. Dabei nimmt eine Unternehmung neue, unverbundene Strategische Geschäftsfelder (SGF) in ihr Portfolio auf und zieht sich aus bestehenden SGF vollständig zurück, so dass eine Konzentration auf das neue SGF stattfindet. Im Kern handelt es sich bei der SNP um einen *Wechsel in neue, unverbundene SGF*. Das Merkmal der Unverbundenheit liegt vor, wenn eine Unternehmung mit neuen Produkten auf einem neuen Markt tätig wird und keine Überschneidungen bezüglich der Kunden und Technologien zu alten SGF bestehen. Der Wechsel in neue SGF lässt sich durch Diversifikationsmaße sowie die Entwicklung von Umsatz, Mitarbeiterzahl, Ergebnis und Investitionen beobachten.

Die *Realisierungswege* einer SNP ergeben sich aus der Kombination von Markteintritts- und Marktaustrittsstrategien zum Auf- und Abbau von SGF. Für den Aufbau neuer Geschäftsfelder bieten sich die interne Entwicklung (interner Aufbau und Ausgründung) sowie die Zuhilfenahme externer Unterstützung (strategische Allianz und Akquisition) an. Die Alternativen für den SGF-Abbau werden in zeitnah umzusetzende Strategien (Stilllegung und Verkauf) sowie mittel- bis langfristige, den

© Springer Fachmedien Wiesbaden GmbH, ein Teil von Springer Nature 2005
O. Reichel-Busch, *Strategische Neupositionierung von Unternehmungen*,
Edition KWV, https://doi.org/10.1007/978-3-658-24347-0_7

Marktaustritt vorbereitende Strategien (Abschöpfung und Senkung von Marktaustrittsbarrieren) unterschieden.

Die *Motive* für eine SNP können nach ihrer Entstehung systematisiert werden. Dabei wird zwischen dem internen sowie dem externen Ursprung von Motiven differenziert. Außerdem gliedern sich die SNP-Motive nach dem Veränderungsdruck (Schwächen und Risiken) und der Veränderungsmöglichkeit (Stärken und Chancen).

Ferner wurde in den begrifflichen Abgrenzungen die Implementierung einer SNP betrachtet, bei der vielfach *Widerstände gegen den Unternehmungswandel* überwunden werden müssen. Die Akzeptanz der SNP wird sowohl von der Änderungs*fähigkeit* (Kennen und Können) als auch von der Änderungs*bereitschaft* (Wollen und Sollen) der Beteiligten abhängig sein. Erstere scheitert an Informations- und Qualifikationsdefiziten. Die Änderungsbereitschaft sinkt bei Motivations- und Organisationsdefiziten. Zur Akzeptanzförderung einer SNP und somit zur Überwindung von Veränderungswiderständen bietet sich der Einsatz von Change-Management-Instrumenten an. Dabei handelt es sich um Kommunikations-, Qualifikations-, Motivations- und Organisationsinstrumente.

Als theoretisches Grundgerüst für die Forschungsfrage nach dem Erfolg einer SNP wurde der *Resource-Based View* (RBV) ausgewählt. Der RBV verfolgt das Ziel, Ergebnisunterschiede zwischen Unternehmungen zu erklären. Die Argumentationslogik des RBV stützt sich auf das Resource-Conduct-Performance-Paradigma.[695] Demnach werden die Ergebnisunterschiede mit der unterschiedlichen *Ressourcenausstattung* der Unternehmungen begründet.

Für den RBV ist die Unterscheidung zwischen gewöhnlichen und nachhaltigen Wettbewerbsvorteilen im Strategischen Management wichtig.[696] Bei *gewöhnlichen Wettbewerbsvorteilen* kann eine Strategie nicht zeitgleich von einem Konkurrenten

---

[695] Vgl. RASCHE (1994), S. 4.
[696] Vgl. hierzu und zum Folgenden BARNEY (1991), S. 102.

umgesetzt werden, wodurch nur ein kurzzeitiger (temporärer) Vorsprung besteht, bis diese Strategie schließlich durch die Wettbewerber kopiert wird. Die Sicherung einer überlegenen Marktposition ist bei gewöhnlichen Wettbewerbsvorteilen damit nur für eine begrenzte Zeit möglich. *Nachhaltige Wettbewerbsvorteile* liegen vor, wenn eine erfolgreiche Strategie von Konkurrenten über den Zeithorizont eines gewöhnlichen Vorteils hinaus nicht dupliziert werden kann.

Damit Unternehmungen temporäre Wettbewerbsvorteile erzielen können, müssen Ressourcen nach dem VRIO-Katalog von BARNEY[697] *werthaltig* und *knapp* sein. Sollen darüber hinaus nachhaltige Wettbewerbsvorteile erreicht werden, darf eine Ressource von der Konkurrenz *nicht vollständig imitierbar* oder *substituierbar* sein. Letztlich ist eine Ressource aber nur dann erfolgswirksam, wenn ihr Wertpotential durch eine Einbettung in die *interne Organisation* der Unternehmung genutzt werden kann.[698]

Diese als statisch bezeichnete Perspektive des RBV stellt den Zusammenhang zwischen Unternehmungsressourcen und dauerhafter Erzielung ökonomischer Gewinne her. Es werden die Eigenschaften von Ressourcen, nicht aber deren Entstehung oder Weiterentwicklung diskutiert.[699] Da Ressourcen in einem sich ändernden Wettbewerbsumfeld ihre Werthaltigkeit und Knappheit schnell einbüßen oder durch Konkurrenten imitiert bzw. substituiert werden können, verlieren nachhaltige Wettbewerbsvorteile ihre Bedeutung.[700] Ein längerfristiger Erfolg kann somit nur auf der Generierung einer *Kette von temporären Wettbewerbsvorteilen*

---

[697] Das Akronym VRIO setzt sich aus den Begriffen Value (Wert), Rareness (Knappheit), Inimitability (Nichtduplizierbarkeit) und Organization (Organisation) zusammen. Vgl. BARNEY (2002), S. 159-160. Vgl. darüber hinaus auch die Kriterienkataloge bei AMIT/SCHOEMAKER (1993), S. 36, 38; COLLIS (1991), S. 51; GRANT (1991), S. 115; GRØNHAUG/NORDHAUG (1992), S. 440; PETERAF (1993), S. 180-186; REED/DEFILIPPI (1990); STALK/EVANS/SHULMAN (1993), S. 63; TAMPOE (1994), S. 68-69.

[698] Vgl. BARNEY (2002), S. 159-174.

[699] Vgl. BLACK/BOAL (1994), S. 132; PRIM/BUTLER (2001a), S. 33.

[700] Vgl. BRESSER/HEUSKEL/NIXON (2000), S. 11-12.

beruhen.[701] Dazu muss die Unternehmung ihre Ressourcen ständig weiterentwickeln, neue Ressourcenkombinationen hervorbringen[702] und eine Kongruenz mit dem sich wandelnden Umfeld erlangen.[703] Diese Anpassung des Ressourcenprofils gelingt einer Unternehmung mittels Fähigkeiten, die aufgrund ihrer dynamischen Wirkung als *Dynamic Capabilities* (Dynamische Fähigkeiten) bezeichnet werden. Sie sind der Kern einer dynamischen Erweiterung der statischen RBV-Perspektive.[704]

Dynamic Capabilities werden in dieser Arbeit als optimal beherrschte Organisationale Prozesse des *Auf- und Abbaus*, der *Rekonfiguration* sowie der *Integration von Ressourcen* definiert.[705] *Aufbauprozesse* schaffen neue Ressourcen und greifen dabei nicht auf den bestehenden Ressourcenbestand zurück. *Abbauprozesse* überprüfen die Einsatzmöglichkeiten bestehender Ressourcen und stoßen diese ab. *Rekonfigurationsprozesse* kopieren und übertragen bestehende Ressourcen ohne Veränderung in neue Unternehmungsbereiche, wo sie zu neuen Ressourcenbündeln kombiniert werden. *Integrationsprozesse* führen alte und neue Ressourcenbestände zusammen und können bestehende Ressourcen durch Lernen und Entwickeln so grundlegend verändern, dass neue Ressourcen entstehen.

Der statische RBV war zur Betrachtung der Forschungsfrage zweckmäßig, weil bei einer SNP eine Unternehmung mit neuen Produkten auf einem neuen Markt auftritt. Dabei ist es eher unwahrscheinlich, dass bestehende Ressourcen ohne Veränderung weiter genutzt werden können, weshalb Ressourcen verändert, neu aufgebaut und integriert werden müssen. Im Fokus der SNP-Untersuchung steht neben den Ressourcen selbst vor allem deren Transformationsprozess. Die dynamische Erweiterung des RBV thematisiert den Anpassungs-, Aufbau- und Integrationsprozess

---

[701] Vgl. FIOL (2001), S. 697. Zur Unterscheidung temporärer (gewöhnlicher) und nachhaltiger Wettbewerbsvorteile vgl. Abschnitt 3.1.

[702] Vgl. GHEMAWAT (1986), S. 58.

[703] Vgl. TEECE/PISANO/SHUEN (1997), S. 515.

[704] Vgl. ZOTT (2003), S. 98; ZAHRA/GEORGE (2002), S. 185.

[705] Siehe Kapitel 3.3.1.

von Ressourcen, so dass sich dieser Ansatz für die Untersuchung einer SNP besonders gut eignete.

Für den empirischen Teil dieser Arbeit wurde ein *exploratives Forschungsdesign* in Form einer *qualitativen Fallstudienuntersuchung* nach EISENHARDT[706] gewählt. Hierzu wurden die beiden erfolgreichen SNP-Fälle Preussag AG/TUI AG und Mannesmann AG betrachtet.

Der rohstofforientierte Industriekonzern Preussag war ursprünglich auf die Produktion und Lagerung von Kohle, Erz und Öl, später auch den Anlagen- und Schiffbau spezialisiert. Der grundlegende Wandel der Preussag AG begann im Jahr 1997 mit der Akquisition der TUI-Gruppe.[707] Der ehemals *rohstoff- und technologieorientierte Industriekonzern* baute das neue Geschäftsfeld ‚Touristik' immer weiter aus, bis er sich 2001 vollständig auf dieses konzentrierte.[708] Im Jahr 2002 fand die SNP ihren Abschluss mit der Umbenennung des integrierten *Touristikkonzerns* Preussag AG in TUI AG.[709]

Der breit diversifizierte Mannesmann-Konzern, ursprünglich ein reiner Stahlröhrenhersteller, war sowohl in vor- und nachgelagerte Wertschöpfungsstufen der Röhrenproduktion als auch in die Bereiche Maschinen- und Anlagenbau, Elektrotechnik sowie Fahrzeugtechnik diversifiziert.[710] Mit dem Zuschlag für die D2-Mobilfunklizenz 1989 setzte ein grundlegender Wandel des *Technologiekonzerns* ein, bei dem die neuen Telekommunikationsaktivitäten zum erfolgreichsten Geschäftsfeld der Mannesmann AG wuchsen. Infolge dessen wurden 1999 alle industriellen Aktivitäten in eine eigenständige Aktiengesellschaft (Atecs Mannesmann AG)

---

[706] Vgl. EISENHARDT (1989a).

[707] Vgl. Preussag profile Sonderausgabe September 1999, S. 19.

[708] Vgl. FAZ vom 31.03.2001, S. 17; Handelsblatt vom 02.04.2001, S. 18; Rede des Vorstandsvorsitzenden der Preussag AG, Dr. Michael Frenzel auf der Hauptversammlung am 18.05.2001, Beilage zu: Die Aktiengesellschaft, 46. Jg., Heft 5, S. 5.

[709] Vgl. Financial Times Deutschland vom 18.03.2002, S. 6; Handelsblatt vom 27.06.2002, S. 14.

[710] Vgl. WESSEL (1990), S. 381-486.

ausgegliedert, deren Börsengang zugleich vorbereitet wurde. Damit positionierte sich die Mannesmann AG neu als reiner *Telekommunikationsdienstleister*.

Die Datenerhebung zu den beiden Fällen erfolgte in Form *teilstrukturierter Interviews*, bei denen jeweils mehrere Schlüsselpersonen befragt wurden. Als Interviewpartner konnten u. a. der Finanzvorstand der TUI AG, Herr Rainer Feuerhake, der ehemalige Vorstandsvorsitzende der Mannesmann AG, Herr Dr. Werner Dieter, sowie ein ehemaliges Geschäftsführungsmitglied der Mannesmann Mobilfunk GmbH, Herr Harald Stöber, gewonnen werden.

Um ein umfassendes Verständnis für den Untersuchungsgegenstand zu erlangen, wurden außerdem *Expertenmeinungen* hinzugezogen. Hierbei fanden z. B. Gespräche mit dem Vorstandsvorsitzenden der ThyssenKrupp AG, Prof. Dr. Ekkehard Schulz, sowie dem Leiter des Bereichs „Sozialwissenschaftliche Systemforschung" der DaimlerChrysler AG, Herrn Thomas Waschke, statt.

Bei der Fallstudienanalyse wurden zunächst die Ergebnisse innerhalb der Fälle (*Within-Case-Analyse*) und anschließend deren fallübergreifende Übereinstimmungen bzw. Abweichungen (*Cross-Case-Analyse*) betrachtet. Zusammen mit zuvor theoretisch aus dem RBV hergeleiteten Wirkungszusammenhängen ermöglichten die Ergebnisse der explorativen Fallstudienuntersuchung Vermutungen über die Erfolgsursachen erfolgreicher SNP.

Die untersuchten Neupositionierungen ließen sich insbesondere auf *unternehmungsextern ausgelöste Motive* zurückführen, die im Vermeiden externer Risiken sowie der Nutzung externer Chancen lagen. Als externes Risiko wurde ein Marktdruck identifiziert, wie z. B. die Abhängigkeit von vorgelagerten Rohstoffmärkten, schwache Marktpositionen, eine negative Preis-Kosten-Schere[711] sowie ein Finanzmarktdruck. Anhand der Vergleichsfälle ThyssenKrupp und DaimlerChrysler konnte gezeigt werden, dass bei fehlendem Marktdruck eine SNP nicht durchgeführt

---

[711] Eine negative Preis-Kosten-Schere liegt vor, wenn Produktionskosten stärker steigen als die Absatzpreise.

wurde. Bei diesen Unternehmungen war der Veränderungsdruck so gering, dass keine Veranlassung bestand, von den bestehenden Geschäftsfeldern abzuweichen.

SNP-Motive durch externe Chancen offenbarten sich als Marktopportunitäten wie z. B. die Nutzung günstiger Kaufoptionen, die Verstetigung von Zahlungsströmen durch ausgeglichene Erträge in den neuen SGF, Umsatzsteigerungen, nachhaltig verbesserte Marktpositionierungen oder allgemein ein erwartetes hohes Wachstumspotential des Zielmarkts.

Die Nutzung externer Chancen war eng verbunden mit einem wesentlichen SNP-Motiv: dem innovativen Selbstverständnis des Vorstands (Nutzung interner Stärken). Dieses Selbstverständnis erwies sich als Voraussetzung zur Wahrnehmung externer Chancen und damit auch einer SNP. Ein weiteres Motiv zur Nutzung interner Stärken ergab sich aus der Verfügbarkeit liquider Mittel für Investitionen z. B. durch den Verkauf alter SGF.

Bemerkenswert ist ferner, dass die SNP in der Praxis aufgrund von Erfolgsunsicherheiten *selten als intendierte Strategie* ergriffen wird. So konte bei Preussag/TUI und Mannesmann beobachtet werden, dass zunächst eine konglomerate Diversifikationsstrategie gewählt wurde. Erst als sich das neue SGF als nachhaltig erfolgreich herausstellte, fokussierten sich die Unternehmungen auf dieses. Damit wandelte sich die Diversifikationsstrategie durch die Konzentration auf das neue SGF zu einer SNP. Im Vergleichsfall DaimlerChrysler stellten sich die neuen SGF als nicht erfolgreich heraus, so dass die Diversifikation zurückgenommen wurde, bevor eine Konzentration auf diese sinnvoll war. Könnten die Unsicherheiten bezüglich des SNP-Erfolgs reduziert werden, wäre eine SNP als intendierte Strategie auch häufiger in der Praxis beobachtbar.

Der *SNP-Ablauf* bei Preussag/TUI und Mannesmann ließ sich in vier Phasen unterteilen. In einer *Initialphase* wurden die Entscheidungen für das neue, unverbundene SGF gefällt und erste Aktivitäten für dessen Aufbau unternommen. Während der *zweiten Phase* wurden akquirierte Unternehmungen konsolidiert bzw. gänzlich neu zu schaffende SGF aufgebaut (Start-up). Eine *dritte Phase* umfasste die Expansion der neuen SGF sowie die Bereinigung der alten Geschäftsfelder. In der abschließenden *Fokussierungsphase* wurde die ausschließliche Konzentration auf das neue SGF und die Abstoßung der alten SGF eingeleitet.

Die in der SNP-Fallstudienuntersuchung von den Interviewpartnern genannten erfolgsrelevanten Faktoren konnten aus RBV-Sicht auf Ressourcen, Dynamic Capabilities und Umweltfaktoren zurückgeführt werden. Die *Ressourcen* waren dabei direkt erfolgswirksam für eine SNP. Bei ihnen handelte es sich um „branchenspezifisches Know-how" und „finanzielle Mittel".

Bei einer SNP waren *Dynamische Fähigkeiten* für den Abbau alter und den Aufbau neuer Ressourcen, für die Rekonfiguration und die Integration von Ressourcen verantwortlich. Dabei schloss die Rekonfiguration eine Übertragung von Ressourcen auf neue SGF und die Integration eine Anpassung von Ressourcen durch Lernen ein. Als Dynamic Capabilities wurden in der vorliegenden Arbeit „Finanzmanagement-Fähigkeiten", „Kooperationsfähigkeit", „Projektmanagement-Fähigkeiten" sowie „Change-Management-Fähigkeiten" identifiziert. Da die Dynamic Capabilities auf die Ressourcen wirkten, waren sie nur indirekt erfolgswirksam für die SNP.

Bemerkenswert war ferner, dass als Nebenbedingungen des SNP-Erfolgs Umweltfaktoren auftraten. Sie unterstützten oder schwächten den Erfolg der Ressourcen und wurden in den untersuchten Fällen als „Marktwachstum" und „staatlich reglementierter Marktzugang" identifiziert. Dieser Befund unterstützte die Kritik an der statischen RBV-Perspektive, der die Umwelt als Einflussfaktor auf den Unternehmungserfolg vernachlässigt.

Welcher Realisierungsweg für die SNP gewählt wurde, hing von den direkt und indirekt wirksamen Faktoren sowie von der jeweiligen Strategie ab. Waren z. B. die branchenspezifischen Fähigkeiten nicht vorhanden und ein schneller Markteintritt geplant, wurde eine externe Unterstützung der internen Entwicklung vorgezogen. Dabei wurde ein Unternehmungskauf aufgrund des sofortigen Markteintritts mit hohen Umsätzen vor der Kooperation präferiert. Standen geringe Kosten und eine Reduzierung des Risikos im Zentrum der Betrachtung, eigneten sich eher Kooperationen für die Realisierung der SNP.

Der Forschungsbeitrag der vorliegenden Arbeit ist in drei Punkten festzuhalten. Erstens besteht ein *inhaltlicher Beitrag*, der sich aus der *begrifflichen Abgrenzung der SNP* sowie der *empirischen Identifikation von Erfolgsursachen* in der Praxis zusammensetzt. Zweitens ist ein *theoretischer Beitrag* in der Anwendung des Dynamic-Capabilities-Ansatzes auf ein konkretes Phänomen in der Unternehmungspraxis zu sehen. Drittens will diese Arbeit *Impulse für weitere Forschungsbemühungen* geben. Da zur SNP noch keine ausreichenden Forschungsergebnisse bestanden, wurde ein exploratives Forschungsdesign für die eigene empirische Untersuchung gewählt. Die erarbeiteten Wirkungsbeziehungen zur Erklärung einer erfolgreichen SNP sind als Anknüpfungspunkte zur weiteren Modellbildung zu verstehen. Sie können als Grundlage quantitativer empirischer Untersuchungen zur SNP dienen.

Außerdem besteht ein erhebliches Interesse an der Aufarbeitung des Phänomens der SNP in der Unternehmungspraxis, um Unsicherheiten bezüglich dieser Strategie weiter zu reduzieren. So hat die SNP nicht nur für den Wandel von großen, traditionellen Industriekonzernen eine große Bedeutung, sondern auch für andere Unternehmungen, so z. B. für Unternehmungsneugründungen im Bereich des E-Business. Gerade vor dem Hintergrund des ‚Zusammenbruchs der New Economy' und der Insolvenzwelle von Internet-Start-ups in den vergangenen Jahren wäre eine SNP als mögliches Sanierungskonzept zu prüfen. Unternehmungen, die eine funktionsfähige Infrastruktur und umfangreiche Ressourcen aufgebaut haben, jedoch ein erfolgloses Geschäftsmodell besitzen, könnten Anregungen für einen erfolgreichen Wechsel in neue SGF bekommen.

Anhang

© Springer Fachmedien Wiesbaden GmbH, ein Teil von Springer Nature 2005
O. Reichel-Busch, *Strategische Neupositionierung von Unternehmungen*,
Edition KWV, https://doi.org/10.1007/978-3-658-24347-0

A. Interviewpartner und -termine

Herr Rainer Feuerhake, Finanzvorstand der TUI AG, am 01.03.2004

Herr Henrik Homann, kaufmännischer Geschäftsführer der TUI Deutschland GmbH, am 08.03.2004

Herr Olaf Seifert, Direktor Konzern-Controlling der TUI AG, am 08.03.2004

Herrn Frank Tietjen, in Vertretung für Herrn Thies Rheinsberg, Leiter Konzernstrategie/Konzernentwicklung der TUI AG, am 01.03.2004

Herr Dr.-Ing. E.h. Werner H. Dieter, 1985-1994 Vorstandsvorsitzender der Mannesmann AG, am 23.06.2004

Herr Dr. Manfred Becker, 1983-1994 Leiter der Konzern-Direktorialabteilung der Mannesmann AG, am 03.06.2004

Herr Harald Stöber, 1990-1997 Geschäftsführer Marketing und Vertrieb der Mannesmann Mobilfunk GmbH, seit 1997 Vorstandsvorsitzender der Mannesmann-Festnetzsparte Arcor AG & Co. KG, am 04.12.2003

Herr Erhart Meixner, 1990-1992 Leiter des Projektmanagements bei der Mannesmann Mobilfunk GmbH, am 10.12.2003

Herr Dr. Karl-Heinz Strache, ab 1992 Geschäftsführer Personal und Recht der Mannesmann Mobilfunk GmbH, am 11.12.2003

Herr Friedel Tischler, D2-Projektteam-Mitglied, seit 1993 bei der Deutschen Telekom AG, Niederlassungsleiter Technische Infrastruktur Nordost, am 19.12.2003

Herr Wolfgang Wussow, Geschäftsführer Finanzen der Mannesmann Mobilfunk GmbH, am 13.12.2003

Herr Prof. Dr.-Ing. Dr. h.c. Ekkehard Schulz, Vorstandsvorsitzender der Thyssen-Krupp AG, am 03.02.2004

Herr Thomas Waschke, Leiter des Bereichs Sozialwissenschaftliche Systemforschung der DaimlerChrysler AG, und Herr Dr. Michael Steinbrecher, am 08.01.2004

B. Geschäftsportfolio des Preussag/TUI-Konzerns

Unternehmungsgruppen	Geschäftsbereiche	Geschäftsfelder bis 1997	Sparten 1997/1998	Sparten 1998/1999	Sparten 1999/2000-2001	Sparten 2002	Sparten 2003-2004	Sparten ab 2005 (Plan)	Strategische Geschäftsfelder (SGF)* 1997-2002
									alte SGF ←→ **neues SGF**
Preussag Stahl bis 1998	Stahl- und NE-Metallaktivitäten	Stahlerzeugung							Stahl
Metaleurop bis 1997									
Preussag Noell-Gruppe bis 1999	Anlagenbau	Anlagen- und Schiffbau							Anlagen- und Schiffbau
Preussag Wasser und Rohrtechnik-Gruppe bis 1999	Schiffbau								
Howaldtswerke-Deutsche Werft bis 1999									
Fels-Gruppe bis 2002	Gebäudetechnik	Gebäudetechnik und Komponenten	Technologie	Gebäude-technik	Industrie				Gebäudetechnik
Wolf-Gruppe bis 2001									
Kemi-Gruppe bis 2001									
Minimax-Gruppe bis 2001									
Preussag Anthrazit bis 1998	Rohstoffe	Energie und Rohstoffe	Energie und Grundstoffe	Energie und Grundstoffe	Industrie				Energie und Rohstoffe
ECI (Elektro-Chemie Ibbenbüren) bis 2002									
Preussag Energie-Gruppe bis 2003	Energie					Energie			
Deulag-Gruppe (Deutsche Tiefbohr-AG) bis 2001									
Deilmann-Haniel-Gruppe bis 1999									
KBB-Gruppe (Kavernen Bau- und Betrieb) bis 2001									
AMC-Gruppe bis 2003	Handel	Handel und Logistik	Logistik und Touristik	Logistik		Sonstige Bereiche	Sonstige Bereiche		Handel
US-Stahlservice-Gesellschaften bis 2004									
W. & O. Bergmann-Gruppe bis 2002									
VTG-Lehnkering-Gruppe	Logistik				Logistik	Logistik	Logistik	Logistik	Logistik
Algeco-Gruppe bis 2004									
Pracht Spedition + Logistik									
Hapag-Lloyd Container Linie seit 1997									
Hapag-Lloyd Kreuzfahrten seit 1997									
Hapag-Lloyd AG seit 1997	Touristik			Touristik	Touristik	Touristik	Touristik	Touristik	Touristik
Touristik Union International (TUI) 1998									
Hapag Touristik Union (HTU) 1998-2000									
TUI Group seit 2000									
Thomson Travel Group seit 2000									
Europa Nord (Britannia, Quellmärkte GB, IR, Nord.L.) seit 2001									
Europa Mitte (HLF, Quellmärkte D, SUI, AUT, P) seit 2001									
Europa West (Corsair, Quellmärkte F, N, B) seit 2002									
Zielgebietsagenturen, Hotelbeteiligungen seit 2002									
Geschäftsreisen, IT-Service seit 2002									
Thomas Cook-Gruppe 1998-2000									

*Eigene Einteilung

Abb. 45: Geschäftsportfolio des Preussag/TUI-Konzerns 1997-2002.
Quelle: Eigene Darstellung nach Preussag AG/TUI AG Geschäftsberichte 1996/1997-2003.

C. Entwicklung der SGF von Preussag/TUI

Die Untersuchung in Kapitel 5.1. basiert auf einer detaillierten Analyse des Preussag/TUI-Konzerns. Im Folgenden werden die Entwicklungen in den sieben SGF der Preussag betrachtet. Dabei handelt es sich um die Geschäftsfelder „Stahl", „Anlagen- und Schiffbau", „Gebäudetechnik", „Energie und Rohstoffe", „Handel", „Logistik" sowie „Touristik".

Stahl

Im SGF Stahl verfolgte die Preussag AG bis 1997 eine kostenorientierte Konsolidierungsstrategie, um die Ertragskraft in einem schwierigen Wettbewerbsumfeld zu sichern.[712] Dies bedeutete, dass wenig ertragreiche Teilbereiche durch Effizienzsteigerungsprogramme optimiert oder abgestoßen wurden. Bei NE-Metallen[713] versuchte die Preussag durch strategische Allianzen die Kostenseite zu optimieren. Trotzdem wurde aufgrund der schlechten Marktlage die Metaleurop-Beteiligung im Jahr 1997 abgestoßen und somit die NE-Metallerzeugung aufgegeben.[714] Der Ausstieg aus den verbleibenden Stahlaktivitäten erfolgte 1998 durch den Verkauf der Preussag Stahl an das Land Niedersachsen.[715] Damit gab der Preussag-Konzern sein traditionelles SGF Stahl im Jahr 1998 vollständig auf (vgl. Tab. 18).

---

[712] Vgl. Preussag AG Geschäftsbericht 1995/1996, S. 10.

[713] NE-Metalle = Nichteisenmetalle.

[714] Vgl. Preussag AG Geschäftsbericht 1996/1997, S. 3.

[715] Verkauf der über die Salzgitter Hüttenwerk GmbH gehaltenen Aktien an der Preussag Stahl AG je zur Hälfte an die Hannover Beteiligungs-GmbH, eine 100 %ige Beteiligung des Landes Niedersachsen, und an die Norddeutsche Landesbank. Vgl. FAZ vom 06.02.1998, S. 18; Handelsblatt vom 06.02.1998, S. 13; Preussag AG Geschäftsbericht 1997/1998, S. 4, 13.

Stahl	96/97*	97/98	98/99	99/00	2001	2002
Investitionen (Mio. Euro)	102	-	-	-	-	-
Außenumsatz (Mio. Euro)	1.406	-	-	-	-	-
Spartenergebnis (Mio. Euro)	k. A.	-	-	-	-	-
Mitarbeiter (30.09.)	12.582	-	-	-	-	-

*Handelsrechtlicher Jahresabschluß

Tab. 18:   SGF Stahl des Preussag-Konzerns 1996-1997.
Quelle: Eigene Darstellung nach Preussag/TUI AG Geschäftsberichte 1996/1997-2002.

Anlagen- und Schiffbau

Im Anlagen- und Schiffbau verfolgte die Preussag AG ebenso wie im SGF Stahl eine kostenorientierte Konsolidierungsstrategie.[716] Mit Programmen zur kontinuierlichen Verbesserung von Produktivität und Kostenstrukturen versuchte der Konzern bei anhaltend schwieriger Marktlage, die internationale Wettbewerbsfähigkeit zu erhalten.[717] Bei negativem Spartenergebnis erfolgte 1999 der strategische Ausstieg aus dem Anlagen- und Schiffbau (vgl. Tab. 19) mit dem Verkauf der Preussag Noell-Gruppe, der Preussag Wasser und Rohrtechnik-Gruppe sowie der Mehrheit an der Howaldtswerke-Deutsche Werft AG (HDW).[718]

Anlagen- und Schiffbau	96/97*	97/98*	98/99	99/00	2001	2002
Investitionen (Mio. Euro)	43	40	-	-	-	-
Außenumsatz (Mio. Euro)	2.458	2.107	-	-	-	-
Spartenergebnis (Mio. Euro)	k. A.	-69	-	-	-	-
Mitarbeiter (30.09.)	16.041	15.228	-	-	-	-

*Handelsrechtliche Jahresabschlüsse

Tab. 19:   SGF Anlagen- und Schiffbau des Preussag-Konzerns 1996-1998.
Quelle: Eigene Darstellung nach Preussag/TUI AG Geschäftsberichte 1996/1997-2002.

---

[716]   Vgl. Preussag AG Geschäftsbericht 1995/1996, S. 10.

[717]   Vgl. Preussag AG Geschäftsbericht 1995/1996, S. 11; FAZ vom 18.09.1998, o. S.; Handelsblatt vom 18.09.1998, S. 19.

[718]   Vgl. Handelsblatt vom 03.02.1999, S. 13; Preussag AG Geschäftsbericht 1998/1999, S. 3, 11. Der vollständige Verkauf der verbliebenen HDW-Beteiligung erfolgte im März 2002. Vgl. Preussag AG Geschäftsbericht 2001, S. 17. Die Preussag Noell-Gruppe wurde in die Babcock Borsig AG eingebracht. Preussag erreichte dadurch einen Anteil von 19,7 % an Babcock. Diese Beteiligung wurde 2002 veräußert. Vgl. Handelsblatt vom 22.02.1999, S. 13; Handelsblatt vom 11.01.2002, S. 1.

Gebäudetechnik

Das SGF Gebäudetechnik stellte 1997 für die Preussag AG ein dynamisches Wachstumsfeld dar.[719] So war bereits in 1996 der Heiztechnik-Systemverbund aus Wolf GmbH und Kermi GmbH um die Elco Looser Holding AG erweitert worden.[720] 1997 kam die französische Heiztechnikunternehmung Chaffoteaux et Maury S.A. zur Wolf GmbH hinzu.[721] Trotz schwieriger konjunktureller Lage in der Baubranche konnte sich das Geschäftsfeld Gebäudetechnik in den Folgejahren behaupten und bis 2000 seinen Außenumsatz leicht erhöhen.

Im Rahmen eines strategischen Desinvestitionsprogramms[722] wurden 2001 die Minimax-Gruppe[723], die Kermi-Gruppe[724] und die Wolf-Gruppe[725] sowie 2002 die Fels-Gruppe[726] verkauft. Damit gab die Preussag ihr SGF Gebäudetechnik 2002 vollständig auf (vgl. Tab. 20).

Gebäudetechnik	96/97*	97/98*	98/99	99/00	2001	2002
Investitionen (Mio. Euro)	94	93	82	90	78	-
Außenumsatz (Mio. Euro)	1.735	1.745	1.785	2.087	1.611	-
Spartenergebnis (Mio. Euro)	k. A.	114	92	111	-46	-
Mitarbeiter (30.09.)**	13.396	13.269	13.500	16.664	5.790	-

*Handelsrechtliche Jahresabschlüsse **Ab 2001 Bilanzstichtag 31.12.

Tab. 20: SGF Gebäudetechnik des Preussag/TUI-Konzerns 1996-2001.
Quelle: Eigene Darstellung nach Preussag/TUI AG Geschäftsberichte 1996/1997-2002.

---

[719] Vgl. FAZ vom 24.01.1997, o. S.; Preussag AG Geschäftsbericht 1996/1997, S. 7.

[720] Vgl. Preussag AG Geschäftsbericht 1995/1996, S. 12.

[721] Vgl. Preussag AG Geschäftsbericht 1996/1997, S. 3.

[722] Vgl. Preussag AG Geschäftsbericht 1999/2000, S. 37-38.

[723] Vgl. FAZ vom 31.03.2001, S. 17.

[724] Vgl. Handelsblatt vom 27.04.2001, S. 17.

[725] Vgl. FAZ vom 07.07.2001, S. 17; Preussag AG Geschäftsbericht 2001, S. 17.

[726] Vgl. TUI AG Geschäftsbericht 2002, S. 21.

Energie und Rohstoffe

Das SGF Energie und Rohstoffe wurde in den Jahren 1997 bis 2002 durch die Gesamtstrategie des Preussag-Konzerns geprägt. Noch im Jahr 1997 war der Bereich energiebezogene Dienstleistungen vom Vorstand als „selektiver Wachstumsbereich"[727] bezeichnet worden. Die Preussag AG verfolgte eine differenzierte Strategie mit einem straffen Kostenmanagement und der gleichzeitigen Nutzung von ausgewählten Chancen in neuen Marktsegmenten bzw. Regionen. Im Rahmen dieser Strategie wurden die Kohleaktivitäten aufgeben:[728] Ende 1998 brachte der Konzern die Preussag Anthrazit GmbH in die Deutsche Steinkohle AG ein und verkaufte die Uranerzbergbau-GmbH,[729] was sich insbesondere in der Reduzierung der Mitarbeiterzahl um annähernd 2/3 niederschlug (vgl. Tab. 21). 1999 verkaufte die Preussag die Mehrheitsbeteiligung an der Deilmann-Haniel GmbH.[730]

Energie und Rohstoffe	96/97*	97/98*	98/99	99/00	2001	2002
Investitionen (Mio. Euro)	165	123	58	60	81	61
Außenumsatz (Mio. Euro)	1.119	1.266	635	843	836	448
Spartenergebnis (Mio. Euro)	k. A.	98	129	274	338	143
Mitarbeiter (30.09.)**	10.077	10.066	3.481	3.052	685	681

*Handelsrechtliche Jahresabschlüsse **Ab 2001 Bilanzstichtag 31.12.

Tab. 21: SGF Energie und Rohstoffe des Preussag/TUI Konzerns 1996-2002.
Quelle: Eigene Darstellung nach Preussag/TUI AG Geschäftsberichte 1996/1997-2002.

Bis 1999 wurde die Exploration und Förderung von Erdöl sowie Erdgas ausgeweitet[731]. In Verbindung mit den steigenden Ölpreisen lieferte der Energie-Sektor einen stetig zunehmenden Ergebnisbeitrag.

---

[727] Vgl. Preussag AG Geschäftsbericht 1996/1997, S. 7.

[728] Vgl. FAZ vom 07.01.1999, S. 19.

[729] Vgl. Preussag AG Geschäftsbericht 1997/1998, S. 15.

[730] Vgl. Handelsblatt vom 06.01.1999, S. 11; Preussag AG Geschäftsbericht 1998/1999, S. 11. Bei der Deilmann-Haniel GmbH handelte es sich um einen technischen Dienstleister im Kohlebergbau.

[731] Vgl. Preussag AG Geschäftsbericht 1998/1999, S. 11.

Ab 2001 verfolgte die Preussag im Energie-Bereich die Konzentration auf Exploration und Gewinnung von Erdöl und Erdgas sowie die Abstoßung der damit verbundenen technischen Dienstleistungen. So wurden 2001 die Kavernen Bau- und Betriebs-Gesellschaft mbH (KBB) und die Deutsche Tiefbohr-AG (Deutag) verkauft[732] sowie 2002 die ECI Elektro-Chemie Ibbenbüren GmbH abgestoßen[733]. Mit der weiteren Fokussierung auf die Touristik verkaufte der Preussag-Konzern schließlich zum Jahreswechsel 2002/2003 die Preussag Energie GmbH und gab das Geschäftsfeld Energie und Rohstoffe vollständig auf.[734]

Handel

Das Geschäftsfeld Handel war ebenso wie das Geschäftsfeld Energie und Rohstoffe 1997 vom Vorstand als „selektiver Wachstumsbereich"[735] bezeichnet worden. Der ursprünglich umsatzstärkste Bereich der Preussag erfuhr jedoch wegen uneinheitlicher Entwicklung des Rohstoffhandels keine Belebung, sondern hatte mit einem abnehmenden Umsatzvolumen zu kämpfen (vgl. Tab. 22).

1999 wurde die Konsolidierung der Handelsaktivitäten verkündet[736] und 2000 der Verkauf der W. & O. Bergmann-Gruppe eingeleitet[737]. Die verbliebenen Handelsgeschäfte führte die Preussag ab 2002 unter den „Sonstigen Bereichen". 2003 wurde die AMC-Gruppe im Rahmen eines Management-buy-outs abgestoßen.[738]

---

[732]   Vgl. Preussag AG Geschäftsbericht 2001, S. 17.

[733]   Vgl. TUI AG Geschäftsbericht 2002, S. 21.

[734]   Vgl. FAZ vom 28.12.2002, S. 13; Handelsblatt vom 23.01.2003, S. 15; TUI AG Geschäftsbericht 2002, S. 22; TUI AG Geschäftsbericht 2003, S. 23-24.

[735]   Vgl. Preussag AG Geschäftsbericht 1996/1997, S. 7.

[736]   Vgl. Preussag AG Geschäftsbericht 1998/1999, S. 4.

[737]   Vgl. Preussag AG Geschäftsbericht 1999/2000, S. 3.

[738]   Vgl. Handelsblatt vom 16.09.2003, S. 12; TUI AG Geschäftsbericht 2003, S. 23.

Handel	96/97*	97/98*	98/99	99/00	2001	2002
Investitionen (Mio. Euro)	46	34	34	40	17	26
Außenumsatz (Mio. Euro)	5.724	4.968	3.728	4.609	3.143	3.150
Spartenergebnis (Mio. Euro)	k. A.	50	39	88	45	56
Mitarbeiter (30.09.)**	3.598	3.381	3.315	3.505	3.158	3.038

*Handelsrechtliche Jahresabschlüsse **Ab 2001 Bilanzstichtag 31.12.

Tab. 22:   SGF Handel des Preussag/TUI-Konzerns 1996-2002.
Quelle: Eigene Darstellung nach Preussag/TUI AG Geschäftsberichte 1996/1997-2002.

Logistik

Das SGF Logistik der Preussag AG wuchs in den Jahren 1997-2002 nach Umsatz, Ergebnis und Mitarbeiterzahl (vgl. Tab. 23). Insbesondere der Zukauf der Hapag-Lloyd AG brachte dieser Sparte 1997/1998 mit der Container-Schifffahrt eine umfangreiche Erweiterung und annähernd eine Verdopplung der Mitarbeiterzahl bzw. Verdreifachung des Umsatzes.

Logistik	96/97*	97/98*	98/99	99/00	2001	2002
Investitionen (Mio. Euro)	71	102	315	492	309	275
Außenumsatz (Mio. Euro)	937	1.088	3.015	3.589	3.889	3.777
Spartenergebnis (Mio. Euro)	k. A.	65	139	220	308	209
Mitarbeiter (30.09.)**	4.326	4.489	8.956	9.202	9.084	9.307

*Handelsrechtliche Jahresabschlüsse **Ab 2001 Bilanzstichtag 31.12.

Tab. 23:   SGF Logistik des Preussag/TUI-Konzerns 1996-2002.
Quelle: Eigene Darstellung nach Preussag/TUI AG Geschäftsberichte 1996/1997-2002.

1998 wurden die VTG Vereinigte Tanklager und Transportmittel GmbH sowie die Lehnkering AG zur VTG-Lehnkering AG zusammengefasst.[739] 1999 baute Preussag die Hapag-Lloyd AG zur Führungsgesellschaft der Logistik-Sparte um.[740]

Im Rahmen der über das Jahr 2002 hinausgehenden Fokussierung der TUI AG auf die Touristik wurde 2004 67 % der Algeco S.A. (Mobilbauten) verkauft und die

---

[739]   Vgl. Preussag AG Geschäftsbericht 1997/1998, S. 4, 13.

[740]   Vgl. Preussag AG Geschäftsbericht 1998/1999, S. 3, 10, 31.

Ausrichtung der Hapag-Lloyd ausschließlich auf die Schifffahrt betrieben. Diese Strategie soll zukünftig die Wettbewerbsfähigkeit der Hapag-Lloyd AG stärken, um sie bei einem vom Vorstand geplanten, späteren Börsengang für Investoren attraktiver zu machen.[741] Langfristig ist damit ein Ausstieg aus der Logistik geplant.

Touristik

Vor 1997 war die Preussag AG nicht in der Touristik-Branche aktiv. Erst mit dem Erwerb der Hapag-Lloyd AG 1997/1998 trat die Preussag in dieses Geschäftsfeld ein.[742] In der folgenden Zeit erfuhr das SGF Touristik ein dynamisches und konsequentes Wachstum durch umfangreiche Investitionen (vgl. Tab. 24). Bis 2002 verdoppelte sich der Umsatz in der Touristik.

Touristik	96/97	97/98*	98/99	99/00	2001	2002
Investitionen (Mio. Euro)	-	1.533	353	616	443	354
Außenumsatz (Mio. Euro)	-	6.590	7.165	10.562	12.763	12.416
Spartenergebnis (Mio. Euro)	-	230	307	423	530	332
Mitarbeiter (30.09.)**	-	18.707	48.536	46.264	49.515	55.013

*Handelsrechtlicher Jahresabschluß **Ab 2001 Bilanzstichtag 31.12.

Tab. 24:   SGF Touristik des Preussag/TUI-Konzerns 1997-2002.
Quelle: Eigene Darstellung nach Preussag/TUI AG Geschäftsberichte 1996/1997-2002.

Im Laufe des Jahres 1998 übernahm die Preussag die Mehrheitsbeteiligung von 51 % an der Touristik Union International GmbH & Co. KG (TUI-Gruppe).[743] Daraufhin wurden die touristischen Bereiche der Hapag-Lloyd und der TUI-Gruppe in der Hapag Touristik Union (HTU) zusammengefasst.[744] 1998/1999 ergänzte der Preussag-Konzern seine Touristik-Aktivitäten um die First Reisebüros[745], die britischen

---

[741] Vgl. TUI-Pressemeldung vom 21.01.2004.

[742] Vgl. Handelsblatt vom 13.10.1997, S. 16; Preussag AG Geschäftsbericht 1996/1997, S. 3.

[743] Die Beteiligung wurde 1999 auf 100 % erhöht. Vgl. Preussag AG Geschäftsbericht 1997/1998, S. 4, 13; Preussag AG Geschäftsbericht 1998/1999, S. 10.

[744] Vgl. Preussag AG Geschäftsbericht 1997/1998, S. 4, 8.

[745] Vgl. FAZ vom 18.12.1998, S. 23; Financial Times vom 30.12.1998, S. 12; Handelsblatt vom 30.12.1998, S. 11; Preussag AG Geschäftsbericht 1997/1998, S. 39; Preussag AG Geschäftsbericht 1998/1999, S. 10.

Touristik- und Finanzdienstleistungsgruppe Thomas Cook[746] sowie die L'tur Tourismus AG[747]. Diese Maßnahmen erhöhten die Mitarbeiterzahl im Tourismus-Bereich der Preussag auf mehr als das Doppelte. Der neu geschaffene Verbund aus First-Reisebüros, Hapag-Lloyd-Reisebüros und TUI-Reise-Center stellte die größte Reisevertriebsorganisation Deutschlands dar.

Die HTU wurde in 2000 in die neu gegründete TUI Group GmbH als Führungsgesell-schaft der Touristik-Sparte überführt.[748] Im gleichen Jahr deckte die TUI Group mit dem Erwerb der britischen Thomson Travel Group plc.[749] (dem Marktführer in Großbritannien und Skandinavien) rund 70 % des Europäischen Reisemarkts ab. Der Erwerb von Thomson wurde unter die wettbewerbsrechtliche Auflage gestellt, dass sich die Preussag von ihren Anteilen an der zuvor erworbenen Thomas Cook trennte.[750]

Im Jahr 2000 erwarb die Preussag 75 % an der Touropa, dem österreichischer Marktführer im Veranstaltergeschäft[751], sowie schrittweise bis 2002 die französische Touristikgruppe Nouvelles Frontières S.A.[752] Ferner stellte der Vorstand der Preussag AG in 2000 erstmals die Fokussierung auf das neue, zentrale Geschäftsfeld Touristik vor.[753] 2001 führte die Preussag für alle touristischen Aktivitäten des Konzerns die Dachmarke „World of TUI" ein.[754] Im gleichen Jahr wurde der Geschäftsbereich

---

[746] Schrittweiser Anteilserhöhung auf 24,9 % bzw. 50,1 %. Die Finanzdienstleistungen sollten schnellst-möglich wieder abgestoßen werden. Vgl. Preussag AG Geschäftsbericht 1997/1998, S. 39; Preussag AG Geschäftsbericht 1998/1999, S. 10; Handelsblatt vom 18.12.1998, S. 13; Financial Times vom 24.12.1998, S. 11.

[747] Vgl. Preussag AG Geschäftsbericht 1998/1999, S. 10.

[748] Vgl. Preussag AG Geschäftsbericht 1998/1999, S. 3, 10.

[749] Vgl. Preussag AG Geschäftsbericht 1999/2000, S. 2, 7.

[750] Der Touristik-Bereich der Thomas Cook Group wird in 2000 an die C&N Touristik AG und die Global Financial Services an Travelex veräußert. Vgl. Preussag AG Geschäftsbericht 2000, S. 26.

[751] Vgl. Preussag AG Geschäftsbericht 2000, S. 8.

[752] Vgl. FAZ vom 12.10.2000, S. 23; Handelsblatt vom 12.10.2000, S. 16; Preussag AG Geschäftsbericht 2000, S. 2, 8; TUI AG Geschäftsbericht 2002, S. 20.

[753] Vgl. Handelsblatt vom 22.02.2000, S. 20; Preussag AG Geschäftsbericht 2000, S. 2-3.

[754] Vgl. FAZ vom 24.08.2001, S. 18; Financial Times Deutschland vom 24.08.2001, S. 7; Handelsblatt vom 31.08.2001, S. B5; Preussag AG Geschäftsbericht 2001, S. 7; Preussag profile, 3/2001, S. 9-11.

Touristik durch Beteiligungserwerb an der Alpitour-Gruppe (10 %)[755], den Magic Life Clubs (51 %) sowie der EVS Euro Vacances System (40 % bzw. 75 % in 2002) weiter ausgebaut.[756] In 2002 übernahm schließlich die Preussag AG den Namen der Führungsholding seines Kerngeschäftsfelds und wurde in TUI AG umbenannt.[757]

---

[755] Vgl. FAZ vom 19.05.2001, S. 17.

[756] Vgl. Preussag AG Geschäftsbericht 2001, S. 15-16; TUI AG Geschäftsbericht 2002, S. 20.

[757] Vgl. Handelsblatt vom 27.06.2002, S. 14; TUI AG Geschäftsbericht 2002, S. 5.

D. Vergleich zwischen den SGF der Preussag/TUI AG

Umsatz

Der *Umsatzverlauf* in den SGF der Preussag AG (vgl. Tab. 25, Abb. 46 und Abb. 47) spiegelte die schrittweise Touristik-Fokussierung und die Desinvestition der industriellen Geschäftsbereiche wider.

Nach dem Stahl- und Steinkohleausstieg erfolgte bei anhaltend schwieriger Marktlage 1999 die Abstoßung des Geschäftsbereichs Anlagen- und Schiffbau, der erst 1989 durch die Salzgitter-Übernahme erheblich erweitert worden war.[758] Das SGF Gebäudetechnik konnte seinen Umsatzbeitrag bis 2000 erhöhen, wurde aber ebenso im Rahmen des strategischen Desinvestitionsprogramms 2001-2002 abgestoßen.[759]

Der Energie-Bereich lieferte insbesondere durch die Erdölförderung bis zu seinem Verkauf 2002/2003[760] einen hohen Ergebnisbeitrag. Das noch 1996/1997 mit 42 % umsatzstärkste SGF Handel schrumpfte stetig, während die Touristik seit 1997/1998 deutlich zunahm. Bereits 1997 übertrafen die Tourismusumsätze sogar die Handelsaktivitäten deutlich und stiegen bis 2002 auf 12.415 Mio. Euro (61 %).

---

[758] Vgl. Handelsblatt vom 03.02.1999, S. 13; Preussag AG Geschäftsbericht 1995/1996, S. 11; Preussag AG Geschäftsbericht 1998/1999, S. 3, 11.

[759] Vgl. Handelsblatt vom 06.10.2000, S. 19; FAZ vom 06.10.2000, S. 17; Financial Times vom 06.10.2000, S. 16; Preussag AG Geschäftsbericht 2001, S. 17; TUI AG Geschäftsbericht 2002, S. 21.

[760] Vgl. TUI AG Geschäftsbericht 2002, S. 22; TUI AG Geschäftsbericht 2003, S. 23-24.

Geschäftsfelder	96/97	97/98	98/99	99/00	2001	2002
Stahl	1.406	-	-	-	-	-
Anlagen- und Schiffbau	2.458	2.107	-	-	-	-
Gebäudetechnik	1.735	1.745	1.785	2.087	1.611	-
Energie und Rohstoffe	1.119	1.266	635	843	836	448
Handel	5.724	4.968	3.728	4.609	3.143	3.150
Logistik	937	1.088	3.015	3.589	3.889	3.777
Touristik	-	6.590	7.165	10.562	12.763	12.416
Sonstige Gesellschaften	251	208	172	164	169	511
Summe Außenumsatz	13.630	17.972	16.500	21.854	22.411	20.302

Geschäftsfelder	96/97	97/98	98/99	99/00	2001	2002
Stahl	10 %	-	-	-	-	-
Anlagen- und Schiffbau	18 %	12 %	-	-	-	-
Gebäudetechnik	13 %	10 %	11 %	10 %	7 %	-
Energie und Rohstoffe	8 %	7 %	4 %	4 %	4 %	2 %
Handel	42 %	27 %	23 %	21 %	14 %	15 %
Logistik	7 %	6 %	18 %	16 %	17 %	19 %
Touristik	-	37 %	43 %	48 %	57 %	61 %
Sonstige Gesellschaften	2 %	1 %	1 %	1 %	1 %	3 %
Summe Außenumsatz	100 %	100 %	100 %	100 %	100 %	100 %

Tab. 25: Umsatz des Preussag/TUI-Konzerns 1996-2002.
Quelle: Eigene Darstellung nach Preussag/TUI AG Geschäftsberichte 1996/1997-2002.

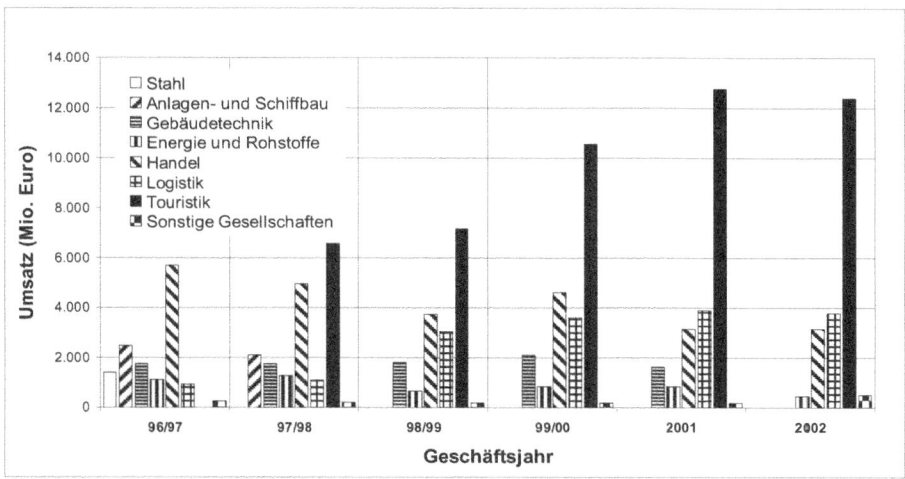

Abb. 46: Umsatz des Preussag/TUI-Konzerns nach Geschäftsfeldern 1996-2002.
Quelle: Eigene Darstellung nach Preussag/TUI AG Geschäftsberichte 1996/1997-2002.

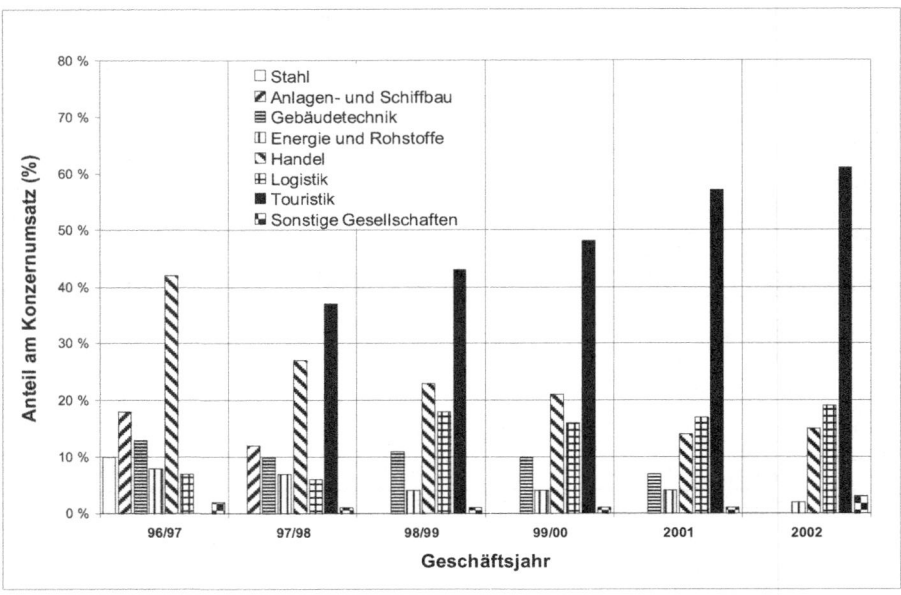

Abb. 47: Umsatz der Geschäftsfelder im Verhältnis zum Gesamtumsatzvolumen des
Preussag/TUI-Konzerns 1996/1997-2002.
Quelle: Eigene Darstellung nach Preussag AG/TUI AG Geschäftsberichte 1996/1997-
2002.

Mitarbeiter

Seit den Hapag-Lloyd/TUI-Akquisitionen ist die Touristik das mitarbeiterstärkste
SGF des Preussag-Konzerns (vgl. Tab. 26; Abb. 48 und Abb. 49). Danach wurde das
Portfolio stetig um zusätzliche Reisedienstleistungen sowie um in- und ausländische
Tourismusunternehmungen erweitert. Die Zahl der in der Touristik beschäftigten
Mitarbeiter der Preussag stieg seit 1998 konstant bis 2002 auf annähernd das
Dreifache (55.013; 78 %) während die restlichen Bereiche stagnierten oder ihre
Mitarbeiter reduzieren.

Geschäftsfelder	96/97	97/98	98/99	99/00	2001	2002
Stahl	13	-	-	-	-	-
Anlagen- und Schiffbau	16	15	-	-	-	-
Gebäudetechnik	13	13	14	17	6	-
Energie und Rohstoffe	10	10	3	3	1	1
Handel	4	3	3	4	3	3
Logistik	4	4	9	9	9	9
Touristik	-	19	49	46	50	55
Sonstige Gesellschaften	3	1	1	1	1	2
Summe	63	67	79	80	70	70

Geschäftsfelder	96/97	97/98	98/99	99/00	2001	2002
Stahl	20 %	-	-	-	-	-
Anlagen- und Schiffbau	26 %	23 %	-	-	-	-
Gebäudetechnik	21 %	20 %	17 %	21 %	8 %	-
Energie und Rohstoffe	16 %	15 %	5 %	4 %	1 %	1 %
Handel	6 %	5 %	4 %	4 %	5 %	5 %
Logistik	7 %	7 %	11 %	11 %	13 %	13 %
Touristik	-	28 %	61 %	58 %	71 %	78 %
Sonstige Gesellschaften	4 %	2 %	2 %	2 %	2 %	3 %
Summe	100 %	100 %	100 %	100 %	100 %	100 %

Tab. 26: Mitarbeiterzahlen des Preussag/TUI-Konzerns 1996-2002.
Quelle: Eigene Darstellung nach Preussag/TUI AG Geschäftsberichte 1996/1997-2002.

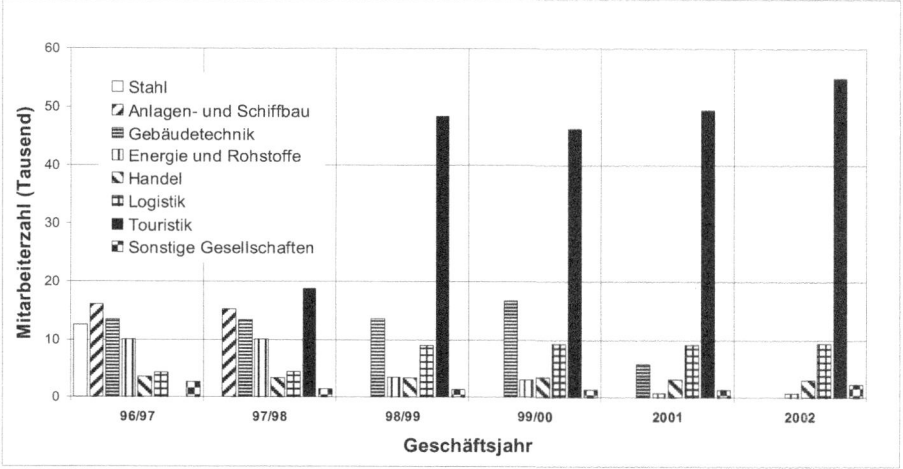

Abb. 48: Mitarbeiterzahlen des Preussag/TUI-Konzerns nach Geschäftsfeldern 1996-2002.
Quelle: Eigene Darstellung nach Preussag/TUI AG Geschäftsberichte 1996/1997-2002.

279

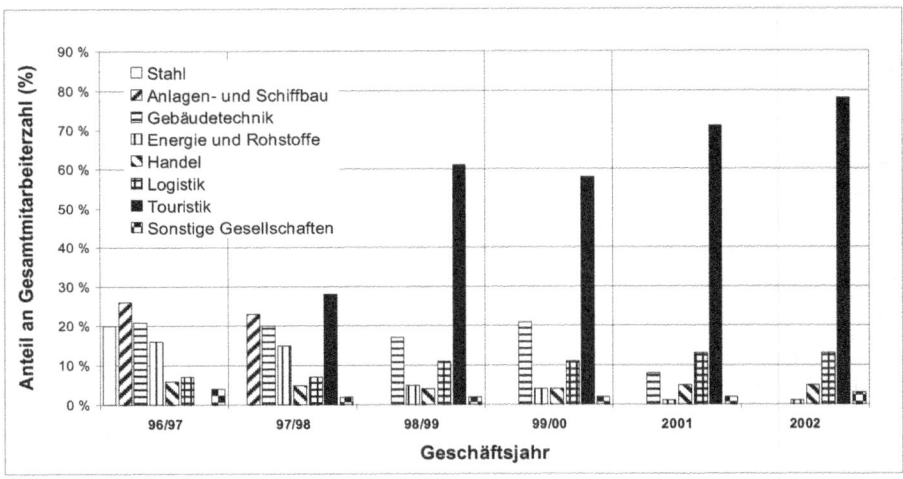

Abb. 49: Mitarbeiterzahlen der Geschäftsfelder im Verhältnis zur Gesamtmitarbeiterzahl des Preussag/TUI-Konzerns 1996-2002.
Quelle: Eigene Darstellung nach Preussag/TUI AG Geschäftsberichte 1996/1997-2002.

Investitionen

Der Verlauf der *Investitionen* der Preussag (vgl. Tab. 27, Abb. 50 und Abb. 51) spiegelte den Aufbau der Touristik seit 1997/1998 als neues Geschäftsfeld wider. Der schnelle Einstieg bei von Anfang an hohem Marktanteil gelang durch Übernahme einer Mehrheitsbeteiligung an der Touristik Union International GmbH & Co. KG (TUI-Gruppe).[761] Die Übernahmen von Hapag-Lloyd und TUI zeigten sich in den Investitionen des Preussag-Konzerns im Geschäftsjahr 1997/1998. Die Investitionen in die Touristik lagen mit 1.533 Mio. Euro und 79 % des Gesamtinvestitionsvolumens rund 20mal so hoch wie durchschnittlich in den industriellen SGF der Preussag.[762]

---

[761] Die Beteiligung wurde 1999 auf 100 % erhöht. Vgl. Handelsblatt vom 02.07.1999, S. 19; Preussag AG Geschäftsbericht 1997/1998, S. 4, 13; Preussag AG Geschäftsbericht 1998/1999, S. 10.

[762] In die restlichen Geschäftsbereiche wurden 1997/1998 durchschnittlich je 70 Mio. Euro investiert.

Geschäftsfelder	96/97	97/98	98/99	99/00	2001	2002
Stahl	102	-	-	-	-	-
Anlagen- und Schiffbau	43	40	-	-	-	-
Gebäudetechnik	94	93	82	90	78	-
Energie und Rohstoffe	165	123	58	60	81	61
Handel	46	34	34	40	17	26
Logistik	71	102	315	492	309	275
Touristik	-	1.533	353	616	443	354
Sonstige Gesellschaften	17	27	38	50	39	31
Summe Investitionen	538	1.952	880	1.348	967	747

Geschäftsfelder	96/97	97/98	98/99	99/00	2001	2002
Stahl	19 %	-	-	-	-	-
Anlagen- und Schiffbau	8 %	2 %	-	-	-	-
Gebäudetechnik	18 %	5 %	9 %	7 %	8 %	-
Energie und Rohstoffe	31 %	6 %	7 %	4 %	8 %	8 %
Handel	8 %	2 %	4 %	3 %	2 %	4 %
Logistik	13 %	5 %	36 %	36 %	32 %	37 %
Touristik	-	79 %	40 %	46 %	46 %	47 %
Sonstige Gesellschaften	3 %	1 %	4 %	4 %	4 %	4 %
Summe Investitionen	100 %	100 %	100 %	100 %	100 %	100 %

Tab. 27: Investitionen des Preussag/TUI-Konzerns 1996-2002.
Quelle: Eigene Darstellung nach Preussag/TUI AG Geschäftsberichte 1996/1997-2002.

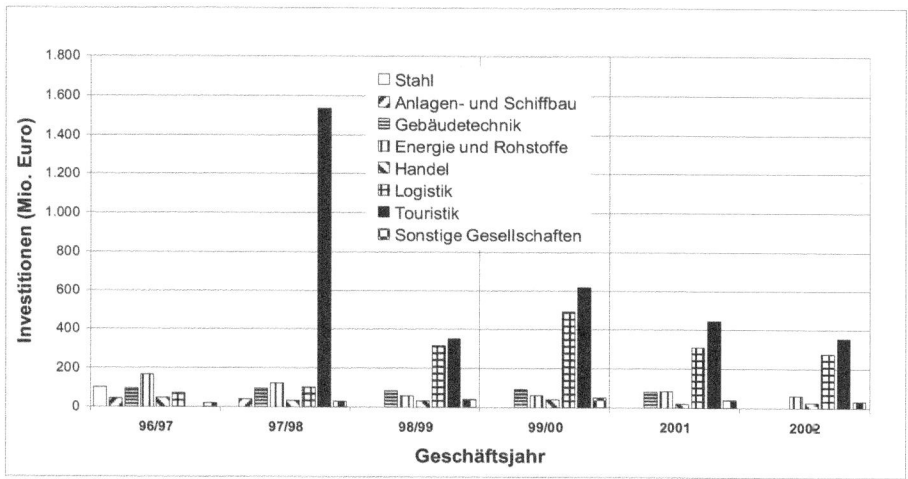

Abb. 50: Investitionen des Preussag/TUI-Konzerns nach Geschäftsfeldern 1996-2002.
Quelle: Eigene Darstellung nach Preussag/TUI AG Geschäftsberichte 1996/1997-2002.

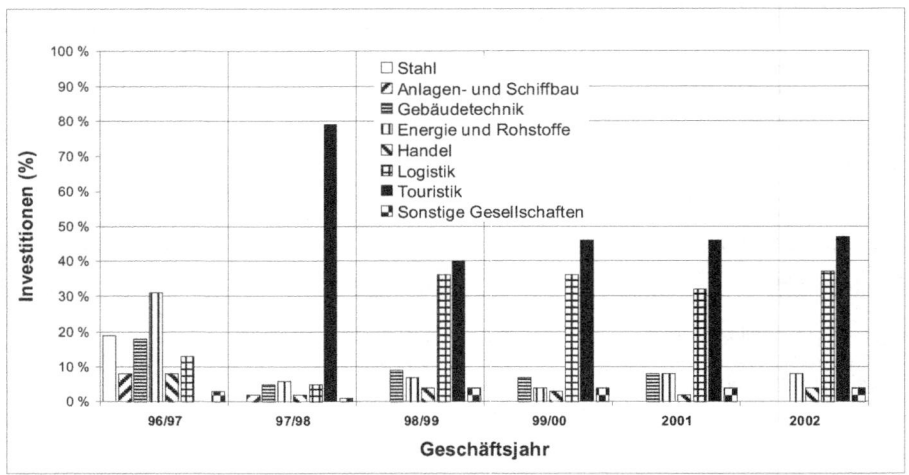

Abb. 51: Investitionen der Geschäftsfelder im Verhältnis zum Gesamtinvestitionsvolumen des Preussag/TUI-Konzerns 1996-2002.
Quelle: Eigene Darstellung nach Preussag/TUI AG Geschäftsberichte 1996/1997-2002.

Ergebnis

Die nach Geschäftsfeldern aufgeschlüsselten Ergebnisdaten der Preussag/TUI sind erst ab 1997 verfügbar (vgl. Tab. 28 und Abb. 52). Sie ermöglichen eine Bewertung des Ergebnisverlaufs, auch wenn die Zusammensetzung des Gesamtergebnisses vor Aufnahme der touristischen Aktivitäten nicht vorliegt.[763]

Das SGF Touristik trug seit seiner Konsolidierung im Geschäftsjahr 1997/1998 am stärksten zum Konzernergebnis bei. Das Touristikspartenergebnis stieg von 230 Mio. Euro um rund 100 Mio. Euro jährlich auf 530 Mio. Euro in 2001. Die Auswirkungen

---

[763] Zur Beurteilung des Spartenergebnisses eigneten sich insbesondere die Absolutwerte, da die Relativwerte durch den negativen Ergebnisbeitrag des Bereichs „Sonstige Gesellschaften" verzerrt wurden. Unter „Sonstige Gesellschaften" wurde vor allem der Zentralbereich des Konzerns geführt. Sein negativer Ergebnisbeitrag ging auf Zins- und Finanzaufwendungen, Erwerbsnebenkosten im Zusammenhang mit den Touristik-Akquisitionen (insbesondere Thomson in 2000) sowie Aufwendungen aus der Abwicklung der Desinvestitionen der Anlagen- und Schiffbaus zurück. 2001 beeinflussten insbesondere außerplanmäßige Abschreibungen auf Wertpapiere des Anlagevermögens sowie Vorsorgemaßnahmen den Ergebnisbeitrag des Zentralbereichs. Vgl. Preussag AG Geschäftsbericht 1999/2000, S. 6; Preussag AG Geschäftsbericht 2001, S. 14.

des 11. September 2001 ließen in 2002 das Ergebnis wieder auf 332 Mio. Euro einbrechen.

Geschäftsfelder	96/97	97/98	98/99	99/00	2001	2002
Stahl	k. A.	-	-	-	-	-
Anlagen- und Schiffbau	k. A.	-69	-	-	-	-
Gebäudetechnik	k. A.	114	92	111	-46	-
Energie und Rohstoffe	k. A.	98	129	274	338	143
Handel	k. A.	50	39	88	45	56
Logistik	k. A.	65	139	220	308	209
Touristik	-	230	307	423	530	332
Sonstige Gesellschaften	k. A.	-13	-86	-369	-364	-132
Summe	k. A.	475	620	747	811	608

Geschäftsfelder	96/97	97/98	98/99	99/00	2001	2002
Stahl	k. A.	-	-	-	-	-
Anlagen- und Schiffbau	k. A.	-15 %	-	-	-	-
Gebäudetechnik	k. A.	24 %	15 %	15 %	-6 %	-
Energie und Rohstoffe	k. A.	21 %	21 %	37 %	42 %	24 %
Handel	k. A.	11 %	6 %	12 %	6 %	9 %
Logistik	k. A.	14 %	22 %	29 %	38 %	34 %
Touristik	-	48 %	50 %	56 %	65 %	55 %
Sonstige Gesellschaften	k. A.	-3 %	-14 %	-49 %	-45 %	-22 %
Summe	k. A.	100 %	100 %	100 %	100 %	100 %

Tab. 28: Ergebnis des Preussag/TUI-Konzerns 1997-2002.
Quelle: Eigene Darstellung nach Preussag/TUI AG Geschäftsberichte 1996/1997-2002.

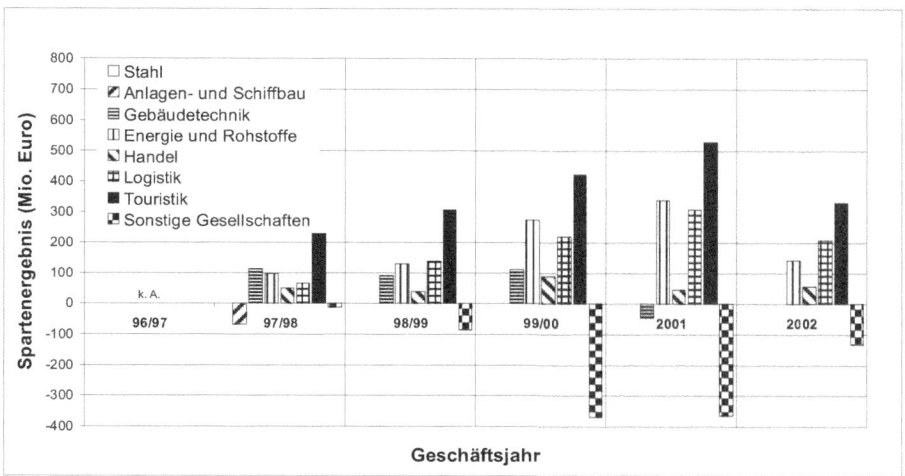

Abb. 52: Ergebnis des Preussag/TUI-Konzerns nach SGF (Spartenergebnis) 1997-2002.
Quelle: Eigene Darstellung nach Preussag/TUI AG Geschäftsberichte 1996/1997-2002.

E. SNP-Indikatoren im Fall Preussag/TUI

Umsatz	96/97	97/98	98/99	99/00	2001	2002
Stahl	10 %	-	-	-	-	-
Anlagen- und Schiffbau	18 %	12 %	-	-	-	-
Gebäudetechnik	13 %	10 %	11 %	10 %	7 %	-
Energie und Rohstoffe	8 %	7 %	4 %	4 %	4 %	2 %
Handel	42 %	27 %	23 %	21 %	14 %	15 %
Logistik	7 %	6 %	18 %	16 %	17 %	19 %
Touristik	-	37 %	43 %	48 %	57 %	61 %
Sonstige Gesellschaften	2 %	1 %	1 %	1 %	1 %	3 %
Summe Außenumsatz	100 %	100 %	100 %	100 %	100 %	100 %
Spezialisierungsgrad (SR)	0,420	0,370	0,430	0,480	0,570	0,610
Herfindahl-Index (H)	0,247	0,243	0,284	0,312	0,380	0,432

Mitarbeiter	96/97	97/98	98/99	99/00	2001	2002
Stahl	20 %	-	-	-	-	-
Anlagen- und Schiffbau	26 %	23 %	-	-	-	-
Gebäudetechnik	21 %	20 %	17 %	21 %	8 %	-
Energie und Rohstoffe	16 %	15 %	5 %	4 %	1 %	1 %
Handel	6 %	5 %	4 %	4 %	5 %	5 %
Logistik	7 %	7 %	11 %	11 %	13 %	13 %
Touristik	-	28 %	61 %	58 %	71 %	78 %
Sonstige Gesellschaften	4 %	2 %	2 %	2 %	2 %	3 %
Summe	100 %	100 %	100 %	100 %	100 %	100 %
SR (Mitarbeiter)	0,260	0,280	0,610	0,580	0,710	0,780
H (Mitarbeiter)	0,187	0,202	0,418	0,396	0,530	0,629

Investitionen	96/97	97/98	98/99	99/00	2001	2002
Stahl	19 %	-	-	-	-	-
Anlagen- und Schiffbau	8 %	2 %	-	-	-	-
Gebäudetechnik	18 %	5 %	9 %	7 %	8 %	-
Energie und Rohstoffe	31 %	6 %	7 %	4 %	8 %	8 %
Handel	8 %	2 %	4 %	3 %	2 %	4 %
Logistik	13 %	5 %	36 %	36 %	32 %	37 %
Touristik	-	79 %	40 %	46 %	46 %	47 %
Sonstige Gesellschaften	3 %	1 %	4 %	4 %	4 %	4 %
Summe Investitionen	100 %	100 %	100 %	100 %	100 %	100 %
SR (Investitionen)	0,310	0,790	0,400	0,460	0,460	0,470
H (Investitionen)	0,195	0,634	0,306	0,350	0,329	0,367

Ergebnis	96/97	97/98	98/99	99/00	2001	2002
Stahl	k. A.	-	-	-	-	-
Anlagen- und Schiffbau	k. A.	-15 %	-	-	-	-
Gebäudetechnik	k. A.	24 %	15 %	15 %	-6 %	-
Energie und Rohstoffe	k. A.	21 %	21 %	37 %	42 %	24 %
Handel	k. A.	11 %	6 %	12 %	6 %	9 %
Logistik	k. A.	14 %	22 %	29 %	38 %	34 %
Touristik	-	48 %	50 %	56 %	65 %	55 %
Sonstige Gesellschaften	k. A.	-3 %	-14 %	-49 %	-45 %	-22 %
Summe	k. A.	100 %	100 %	100 %	100 %	100 %
SR (Ergebnis)	-	0,480	0,500	0,560	0,650	0,550
H (Ergebnis)	-	0,387	0,388	0,812	0,953	0,532

Tab. 29: Entwicklung der SNP-Indikatoren im Fall Preussag/TUI 1996-2002.
Quelle: Eigene Darstellung nach Preussag/TUI AG Geschäftsberichte 1996/1997-
2002.

F. Geschäftsportfolio des Mannesmann-Konzerns

Unternehmungsgruppen	Gruppen bis 1989	Gruppen 1989-1990	Bereiche 1991-1994	Bereiche 1995	Bereiche 1996-1998	Bereiche 1999	Bereiche ab 2000	Strategische Geschäftsfelder (SGF)* 1989-2000 (alte SGF / neues SGF)
Mannesmann Röhrenwerke bis 2000	Röhrenwerke	Röhrenwerke	Röhren	Röhren & Handel	tubes & (trading)	tubes / übrige Gesellschaften		Röhren und Handel
Mannesmann Brasilien bis 1993	Brasilien	Brasilien						
Mannesmann Handel bis 1995	Handel	Handel	Handel	Handel				
Mannesmann Rexroth bis 2000	Rexroth	Rexroth	Maschinen- und Anlagenbau	Maschinen- und Anlagenbau	engineering	engineering & automotive		Maschinen- und Anlagenbau
Mannesmann Dematic (Demag Fördertechnik) 1992-2000	-	-						
Mannesmann Demag bis 2000	Demag	Demag						
Mannesmann Anlagenbau bis 1995	Anlagenbau	Anlagenbau						
Krauss-Maffei 1990-1998	-	Krauss-Maffei						
Mannesmann (Fichtel &) Sachs bis 2000	Fichtel & Sachs	Fichtel & Sachs	Fahrzeugtechnik	Automobiltechnik	automotive			Fahrzeugtechnik
BOGE 1991-1992	-	-						
Mannesmann VDO 1992-2000	-	-						
Mannesmann Informationstechnik (Kienze) bis 1992	Kienze	Kienze	Elektrotechnik (und Elektronik)					Elektrotechnik
Mannesmann Hartmann & Braun bis 1995	Hartmann&Braun	Hartmann&Braun						
Mannesmann Mobilfunk ab 1989		Mobilfunk	Tele-kommunikation	Tele-kommunikation	communications	communications	tele-communications	Tele-kommunikation
Mannesmann Eurokom ab 1994		-						
Omnitel ab 1996		-						
Infostrada ab 1999		-						

*Eigene Einteilung

Abb. 53: Geschäftsportfolio des Mannesmann-Konzerns 1989-1999.
Quelle: Eigene Darstellung nach Mannesmann AG Geschäftsberichte 1989-1999.

285

G. Entwicklung der SGF von Mannesmann

Die Untersuchung in Kapitel 5.2. basiert auf einer detaillierten Analyse des Mannesmann-Konzerns. Im Folgenden werden die Entwicklungen in den fünf SGF von Mannesmann betrachtet. Dabei handelt es sich um die Geschäftsfelder „Röhren und Handel", „Maschinen- und Anlagenbau", „Fahrzeugtechnik", „Elektrotechnik" sowie „Telekommunikation".

Röhren und Handel

Das SGF Röhren und Handel umfasste die ursprünglich selbständigen Unternehmungsgruppen Mannesmann Röhrenwerke, Mannesmann Brasilien und Mannesmann Handel. Es enthielt ebenso die Zahlen der Hauptverwaltung und sonstiger Gesellschaften, die keinem anderem Geschäftsfeld zugeordnet waren.

Der Bereich Röhren war seit den 80er Jahren insbesondere durch konjunkturelle und strukturelle Probleme geprägt.[764] Spätestens seit 1992 belasteten hohe Überkapazitäten den Stahlrohrmarkt[765] und seit Zusammenbruch der UdSSR verzeichnete Mannesmann hohe Auftragseinbußen aus den Ländern der ehemaligen Sowjetunion wegen ungeklärter Finanzierung[766]. In der Folge kam es zu Kurzarbeit und teilweise zu Stilllegungen (z. B. 1992 im Werk Mülheim). Um die Position in Röhrenbereich zu stärken, ging Mannesmann vielfältige Kooperationen ein und rationalisierte die Röhrenproduktion mehrfach.[767]

1990 kooperierte die Mannesmannröhren-Werke AG mit der Krupp Stahl AG und brachte das Hüttenwerk Huckingen in die Hüttenwerke Krupp Mannesmann GmbH

---

[764] Vgl. Wirtschaftswoche, 50/1987, S. 156-159; Wirtschaftswoche, 2/1988, o. S.; Finanz und Wirtschaft vom 07.03.1984, o. S.

[765] Vgl. Handelsblatt vom 30.06.1992, o. S.

[766] Vgl. Mannesmann AG Geschäftsbericht 1992, S. 36-37.

[767] Vgl. Handelsblatt vom 31.12.1997, S. 26; Handelsblatt vom 16.03.1999, S. 17.

(HKM) ein. 1991 wurde eine Kooperation im Großrohrbereich mit Usinor Sacilor SA geschlossen[768] und die Großrohraktivitäten der Mannesmannröhren-Werke AG in die Europipe GmbH eingebracht. Ferner verkaufte Mannesmann 1991 seine Reederei (Mannesmann Reederei GmbH). 1992 ging die Mannesmannröhren-Werke AG ein Joint Venture mit der Hoesch AG bei Präzisionsstahlrohren (MHP Mannesmann Hoesch Präzisrohr GmbH) ein. Mit dem Ziel der Zusammenfassung aller weltweiten Stahl- und Rohraktivitäten wurde 1994 die vorher selbständige Unternehmungsgruppe Mannesmann Brasilien in die Mannesmannröhren-Werke AG eingegliedert. Ebenso in 1994 kooperierte Mannesmann bei Edelstahlrohren mit der Dalmine SpA, Dalmine/Italien, und der Vallourec SA, Boulogne-Billancourt/Frankreich. 1997 begannen die Mannesmannröhren-Werke ihre Zusammenarbeit mit Vallourec SA bei warmgefertigten nahtlosen Rohren.[769] Ein Jahr später integrierten die Röhrenwerke ihre Türkei-Aktivitäten in ein Joint Venture mit Borusan.[770]

Im Bereich Handel fand im Gegensatz zu den Röhren eine stetige Erweiterung des Geschäftsbereichs Haustechnik in den Jahren 1991 bis 1993 statt. 1991 wurden Tricom Supplies, Wilfried Simon GmbH sowie eine Mehrheitsbeteiligung an Caspar & Co. Handel übernommen. 1992 erwarb Mannesmann die Unternehmungen Plasanit, Wegener & Co. GmbH, Eisen-Rieg Haustechnik-Handel GmbH und Gebr. Heimer GmbH. Dies setzte sich ein Jahr später mit dem Zukäufen von Carl Hille Nachf. GmbH, Carl G. Meyer Handel GmbH, Reinfeldt & Trenschel Handel GmbH & Co. KG, Friedrich Warnke GmbH & Co. KG, Hans Huth Handel GmbH & Co. KG, Peter Breitenbach GmbH, Franz Silberhorn GmbH & Co. KG sowie dem Mehrheitserwerb an Werner Güttes GmbH fort.

---

[768] Vgl. FAZ vom 30.05.1990, o. S.

[769] Vgl. Handelsblatt vom 11.02.1997, S. 1; FAZ vom 12.02.1997, S. 18. An der Vallourec & Mannesmann Tubes SA, Boulogne-Billancourt/Frankreich, hielt Mannesmann 45 %. Zusätzlich erwarb die Mannesmannröhren-Werke AG eine 21 %-Beteiligung an Vallourec. Vgl. Mannesmann AG Geschäftsbericht 1997, S. 13.

[770] Der Mannesmann-Anteil lag bei 23 %. Vgl. Mannesmann AG Geschäftsbericht 1998, S. 15.

1996 verlor die Unternehmungsgruppe „Handel" ihre Selbständigkeit und wurde mit der Gruppe „Röhren" zum Unternehmungsbereich „Rohre und Handel" zusammenge-fasst. Zwei Jahre später gab Mannesmann die Handelsaktivitäten in Deutschland, Österreich und Großbritannien auf und veräußerte Mannesmann Handel an Thyssen.[771] 1999 wurden Mannesmann Cylinder Systems und Mannesmann Pressfitting veräußert. Der Nachfragerückgang auf dem Röhrenmarkt setzte sich fort. Wegen der Wirtschaftskrisen in Südostasien, Russland und Lateinamerika und des niedrigen Rohölpreises sowie der damit einhergehenden geringeren Erschließung neuer Bohrfelder und des deshalb geringeren Bedarfs an nahtlosen Stahlrohren bewegte sich die Mannesmannröhren-Werke AG weiterhin in einem schwierigen Umfeld. Diese Entwicklung spiegeln auch die Kennzahlenverläufe des Geschäftsfelds Röhren und Handel wider (vgl. Tab. 30). Es findet sich in allen Kategorien ein klarer Abwärtstrend. Die zunächst noch positiven Ergebnisbeiträge stürzten 1998 und insbesondere 1999 ins Minus ab, der Umsatz halbierte sich und die Mitarbeiterzahl schrumpfte aufgrund der Rationalisierungsmaßnahmen auf rund ein Drittel des Stands von 1989.

	1989	1990	1991	1992	1993	1994	1995	1996	1997	1998	1999
Investitionen (Mio. Euro)	170	106	136	130	123	272	121	156	617	159	192
Außenumsatz (Mio. Euro)	3.898	3.392	3.636	3.499	3.521	5.032	3.407	3.328	3.380	2.314	1.940
Spartenergebnis (Mio. Euro)	k. A.	k. A.	k. A.	k. A.	k. A.	-7	20	-47	61	26	-504
Mitarbeiter (31.12.)	34.887	29.990	30.554	27.990	26.195	25.306	21.392	20.387	15.333	12.192	12.567

Tab. 30:　SGF Röhren und Handel des Mannesmann-Konzerns 1989-1999.
　　　　　Quelle: Eigene Darstellung nach Mannesmann AG Geschäftsberichte 1989-1999.

Maschinen- und Anlagenbau

Das Strategische Geschäftsfeld Maschinen- und Anlagenbau war in den Jahren 1989-1994 von ständigen Zukäufen und intensiver Diversifikation geprägt. Die größte Akquisition stellte die im Januar 1990 erworbene Krauss-Maffei AG[772] dar, die zu

---

[771]　Vgl. FAZ vom 05.10.1998, S. 23.

[772]　Anteilserhöhung auf 71 % in 1992 und 97 % in 1995. Vgl. Mannesmann AG Geschäftsbericht 1989, S. 6; Mannesmann AG Geschäftsbericht 1990, S. 6; Mannesmann AG Geschäftsbericht 1995, S. 2, 11.

einer eigenständigen Unternehmungsgruppe der Mannesmann AG aufgebaut wurde. Es schlossen sich im Vergleich kleinere Erwerbe an: Pneumatiksparte der American Standard Inc., USA (1989), Wabco Fluid Power Group, USA (1989), Eisenbach GmbH, Frankfurt am Main (1989), Bereich Hüttentechnik der Krupp Industrietechnik GmbH, Duisburg (1989), Krupp Technica GmbH, Veitshöchheim (1989), 50 %-Anteil an der Krupp Stahltechnik GmbH, Duisburg (1989), Mecman, Schweden (1991), Rapistan Corporation, USA (1991), Netstal-Maschinen AG, Schweiz (1991), Carl Baasel Lasertechnik GmbH, Starnberg (1992), Messo-Chemietechnik GmbH, Duisburg (1992), Van Dorn Corporation, USA (1993), Delaval Turbomachinery Group, USA (1994) sowie die Dorr-Oliver-Gruppe (1994). Durch diese Unternehmungserwerbe diversifizierte Mannesmann innerhalb des Maschinen- und Anlagenbaus und nahm Aktivitäten u. a. in den Bereichen Pneumatik, Kunststoff-Spritzgießmaschinen und Verdichter auf. Ferner wurde 1992 die Mannesmann Demag Fördertechnik aus der Mannesmann Demag ausgegliedert.

In den Jahren 1995-1999 wurden nur noch wenige, kleinere Akquisitionen vorgenommen wie z. B. Broner-Group, England (1995), Italimpianti-Gruppe, Italien (1996), Uchida Hydraulik, Japan (1997), Donati Sollevamenti, Italien (1998), die Sparte Postal Automation von Alcatel (1998) und Zasche, Nördlingen (1999). Diese Jahre waren insbesondere durch Rationalisierungsprogramme und Desinvestitionen zur Portfolio-Optimierung geprägt.[773] Bereits 1995 zog sich Mannesmann aus dem Baumaschinengeschäft zurück[774]. Ein Jahr später wurde die Demag Drucklufttechnik an Siebe plc, Großbritannien, verkauft, die Hüttentechnik-Kapazitäten verringert, die Luftfahrttechnik der Feinmechanischen Werke Mainz veräußert und der Standort Oensingen (Schweiz) der Rexroth Antriebshydraulik geschlossen. 1998 wurden

---

[773] Vgl. Mannesmann AG Geschäftsbericht 1996, S. 11, 12; Mannesmann AG Geschäftsbericht 1997, S. 3, 4, 12; Mannesmann AG Geschäftsbericht 1998, S. 11; Mannesmann AG Geschäftsbericht 1999, S. 3, 12, 66.

[774] Durch Verkauf der Deckenfertiger-Produktion an Dynapac GmbH (Schweden) und Ausgliederung der Hydraulikbagger-Fertigung in ein Joint Venture mit Komatsu Ltd. (Japan). Vgl. Mannesmann AG Geschäftsbericht 1995, S. 5, 11, 23.

wegen schlechter Ergebnisse und fehlender Entwicklungsperspektiven drei der vier Demag-Geschäftsbereiche ausgegliedert. Die ‚Energie- und Umwelttechnik' sowie die ‚Petrochemie und Raffinerietechnik' fanden einen neuen Eigentümer in der französischen Technip-Gruppe und die ‚Metallurgie' wurde in ein Joint Venture mit SMS Schloemann-Siemag AG[775] eingebracht. Außerdem brachte 1998 Mannesmann die Wehrtechnik von Krauss-Maffei in ein Joint Venture mit der Wegmann & Co. GmbH ein[776]. 1999 wurde die Krauss-Maffei Verkehrstechnik GmbH, die Dorr Oliver Inc. und die Rexroth Hydraulik Fahrzeugtechnik verkauft und Rexroth Mecman in ein Joint Venture mit Knorr Bremse eingebracht. Ferner legte man die Unternehmungs-gruppen Mannesmann Anlagenbau mit der Mannesmann Demag zusammen (1995), benannte die Mannesmann Demag Fördertechnik zur Mannesmann Dematic um (1996) und nach Straffung des Produktprogramms wurden Mannesmann Demag und Krauss-Maffei zur Mannesmann Demag Krauss-Maffei AG verschmolzen (1999).[777]

Von der Geschäftsentwicklung her war das strategische Geschäftsfeld Maschinen- und Anlagenbau im Verlauf leicht positiv (vgl. Tab. 31). Trotz Einbruch in 1998 nahm der Außenumsatz 1989 bis 1999 zu. Auch beim Spartenergebnis ist seit dessen Angabe im Geschäftsbericht 1994 ein Aufwärtstrend festzustellen. Ferner nehmen Investitionen und Mitarbeiter im Zeitraum 1989 bis 1999 zu.

	1989	1990	1991	1992	1993	1994	1995	1996	1997	1998	1999
Investitionen (Mio. Euro)	201	272	225	238	174	238	448	435	370	479	495
Außenumsatz (Mio. Euro)	4.448	5.906	5.928	6.418	6.331	6.287	7.035	7.730	8.294	6.580	6.648
Spartenergebnis (Mio. Euro)	k. A.	k. A.	k. A.	k. A.	k. A.	99	142	9	106	229	312
Mitarbeiter (31.12.)	21.566	20.495	24.195	39.569	35.276	35.173	35.653	35.051	33.562	42.849	43.778

Tab. 31:   SGF Maschinen- und Anlagenbau des Mannesmann-Konzerns 1989-1999.
Quelle: Eigene Darstellung nach Mannesmann AG Geschäftsberichte 1989-1999.

---

[775]   Mannesmann hielt an dem neu gegründeten Joint Venture SMS Demag AG 28 % der Anteile. Vgl. Mannesmann AG Geschäftsbericht 1998, S. 3, 5, 14, 38; Handelsblatt vom 21.04.1999, S. 28.

[776]   Mannesmann-Anteil: 49 %. Vgl. Mannesmann AG Geschäftsbericht 1998, S. 14, 38.

[777]   Vgl. FAZ vom 21.11.1998, S. 17.

Fahrzeugtechnik

Das SGF Fahrzeugtechnik wurde 1989-1994 durch umfangreiche Akquisitionen erweitert. 1991 übernahm Mannesmann die Boge AG,[778] die zwei Jahre später in die Unternehmungsgruppe Mannesmann Fichtel & Sachs integriert wurde. 1992 erlangte Mannesmann eine Mehrheitsbeteiligung an der VDO Adolf Schindling AG, Frankfurt,[779] und übernahm deren restliche Anteile 1993. Kleinere Zukäufe wurden durch Mannesmann Fichtel & Sachs mit der Sielas SA, Frankreich (1989) und Borg-Warner, Brasilien (1989) getätigt. 1992 revitalisierte Mannesmann in den neuen Bundesländern die Produktion von A. Lange & Söhne, Glashütte/Sachsen, die die Luxusuhrenproduktion des Mannesmann-Konzerns von IWC und Jaeger-LeCoultre ergänzte. Einzige größere Desinvestition in dieser Zeit bis 1994 war 1992 der Verkauf des Bereichs elektronische Luftfahrtsysteme von Mannesmann VDO.

1995-1999 fanden nur wenige Zukäufe statt. So wurden Delfabro, Argentinien (1997), Aralmex SA, Mexiko (1997) und International Instruments Limited (IIL), Indien (1998) erworben. Durch Übernahme der Bereiche Car Communication, Audio, Navigation und Control Systems von Philips Car Systems International bekam Mannesmann VDO 1997 Zugang zum amerikanischen Markt.[780] Ab 1995 wurde im Bereich Fahrzeugtechnik insbesondere versucht, defizitäre Geschäfte abzustoßen. 1995 konnte das Fahrradgeschäft von Hercules und die Gesellschaft Mannesmann Fahrzeugteile verkauft werden. 1996 wurde das Geschäftsfelds Energietechnik von Mannesmann Sachs veräußert und die Motorenfertigung von Mannesmann Sachs in Schweinfurt eingestellt. 1997 brachte Mannesmann die Kronprinz AG in ein Joint Venture mit Michelin bei Kfz-Rädern ein und stieß die Sparte Fahrradkomponenten

---

[778] Vgl. Handelsblatt vom 29.08.1991, o. S.

[779] Vgl. Handelsblatt vom 22.10.1991, o. S.

[780] Vgl. Handelsblatt vom 24.10.1997, S. 13.

der Mannesmann Sachs ab.[781] 1998 gab Mannesmann Sachs die Fahrzeug- und Motorentechnik ab.[782]

Auch die Geschäftsentwicklung des strategischen Geschäftsfelds Fahrzeugtechnik war durchweg positiv (vgl. Tab. 32). Der Außenumsatz nahm 1989 bis 1999 stetig zu. Trotz Einbruch in 1999 ist für das Ergebnis ab 1994 ein Aufwärtstrend festzustellen. Ferner bestand bei Investitionen und Mitarbeiterzahlen bis 1999 ein konstantes Wachstum.

	1989	1990	1991	1992	1993	1994	1995	1996	1997	1998	1999
Investitionen (Mio. Euro)	123	142	149	282	188	263	199	203	314	862	387
Außenumsatz (Mio. Euro)	1.560	1.493	1.596	3.325	3.073	3.427	3.678	3.866	4.241	5.479	5.656
Spartenergebnis (Mio. Euro)	k. A.	k. A.	k. A.	k. A.	k. A.	62	59	95	135	216	116
Mitarbeiter (31.12.)	21.566	20.495	24.195	39.569	35.276	35.173	35.653	35.051	33.562	42.849	43.778

Tab. 32: SGF Fahrzeugtechnik des Mannesmann-Konzerns 1989-1999.
Quelle: Eigene Darstellung nach Mannesmann AG Geschäftsberichte 1989-1999.

Elektrotechnik

Das SGF Elektrotechnik bestand bis 1995. Mannesmann erweiterte den Bereich zunächst durch Zukäufe der Scangraphic GmbH (1989), der Sensycon Gesellschaft für industrielle Sensorsysteme und Prozeßleittechnik mbH (1991), der SIE Systems S.p.A., Italien (1992), sowie eines Geräte- und Regler-Werks in Leipzig (1992). Im Gegenzug wurde der Bereich Datensysteme von Mannesmann Kienzle in die Digital-Kienzle Computersysteme GmbH & Co. KG[783] ausgegliedert (1991). 1992 integrierte der Mannesmann-Konzern Kienzle in die Unternehmungsgruppe Mannesmann VDO und löste die Unternehmungsgruppe Informationstechnik auf.[784]

---

[781] Vgl. Handelsblatt vom 11.11.1997, S. 17.

[782] Vgl. FAZ vom 19.09.1998, S. 21.

[783] An dieser hielt Mannesmann Kienzle 35 % und die Digital Equipment Corporation, Maynard/USA, 65 %. Vgl. Mannesmann Geschäftsbericht 1990, S. 6; Mannesmann AG Geschäftsbericht 1991, S. 7.

[784] Eine vollständige Trennung vom Unternehmungsbereich Informationstechnik gelang erst 1996 mit dem Verkauf von Mannesmann Tally (Drucker für EDV-Anlagen). Vgl. Mannesmann AG Geschäftsbericht 1996, S. 12.

1995 wurde die Hartmann & Braun AG an Elsag Bailey Process Automation N.V., Haarlem/Niederlande verkauft und damit das Geschäftsfeld Elektrotechnik aufgelöst. Der Vorstand begründete damals diesen Schritt mit der Freisetzung zusätzlicher Ressourcen für Investitionen in Kerngeschäftsfeldern sowie mit Sicherstellung der Zukunft von Hartmann & Braun selbst.[785]

Die Kennzahlen des Geschäftsfelds Elektrotechnik wiesen bis 1994 einen konstanten Abwärtstrend auf und mündeten in der Desinvestition 1995 (vgl. Tab. 33).

	1989	1990	1991	1992	1993	1994	1995	1996	1997	1998	1999
Investitionen (Mio. Euro)	74	75	55	31	29	27	0	0	0	0	0
Außenumsatz (Mio. Euro)	1.493	1.435	1.253	735	660	671	0	0	0	0	0
Spartenergebnis (Mio. Euro)	k. A.	k. A.	k. A.	k. A.	k. A.	5	0	0	0	0	0
Mitarbeiter (31.12.)	18.372	18.392	14.661	9.678	8.908	7.842	0	0	0	0	0

Tab. 33: SGF Elektrotechnik des Mannesmann-Konzerns 1989-1994.
Quelle: Eigene Darstellung nach Mannesmann AG Geschäftsberichte 1989-1999.

Telekommunikation

Vor 1989 hatte sich die Mannesmann AG nicht im Mobilfunk betätigt. Das SGF Telekommunikation wurde erst Ende 1989 mit Erlangung der privaten D2-Mobilfunklizenz und Gründung der Mannesmann Mobilfunk GmbH[786] geschaffen. Bis 1999 erfuhr das Geschäftsfeld eine stetige Erweiterung seines Portfolios.

1993 wurde die spätere CNI Communications Network International GmbH & Co. KG zusammen mit der Deutsche Bank AG und der RWE Energie AG durch Kauf der Deutschen Gesellschaft für Netzwerkdienste mbH gegründet.[787] 1996 erhielt das Konsortium unter Führung von Mannesmann[788] den Zuschlag für 49,8 % der Anteile an der zu privatisierenden Telekommunikationstochter der Deutsche Bahn

---

[785] Vgl. Mannesmann AG Geschäftsbericht 1995, S. 2, 5, 11.

[786] Mannesmann hielt 1989 als Konsortialführer 51 % an der Mannesmann Mobilfunk GmbH. 1995 erhöhte Mannesmann seine Beteiligung durch Übernahme der Anteile der Cable & Wireless plc. auf 65 %.

[787] Vgl. Handelsblatt vom 14.11.1995, S. 17.

[788] Mannesmann hielt 55,5 % der Anteile des Konsortiums, die Deutsche Bank 10 %, AT&T und Unisource je 15 % sowie Air Touch 4,5 %.

AG DBKom Gesellschaft für Telekommunikation mbH & Co. KG.[789] Daraufhin fusionierten CNI und DBKom zur Mannesmann Arcor AG & Co.[790] Im gleichen Jahr erwarb Mannesmann einen Anteil von 15 % an Cegetel, einer französischen Telekommunikationsunternehmung, und ging mit Olivetti in Italien ein Telekommunikations-Joint-Venture (OliMan) ein. Olivetti brachte in OliMan Beteiligungen an Omnitel (Mobilfunk, Italien) und Infostrada (Festnetz, Italien) mit ein. Mannesmann erhöhte die Beteiligung an OliMan in 1998 bzw. 1999 sukzessive auf 37,5 % bzw. 49,9 %.[791]

1998 übernahm Mannesmann die Mehrheitsanteile an den österreichischen Festnetzgesellschaften tele.ring (74,8 %) und Citycom Austria (53,8 %), die 1999 zusammengeführt wurden. tele.ring erhielt 1999 die österreichische Mobilfunklizenz. Im Festnetzbereich wurde 1999 die deutsche Unternehmung o.tel.o inklusive seiner Tochter Callisto germany.net übernommen.[792] Im gleichen Jahr erhöhte Mannesmann seine Beteiligung an Omnitel auf 55 % und Infostrada auf 100 %[793] und erwarb eine Mehrheit von 65 % des Düsseldorfer Stadtnetzbetreibers ISIS MultimediaNet GmbH. Ferner plante Mannesmann den Einstieg in webfähige IP-Lösungen mit der Gründung von ipulsys und kooperierte mit SAP zum Einstieg in das Tele-Commerce-Geschäft. Das Jahr 1999 endete mit der Übernahme der britischen Mobilfunkbetreibers Orange plc.[794]

---

[789] Vgl. Handelsblatt vom 11.07.1996, S. 1; Handelsblatt vom 25.07.1996, S. 9.

[790] Die Unternehmerische Führung der Arcor lag bei der Mannesmann AG. Das Beteiligungskonsortium hatte ferner die Option, die Anteile an Arcor aufzustocken. Arcor bediente zunächst ausschließlich Geschäftskunden und ab 01.01.1998 nach vollständiger Liberalisierung des Telekommunikationsmarktes in Deutschland zusätzlich Privatkunden. Vgl. Mannesmann AG Geschäftsbericht 1996, S. 2; Mannesmann AG Geschäftsbericht 1997, S. 44-45.

[791] Vgl. Handelsblatt vom 24.11.1997, S. 15.

[792] Vgl. Handelsblatt vom 06.04.1999, S. 15; Handelsblatt vom 07.04.1999, S. 13.

[793] Erwerb der Anteile aus dem Besitz von Olivetti. Olivetti musste aus wettbewerbsrechtlichen Auflagen in Folge der Übernahme von Telecom Italia abstoßen. Vgl. Handelsblatt vom 26.02.1999, S. 1; Mannesmann AG Geschäftsbericht 1999, S. 4, 12.

[794] Vgl. Handelsblatt vom 20.10.1999, S. 25; Handelsblatt vom 28.10.1999, S. 27; Handelsblatt vom 22.12.1999, S. 18.

Die konstante Zunahme des Telekommunikationsportfolios spiegelte sich auch in den Kennzahlenverläufe des Geschäftsfelds wider (vgl. Tab. 34). Alle Kategorien zeigten einen bis 1996 leichten, aber stetigen Anstieg, der ab 1997 sprunghaft zunahm. Die außergewöhnlich hohen Investitionen in 1997, 1998 und die nochmaligen Verdoppelung in 1999 flossen in die umfangreichen Unternehmungszukäufe. Parallel dazu stiegen Mitarbeiteranzahl und Umsatz durch Hinzurechnung der Erwerbungen. Das Spartenergebnis erfuhr eine jährliche Steigerung von über 50 %.

	1989	1990	1991	1992	1993	1994	1995	1996	1997	1998	1999
Investitionen (Mio. Euro)	5	23	151	251	377	678	480	988	3.147	1.964	15.411
Außenumsatz (Mio. Euro)	0	0	0	70	460	890	1.386	2.149	3.462	4.643	9.021
Spartenergebnis (Mio. Euro)	k. A.	k. A.	k. A.	k. A.	k. A.	100	237	484	636	982	1.624
Mitarbeiter (31.12.)	0	387	1.015	1.615	2.256	2.589	3.556	5.014	13.393	14.081	28.461

Tab. 34:   SGF Telekommunikation des Mannesmann-Konzerns 1989-1999.
            Quelle: Eigene Darstellung nach Mannesmann AG Geschäftsberichte 1989-1999.

H. Vergleich zwischen den SGF der Mannesmann AG

Umsatz

Die Umsatzentwicklung des Mannesmann-Konzerns (vgl. Tab. 35, Abb. 54 und Abb. 55) zeigt einen konstanten Rückgang der Elektrotechnik bis 1995. Dies ist ebenso für den Bereich Röhren & Handel bis 1999 zu erkennen. Darüber hinaus ist ein Umsatzwachstum der Geschäftsfelder Fahrzeugtechnik sowie Maschinen- und Anlagenbau auffällig. Diese SGF dominierten den Konzern bis 1998.

Die Telekommunikationssparte, die seit 1992 Umsatz generierte, wurde erst 1999 umsatzstärkstes SGF. Mit 39 % bzw. 9.021 Mio. Euro Umsatz lag sie 1999 vor dem Maschinen und Anlagenbau (29 % bzw. 6.648 Mio. Euro) und der Fahrzeugtechnik (24 % bzw. 5.656 Mio. Euro).

Geschäftsfelder	1989	1990	1991	1992	1993	1994	1995	1996	1997	1998	1999
Röhren und Handel	3.898	3.392	3.636	3.499	3.521	5.032	3.407	3.328	3.380	2.314	1.940
Maschinen- und Anlagenbau	4.448	5.906	5.928	6.418	6.331	6.287	7.035	7.730	8.294	6.580	6.648
Fahrzeugtechnik	1.560	1.493	1.596	3.325	3.073	3.427	3.678	3.866	4.241	5.479	5.656
Elektrotechnik	1.493	1.435	1.253	735	660	671	0	0	0	0	0
Telekommunikation	0	0	0	70	460	890	1.386	2.149	3.462	4.643	9.021
Sonstige Gesellschaften	18	16	19	278	152	235	903	660	612	49	0
Summe	11.417	12.242	12.432	14.325	14.197	16.542	16.409	17.733	19.989	19.065	23.265

Geschäftsfelder	1989	1990	1991	1992	1993	1994	1995	1996	1997	1998	1999
Röhren und Handel	34 %	28 %	29 %	24 %	25 %	30 %	21 %	19 %	17 %	12 %	8 %
Maschinen- und Anlagenbau	39 %	48 %	48 %	45 %	44 %	38 %	43 %	43 %	42 %	35 %	29 %
Fahrzeugtechnik	14 %	12 %	13 %	23 %	22 %	21 %	22 %	22 %	21 %	29 %	24 %
Elektrotechnik	13 %	12 %	10 %	5 %	5 %	4 %	0 %	0 %	0 %	0 %	0 %
Telekommunikation	0 %	0 %	0 %	1 %	3 %	5 %	8 %	12 %	17 %	24 %	39 %
Sonstige Gesellschaften	0 %	0 %	0 %	2 %	1 %	2 %	6 %	4 %	3 %	0 %	0 %
Summe	100 %	100 %	100 %	100 %	100 %	100 %	100 %	100 %	100 %	100 %	100 %

Tab. 35: Umsatz des Mannesmann-Konzerns 1989-1999.
Quelle: Eigene Darstellung nach Mannesmann AG Geschäftsberichte 1989-1999.

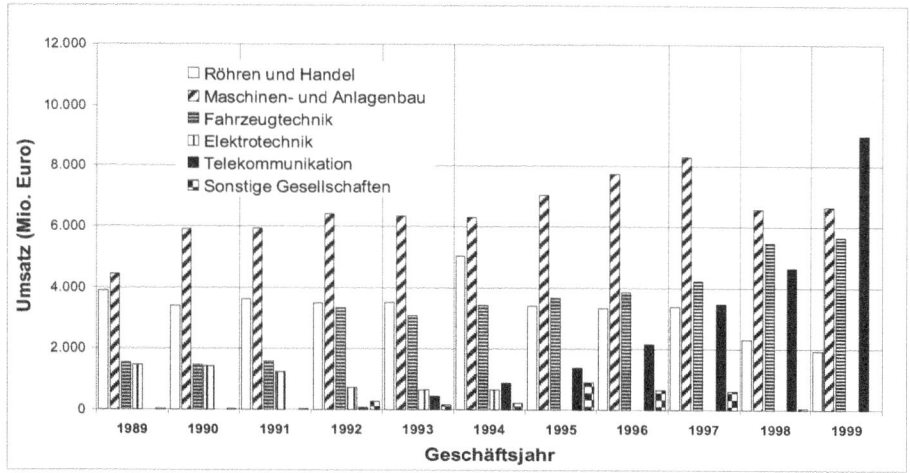

Abb. 54: Umsatz des Mannesmann-Konzerns nach Geschäftsfeldern 1989-1999.
Quelle: Eigene Darstellung nach Mannesmann AG Geschäftsberichte 1989-1999.

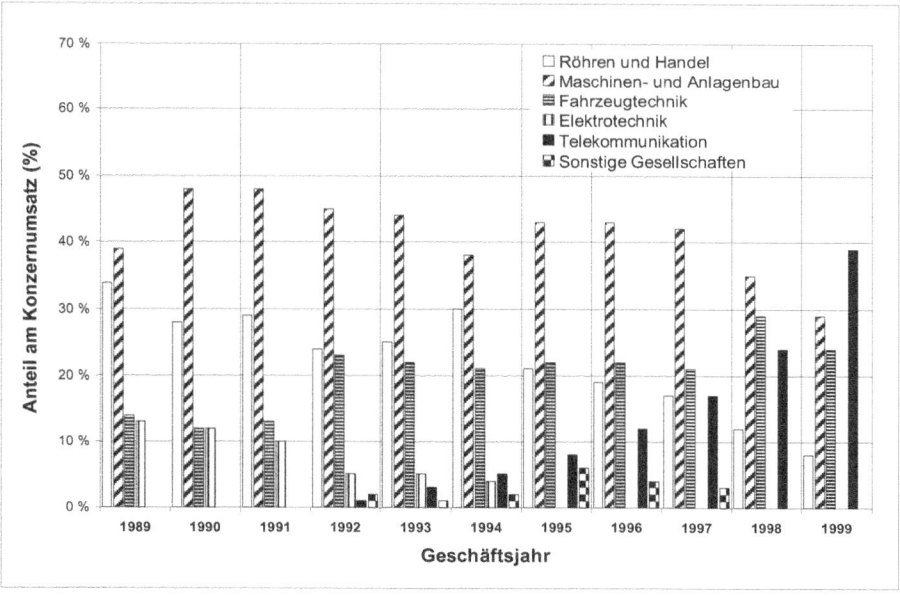

Abb. 55: Umsatz der Geschäftsfelder im Verhältnis zum Gesamtumsatzvolumen des
Mannesmann-Konzerns 1999-1999.
Quelle: Eigene Darstellung nach Mannesmann AG Geschäftsberichte 1989-1999.

Mitarbeiter

Der Bereich Röhren & Handel baute von 1989 bis 1999 konstant seine Mitarbeiterzahl ab (vgl. Tab. 26, Abb. 56 und Abb. 57). Dies ist neben Rationalisierungsmaßnahmen und umfassenden Kooperationen durch schrittweise Desinvestitionen zu erklären. Die Mitarbeiterzahl der Elektrotechniksparte sank seit 1990 stetig und wurde 1995 aufgrund des Verkaufs von Hartmann & Braun auf Null reduziert.

Die Fahrzeugtechnik hat aufgrund der umfangreichen Akquisitionen in der Zeit von 1989 bis 1999 seine Mitarbeiter von rd. 21.500 (18 %) auf rd. 44.000 (33 %) mehr als verdoppelt. Der Maschinen- und Anlagenbau erlebte insbesondere in 1990 einen Zuwachs durch die Akquisition von Krauss-Maffei und 1998 einen Rückgang durch die Ausgliederung der drei Demag Bereiche sowie der Wehrtechnik von Krauss-Maffei. Trotzdem stellte dieser Bereich 1999 mit 35 % (46.054) vor der Fahrzeugtechnik mit 33 % (43.778), der Telekommunikation mit 22 % (28.461) und dem Bereich Röhren & Handel mit 10 % (12.567) den größten Mitarbeiteranteil im Mannesmann-Konzern.

Der Bereich Telekommunikation war bis 1997 von der Mitarbeiterzahl der kleinste Geschäftsbereich, was sich insbesondere durch die geringe Personalintensität des Geschäfts erklären lässt.

Die Mitarbeiterzahlen zeigen die große Bedeutung der ansonsten nicht dominanten Geschäftsfelder Fahrzeugtechnik sowie Maschinen- und Anlagenbau für den Mannesmann-Konzern. Die Entwicklung im SGF Telekommunikation weist auf eine zunehmende Bedeutung innerhalb des Konzerns hin, jedoch nicht auf eine SNP.

Geschäftsfelder	1989	1990	1991	1992	1993	1994	1995	1996	1997	1998	1999
Röhren und Handel	34.887	29.990	30.554	27.990	26.195	25.306	21.392	20.387	15.333	12.192	12.567
Maschinen- und Anlagenbau	46.051	53.248	53.264	54.318	51.747	51.142	56.282	54.974	54.719	45.503	46.054
Fahrzeugtechnik	21.566	20.495	24.195	39.569	35.276	35.173	35.653	35.051	33.562	42.849	43.778
Elektrotechnik	18.372	18.392	14.661	9.678	8.908	7.842	0	0	0	0	0
Telekommunikation	0	387	1.015	1.615	2.256	2.589	3.556	5.014	13.393	14.081	28.461
Sonstige Gesellschaften	1.435	1.485	1.499	3.577	3.313	2.862	5.801	4.283	3.852	1.622	0
Summe	122.311	123.997	125.188	136.747	127.695	124.914	122.684	119.709	120.859	116.247	130.860

Geschäftsfelder	1989	1990	1991	1992	1993	1994	1995	1996	1997	1998	1999
Röhren und Handel	28 %	24 %	24 %	20 %	20 %	20 %	17 %	17 %	13 %	11 %	10 %
Maschinen- und Anlagenbau	38 %	43 %	43 %	40 %	40 %	41 %	46 %	46 %	45 %	39 %	35 %
Fahrzeugtechnik	18 %	17 %	19 %	29 %	28 %	28 %	29 %	29 %	28 %	37 %	33 %
Elektrotechnik	15 %	15 %	12 %	7 %	7 %	6 %	0 %	0 %	0 %	0 %	0 %
Telekommunikation	0 %	0 %	1 %	1 %	2 %	2 %	3 %	4 %	11 %	12 %	22 %
Sonstige Gesellschaften	1 %	1 %	1 %	3 %	3 %	3 %	5 %	4 %	3 %	1 %	0 %
Summe	100 %	100 %	100 %	100 %	100 %	100 %	100 %	100 %	100 %	100 %	100 %

Tab. 36:   Mitarbeiterzahlen des Mannesmann-Konzerns 1989-1999.
Quelle: Eigene Darstellung nach Mannesmann AG Geschäftsberichte 1989-1999.

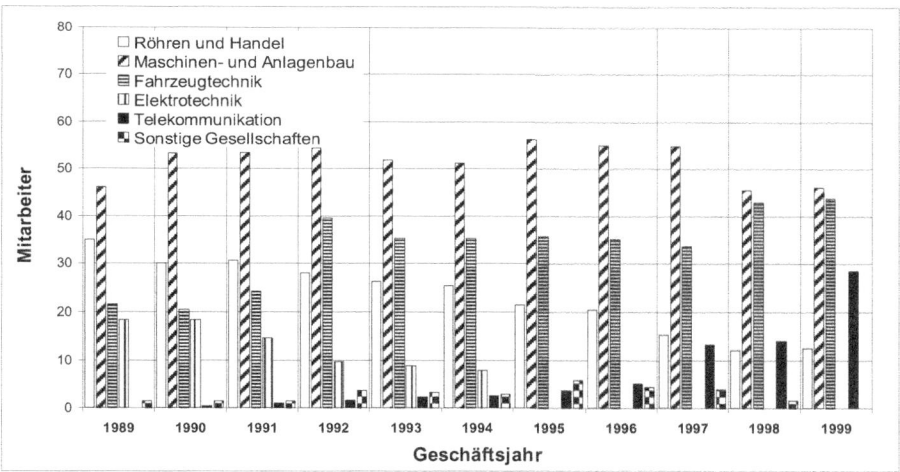

Abb. 56:   Mitarbeiterzahlen des Mannesmann-Konzerns nach Geschäftsfeldern 1989-1999.
Quelle: Eigene Darstellung nach Mannesmann AG Geschäftsberichte 1989-1999.

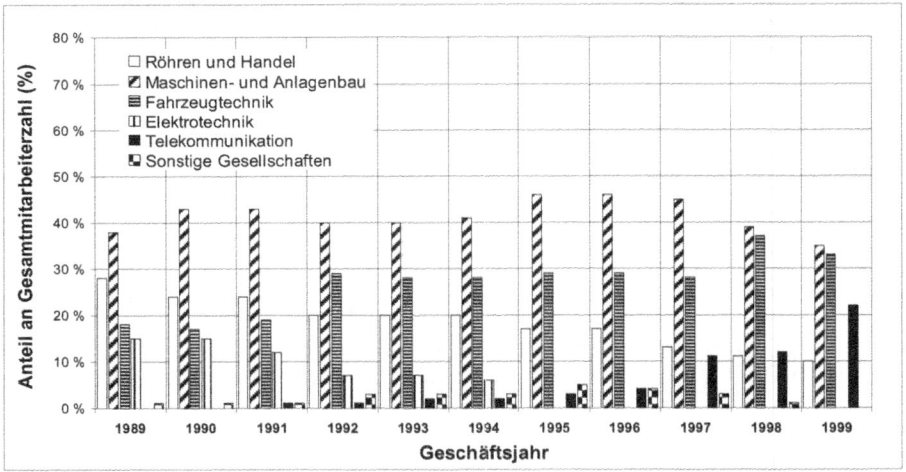

Abb. 57: Mitarbeiterzahlen der Geschäftsfelder im Verhältnis zur Gesamtmitarbeiterzahl des
Mannesmann-Konzerns 1989-1999.
Quelle: Eigene Darstellung nach Mannesmann AG Geschäftsberichte 1989-1999.

Investitionen

Die Investitionen des Mannesmann-Konzerns in die seine SGF (vgl. Tab. 27, Abb. 58
und Abb. 59) lagen 1989 für Röhren & Handel bei 191 Mio. Euro (32 %), für
Elektrotechnik bei 74 Mio. Euro (12 %), für Fahrzeugtechnik bei 123 Mio. Euro
(21 %), für Maschinen- und Anlagenbau bei 201 Mio. Euro (34 %) sowie für die neu
gegründete Telekommunikationssparte bei 5 Mio. Euro (1 %). In den Bereich Röhren
& Handel wurde bis 1999 annähernd konstant ca. 200 Mio. Euro investiert. Wegen
des insgesamt zunehmenden Gesamtinvestitionsvolumens des Konzerns geht der
Anteil des Bereichs am Gesamtvolumen zurück. Die Investitionen in die Elektrotechnik sanken stetig und liefen 1995 wegen des Verkaufs der Sparte aus. In die
Fahrzeugtechnik sowie den Maschinen- und Anlagenbau wurde bis 1999 ein bis zu 2-
3mal so großer Betrag pro Jahr wie 1989 investiert. Der relative Anteil an den
Gesamtinvestitionen nahm ab.

Das SGF Telekommunikation übertraf bereits 1993 mit einer Investitionssumme von
251 Mio. Euro (42 %) jeden anderen Bereich. 1996 wurden 54 % (988 Mio. Euro) des

Gesamtvolumens in die Telekommunikation investiert. 1999 erreichte man schließlich 94 % (15.411 Mio. Euro) und damit mehr als das 30fache der Konzerngesamtinvestitionen von 1989. Diese Telekommunikationsinvestitionen wurden vornehmlich für Unternehmungsakquisitionen eingesetzt.

Geschäftsfelder	1989	1990	1991	1992	1993	1994	1995	1996	1997	1998	1999
Röhren und Handel	170	106	136	130	123	272	121	156	617	159	192
Maschinen- und Anlagenbau	201	272	225	238	174	238	448	435	370	479	495
Fahrzeugtechnik	123	142	149	282	188	263	199	203	314	862	387
Elektrotechnik	74	75	55	31	29	27	0	0	0	0	0
Telekommunikation	5	23	151	251	377	678	480	988	3.147	1.964	3.911
Sonstige Gesellschaften	21	38	38	26	24	80	116	50	83	124	0
Summe	594	656	754	958	915	1.558	1.364	1.832	4.531	3.588	4.985

Geschäftsfelder	1989	1990	1991	1992	1993	1994	1995	1996	1997	1998	1999
Röhren und Handel	29 %	16 %	18 %	14 %	13 %	17 %	9 %	8 %	14 %	5 %	1 %
Maschinen- und Anlagenbau	34 %	41 %	30 %	25 %	19 %	15 %	33 %	24 %	8 %	13 %	3 %
Fahrzeugtechnik	21 %	22 %	20 %	29 %	21 %	17 %	15 %	11 %	7 %	24 %	2 %
Elektrotechnik	12 %	11 %	7 %	3 %	3 %	2 %	0 %	0 %	0 %	0 %	0 %
Telekommunikation	1 %	4 %	20 %	26 %	41 %	44 %	35 %	54 %	69 %	55 %	94 %
Sonstige Gesellschaften	3 %	6 %	5 %	3 %	3 %	5 %	8 %	3 %	2 %	3 %	0 %
Summe	100 %	100 %	100 %	100 %	100 %	100 %	100 %	100 %	100 %	100 %	100 %

Tab. 37:   Investitionen des Mannesmann-Konzerns 1989-1999.
Quelle: Eigene Darstellung nach Mannesmann AG Geschäftsberichte 1989-1999.

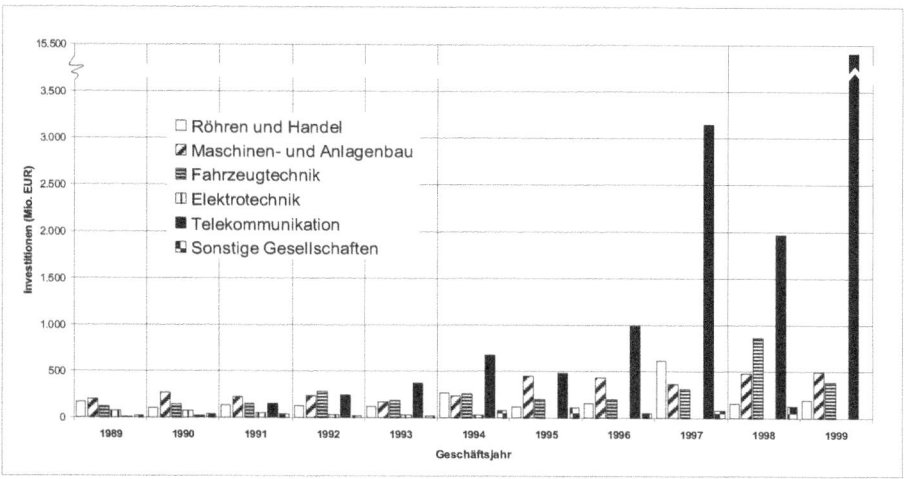

Abb. 58:   Investitionen des Mannesmann-Konzerns nach Geschäftsfeldern 1989-1999.
Quelle: Eigene Darstellung nach Mannesmann AG Geschäftsberichte 1989-1999

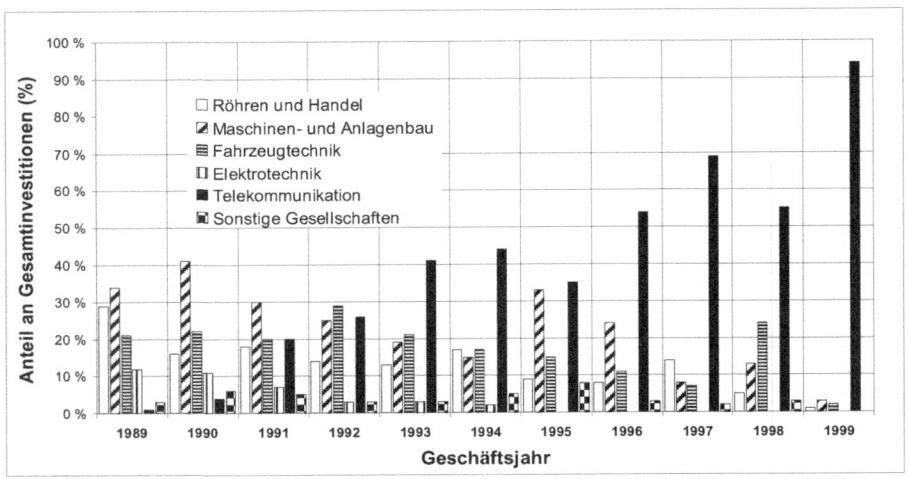

Abb. 59:   Investitionen der Geschäftsfelder im Verhältnis zum Gesamtinvestitionsvolumen des
Mannesmann-Konzerns 1989-1999.
Quelle: Eigene Darstellung nach Mannesmann AG Geschäftsberichte 1989-1999.

Ergebnis

Der Ergebnisverlauf der SGF (vgl. Tab. 38 und Abb. 60)[795] gibt das Wachstumspotential des Telekommunikationsbereichs wider. Die Probleme des Geschäftsfelds Röhren
& Handel werden bei der Ergebnisbetrachtung am deutlichsten. Anfangs noch positiv
bei 40 Mio. Euro in 1994 sank das Ergebnis auf einen Verlust von 504 Mio. Euro. Die
Fahrzeugtechnik sowie der Maschinen- und Anlagenbau erfuhren eine Ergebniszu-
nahme von 62 bzw. 99 Mio. Euro auf das 2-3fache in 1999. Dieser Wachstumsverlauf
wurde durch die Telekommunikationssparte übertroffen.

Die Telekommunikation lag bereits 1994 mit einem Spartenergebnis von 100 Mio.
Euro (33 %) vor den übrigen Geschäftsbereichen. Ein Jahr später trug die Telekommunikation mit 237 Mio. Euro zu 51 % zum Konzernergebnis bei und wurde erstmals
im Geschäftsbericht als einer der wesentlichen strategischen Schwerpunkte von

---

[795]   Zur Beurteilung des Spartenergebnisses eigneten sich insbesondere die Absolutwerte, da die Relativwerte
durch negative Ergebnisbeiträge verzerrt wurden.

Mannesmann bezeichnet.[796] 1999 stieg das Ergebnis auf 1.624 Mio. Euro, wodurch das SGF Telekommunikation seine Stellung als Hauptergebnisträger der Mannesmann AG festigte. Weitergehend wurde in der Presse von einer Dominanz der Telekommunikation im Hause Mannesmann gesprochen.[797] Schließlich beschloss der Mannesmann-Vorstand noch 1999 die Fokussierung auf die Telekommunikationsaktivitäten und die Abstoßung der industriellen Aktivitäten.[798]

Geschäftsfelder	1989	1990	1991	1992	1993	1994	1995	1996	1997	1998	1999
Röhren und Handel	k. A.	k. A.	77	-31	-79	-7	20	-47	61	26	-504
Maschinen- und Anlagenbau	k. A.	k. A.	261	261	53	99	142	9	106	229	312
Fahrzeugtechnik	k. A.	k. A.	-56	-38	-134	62	59	95	135	216	116
Elektrotechnik	k. A.	k. A.	41	20	-21	5	0	0	0	0	0
Telekommunikation	k. A.	k. A.	-120	-174	-115	100	237	484	636	982	1.624
Sonstige Gesellschaften	k. A.	k. A.	117	135	231	47	8	-25	-47	-68	0
Summe	534	513	320	173	-65	306	466	516	891	1.385	1.548

Geschäftsfelder	1989	1990	1991	1992	1993	1994	1995	1996	1997	1998	1999
Röhren und Handel	k. A.	k. A.	24 %	-18 %	-122 %	-2 %	4 %	-9 %	7 %	2 %	-33 %
Maschinen- und Anlagenbau	k. A.	k. A.	82 %	151 %	82 %	32 %	30 %	2 %	12 %	16 %	20 %
Fahrzeugtechnik	k. A.	k. A.	-18 %	-22 %	-206 %	20 %	13 %	18 %	15 %	16 %	8 %
Elektrotechnik	k. A.	k. A.	13 %	12 %	-32 %	2 %	0 %	0 %	0 %	0 %	0 %
Telekommunikation	k. A.	k. A.	-38 %	-101 %	-177 %	33 %	51 %	94 %	71 %	71 %	105 %
Sonstige Gesellschaften	k. A.	k. A.	37 %	78 %	355 %	15 %	2 %	-5 %	-5 %	-5 %	0 %
Summe	k. A.	k. A.	100 %	100 %	100 %	100 %	100 %	100 %	100 %	100 %	100 %

Tab. 38: Ergebnis des Mannesmann-Konzerns 1989-1999.
Quelle: Eigene Darstellung nach Mannesmann AG Geschäftsberichte 1989-1999.

---

[796] Vgl. Mannesmann AG Geschäftsbericht 1998, S. 3.

[797] Vgl. Handelsblatt vom 12.11.1999, S. 28.

[798] Vgl. Mannesmann AG Geschäftsbericht 1999, S. 3, 12, 66.

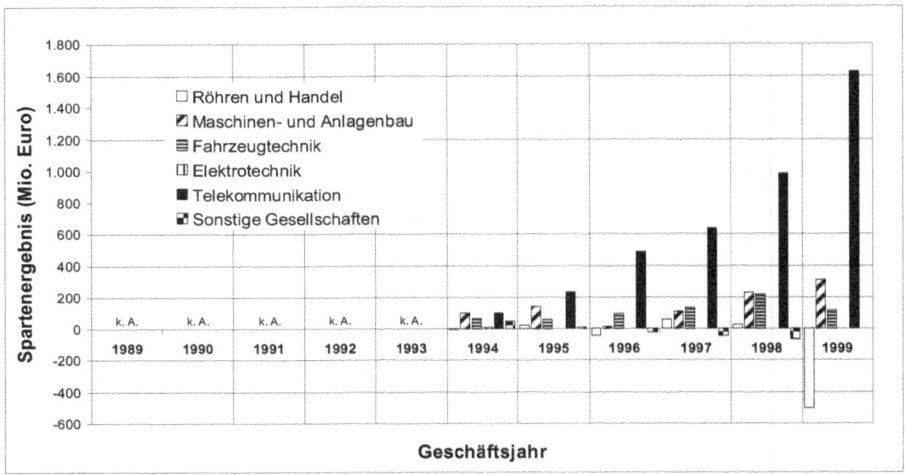

Abb. 60: Ergebnis des Mannesmann-Konzerns nach Geschäftsfeldern (Spartenergebnis) 1989-1999.
Quelle: Eigene Darstellung nach Mannesmann AG Geschäftsberichte 1989-1999.

I. SNP-Indikatoren im Fall Mannesmann

Umsatz	1989	1990	1991	1992	1993	1994	1995	1996	1997	1998	1999
Röhren und Handel	34 %	28 %	29 %	24 %	25 %	30 %	21 %	19 %	17 %	12 %	8 %
Maschinen- und Anlagenbau	**39 %**	**48 %**	**48 %**	**45 %**	**44 %**	**38 %**	**43 %**	**43 %**	**42 %**	**35 %**	29 %
Fahrzeugtechnik	14 %	12 %	13 %	23 %	22 %	21 %	22 %	22 %	21 %	29 %	24 %
Elektrotechnik	13 %	12 %	10 %	5 %	5 %	4 %	-	-	-	-	-
Telekommunikation	0 %	0 %	0 %	1 %	3 %	5 %	8 %	12 %	17 %	24 %	**39 %**
Sonstige Gesellschaften	0 %	0 %	0 %	2 %	1 %	2 %	6 %	4 %	3 %	0 %	0 %
Summe	100 %	100 %	100 %	100 %	100 %	100 %	100 %	100 %	100 %	100 %	100 %
Spezialisierungsgrad (SR)	0,390	0,480	0,480	0,450	0,440	0,380	0,430	0,430	0,420	**0,350**	0,390
Herfindahl-Index (H)	0,304	0,338	0,341	0,316	0,308	0,283	0,287	0,285	0,279	**0,279**	0,300

Mitarbeiterzahl	1989	1990	1991	1992	1993	1994	1995	1996	1997	1998	1999
Röhren und Handel	28 %	24 %	24 %	20 %	20 %	20 %	17 %	17 %	13 %	11 %	10 %
Maschinen- und Anlagenbau	**38 %**	**43 %**	**43 %**	**40 %**	**40 %**	**41 %**	**46 %**	**46 %**	**45 %**	**39 %**	**35 %**
Fahrzeugtechnik	18 %	17 %	19 %	29 %	28 %	28 %	29 %	29 %	28 %	37 %	33 %
Elektrotechnik	15 %	15 %	12 %	7 %	7 %	6 %	-	-	-	-	-
Telekommunikation	0 %	0 %	1 %	1 %	2 %	2 %	3 %	4 %	11 %	12 %	22 %
Sonstige Gesellschaften	1 %	1 %	1 %	3 %	3 %	3 %	5 %	4 %	3 %	1 %	0 %
Summe	100 %	100 %	100 %	100 %	100 %	100 %	100 %	100 %	100 %	100 %	100 %
SR (Mitarbeiter)	0,380	0,430	0,430	0,400	0,400	0,410	0,460	0,460	0,450	0,390	**0,350**
H (Mitarbeiter)	0,278	0,294	0,293	0,290	0,285	0,291	0,328	0,328	0,311	0,316	**0,290**

Investitionen	1989	1990	1991	1992	1993	1994	1995	1996	1997	1998	1999
Röhren und Handel	29 %	16 %	18 %	14 %	13 %	17 %	9 %	8 %	14 %	5 %	1 %
Maschinen- und Anlagenbau	**34 %**	**41 %**	**30 %**	25 %	19 %	15 %	33 %	24 %	8 %	13 %	3 %
Fahrzeugtechnik	21 %	22 %	20 %	**29 %**	21 %	17 %	15 %	11 %	7 %	24 %	2 %
Elektrotechnik	12 %	11 %	7 %	3 %	3 %	2 %	-	-	-	-	-
Telekommunikation	1 %	4 %	20 %	26 %	**41 %**	**44 %**	35 %	54 %	69 %	**55 %**	94 %
Sonstige Gesellschaften	3 %	6 %	5 %	3 %	3 %	5 %	8 %	3 %	2 %	3 %	0 %
Summe	100 %	100 %	100 %	100 %	100 %	100 %	100 %	100 %	100 %	100 %	100 %
SR (Investitionen)	0,340	0,410	0,300	**0,290**	0,410	0,440	0,350	0,540	0,690	0,550	0,940
H (Investitionen)	0,259	0,259	0,210	**0,236**	0,267	0,277	0,268	0,369	0,507	0,380	0,885

Ergebnis	1989	1990	1991	1992	1993	1994	1995	1996	1997	1998	1999
Röhren und Handel	k. A.	k. A.	k. A.	k. A.	k. A.	-2 %	4 %	-9 %	7 %	2 %	-33 %
Maschinen- und Anlagenbau	k. A.	k. A.	k. A.	k. A.	k. A.	32 %	30 %	2 %	12 %	16 %	20 %
Fahrzeugtechnik	k. A.	k. A.	k. A.	k. A.	k. A.	20 %	13 %	18 %	15 %	16 %	8 %
Elektrotechnik	k. A.	k. A.	k. A.	k. A.	k. A.	2 %	-	-	-	-	-
Telekommunikation	k. A.	k. A.	k. A.	k. A.	k. A.	**33 %**	**51 %**	**94 %**	**71 %**	**71 %**	105 %
Sonstige Gesellschaften	k. A.	k. A.	k. A.	k. A.	k. A.	15 %	2 %	-5 %	-5 %	-5 %	0 %
Summe	k. A.	k. A.	k. A.	k. A.	k. A.	100 %	100 %	100 %	100 %	100 %	100 %
SR (Ergebnis)	k. A.	k. A.	k. A.	k. A.	k. A.	**0,330**	0,510	0,940	0,710	0,710	1,050
H (Ergebnis)	k. A.	k. A.	k. A.	k. A.	k. A.	**0,275**	0,369	0,927	0,548	0,558	1,258

Tab. 39: Entwicklung der SNP-Indikatoren im Fall Mannesmann.
Quelle: Eigene Darstellung nach Mannesmann AG Geschäftsberichte 1989-1999.

J. Bewerber um die D2-Mobilfunklizenz 1989

Neben der Mannesmann Mobilfunk GmbH bewarben sich neun weitere Konsortien um die D2-Mobilfunklizenz. Unter den Bewerbern waren namhafte deutsche Großkonzerne wie MAN, BMW, Daimler-Benz und RWE, aber auch eine Vielzahl ausländischer Unternehmungen:[799]

1. Mobikom (MAN AG, Hoesch AG, ADAC, Ameritech, Bell Atlantic, Stet S.p.A., Bouygues S.A., Securicor Group Plc.)

2. D-Tel (BMW AG, Veba AG, Bell South Enterprises Inc., Racal Vodafone Plc., Compagnie Financière pour le Radiotéléphone Cofira)

3. MobiTel GmbH (Axel Springer Verlag AG, BCE Mobile Communications, Bayernwerk AG, Vereinigte Elektrizitätswerke Westfahlen AG, Bayerische Hypotheken- und Wechselbank AG, Shearson Lehmann Hutton Inc., Cellular Communications Inc., Ing. C. Olivetti & Co. S.p.A.)

4. Deutsche Mobilfunk AG i.Gr. (PT Beteiligungsgesellschaft des Mittelstandes mbH, Comvik International, Southwestern Bell, Millicom)

5. PMF Private Mobilfunk GmbH (Daimler-Benz AG, British Telecommunications Plc, Nynex Mobile Communications Company, RWE AG, Bayerische Vereinsbank AG, Bull S.A.)

6. Detel Gesellschaft für Telekommunikation mbH (Berliner Elektro AG, Schneider AG, Europa International Plc, Allgon AB, Gundlach & Sülter AG, Contel Cellular, Vogt Electronic GmbH, Krone AG, Cellular Networks International, Mohr Elektronik GmbH, Signalbau Huber AG)

7. Deutsche Mobilfunk GmbH DMF (Harpener AG, WAZ Westdeutsche Allgemeine Zeitung, GTE Corporation, STC Plc., Berliner Bank AG)

8. Celtel Gesellschaft für digitalen Mobilfunk mbH (Deutsche Shell AG, Salzgitter AG, Rogers Cantel Inc., McCaw Cellular Communications Inc., BayWa AG, Gebr. Knauf Verwaltungsgesellschaft, Industriekreditbank AG)

9. Albert Peitz (später mit Thyssen AG)

---

[799] Vgl. Handelsblatt vom 14.09.1989, S. 18; Handelsblatt vom 08.12.1990, S. 16; PÄCH (1994), S. 151-169.

K. Bewertungskriterien für das D2-Lizenzangebot

Für die Bewerbung um die D2-Lizenz im Jahr 1989 war ein Lizenzangebot in drei Bänden einzureichen[800]. Für die Zuteilung wurden die Angebote nach differenzierten Bewertungskriterien mit folgender Gewichtung beurteilt:[801]

Fachkunde (25 %):

- Erfahrungen in der Telekommunikation, im Zellularfunk, im sonstigen Mobil-funk

- Erfahrungen im Marketing für Dienstleistungen

- Know-how in der Netzplanung

- Finanzstärke des deutschen Konsortialteils

- Beteiligung an der GSM-Standardisierung

Leistungsfähigkeit (15 %):

- Verfügbarkeit von Standorten

- Funktionsfähiges Distributionsnetz

- Eingesetzte Planungs- und Diagnoseinstrumente

- Projektmanagement

Ergänzungen Lizenzvertrag (15 %):

- Zeitplanung für den Netzaufbau

- Einführung des Diensteangebots

---

[800] Gliederung des Lizenzangebots: Band 1: Fachkunde des Bewerbers, Leistungsfähigkeit des Bewerbers, Vorgeschlagene Änderungen und Ergänzungen des vorgesehenen Lizenzvertrages. Band 2: Technische Planung. Band 3: Geschäftliche Planung, Wettbewerbsaspekte. Bewerbungsschluss für D2-Lizenz: 10.07.1989. Abgabefrist Bände 2 und 3: 12.09.1989. Abgabefrist Band 1: 05.10.1989.

[801] Vgl. PÄCH (1994), S. 175-176, 183.

- Rechtliche Verbindlichkeit der Beteiligung von Diensteanbietern

Technische Planung (35 %):

- Systemkonzept

- Netzplanung für eine Region auf der Grundlage von 1 Mio. Teilnehmern

- Gebührenerfassung und -verrechnung

- Betriebs- und Unterhaltskonzept

- Netzausbauplanung bis 1995

- Netzstruktur

Geschäftliche Planung (10 %):

- Tarifstruktur

- Kundendienst

- Konditionen für Service Provider und Handel

- Ermittelte Teilnehmerzahl

- Finanz- und Investitionsplan

- Personalplanung

Literaturverzeichnis

AAKER, DAVID A./DAY, GEORGE S. (1986): The Perils of High-growth Markets. In: Strategic Management Journal, 7. Jg., S. 409-421.

ADELMAN, MORRIS A. (1969): Comment on the "H" Concentration Measure as a Numbers Equivalent. In: The Review of Economics and Statistics, 51. Jg., S. 99-101.

ADORNO, THEODOR W. (1961): Zur Logik der Sozialwissenschaften. In: Der Positivismusstreit in der deutschen Soziologie. Hrsg. v. THEODOR W. ADORNO ET AL. (1993), München, S. 125-143.

ADORNO, THEODOR W. (1965): Soziologie und empirische Forschung. In: Logik der Sozialwissenschaften. Hrsg. v. ERNST TOPITSCH, Köln und Berlin, S. 511-525.

ADORNO, THEODOR W. ET AL. (Hrsg.) (1993): Der Positivismusstreit in der deutschen Soziologie. München.

AGTHE, KLAUS (1972): Strategie und Wachstum der Unternehmung. Baden-Baden.

AHARONI, YAIR (1993): In Search for the Unique: Can Firm-specific Advantages be Evaluated. In: Journal of Management Studies, 30. Jg., Special Issue January, S. 31-49.

ALBACH, HORST (1992): Strategische Allianzen, strategische Gruppen, strategische Familien. In: Zeitschrift für Betriebswirtschaft, 62. Jg., S. 663-670.

ALBERT, HANS (1980): Traktat über kritische Vernunft. 4. Aufl., Tübingen.

ALEXANDER, GORDON J./BENSON, P. GEORGE/KAMPMEYER, JOAN M. (1984): Investigating the Valuation Effects of Announcements of Voluntary Corporate Selloffs. In: Journal of Finance, 39. Jg., Heft 2, S. 503-517.

AMBROSE, MAUREEN L./KULIK, CAROL T. (1999): Old Friends, New Faces: Motivation Research in the 1990s. In: Journal of Management, 25. Jg., S. 231-292.

AMIT, RAPHAEL/SCHOEMAKER, PAUL J. H. (1993): Strategic Assets and Organizational Rent. In: Strategic Management Journal, 14. Jg., S. 33-46.

ANDREWS, KENNETH R. (1987): The Concept of Corporate Strategy. 3. Aufl. (1. Aufl. 1971), Homewood.

ANSOFF, H. IGOR (1957): Strategies for Diversification. In: Harvard Business Review, 35. Jg., Heft 5, S. 113-124.

ANSOFF, H. IGOR (1965): Corporate Strategy. Business Policy for Growth Expansion. New York.

© Springer Fachmedien Wiesbaden GmbH, ein Teil von Springer Nature 2005
O. Reichel-Busch, *Strategische Neupositionierung von Unternehmungen*,
Edition KWV, https://doi.org/10.1007/978-3-658-24347-0

ANSOFF, H. IGOR (1988): The New Corporate Strategy. New York.

ANTAL, ARIANE BERTHOIN/DIERKES, MEINOLF (2004): Organisationales Lernen. In: Handwörterbuch Unternehmensführung und Organisation. Hrsg. v. GEORG SCHREYÖGG und AXEL V. WERDER, 4. Aufl., Stuttgart, Sp. 732-739.

ARGYRIS, CHRIS/SCHÖN, DONALD A. (1978): Organizational Learning: A Theory of Action Perspective. Reading.

BAIN, JOE S. (1951): Relation of Profit Rate to Industry Concentration: American Manufacturing, 1936-1940. In: Quarterly Journal of Economics, 65. Jg., S. 293-324.

BAIN, JOE S. (1956): Barriers to New Competition. Cambridge.

BAIN, JOE S. (1959): Industrial Organization. New York.

BAKKER, HANS/JONES, WYNFORD/NICHOLS, MICHELE (1994): Using Core Competencies to Develop New Business. In: Long Range Planning, 27. Jg., Heft 6, S. 13-27.

BALDWIN, CARLIS Y./CLARK, KIM B. (1991): Capabilities and Capital Investment: New Perspectives on Capital Budgeting. Arbeitspapier an der Harvard Business School. Cambridge.

BALL, MATTHEW (1997): How a Spin-off Could Lift Your Share Value. In: Corporate Finance, 150. Jg., Heft Mai, S. 23-26.

BAMBERGER, INGOLF/WRONA, THOMAS (1996a): Der Ressourcenansatz und seine Bedeutung für die Strategische Unternehmensführung. In: Zeitschrift für betriebswirtschaftliche Forschung, 48. Jg., Heft 2, S. 130-153.

BAMBERGER, INGOLF/WRONA, THOMAS (1996b): Der Ressourcenansatz im Rahmen des Strategischen Managements. In: Wirtschaftswissenschaftliches Studium, 25. Jg., S. 386-391.

BARNEY, JAY B. (1986a): Organizational Culture: Can It Be a Source of Sustained Competitive Advantage? In: Academy of Management Review, 11. Jg., Heft 3, S. 656-665.

BARNEY, JAY B. (1986b): Strategic Factor Markets: Expectations, Luck, and Business Strategy. In: Management Science, 32. Jg., S. 1231-1241.

BARNEY, JAY B. (1991): Firm Resources and Sustained Competitive Advantage. In: Journal of Management, 17. Jg., Heft 1, S. 99-120.

BARNEY, JAY B. (2001): Is the Resource-based "View" a Useful Perspective for Strategic Management Research? Yes. In: Academy of Management Review, 26. Jg., Heft 1, S. 41-56.

BARNEY, JAY B. (2002): Gaining and Sustaining Competitive Advantage. 2. Aufl., Reading.

BARNEY, JAY B./ARIKAN, ASLI M. (2001): The Resource-based View: Origins and Implications. In: The Blackwell Handbook of Strategic Management. Hrsg. v. MICHAEL A. HITT, R. EDWARD FREEMAN und JEFFREY S. HARRISON, Oxford et al., S. 124-188.

BARNEY, JAY B./OUCHI, WILLIAM G. (Hrsg.) (1986): Organizational Economics. San Francisco.

BARNEY, JAY/WRIGHT, MIKE/KETCHEN, DAVID (2001): The Resource-based View of the Firm: Ten Years After 1991. In: Journal of Management, 27. Jg., S. 625-641.

BARTLETT, CHRISTOPHER A./GHOSHAL, SUMANTRA (1991): Global Strategic Management: Impact on the New Frontiers of Strategy Research. In: Strategic Management Journal, 12. Jg., Special Summer Issue, S. 7-16.

BARTÖLKE, KLAUS (1980): Organisationsentwicklung. In: Handwörterbuch der Organisation. Hrsg. von ERWIN GROCHLA, 2. Aufl., Stuttgart, Sp. 1468-1481.

BASTIAN, HARALD (2000): Organisationskonzept "Customer Focus". In: Kundenorientierung im Touristikmanagement. Hrsg. v. HARALD BASTIAN, KARL BORN und AXEL DREYER, München und Wien, S. 63-99.

BASTIAN, HARALD (2004): Herausforderungen im Post Merger Management der Touristikkonzerne. In: Der integrierte Touristikkonzern. Strategien, Erfolgsfaktoren und Aufgaben. Hrsg. v. HARALD BASTIAN und KARL BORN, München und Wien, S. 1-16.

BASTIAN, HARALD/BORN, KARL (2004): Der integrierte Touristikkonzern. Strategien, Erfolgsfaktoren und Aufgaben. München und Wien.

BASTIAN, HARALD/BORN, KARL/DREYER, AXEL (Hrsg.) (2000): Kundenorientierung im Touristikmanagement. München und Wien.

BAUM, JOEL A. C. (1996): Organizational Ecology. In: Handbook of Organization Studies. Hrsg. v. STEWARD R. CLEGG, CYNTHIA HARDY und WALTER R. NORD, London, Thousand Oaks und New Delhi, S. 77-114.

BAUMBACH, ADOLF/HUECK, ALFRED/HUECK, GÖTZ (1968): Aktiengesetz. 13. Aufl. München.

BAYSINGER, BARRY D./MEINERS, ROGER E./ZEITHAML, CARL P. (1981): Barriers to Corporate Growth. Lexington.

BEA, FRANZ X./HAAS, JÜRGEN (2001): Strategisches Management. 3. Aufl., Stuttgart.

BECKER, HELMUT (1977): Ursachen und gesamtwirtschaftliche Wirkungen der Diversifikation industrieller Unternehmen. Diss. Universität Mainz.

BECKER, ROLAND/KAHL, MARTIN (2000): Markteintritt der VIAG Interkom ins digitale Mobilfunkgeschäft. In: Markteintrittsmanagement. Hrsg. v. DIETRICH VON DER OELSNITZ, Stuttgart, S. 287-308.

BEER, MICHAEL/NORIA, NITIN (Hrsg.) (2000): Breaking the Code of Change. Boston.

BELLMANN, KLAUS/FREILING, JÖRG/HAMMANN, PETER/MILDENBERGER, UDO (Hrsg.) (2002): Aktionsfelder des Kompetenz-Managements. Wiesbaden.

BENNIS, WARREN. G./BENNE, KENNETH D./CHIN, ROBERT (Hrsg.) (1975): Änderung des Sozialverhaltens. Stuttgart.

BERGER, PHILIP G./OFEK, ELI (1995): Diversification's Effect on Firm Value. In: Journal of Financial Economics, 37. Jg., S. 39-65.

BERGER, PHILIP G./OFEK, ELI (1996): Bustrup Takeovers of Value-Destroying Diversified Firms. In: Journal of Finance, 51. Jg., Heft 4, S. 1175-1200.

BERGER, PHILIP G./OFEK, ELI (1999): Causes and Effects of Corporate Refocusing Programs. In: Review of Financial Studies, 12. Jg., S. 311-345.

BERNARDS, OLIVER (1994): Segmentberichterstattung diversifizierter Unternehmen: Theoretische und empirische Analyse. Bergisch Gladbach und Köln.

BERNECKER, TOBIAS/REIß, MICHAEL (2002): Kommunikation im Wandel. Kommunikation als Instrument des Change Managements im Urteil von Change Agents. In: Zeitschrift Führung und Organisation, 71. Jg., S. 352-359.

BERRY, CHARLES H. (1971): Corporate Growth and Diversification. In: The Journal of Law and Economics, 14. Jg., Heft 1, S. 371-283.

BIGGADIKE, RALPH (1979): The Risky Business of Diversification. A Bold Approach Can Make All the Difference in New Ventures. In: Harvard Business Review, 57. Jg., S. 103-111.

BIGLEY, GREGORY A./WIERSEMA, MARGARETHE F. (2002): New CEOs and Corporate Strategic Refocusing: How Experience as Heir Apparent Influences the Use of Power. In: Administrative Science Quarterly, 47. Jg., S. 707-727.

BLACK, JANICE A./BOAL, KIMBERLY B. (1994): Strategic Resources: Traits, Configurations and Paths to Sustainable Competitive Advantage. In: Strategic Management Journal, Summer Special Issue, 15. Jg., S. 131-148.

BÖCKEL, JENS-JÜRGEN (1972): Diversifikation durch Unternehmenserwerb. Wiesbaden.

BOEMLE, MAX (1986): Unternehmungsfinanzierung. Zürich.

BONß, WOLFGANG/HARTMANN, HEINZ (1985): Konstruierte Gesellschaft, rationale Deutung. Zum Wirklichkeitscharakter soziologischer Diskurse. In: Entzauberte Wissenschaft. Zur Realität und Geltung soziologischer Forschung. Hrsg. v. WOLFGANG BONß und HEINZ HARTMANN, Göttingen, S. 9-46.

BONß, WOLFGANG/HARTMANN, HEINZ (Hrsg.) (1985): Entzauberte Wissenschaft. Zur Realität und Geltung soziologischer Forschung. Göttingen.

BÖRNER, CHRISTOPH J. (2000): Strategisches Bankmanagement. Ressourcen- und marktorientierte Strategien von Universalbanken. München und Wien.

BOWMAN, EDWARD H./SINGH, HARBIR (1990): Overview of Corporate Restructuring Trends and Consequences. In: Corporate Restructuring. Hrsg. v. MILTON L. ROCK und ROBERT H. ROCK zusammen mit JAMES KRISTIE, New York, S. 8-22.

BOWMAN, EDWARD H./SINGH, HARBIR/THOMAS, HOWARD (2002): The Domain of Strategic Management: History and Evolution. In: Handbook of Strategy and Management. Hrsg. v. ANDREW PETTIGREW, HOWARD THOMAS und RICHARD WHITTINGTON, London et al., S. 31-51.

BREALEY, RICHARD A./MEYERS, STEWARD C. (1996): Principles of Corporate Finance. New York.

BRESSER, RUDI K. F.(1998): Strategische Managementtheorie. Berlin und New York.

BRESSER, RUDI K. F. (2004): Ressourcenbasierter Ansatz. In: Handwörterbuch Unternehmensführung und Organisation. Hrsg. v. GEORG SCHREYÖGG und AXEL v. WERDER, 4. Aufl., Stuttgart, Sp. 1269-1278.

BRESSER, RUDI K. F./HEUSKEL, DIETER/NIXON, ROBERT D. (2000): The Deconstruction of Integrated Value Chains: Practical and Conceptual Challenges. In: Winning Strategies in a Deconstructing World. Hrsg. v. RUDI K. F. BRESSER, MICHAEL A. HITT, ROBERT D. NIXON und DIETER HEUSKEL, Chichester, S. 1-21.

BRESSER, RUDI K. F./HITT, MICHAEL A./NIXON, ROBERT D./HEUSKEL, DIETER (Hrsg.) (2000): Winning Strategies in a Deconstructing World. Chichester.

BRONDER, CHRISTOPHE/PRITZL, RUDOLF (Hrsg.) (1992): Wegweiser für strategische Allianzen. Frankfurt am Main.

BRONNER, ROLF/MELLEWIGT, THOMAS/SCHEPPLER, GÜNTHER (1999): Entstehen und Scheitern von Strategischen Allianzen in der Telekommunikationsbranche. Eine inhaltsanalytische Untersuchung. Arbeitspapiere zur empirischen Organisationsforschung Nr. 12, 04/99.

BROWN, SHONA L./EISENHARDT, KATHLEEN M. (1997): The Art of Continuous Change: Linking Complexity Theory and Time-paced Evolution in Relentlessly Shifting Organizations. In: Administrative Science Quarterly, 42. Jg. Heft 1, S. 1-34.

BRÜDERL, JOSEF/PREISENDÖRFER, PETER/ZIEGLER, ROLF (1996): Der Erfolg neugegründeter Betriebe: Eine empirische Studie zu den Chancen und Risiken von Unternehmensgründungen. Berlin.

BRUHN, MANFRED (1997): Hyperwettbewerb – Merkmale, treibende Kräfte und Management einer neuen Wettbewerbsdimension. In: Die Unternehmung, 51. Jg., S. 339-357.

BUCHHOLZ, WOLFGANG/OLEMOTZ, THOMAS (1995): Markt- vs. Ressourcenbasierter Ansatz. Konkurrierende oder komplementäre Konzepte im Strategischen Management? Arbeitspapier 1/95 der Professur für Betriebswirtschaftslehre II der Justus-Liebig-Universität Gießen.

BÜCHS, MATTHIAS J. (1991): Zwischen Markt und Hierarchie. In: Zeitschrift für Betriebswirtschaft, Ergänzungsheft 1/1991, 61. Jg., S. 1-38.

BÜHNER, ROLF (1983): Portfolio-Risikoanalyse der Unternehmensdiversifikation von Industrieaktiengesellschaften. In: Zeitschrift für Betriebswirtschaft, 53. Jg., S. 1023-1041.

BÜHNER, ROLF (1990): Erfolg von Unternehmenszusammenschlüssen in der Bundesrepublik Deutschland. Stuttgart.

BÜHNER, ROLF (1992): Management-Holding: Unternehmensstruktur der Zukunft. 2. Aufl., Landsberg/Lech.

BÜHNER, ROLF (1993): Strategie und Organisation. Analyse und Planung der Unternehmensdiversifikation mit Fallbeispielen. 2. Aufl., Wiesbaden.

BULLINGER, HANS-JÖRG/WIEDMANN, GUDRUN/NIEMEIER, JOACHIM (1995): Business Reengineering. Aktuelle Managementkonzepte in Deutschland. Stuttgart.

BURGELMAN, ROBERT A. (1994): Fading Memories: A Process Theory of Strategic Business Exit in Dynamic Environments. In: Administrative Science Quarterly, 39. Jg., Heft 1, S. 24-56.

BURKE, WYATT W. (1982): Organization Development: Principles and Practices. Boston.

BÜRKI, DANIEL MARC (1996): Der 'resource-based view' Ansatz als neues Denkmodell des strategischen Managements. Bamberg.

BURMANN, CHRISTOPH (2001): Strategische Flexibilität und Strategiewechsel in turbulenten Märkten. Neuere theoretische Ansätze zur Unternehmensflexibilität. In: Die Betriebswirtschaft, 61. Jg., Heft 2, S. 169-188.

BURMANN, CHRISTOPH (2002): Wissensmanagement als Determinante des Unternehmenswertes. In: Zeitschrift Führung und Organisation, 71. Jg., S. 334-341.

BURMANN, CHRISTOPH (2002b): Messung und Wirkung von Strategieveränderungen. In: Marketing Zeitschrift für Forschung und Praxis, 24. Jg., S. 67-79.

BUSCH, ROLF (Hrsg.) (2000): Change Management und Unternehmenskultur. München und Mehring.

CAMPBELL, ANDREW/SOMMERS LUCHS, KATHLEEN (Hrsg.) (1997): Core Competency-based Strategy. London et al.

CAPON, NOEL/HULBERT, JAMES M./FARLEY, JOHN U./MARTIN, L. ELIZABETH (1988): Corporate Diversity and Economic Performance: The Impact of Market Specialization. In: Strategic Management Journal, 9. Jg., S. 61-74.

CAPRON, LAURENCE/DUSSAUGE, PIERRE/MITCHELL, WILL (1998): Resource Redeployment Following Horizontal Acquisitions in Europe and North America, 1988-1992. In: Strategic Management Journal, 19. Jg., S. 631-661.

CAPRON, LAURENCE/HULLAND, JOHN (1999): Redeployment of Brands, Sales Forces, and General Marketing Management Expertise Following Horizontal Acquisitions: A Resource-based View. In: Journal of Marketing, 63. Jg, S. 631-661.

CASTANIAS, RICHARD P./HELFAT, CONSTANCE E. (1991): Managerial Resources and Rents. In: Journal of Management, 17. Jg., S. 155-171.

CASTANIAS, RICHARD P./HELFAT, CONSTANCE E. (2001): The Managerial Rents Model: Theory and Empirical Analysis. In: Journal of Management, 27. Jg., S. 661-678.

CAVES, RICHARD E./PORTER, MICHAEL E. (1977): From Entry Barriers to Mobility Barriers: Conjectural Decisions and Contrived Deterrence to New Competition. In: Quarterly Journal of Economics, 91. Jg., S. 241-261.

CHAKRAVARTHY, BALAJI S./LORANGE, PETER (1991): Managing the Strategy Process. Englewood Cliffs.

CHANDLER, ALFRED D. (1962): Strategy and Structure. Cambridge.

CHATTERJEE, SAYAN/WERNERFELT, BIRGER (1991): The Link Between Resources and Type of Diversification: Theory and Evidence. In: Strategic Management Journal, 12. Jg., S. 33-48.

CHETTY, SYLVIE (1996): The Case Study Method for Research in Small- and Medium-Sized Firms. In: International Small Business Journal, 15. Jg., Heft 4, S. 73-85.

CLARK, KIM B./FUJIMOTO, TAKAHIRO (1991): Product Development Performance: Strategy, Organization, and Management in the World Auto Industry. Boston.

CLARK, KIM B./HAYES, ROBERT H./LORENZ, CHRISTOPHER (Hrsg.) (1985): The Uneasy Alliance: Managing the Productivity-Technology Dilemma. Boston.

COASE, RONALD H. (1937): The Nature of the Firm. In: Economica, 4. Jg., November, S. 386-405.

COCKBURN, IAIN M./HENDERSON, REBECCA M./STERN, SCOTT (2000): Untangling the Origins of Competitive Advantage. In: Strategic Management Journal, 21. Jg., S. 1123-1145.

COENENBERG, ADOLF G./FISCHER, THOMAS M. (1993): Ansatzpunkte des Turnaround-Managements im Unternehmen. In: Turnaround-Management. Hrsg. v. ADOLF G. COENENBERG und THOMAS M. FISCHER, Stuttgart, S. 1-11.

COENENBERG, ADOLF G./FISCHER, THOMAS M. (Hrsg.) (1993): Turnaround-Management. Stuttgart.

COFF, RUSSELL W. (1997): Human Assets and Management Dilemmas: Coping with Hazards on the Road to Resource-based Theory. In: Academy of Management Review, 22. Jg., Heft 2, S. 374-402.

COHEN, WESLEY M./LEVINTHAL, DANIEL A. (1990): Absorptive Capacity: A New Perspective on Learning and Innovation. In: Administrative Science Quarterly, 35. Jg., Heft 1, S. 128-152.

COLLIS, DAVID J. (1991): A Resource-based Analysis of Global Competition: The Case of the Bearings Industry. In: Strategic Management Journal, 12. Jg., Special Issue Summer, S. 49-68.

COLLIS, DAVID J. (1994): How Valuable are Organizational Capabilities? In: Strategic Management Journal, 15. Jg., S. 143-152.

COLLIS, DAVID J. (1996): Organizational Capability as a Source of Profit. In: Organizational Learning and Competitive Advantage. Hrsg. v. BERTRAND MOINGEON und AMY EDMONSON, London, S. 139-163.

COLLIS, DAVID J./MONTGOMERY, CYNTHIA A. (1995): Competing on Resources: Strategy in the 1990s. In: Harvard Business Review, 73. Jg., S. 118-128.

COMMENT, ROBERT/JARRELL, GREGG A. (1995): Corporate Focus and Stock Returns. In: Journal of Financial Economics, 37. Jg., Heft 1, S. 67-87.

CONNER, KATHLEEN R. (1991): A Historical Comparison of Resource-based Theory and Five Schools of Thought Within Industrial Organization Economics: Do We Have a New Theory of the Firm? In: Journal of Management, 17. Jg., Heft 1, S. 121-154.

COOL, KAREL O./SCHENDEL, DAN E. (1987): Strategic Group Formation and Performance. The Case of the U.S. Pharmaceutical Industry, 1963-1982. In: Management Science, 33. Jg., S. 1102-1124.

CORSTEN, HANS/REIß, MICHAEL (Hrsg.) (1995): Handbuch Unternehmungsführung. Wiesbaden.

CORSTEN, RALF (1999): Der Weg der TUI zum europäischen Reisekonzern. Eine Vision wird Wirklichkeit. In: Meilensteine im Management. Band 7. Corporate Development, Köln, S. 169-184.

CORSTEN, RALF (2000): Vom nationalen Reiseveranstalter zur internationalen touristischen Unternehmensgruppe. In: Erfolgsstrategien für den Wandel. Hrsg. v. ERICH ZAHN und STEFAN FOSCHIANI, Stuttgart, S. 129-146.

CUMMINGS, THOMAS G./WORLEY, CHRISTOPHER G. (1997): Organization Development and Change. 6. Aufl., Cincinnati.

CYERT, RICHARD M./MARCH, JAMES G. (1963): A Behavioral Theory of the Firm. Englewood Cliffs.

D'AVENI, RICHARD A. (1994): Hypercompetition: Managing the Dynamics of Strategic Maneuvering. Free Press, New York.

D'AVENI, RICHARD A. (1995): Coping with Hypercompetition: Utilizing the new 7S's Framework. In: The Academy of Management Executive, 9. Jg., Heft 3, S. 45-60.

DAHRENDORF, RALF (1962): Anmerkungen zur Diskussion der Referate von Karl R. Popper und Theodor W. Adorno. In: Der Positivismusstreit in der deutschen Soziologie. Hrsg. v. THEODOR W. ADORNO ET AL. (1993), München, S. 145-153.

DAVENPORT, THOMAS H. (1993): Process Innovation. Reengineering Work through Information Technology. Boston.

DELEO, FRANCESCO (1994): Understanding the Roots of Your Competitive Advantage. From Product/Market Competition to Competition as a Multiple-Layer Game. In: Competence-based Competition. Hrsg. v. GARY HAMEL und AIMÉ HEENE, Chichester, S. 35-55.

DENZIN, NORMAN K. (1989): The Research Act. 3. Aufl., New York.

DEVLIN, GODFREY/BLEACKLEY, MARK (1988): Strategic Alliances: Guidelines for Success. In: Long Range Planning, 21. Jg., Heft 5, S. 18-23.

DIERICKX, INGEMAR/COOL, KAREL O. (1989): Asset Stock Accumulation and Sustainability of Competitive Advantage. In: Management Science, 35. Jg., Heft 12, S. 1504-1511.

DIERKES, MAINOLF ET AL. (Hrsg.) (2001): Handbook of Organizational Learning and Knowledge. Oxford.

DOHM, LUDGER (1989): Die Desinvestition als strategische Handlungsalternative. Eine Studie des Desinvestitionsverhaltens U.S.-amerikanischer Großunternehmen. Frankfurt am Main et al.

DÖHMEN, HANS P. (1991): Anlässe, Ziele und Methodik der Diversifikation. Bergisch Gladbach et al.

DOOLEY, LARRY M. (2002): Case Study Research and Theory Building. In: Advances in Developing Human Resources, 4. Jg., Heft 3, S. 335-354.

DOPPLER, KLAUS/LAUTERBURG, CHRISTOPH (1994): Change Management. Frankfurt am Main und New York.

DOSI, GIOVANNI/NELSON, RICHARD R./WINTER, SIDNEY G. (Hrsg.) (2000): The Nature and Dynamics of Organizational Capabilities. Oxford und New York.

DOUGHERTY, DEBORAH (1992): Interpretive Barriers to Successful Product Innovation in Large Firms. In: Organization Science, 3. Jg., Heft 2, S. 179-202.

DUNDAS, KENNETH N. M./RICHARDSON, PAUL R. (1982): Implementing the Unrelated Product Strategy. In: Strategic Management Journal, 3. Jg., S. 287-301.

DYER, W. GIBB JR./WILKINS, ALAN L. (1991): Better Stories, not Better Constructs, to Generate Better Theory: A Rejoinder to Eisenhardt. In: Academy of Management Review, 16. Jg., S. 613-619.

EHRENSBERGER, SEBASTIAN/OPELT, FRANK/RUBNER, HARALD/SCHMIEDEBERG, ARMIN (2000): Dealing With Deconstruction. In: Winning Strategies in a Deconstructing World. Hrsg. v. RUDI K. F. BRESSER, MICHAEL A. HITT, ROBERT D. NIXON und DIETER HEUSKEL, Chichester, S. 191-200.

EISENHARDT, KATHLEEN M. (1989a): Building Theories from Case Study Research. In: Academy Of Management Review, 14. Jg., S. 532-550.

EISENHARDT, KATHLEEN M. (1989b): Making Fast Strategic Decisions in High-Velocity Environments. In: Academy of Management Journal, 32. Jg., Heft 3, S. 543-576.

EISENHARDT, KATHLEEN M. (1991): Better Stories and Better Constructs: The Case for Rigor and Comparative Logic. In: Academy of Management Review, 16. Jg., S. 320-627.

EISENHARDT, KATHLEEN M./BROWN, SHONA L. (1999): Patching: Restitching Business Portfolios in Dynamic Markets. In: Harvard Business Review, 77. Jg., Heft 3, S. 72-82.

EISENHARDT, KATHLEEN M./GALUNIC, D. CHARLES (2000): Coevolving: at Last, a Way to Make Synergies Work. In: Harvard Business Review, 78. Jg., Heft 1, S. 91-101.

EISENHARDT, KATHLEEN M./MARTIN, JEFFREY A. (2000): Dynamic Capabilities: What are They? In: Strategic Management Journal, 21. Jg., S. 1105-1121.

EISENHARDT, KATHLEEN M./SULL, DONALD N. (2001): Strategy as Simple Rules? In: Harvard Business Review, 79. Jg., Heft 1, S. 107-116.

ERIKSEN, BO/MIKKELSEN, JESPER (1996): Competitive Advantage and the Concept of Core Competence. In: Towards a Competence Theory of the Firm. Hrsg. v. NICOLAI JUUL FOSS und CHRISTIAN KNUDSEN, London et al., S. 54-74.

ESCHENBACH, ROLF/KUNESCH, HERMANN (1996): Strategische Konzepte. Management-Ansätze von Ansoff bis Ulrich. 3. Aufl., Stuttgart.

ESSWEIN, WERNER/KÖRMEIER, KLAUS (1998): Ressourcenprozesse: Geschäftsprozesse für strategisch relevante Ressourcen. In: Aspekte ressourcenorientierter Unternehmensführung. Hrsg. v. HEIKE NOLTE, München, S. 51-66.

EVANS, PHILIP B./WURSTER, THOMAS S. (1997): Strategy and the New Economics of Information. In: Harvard Business Review, 75. Jg., S. 71-82.

EXECUTIVE OFFICE OF THE PRESIDENT, OFFICE OF MANAGEMENT AND BUDGET (1987): Standard Industrial Classification Manual. Washington.

FARJOUN, MOSHE (1998): The Independent and Joint Effects of the Skill and Physical Bases of Relatedness in Diversification. In: Strategic Management Journal, 19. Jg., S. 611-630.

FASNACHT, ROGER (1993): Der strategische Spielraum im Marketing. Bern et al.

FELLMETH, STEFAN P. (1997): Die Vertretung verselbständigter Rechtsträger in europäischen Ländern, Teil 1. Deutschland, Italien und Spanien. Berlin.

FIOL, C. MARLENE (2001): Revisiting an Identity-based View of Sustainable Competitive Advantage. In: Journal of Management, 27. Jg., S. 691-699.

FISCHER, ROBERT/MÖHRING, PHILIPP/WESTERMANN, HARRY (1974): Wirtschaftsfragen der Gegenwart: Festschrift für Carl Hans Barz zum 65. Geburtstag. Berlin und New York.

FLORESCU, JON (1991): Strategische Neustrukturierung durch Akquisitionen und Desinvestitionen von Unternehmen. Bamberg.

FODDY, WILLIAM H. (1993): Constructing Questions for Interviews and Question-naires: Theory and Practice in Social Research. Cambridge.

FORD, JEFFREY D./SLOCUM, JOHN W. (1977): Size, Technology and Environment, and the Structure of Organizations. In: Academy of Management Review, 2. Jg., S. 561-575.

FOSCHIANI, STEFAN (Hrsg.) (2000): Strategisches Management im Zeichen von Umbruch und Wandel. Festschrift für Prof. Dr. Erich Zahn zum 60. Geburtstag. Stuttgart.

FOSS, NICOLAI JUUL/ERIKSEN, BO (1995): Competitive Advantage and Industry Capabilities. In: Resource-based and Evolutionary Theories of the Firm. Towards a Synthesis. Hrsg. v. CYNTHIA A. MONTGOMERY, Boston, Dordrecht und London, S. 43-69.

FOSS, NICOLAI JUUL/KNUDSEN, CHRISTIAN (Hrsg.) (1996): Towards a Competence Theory of the Firm. London et al.

FRANKE, NIKOLAUS/VON BRAUN, CHRISTOPH-FRIEDRICH (Hrsg.) (1998): Innovations-forschung und Technologiemanagement. Konzepte, Strategien, Fallbeispiele. Berlin et al.

FREDRICKSON, JAMES W. (1984): The Comprehensiveness of Strategic Decision Processes: Extension, Observations, Future Directions. In: Academy of Manage-ment Journal, 27. Jg., Heft 3, S. 445-466.

FREDRICKSON, JAMES W. (Hrsg.) (1990): Perspectives on Strategic Management. New York.

FREEMAN, R. EDWARD (1984): Strategic Management. A Stakeholder Approach. Boston et al.

FREEMAN, R. EDWARD/LORANGE, PETER (1985): Theory Building in Strategic Management. In: Advances in Strategic Management, 3. Jg., S. 9-38.

FREILING, JÖRG (2001): Ressourcenorientierte Reorganisationen. Problemanalyse und Change Management auf der Basis des Resource-based View. Wiesbaden.

FRENCH, WENDELL L./BELL, CECIL H. JR. (1994): Organisationsentwicklung. Bern und Stuttgart.

FRESE, ERICH (Hrsg.) (1992): Handwörterbuch der Organisation. 3. Aufl., Stuttgart.

FRESE, ERICH/STÖBER, HARALD (Hrsg.) (2002): E-Organisation. Strategische und organisatorische Herausforderungen des Internet. Wiesbaden.

FRESE, ERICH/VON WERDER, AXEL/MALY, WERNER (Hrsg.) (1993): Zentralbereiche. Theoretische Grundlagen und praktische Erfahrungen. Stuttgart.

FRIEDRICH, STEPHAN A. (2000c): Konzentration der Kräfte: A Resource-Based View. In: Die Ressourcen- und Kompetenzperspektive des Strategischen Managements. Hrsg. v. PETER HAMMANN und JÖRG FREILING, Wiesbaden, S. 223-248.

FRIEDRICH, STEPHAN A./MATZLER, KURT/STAHL, HEINZ K. (2002): Quo vadis RBV? Stand und Entwicklungsmöglichkeiten des Ressourcenansatzes. In: Aktionsfelder des Kompetenz-Managements. Hrsg. v. KLAUS BELLMANN, JÖRG FREILING, PETER HAMMANN und UDO MILDENBERGER, Wiesbaden, S. 29-58.

FRIEDRICHS, JÜRGEN (1990): Methoden empirischer Sozialforschung. 14. Auf., Opladen.

GAITANIDES, MICHAEL ET AL. (1994): Prozeßmanagement: Konzepte, Umsetzungen und Erfahrungen des Reengineering. München.

GALAMBOS, LOUIS/ABRAHAMSON, ERIC J. (2002): Anytime, Anywhere. Entrepreneurship and the Creation of a Wireless World. Cambridge.

GALBRAITH, JAY R./NATHANSON, DANIEL A. (1978): Strategy Implementation: The Role of Structure and Process. St. Paul.

GARZ, DETLEF/KRAIMER, KLAUS (Hrsg.) (1983): Brauchen wir andere Forschungsmethoden? Beiträge zur Diskussion interpretativer Verfahren. Frankfurt am Main.

GAßNER, WINFRIED (1999): Implementierung organisatorischer Veränderungen. Wiesbaden.

GEBERT, DIETHER (2000): Zwischen Freiheit und Reglementierung. Widersprüchlichkeiten als Motor inkrementalen und transformationnalen Wandels in Organisationen – eine Kritik des punctuated equilibrium-Modells. In: Organisatorischer

Wandel und Transformation. Managementforschung. Band 10. Hrsg. v. GEORG SCHREYÖGG und PETER CONRAD, Wiesbaden, S. 1-42.

GEBERT, FRANK (1983): Diversifikation und Organisation. Die organisatorische Eingliederung von Diversifikationen. Frankfurt am Main et al.

GEHRKE, INGMAR (1999): Desinvestitionen erfolgreich planen und steuern. Mit Beispielen aus der chemischen Industrie. München.

GEMÜNDEN, HANS GEORG/WALTER, ACHIM (1995): Der Beziehungspromotor: Schlüsselperson für inter-organisationale Innovationsprozessen. In: Zeitschrift für Betriebswirtschaft, 65. Jg., S. 971-986.

GEMÜNDEN, HANS GEORG/WALTER, ACHIM (1996): Förderung des Technologietransfers durch Beziehungspromotoren. In: Zeitschrift Führung und Organisation, 65. Jg., Heft 4, S. 237-245.

GERUM, ELMAR (1992): Unternehmungsverfassung. In: Handwörterbuch der Organisation. Hrsg. v. ERICH FRESE, 3. Aufl., Stuttgart, Sp. 2480-2502.

GERYBADZE, ALEXANDER (2000): Evolution, Dekonstruktion und dynamische Rekonfigurierung im strategischen Management. In: Strategisches Management im Zeichen von Umbruch und Wandel. Festschrift für Prof. Dr. Erich Zahn zum 60. Geburtstag. Hrsg. v. STEFAN FOSCHIANI, Stuttgart, S. 31-52.

GEßLER, ERNST (1985): Einberufung und ungeschriebene Hauptversammlungszuständigkeiten. In: Festschrift für Walter Stimpel zum 68. Geburtstag. Hrsg. v. MARCUS LUTTER, HANS-JOACHIM MERTENS und PETER ULMER, Berlin und New York, S. 771-789.

KROPFF, BRUNO/SEMLER, JOHANNES (2000 ff.): Münchener Kommentar zum Aktiengesetz. 2. Aufl., München. Band I: §§ 1-53 (Bearb. WALTER BAYER ET AL.); Band VI: §§ 179-221 (Bearb. WALTER BAYER ET AL.).

GHEMAWAT, PANKAJ (1986): Sustainable Advantage. In: Harvard Business Review, 64. Jg., Heft 4, S. 53-58.

GHEMAWAT, PANKAJ (1991): Commitment – The Dynamic of Strategy. Toronto et al.

GHEMAWAT, PANKAJ (1996): Dauerhafte Wettbewerbsvorteile aufbauen. In: Strategie. Hrsg. v. CYNTHIA A. MONTGOMERY und MICHAEL E. PORTER, Wien, S. 31-41.

GIRTLER, ROLAND (2001): Methoden der Feldforschung. 4. Aufl., Wien et al.

GLASER, BARNEY G./STRAUSS, ANSELM L. (1967): The Discovery of Grounded Theory – Strategies for Qualitative Research. New York.

GLASER, BARNEY G./STRAUSS, ANSELM L. (1998): Grounded Theory. Strategien qualitativer Forschung. Aus dem Amerikanischen von Axel T. Paul und Stefan Kaufmann. Bern et al.

GODIN, REINHARD FREIHERR V./WILHELMI, HANS (1971): Aktiengesetz vom 6. September 1965. 4. Aufl. (Bearb. SYLVESTER WILHELMI), Berlin und New York.

GOMEZ, PETER/HAHN, DIETGER/MÜLLER-STEWENS, GÜNTER/WUNDERER, ROLF (Hrsg.) (1994): Unternehmerischer Wandel. Konzepte zur organisatorischen Erneuerung. Festschrift zum 65. Geburtstag von Knut Bleicher. Wiesbaden.

GOOLD, MICHAEL/CAMPBELL, ANDREW/ALEXANDER, MARCUS (1994): Corporate-Level Strategy. Creating Value in the Multibusiness Company. New York.

GOOLD, MICHAEL/SOMMERS LUCHS, KATHLEEN (Hrsg.) (1996): Managing the Multibusiness Company. Strategic Issues for Diversified Groups. London und New York.

GORECKI, PAUL K. (1974): The Measurement of Enterprise Diversification. In: The Review of Economics and Statistics, 56. Jg., S. 399-401.

GORT, MICHAEL (1962): Diversification and Integration in American Industry. Princeton.

GÖTTGENS, OLAF (1995): Erfolgsfaktoren in stagnierenden und schrumpfenden Märkten. Instrumente einer erfolgreichen Unternehmenspolitik. Wiesbaden.

GRANT, ROBERT M. (1991): The Resource-based Theory of Competitive Advantage – Implications for Strategy Formulation. In: California Management Review, 33. Jg., Heft 3, S. 114-135.

GRANT, ROBERT M. (1996): Toward a Knowledge-based Theory of the Firm. In: Strategic Management Journal, 17. Jg., Winter Special Issue, S. 109-122.

GRANT, ROBERT M. (1998): Contemporary Strategy Analysis. 3. Aufl., Oxford.

GREINER, LARRY E. (1967): Patterns of Organization Change. In: Harvard Business Review, 45. Jg., Heft 3, S. 119-130.

GREINER, LARRY E. (1972): Evolution and Revolution as Organizations Grow. In: Harvard Business Review, 50. Jg., Heft 4, S. 37-46.

GRIMM, ANDREA (1987): Motive konglomerater Zusammenschlüsse: Analyse der theoretischen Erklärungsansätze und Fallstudien großer Zusammenschlüsse in den USA. Göttingen.

GROCHLA, ERWIN (Hrsg.) (1980): Handwörterbuch der Organisation. 2. Aufl., Stuttgart.

GRØNHAUG, KJELL/NORDHAUG, ODD (1992): Strategy and Competences in Firms. In: European Management Journal, 10. Jg., S. 438-444.

GULATI, RANJAY (1999): Network Location and Learning: The Influence of Network Resources and Firm Capabilities on Alliance Formation. In: Strategic Management Journal, 20. Jg., S. 397-420.

GUMMESSON, EVERT (1991): Qualitative Methods in Management Research. Newbury Park et al.

HABBEL, MARKUS (2001): Kerngeschäftsstrategien und Divestments aus Kapitalmarktsicht. Wiesbaden.

HABERMAS, JÜRGEN (1963): Analytische Wissenschaftstheorie und Dialektik. Ein Nachtrag zur Kontroverse zwischen Popper und Adorno. In: Der Positivismusstreit in der deutschen Soziologie. Hrsg. v. THEODOR W. ADORNO ET AL., München, S. 155-191.

HABERMAS, JÜRGEN (1971): Zur Logik der Sozialwissenschaften: Materialien. 2. Aufl. Frankfurt am Main.

HABERSACK, MATHIAS (1998): Die Aktionärsklage – Grundlagen, Grenzen und Anwendungsfälle. In: Deutsches Steuerrecht, 36. Jg., S. 533-540.

HAERTSCH, PATRICK (2000): Wettbewerbsstrategien für Electronic Commerce. Lohmar und Köln.

HAHN, DIETGER (1997a): Stand und Entwicklungstendenzen der strategischen Planung. In: Strategische Unternehmungsplanung – Strategische Unternehmungsführung. Stand und Entwicklungstendenzen. Hrsg. v. DIETGER HAHN und BERNHARD TAYLOR, 7. Aufl., Heidelberg, S. 1-27.

HAHN, DIETGER (1997b): US-amerikanische Konzepte strategischer Unternehmungsführung. In: Strategische Unternehmungsplanung – Strategische Unternehmungsführung. Stand und Entwicklungstendenzen. Hrsg. v. DIETGER HAHN und BERNHARD TAYLOR, 7. Aufl., Heidelberg, S. 144-164.

HAHN, DIETGER/TAYLOR, BERNHARD (Hrsg.) (1997): Strategische Unternehmungsplanung – Strategische Unternehmungsführung. Stand und Entwicklungstendenzen. 7. Aufl., Heidelberg.

HAHNER, CHRISTIAN/TÖPFER, ARMIN (2004): Future Value Creation. Wertschaffung durch Wissensverwertung im strategisch-technologischen Wandel. In: Zeitschrift Führung und Organisation, 73. Jg., S. 276-284.

HALL, RICHARD (1992): The Strategic Analysis of Intangible Resources. In: Strategic Management Journal, 13. Jg., S. 135-144.

HALL, RICHARD (1993): A Framework Linking Intangible Resources and Capabilities to Sustainable Competitive Advantage. In: Strategic Management Journal, 14. Jg., S. 607-618.

HAMEL, GARY/HEENE, AIMÉ (Hrsg.) (1994): Competence-based Competition. Chichester.

HAMEL, GARY/PRAHALAD, COIMBATORE K./THOMAS, HOWARD/O'NEAL, DON (Hrsg.) (1998): Strategic Flexibility. Managing in a Turbulent Environment. Chichester et al.

HAMEL, JACQUES/DUFOUR, STÉPHANE/FORTIN, DOMINIC (1993): Case Study Methods. Newbury Park.

HAMMANN, PETER/FREILING, JÖRG (Hrsg.) (2000): Die Ressourcen- und Kompetenzperspektive des Strategischen Managements. Wiesbaden.

HAMMER, MICHAEL/CHAMPY, JAMES (2001): Reengineering the Corporation. A Manifesto for Business Revolution. 2. Aufl., London.

HAMMES, WOLFGANG (1994): Strategische Allianzen als Instrument der strategischen Unternehmensführung. Wiesbaden.

HANNAN, MICHAEL T./FREEMAN, JOHN (1977): The Population Ecology of Organizations. In: American Journal of Sociology, 82. Jg., S. 929-964.

HANNAN, MICHAEL T./FREEMAN, JOHN (1984): Structural Inertia and Organizational Change. In: American Sociological Review, 49. Jg., S. 149-164.

HANNAN, MICHAEL T./FREEMAN, JOHN (1989): Organizational Ecology. Cambridge und London.

HANSEN, MORTEN T. (1999): The Search-transfer Problem: The Role of Weak Ties in Sharing Knowledge Across Organization Subunits. In: Administrative Science Quarterly, 44. Jg., Heft März, S. 82-111.

HARGADON, ANDREW B./SUTTON, ROBERT I. (1997): Technology Brokering and Innovation in a Product Development Firm. In: Administrative Science Quarterly, 42. Jg., Heft 4, S. 716-749.

HARRIGAN, KATHRYN R. (1980a): Strategies for Declining Businesses. Lexington.

HARRIGAN, KATHRYN R. (1980b): Strategy Formulation in Declining Industries. In: Academy of Management Journal, 5. Jg., Heft 4, S. 599-604.

HARRIGAN, KATHRYN R. (1980c): The Effect of Exit Barriers Upon Strategic Flexibility. In: Strategic Management Journal, 1. Jg., Heft 2, S. 165-176.

HARRIGAN, KATHRYN R. (1986): Managing for Joint Venture Success. Lexington und Toronto.

HARRISON, JEFFREY S./HITT, MICHAEL A./HOSKISSON, ROBERT E./IRELAND, R. DUANE (2001): Resource Complementarity in Business Combinations: Extending the Logic to Organizational Alliances. In: Journal of Management, 27. Jg., S. 679-690.

HASPESLAGH, PHILIPPE C./JEMISON, DAVID B. (1991): Managing Acquisitions. New York.

HASPESLAGH, PHILIPPE C./JEMISON, DAVID B. (1996): Creating Value in Acquisitions. In: Managing the Multibusiness Company. Strategic Issues for Diversified Groups. Hrsg. v. MICHAEL GOOLD und KATHLEEN SOMMERS LUCHS, London und New York, S. 143-171.

HATTEN, KENNETH J./HATTEN, MARY L. (1988): Effective Strategic Management. Englewood Cliffs.

HAUSCHILDT, JÜRGEN (1997): Innovationsmanagement. 2. Aufl., München.

HAUSCHILDT, JÜRGEN/CHAKRABARTI, ALOK K. (1988): Arbeitsteilung im Innovationsmanagement. Forschungsergebnisse, Kriterien und Modelle. In: Zeitschrift Führung und Organisation, 57. Jg., Heft 6, S. 378-388.

HAUSCHILDT, JÜRGEN/KIRCHMANN, EDGAR M. W. (1997): Arbeitsteilung im Innovationsmanagement. Zur Existenz und Effizienz von Prozesspromotoren. In: Zeitschrift Führung und Organisation, 66. Jg., Heft 2, S. 68-73.

HAUSCHILDT, JÜRGEN/SCHEWE, GERHARD (1997): Gatekeeper und Promotoren. Schlüsselpersonen in Innovationsprozessen in statischer und dynamischer Perspektive. In: Die Betriebswirtschaft. 57. Jg., Heft 4, S. 506-516.

HAUßER, KARL (1982): Forschungsinteraktion und Forschungskonzeption. In: Verbale Daten. Eine Einführung in die Grundlagen und Methoden der Erhebung und Auswertung. Hrsg. v. GÜNTHER L. HUBER und HEINZ MANDL, Weinheim, S. 61-78.

HAX, ARNOLDO C./MAJLUF, NICOLAS. S. (1984): Strategic Management: An Integrative Perspective. Englewood Cliffs.

HAYWARD, MATHEW L. A. (2000): Acquirer Learning From Acquisition Experience: Evidence From 1985-1995. Working paper, London Business School, London.

HEENE, AIMÉ/SANCHEZ, RON (Hrsg.) (1997): Competence-Based Strategic Management. Chichester.

HELFAT, CONSTANCE E. (1997): Know-how and Asset Complementarity and Dynamic Capability Accumulation: The Case of R&D. In: Strategic Management Journal, 18. Jg., Heft 5, S. 339-360.

HELFAT, CONSTANCE E./PETERAF, MARGARET A. (2003): The Dynamic Resource-based View: Capability Lifecycles. In: Strategic Management Journal, 24. Jg., S. 997-1010.

HELFAT, CONSTANCE E./RAUBITSCHEK, RUTH S. (2000): Product Sequencing: Co-Evolution of Knowledge, Capabilities and Products. In: Strategic Management Journal, 21. Jg., S. 961-979.

HENDERSON, REBECCA M./CLARK, KIM B. (1990): Architectural Innovation: The Reconfiguration of Existing Product Technologies and the Failure of Established Firms. In: Administrative Science Quarterly, 35. Jg., Heft 1, S. 9-30.

HENDERSON, REBECCA M./COCKBURN, IAIN M. (1994): Measuring Competence? Exploring Firm Effects in Pharmaceutical Research. In: Strategic Management Journal, 15. Jg., S. 63-84.

HENN, GÜNTER (2002): Handbuch des Aktienrechts. 7. Aufl., Heidelberg.

HENZLER, HERBERT A. (Hrsg.) (1988): Handbuch Strategische Führung. Wiesbaden.

HERFINDAHL, ORRIS C. (1950): Concentration in the Steel Industry. Diss. Columbia University.

HEUSKEL, DIETER (1998): Spielregeln brechen. Innovative Unternehmensstrategien jenseits von Produkt- und Branchengrenzen. In: Innovationsforschung und Technologiemanagement. Konzepte, Strategien, Fallbeispiele. Hrsg. v. NIKOLAUS FRANKE und CHRISTOPH-FRIEDRICH VON BRAUN, Berlin et al., S. 437-444.

HEUSKEL, DIETER (1999): Wettbewerb jenseits von Industriegrenzen. Aufbruch zu neuen Wachstumsstrategien. Frankfurt am Main und New York.

HEUSNER, HANS-WILLI/THEUVSEN, LUDWIG (1993): Kontrollierte Dezentralisation und Bildung von Zentralbereichen im MANNESMANN-Konzern. In: Zentralbereiche. Theoretische Grundlagen und praktische Erfahrungen. Hrsg. v. ERICH FRESE, AXEL V. WERDER und WERNER MALY, Stuttgart, S. 185-201.

HEYMO, BÖHLER (Hrsg.) (2002): Marketing-Management und Unternehmensführung. Festschrift für Professor Dr. Richard Köhler zum 65. Geburtstag. Stuttgart.

HINTERHUBER, HANS H./FRIEDRICH, STEPHAN A./MATZLER, KURT/PECHLANER, HARALD (Hrsg.) (2000): Die Zukunft der diversifizierten Unternehmung. München.

HINTERHUBER, HANS H./STAHL, HEINZ K. (Hrsg.) (2001): Fallen die Unternehmensgrenzen? Beiträge zur Außenorientierung der Unternehmensführung. Renningen.

HITT, MICHAEL A./FREEMAN, R. EDWARD/HARRISON, JEFFREY S. (Hrsg.) (2001): The Blackwell Handbook of Strategic Management. Oxford et al.

HITT, MICHAEL A./IRELAND, R. DUANE (1986): Relationships Among Corporate-level Distinct Competencies, Diversification Strategy, Corporate Strategy and Performance. In: Journal of Management Studies, 23. Jg., S. 401-416.

HOFER, CHARLES W./SCHENDEL, DAN E. (1978): Strategy Formulation. Analytical Concepts. St. Paul et al.

HOFFMANN-BECKING, MICHAL (Hrsg.) (1999): Münchener Handbuch des Gesellschaftsrechts. Band 4. Aktiengesellschaft (Bearb. GERD KRIEGER ET AL.). 2. Aufl., München.

HOMMELHOFF, PETER (1982): Die Konzernleitungspflicht: Zentrale Aspekte eines Konzernverfassungsrechts. Köln et al.

HOPF, CHRISTEL (1984): Soziologie und qualitative Sozialforschung. In: Qualitative Sozialforschung. Hrsg. v. CHRISTEL HOPF und ELMAR WEINGARTEN, 2. Aufl., Stuttgart, S. 11-37.

HOPF, CHRISTEL/WEINGARTEN, ELMAR (Hrsg.) (1984): Qualitative Sozialforschung. 2. Aufl., Stuttgart.

HOPT, KLAUS J./WIEDEMANN, HERBERT (Hrsg.) (1992 ff.): Großkommentar zum Aktiengesetz. 4. Aufl., Berlin und New York. 7. Lieferung §§ 23-40 (Bearb. VOLKER RÖHRICHT); 14. Lieferung §§ 118-120 (Bearb. PETER O. MÜLBERT); 5. Lieferung §§ 179-191 (Bearb. HERBERT WIEDEMANN). 3. Aufl.: WILHELM GADOW ET AL. (1973 ff.): Band I/1: §§ 1-75 (Bearb. CARL HANS BARZ ET AL.); Band I/2: §§ 76-147 (Bearb. JOACHIM MEYER-LANDRUT); Band III: §§ 179-290 (Bearb. WOLFGANG SCHILLING ET AL.); Band IV: §§ 291-410, EGAktG (Bearb. HANS WÜRDINGER ET AL.).

HORN, NORBERT (Hrsg.) (1982): Europäisches Rechtsdenken in Geschichte und Gegenwart. Festschrift für Helmut Coing zum 70. Geburtstag. Band II. München.

HOROWITZ, IRA (1970): Employment Concentration in the Common Market: An Entropy Approach. In: Journal of the Royal Statistical Society, 133. Jg., Series A, S. 463-479.

HOSKISSON, ROBERT E./JOHNSON, RICHARD A./YIU, DAPHNE/WAN, WILLIAM P. (2001): Restructuring Strategies of Diversified Business Groups: Differences Associated with Country Institutional Environments. In: The Blackwell Handbook of Strategic Management. Hrsg. v. MICHAEL A. HITT, R. EDWARD FREEMAN und JEFFREY S. HARRISON, Oxford et al., S. 433-463.

HUBER, GÜNTHER L./MANDL, HEINZ (Hrsg.) (1982): Verbale Daten. Eine Einführung in die Grundlagen und Methoden der Erhebung und Auswertung. Weinheim.

HUBMANN, HEINRICH (Hrsg.) (1972): Festschrift für Ludwig Schnorr von Carolsfeld zum 70. Geburtstag. Köln et al.

HÜFFER, UWE (2004): Aktiengesetz. 6. Aufl., München.

HUGL, ULRIKE (1995): Qualitative Inhaltsanalyse und Mind-Mapping: Ein neuer Ansatz für Datenauswertung und Organisationsdiagnose. Wiesbaden.

HUNGENBERG, HARALD (1995): Zentralisation und Dezentralisation: Strategische Entscheidungsverteilung in Konzernen. Wiesbaden.

HUNGENBERG, HARALD (2000): Strategisches Management in Unternehmen. Ziele – Prozesse – Verfahren. Wiesbaden.

HUNT SHELBY D./MORGAN, ROBERT M. (1995): The Comparative Advantage Theory of Competition. In: Journal of Marketing, 59. Jg., Heft 2, S. 1-15.

HUNT SHELBY D./MORGAN, ROBERT M. (1996): The Resource-Advantage Theory of Competition: Dynamics, Path Dependencies, and Evolutionary Dimensions. In: Journal of Marketing, 60. Jg., Heft 4, S. 107-114.

IANSITI MARCO/CLARK, KIM B. (1994): Integration and Dynamic Capability: Evidence from Product Development in Automobiles and Mainframe Computers. In: Industrial and Corporate Change, 3. Jg., Heft 3, S. 557-605.

IMAI, KEN-ICHI/NONAKA, IKUJIRO/TAKEUCHI, HIROTAKA (1985): Managing the New Product Development Process: How Japanese Companies Learn to Unlearn. In: The Uneasy Alliance: Managing the Productivity-Technology Dilemma. Hrsg. v. KIM B. CLARK, ROBERT H. HAYES und CHRISTOPHER LORENZ, Boston, S. 337-375.

JACOBS, SIEGFRIED (1992): Strategische Erfolgsfaktoren der Diversifikation. Wiesbaden.

JACOBSON, ROBERT (1992): The „Austrian" School of Strategy. In: Academy of Management Review, 17. Jg., S. 782-807.

JACQUEMIN, ALEXIS (1986): Industrieökonomik. Strategie und Effizienz des modernen Unternehmens. Frankfurt am Main und New York.

JANSEN, ANSGAR (1986): Desinvestitionen. Ursachen, Probleme und Gestaltungsmöglichkeiten. Frankfurt am Main.

JICK, TODD D. (1979): Mixing Qualitative and Quantitative Methods: Triangulation in Action. In: Administrative Science Quarterly, 24. Jg., S. 602-611.

JOHNSON, GERRY/SCHOLES, KEVAN (2002): Exploring Corporate Strategy. 6. Aufl., New York.

JOHNSON, RICHARD A. (1996): Antecedents and Outcomes of Corporate Refocusing. In: Journal of Management, 22. Jg., S. 439-483.

JUDGE, TIMOTHY A. ET AL (2001): The Job Satisfaction – Job Performance Relationship: A Qualitative and Quantitative Review. In: Psychology-Bulletin, 127. Jg., S. 376-407.

JUDGE, WILLIAM Q./MILLER, ALEX (1991): Antecedents and Outcomes of Decision Speed in Different Environmental Contexts. In: Academy of Management Journal, 34. Jg., Heft 2, S. 449-463.

KALE, PRASHANT/DYER, JEFFREY H./SINGH, HARBIR (2002): Alliance Capability, Stock Market Response, and Long Term Alliance Success: The Role of the Alliance Function. In: Strategic Management Journal, 23. Jg., S. 747-767.

KANTER, ROSABETH M./STEIN, BARRY A./JICK, TODD D. (1992): The Challenge of Organizational Change. New York.

KARIM, SAMINA Z./MITCHELL, WILL (2000): Path-dependent and Path-breaking Change: Reconfiguring Business Resources Following Acquisitions in the U.S. Medical Sector, 1978-1995. In: Strategic Management Journal, 21. Jg., S. 1061-1081.

KATZ, DANIEL/KAHN, ROBERT L. (1978): The Social Psychology of Organizations. New York et al.

KATZ, RALPH/ALLEN, THOMAS J. (1982): Investigating the Not Invented Here (NIH) Syndrome: A Look at the Performance, Tenure and Communication Patterns of 50 R&D Project Groups. In: R&D Management, 12. Jg., S. 7-19.

KAUFER, ERICH (1980): Industrieökonomik. München.

KELLEY, DONNA J./RICE, MARK P. (2002): Advantage beyond Founding. The Strategic Use of Technologies. In: Journal of Business Venturing, 17. Jg., S. 41-57.

KESSLER, MANFRED H. (1991): Die Leitungsmacht des Vorstandes einer Aktiengesellschaft: Der Versuch der Integration eines ökonomietheoretischen Konzeptes in die Verbandsrechtsordnung zur Auflösung organspezifischer Kompetenzkonflikte. Diss. Universität Tübingen.

KESSLER, MANFRED H. (1995): Die Leitungsmacht des Vorstands einer Aktiengesellschaft (I). In: Die Aktiengesellschaft, 40. Jg., S. 61-76.

KIESER, ALFRED (Hrsg.) (2002): Organisationstheorien. 5. Aufl., Stuttgart.

KIM, LINSU (1998): Crisis Construction and Organizational Learning: Capability Building in Catching-up at Hyundai Motor. In: Organization Science, 9. Jg., Heft 4, S. 506-521.

KIMBERLY, JOHN R. (1979): Issues in the Creations of Organizations: Initiation, Innovation and Institutionalization. In: Academy of Management Journal, 22. Jg., S. 437-457.

KING, ANDREW A./TUCCI, CHRISTOPHER L. (2002): Incumbent Entry into New Market Niches: The Role of Experience and Managerial Choice in the Creation of Dynamic Capabilities. In: Management Science, 48. Jg., Heft 2, S. 171-186.

KLIMECKI, RÜDIGER/LASSLEBEN, HERMANN/THOMAE, MARKUS (2000): Organisationales Lernen. Zur Integration von Theorie, Empirie und Gestaltung. In: Organisatorischer Wandel und Transformation. Managementforschung. Band 10. Hrsg. v. GEORG SCHREYÖGG und PETER CONRAD, Wiesbaden, S. 63-98.

KNAFL, HORST H. (1995): Die Konzentration auf Kernkompetenzen im Unternehmen als Faktor für erfolgreichen Wettbewerb. Graz.

KNOBBE-KEUK, BRIGITTE (1975): Das Klagerecht des Gesellschafters einer Kapitalgesellschaft wegen gesetz- und satzungswidriger Maßnahmen der Geschäftsführung. In: Festschrift für Kurt Ballerstedt zum 70. Geburtstag. Berlin, S. 239-253.

KNYPHAUSEN, DODO ZU (1993): »Why are Firms different?« Der »Ressourcenorientierte Ansatz« im Mittelpunkt einer aktuellen Kontroverse im Strategischen Management. In: Die Betriebswirtschaft, 53. Jg., S. 771-792.

KNYPHAUSEN-AUFSEß, DODO ZU (1995): Theorie der strategischen Unternehmungsführung. State of the Art und neue Perspektiven. Wiesbaden.

KNYPHAUSEN-AUFSEß, DODO ZU (2000): Auf dem Weg zu einem ressourcenorientierten Paradigma? Resource Dependence-Theorie der Organisation und Resource-based View des Strategischen Managements im Vergleich. In: Theorien der Organisation. Die Rückkehr der Gesellschaft. Hrsg. v. GÜNTHER ORTMANN, JÖRG SYDOW und KLAUS TÜRK, 2. Aufl., Wiesbaden, S. 452-480.

KOBI, JEAN-MARCEL (1996): Management des Wandels. 2. Aufl., Bern.

KOCH, MAXIMILIAN (2001): Diversifizierung und Vorstandskompetenzen. Frankfurt am Main et al.

KOGUT, BRUCE/ZANDER, UDO (1992): Knowledge of the Firm, Combinative Capabilities, and the Replication of Technology. In: Organization Science, 3. Jg., S. 383-397.

KOGUT, BRUCE/ZANDER, UDO (1996): What Firms Do? Coordination, Identity, and Learning. In: Organization Science, 7. Jg., S. 502-518.

KOTLER, PHILIP/BLIEMEL, FRIEDHELM (1999): Marketing-Management: Analyse, Planung, Umsetzung und Steuerung, 9. Auflage, Stuttgart.

KRATOCHWILL, THOMAS R./LEVIN, JOEL R. (1991): Single-case Research Design and Analysis: New Directions for Psychology and Education. Hillsdale.

KRAUSHAR, PETER M. (1977): New Products and Diversification. 2. Aufl., London.

KREBS, JÜRGEN (1996): Gestaltung von Synergien durch Kooperations- und Konzentrationsstrategien: eine interdisziplinäre Analyse ihrer Rechtsprobleme. Frankfurt am Main et al.

KREIKEBAUM, HARTMUT (1997): Strategische Unternehmensplanung. 6. Aufl., Stuttgart, Berlin und Köln.

KROPFF, BRUNO (1984): Zur Konzernleitungspflicht. In: Zeitschrift für Unternehmens- und Gesellschaftsrecht, 13. Jg., S. 112-128.

KRÜGER, WILFRIED (1994a): Transformations-Management. Grundlagen, Strategien, Anforderungen. In: Unternehmerischer Wandel. Konzepte zur organisatorischen Erneuerung. Festschrift zum 65. Geburtstag von Knut Bleicher. Hrsg. v. PETER GOMEZ, DIETGER HAHN, GÜNTER MÜLLER-STEWENS und ROLF WUNDERER, Wiesbaden, S. 199-228.

KRÜGER, WILFRIED (1994b): Umsetzung neuer Organisationsstrategien: Das Implementierungsproblem. In: Zeitschrift für betriebswirtschaftliche Forschung, Sonderheft 33, S. 197-221.

KRÜGER, WILFRIED (1994c): Organisation der Unternehmung. Stuttgart, Berlin und Köln.

KRÜGER, WILFRIED (2002a): Das 3W-Modell: Bezugsrahmen für das Wandlungsmanagement. In: Excellence in Change. Wege zur strategischen Erneuerung. Hrsg. v. WILFRIED KRÜGER, 2. Aufl., Wiesbaden, S. 15-33.

KRÜGER, WILFRIED (2002b): Strategische Erneuerung: Programme, Prozesse und Probleme. In: Excellence in Change. Wege zur strategischen Erneuerung. Hrsg. v. WILFRIED KRÜGER, 2. Aufl., Wiesbaden, S. 35-96.

KRÜGER, WILFRIED (2002c): Auswirkungen des Internet auf Wertketten und Geschäftsmodelle. In: E-Organisation. Strategische und organisatorische Herausforderungen des Internet. Hrsg. v. ERICH FRESE und HARALD STÖBER, Wiesbaden, S. 63-89.

KRÜGER, WILFRIED (Hrsg.) (2002): Excellence in Change. Wege zur strategischen Erneuerung. 2. Aufl., Wiesbaden.

KRÜGER, WILFRIED/HOMP, CHRISTIAN (1997): Kernkompetenz-Management. Steigerung von Flexibilität und Schlagkraft im Wettbewerb. Wiesbaden.

KRÜGER, WILFRIED/V. WERDER, AXEL (1995): Zentralbereiche als Auslaufmodell? - Gestaltungsmuster und Entwicklungstrends der Organisation von Teilfunktionen in der Unternehmungspraxis. In: Zeitschrift Führung und Organisation, 64. Jg., S. 6-17.

KÜCHLER, MANFRED (1983): "Qualitative" Sozialforschung – ein neuer Königsweg? In: Brauchen wir andere Forschungsmethoden? Beiträge zur Diskussion interpretativer Verfahren. Hrsg. v. DETLEF GARZ und KLAUS KRAIMER, Frankfurt am Main, S. 9-30.

KÜHN, RICHARD (1995): Markteintritts- und Marktaustrittsstrategien. In: Handwörterbuch des Marketing. Hrsg. v. BRUNO TIETZ, RICHARD KÖHLER und JOACHIM ZENTES, 2. Aufl., Stuttgart, Sp. 1756-1768.

LADO, AUGUSTINE A./BOYD, NANCY G./WRIGHT, PETER (1992): A Competency-based Model of Sustainable Competitive Advantage. Toward a Conceptual Integration. In: Journal of Management, 18. Jg., S. 77-91.

LAMB, ROBERT BOYDEN (Hrsg.) (1984): Competitive Strategic Management. Englewood Cliffs.

LAMNEK, SIEGFRIED (1988): Qualitative Sozialforschung. Band 1. Methodologie. München und Weinheim.

LAMNEK, SIEGFRIED (1989): Qualitative Sozialforschung. Band 2. Methoden und Techniken. München.

LANE, PETER J./LUBATKIN, MICHAEL (1998): Relative Absorptive Capacity and Interorganizational Learning. In: Strategic Management Journal, 19. Jg., S. 461-477.

LANGLOIS, RICHARD (1992): Transaction-cost Economics in Real Time. In: Industrial and Corporate Change, 1. Jg., S. 99-127.

LARRSON, RIKARD/FINKELSTEIN, SYDNEY (1999): Integrating Strategic, Organizational, and Human Resource Perspectives on Mergers and Acquisitions: A Case Survey of Synergy Realization. In: Organization Science, 10. Jg., Heft 1, S. 1-26.

LEHMANN, RALPH (1993): Kann Diversifikation Wert schaffen? Stuttgart et al.

LEONARD-BARTON, DOROTHY (1992): Core Capabilities and Core Rigidities: A Paradox in Managing New Product Development. In: Strategic Management Journal, 13. Jg., S. 111-125.

LEßMANN, HERBERT/GROßFELD, BERNHARD/VOLLMER, LOTHAR (Hrsg.) (1989): Festschrift für Rudolf Lukes zum 65. Geburtstag. Köln et al.

LEWIN, ARIE Y./VOLBERDA, HENK W. (1999): Prolegomena on Coevolution: A Framework for Research on Strategy and New Organizational Forms. In: Organization Science, 10. Jg., S. 519-534.

LEWIN, KURT (1943): Forces behind Food Habits and Methods of Change. In: Bulletin of the National Research Council, Jg. 108, S. 35-65.

LEWIN, KURT (1958): Group Decision and Social Change. In: Readings in Social Psychology. Hrsg. v. ELEANOR E. MACCOBY, THEODORE M. NEWCOMB und EUGENE L. HARTLEY, 3. Aufl., New York et al., S. 197-211.

LICHTENBERG, FRANK R. (1992): Industrial De-diversification and its Consequences for Productivity. In: Journal of Economic Behavior and Organization, 18. Jg, S. 427-438.

LIEBESKIND, JULIA P./OPLER, TIM C./HATFIELD, DONALD E. (1996): Corporate Restructuring and the Consolidation of US Industry. In: Journal of Industrial Economics, 44. Jg., S. 53-68.

LIPPMAN, STEVEN A./RUMELT, RICHARD P. (1982): Uncertain Imitability: An Analysis of Interfirm Differences in Efficiency under Competition. In: The RAND Bell Journal of Economics, 13. Jg., S. 418-438.

LÖBLER, HELGE (1988): Diversifikation und Unternehmenserfolg: Diversifikationserfolge und -risiken bei unterschiedlichen Marktstrukturen und Wettbewerb. Wiesbaden.

LOCKE, EDWIN A./LATHAM, GARY P. (1990): A Theory of Goal Setting and Task Performance. Englewood Cliffs.

LORANGE, PETER/ROOS, JOHAN (1992): Strategic Alliances. Formulation, Implementation, and Evolution. Cambridge.

LUHMANN, NIKLAS (1984): Soziale Systeme: Grundriss einer allgemeinen Theorie. Frankfurt am Main.

LUO, YADONG (2000): Dynamic Capabilities in International Expansion. In: Journal of World Business, 35. Jg., Heft 4, S. 355-378.

LUTTER, MARCUS (1974): Teilfusionen im Gesellschaftsrecht. In: Wirtschaftsfragen der Gegenwart: Festschrift für Carl Hans Barz zum 65. Geburtstag. Hrsg. v. ROBERT FISCHER, PHILIPP MÖHRING und HARRY WESTERMANN, Berlin und New York, S. 199-218.

LUTTER, MARCUS (1985): Organzuständigkeiten im Konzern. In: Festschrift für Walter Stimpel zum 68. Geburtstag. Hrsg. v. MARCUS LUTTER, HANS-JOACHIM MERTENS und PETER ULMER, Berlin und New York, S. 825-854.

LUTTER, MARCUS/LEINEKUGEL, ROLF (1998): Kompetenzen von Hauptversammlung und Gesellschafterversammlung beim Verkauf von Unternehmensteilen. In: Zeitschrift für Wirtschaftsrecht, 19. Jg., S. 225-232.

LUTTER, MARCUS/MERTENS, HANS-JOACHIM/ULMER, PETER (Hrsg.) (1985): Festschrift für Walter Stimpel zum 68. Geburtstag. Berlin und New York.

LYONS, MICHAEL P. (1991): Joint-Ventures as Strategic Choice: A Literature Review. In: Long Range Planning, 24. Jg., Heft 4, S. 130-144.

M. M. WARBURG (1997): Investment Research, November 1997: Preussag: Vom Rohstoffkonzern zum konsumnahen Dienstleister.

MACCOBY, ELEANOR E./NEWCOMB, THEODORE M./HARTLEY, EUGENE L. (Hrsg.) (1958): Readings in Social Psychology. 3. Aufl., New York et al.

MACHARZINA, KLAUS (1999): Unternehmensführung. Das internationale Managementwissen. Konzepte – Methoden – Praxis. 3. Aufl., Wiesbaden.

MACHARZINA, KLAUS/FISCH, JAN HENDRIK (2002): TUI schöne Ferien! - Reisedienstleistung oder Marketing? In: Marketing-Management und Unternehmensführung. Festschrift für Professor Dr. Richard Köhler zum 65. Geburtstag. Hrsg. v. HEYMO BÖHLER, Stuttgart, S. 715-739.

MACINTOSH, ROBERT/MACLEAN, DONALD (1999): Conditioned Emergence: A Dissipative Structures Approach to Transformation. In: Strategic Management Journal, 20. Jg., S. 297-319.

MACMILLAN, HUGH/TAMPOE, MAHEN (2000): Strategic Management. Process, Content, and Implementation. Oxford und New York.

MAHONEY, JOSEPH T. (1995): The Management of Resources and the Resource of Management. In: Journal of Business Research, 33. Jg., Heft 3, S. 91-101.

MAHONEY, JOSEPH T./PANDIAN, J. RAJENDRAN (1992): The Resource-based View within the Conversation of Strategic Management. In: Strategic Management Journal, 13. Jg., S. 363-380.

MAKADOK, RICHARD (1998): Can First-Mover and Early-Mover Advantages Be Sustained in an Industry With Low Barriers to Entry/Imitation? In: Strategic Management Journal, 19. Jg., S. 683-696.

MAKADOK, RICHARD (2001): Toward a Synthesis of the Resource-based and Dynamic-capability Views of Rent Creation. In: Strategic Management Journal, 22. Jg., S. 387-401.

MAKADOK, RICHARD (2002): A Rational-Expectations Revision of Makadok's Resource/Capability Synthesis. In: Strategic Management Journal, 23. Jg., S. 1051-1057.

MANNESMANN AG (1989-1999): Geschäftsberichte 1989-1999.

MANNESMANN AG (1990): Rede des Vorstandsvorsitzenden der Mannesmann AG, Dr. Werner H. Dieter, auf der Hauptversammlung am 05.07.1990. Beilage zu: Die Aktiengesellschaft, 8/1990.

MANNESMANN ARCHIV (2004): http://www.mannesmann-archiv.de/deutsch/download /konzern.rtf (Stand: 29.05.2005).

MANSFIELD, EDWIN/SCHWARTZ, MARK/WAGNER, SAMUEL (1981): Imitation Costs and Patents: An Empirical Study. In: Economic Journal, 91. Jg., S. 907-918.

MARCH, JAMES G./OLSEN, JOHAN P. (1976): Ambiguity and Choice in Organizations. Bergen et al.

MARKIDES, CONSTANTINOS C. (1992): Consequences of Corporate Refocusing: Ex Ante Evidence. In: Academy of Management Journal, 35. Jg., S. 398-412.

MARKIDES, CONSTANTINOS C. (1993): Corporate Refocusing. In: Business Strategy Review, 4. Jg., Heft 1, S. 1-15.

MARKIDES, CONSTANTINOS C. (1995): Diversification, Refocusing, and Economic Performance. Cambridge.

MARKIDES, CONSTANTINOS C./WILLIAMSON, PETER J. (1994): Related Diversification, Core Competencies and Corporate Performance. In: Strategic Management Journal, 15. Jg., S. 149-165.

MARKIDES, CONSTANTINOS C./WILLIAMSON, PETER J. (1996): Corporate Diversification and Organizational Structure: A Resource-based View. In: The Academy of Management Journal, 39. Jg., S. 340-367.

MARKIDES, CONSTANTINOS C./WILLIAMSON, PETER J. (1997): Related Diversification, Core Competencies and Corporate Performance. In: Core Competency-based Strategy. Hrsg. v. ANDREW CAMPBELL und KATHLEEN SOMMERS LUCHS, London et al., S. 96-122.

MARKOWITZ, HARRY M. (1959): Portfolio Selection. Efficient Diversification of Investments. New York et al.

MARRIS, ROBIN L. (1964): The Economic Theory of Managerial Capitalism. London.

MASON, EDWARD S. (1939): Price and Production Policies of Large-Scale Enterprises. In: The American Economic Review, 29. Jg., Heft 1, S. 61-74.

MAYER, MICHAEL/WHITTINGTON, RICHARD (2003): Diversification in Context: A Cross-national and Cross-temporal Extension. In: Strategic Management Journal, Jg. 24, S. 773-781.

MAYRHOFER, WOLFGANG/MEYER, MICHAEL (2004): Organisationskultur. In: Handwörterbuch Unternehmensführung und Organisation. Hrsg. v. GEORG SCHREYÖGG und AXEL V. WERDER, 4. Aufl., Stuttgart, Sp. 1025-1033.

MAYRING, PHILIPP (1989): Die qualitative Wende. Grundlagen, Techniken und Integrationsmöglichkeiten qualitativer Forschung in der Psychologie. In: Bericht über den 36. Kongreß der Deutschen Gesellschaft für Psychologie in Berlin. Hrsg. v. WOLFGANG SCHÖNPFLUG, Göttingen, S. 306-313.

MAYRING, PHILIPP (1990): Einführung in die qualitative Sozialforschung: Eine Anleitung zu qualitativem Denken. München.

MAYRING, PHILIPP (2003): Qualitative Inhaltsanalyse. Grundlagen und Techniken. 8. Aufl., Weinheim und Basel.

MCGEE, JOHN/THOMAS, HOWARD (1986): Strategic Groups: Theory of Research and Taxonomy. In: Strategic Management Journal, 7. Jg., S. 141-160.

MCVEY, JOHN S. (1972): The Industrial Diversification of Multi-establishment Manufacturing Firms. In: Canadian Statistical Review, 4. Jg., S. 112-117.

MCWILLIAMS, ABAGAIL/SMART, DENNIS L. (1993): Efficiency v. Structure-Conduct-Performance: Implications for Strategy Research and Practice. In: Journal of Management, 19. Jg., Heft 1, S. 63-78.

MECKE, THOMAS (1992): Konzernstruktur und Aktionärsentscheid. Baden-Baden.

MEFFERT, HERIBERT (1984): Marketingstrategien in stagnierenden und schrumpfenden Märkten. In: Betriebswirtschaftliche Entscheidungen bei Stagnation. Edmund Heinen zum 65. Geburtstag. Hrsg. v. LUDWIG PACK und DIETRICH BÖRNER, Wiesbaden, S. 37-41.

MEFFERT, HERIBERT/BRUHN, MANFRED (2000): Dienstleistungsmarketing. Grundlagen, Konzepte, Methoden. 3. Aufl., Wiesbaden.

MERTENS, HANS-JOACHIM (1978): Unternehmensgegenstand und Mitgliedschaftsrecht – Urteilsanmerkung zu LG Mainz vom 1.4.1977. In: Die Aktiengesellschaft, 22. Jg., S. 309-325.

MEYER, MARC H./UTTERBACK, JAMES M. (1993): The Product Family and the Dynamics of Core Capability. In: Sloan Management Review, 34. Jg., Heft 3, S. 29-47.

MILES, MATTHEW B./HUBERMAN, A. MICHAEL (1994): Qualitative Data Analysis. 2. Aufl. (1. Aufl. 1984), Beverly Hills.

MILGROM, PAUL/QIAN, YINGYI/ROBERTS, JOHN (1991): Complementarities, Momentum, and the Evolution of Modern Manufacturing. In: American Economic Review, 81. Jg., Heft 2, S. 84-88.

MILGROM, PAUL/ROBERTS, JOHN (1990): The Economics of Modern Manufacturing: Technology, Strategy, and Organization. In: American Economic Review, 80. Jg., Heft 3, S. 511-528.

MILLER, DANNY/FRIESEN, PETER H. (1984): A Longitudinal Study of the Corporate Life Cycle. In: Management Science, 30. Jg., Heft 10, S. 1161-1183.

MILLER, DANNY/SHAMSIE, JAMAL (1996): The Resource-based View of the Firm in Two Environments: The Hollywood Film Studios from 1936 to 1965. In: Academy of Management Journal, 39. Jg., S. 519-543.

MINDERLEIN, MARTIN (1993): Industrieökonomik und Strategieforschung. In: Managementforschung 3. Hrsg. v. WOLFGANG H. STAEHLE und JÖRG SYDOW, Berlin und New York, S. 157-201.

MINTZBERG, HENRY (1978): Patterns in Strategy Formation. In: Management Science, 24. Jg., S. 938-948.

MINTZBERG, HENRY (1979): An Emerging Strategy of "Direct" Research. In: Administrative Science Quarterly, 24. Jg., S. 582-589.

MINTZBERG, HENRY/WATERS, JAMES A. (1985): Of Strategies, Deliberate and Emergent. In: Strategic Management Journal, 6. Jg., S. 257-272.

MOHREN, HILDEGARD (1996): Entwicklungsfähigkeit diversifizierter Unternehmungen. Wiesbaden.

MOINGEON, BERTRAND/EDMONSON, AMY (Hrsg.) (1996): Organizational Learning and Competitive Advantage. London.

MONTGOMERY, CYNTHIA A. (1995): Of Diamonds and Rust: A New Look at Resources. In: Resource-based and Evolutionary Theories of the Firm. Towards a Synthesis. Hrsg. v. CYNTHIA A. MONTGOMERY, Boston, Dordrecht und London, S. 251-268.

MONTGOMERY, CYNTHIA A. (Hrsg.) (1995): Resource-based and Evolutionary Theories of the Firm. Towards a Synthesis. Boston, Dordrecht und London.

MONTGOMERY, CYNTHIA A./HARIHARAN, SAM (1991): Diversified Expansion by Large Established Firms. In: Journal of Economic Behavior and Organization, 15. Jg., Heft 1, S. 71-89.

MONTGOMERY, CYNTHIA A./PORTER, MICHAEL E. (Hrsg.) (1996): Strategie. Wien.

MONTGOMERY, CYNTHIA A./WERNERFELT, BIRGER (1988): Diversification, Ricardian Rents, and Tobin's q. In: Rand Journal of Economics, 19. Jg., Heft 4, S. 623-632.

MOSAKOWSKI, ELAINE (1993): A Resource-based Perspective on the Dynamic Strategy-Performance Relationship. In: Journal of Management, 19. Jg., S. 623-632.

MOSAKOWSKI, ELAINE (1998): Managerial Prescriptions Under The Resource-Based View of Strategy: The Example of Motivational Techniques. In: Strategic Management Journal, 19. Jg., S. 1169-1182.

MOSAKOWSKI, ELAINE/MCKELVEY, BILL (1997): Predicting Rent Generation in Competence-based Competition. In: Competence-Based Strategic Management. Hrsg. v. AIMÉ HEENE und RON SANCHEZ, Chichester, S. 65-85.

MÜLLER-BÖLING, DETLEF/KLANDT, HEINZ (1994): Methoden empirischer Wirtschafts- und Sozialforschung: Eine Einführung mit wirtschaftswissenschaftlichem Schwerpunkt. 2. Aufl., Köln und Dortmund.

MÜLLER-STEWENS, GÜNTHER (1988): Entwicklung von Strategien für den Eintritt in neue Geschäfte. In: Handbuch Strategische Führung. Hrsg. v. HERBERT A. HENZLER, Wiesbaden, S. 219-242.

NANDA, ASHISH (1996): Resources, Capabilities and Competencies. In: Organizational Learning and Competitive Advantage. Hrsg. v. BERTRAND MOINGEON und AMY EDMONSON, London, S. 93-120.

NAULT, BARRIE R./VANDENBOSCH, MARK B. (1996): Eating Your Own Lunch: Protection through Preemption. In: Organization Science, 7. Jg., Heft 3, S. 342-358.

NELSON, RICHARD P./WINTER, SIDNEY G. (1982): An Evolutionary Theory of Economic Change. Cambridge.

NEUMANN, MANFRED (1979): Industrial Organization – Ein Überblick über die quantitative Forschung. In: Zeitschrift für Betriebswirtschaft, 49. Jg., Heft 7, S. 645-660.

NIESCHLAG, ROBERT/DICHTL, ERWIN/HÖRSCHGEN, HANS (1994): Marketing. 17. Aufl., Berlin.

NOLTE, HEIKE (Hrsg.) (1998): Aspekte ressourcenorientierter Unternehmensführung. München.

NOLTE, HEIKE/BERGMANN, RAINER (1998): Ein Grundmodell des ressourcenorientierten Ansatzes der Unternehmensführung. In: Aspekte ressourcenorientierter Unternehmensführung. Hrsg. v. HEIKE NOLTE, München, S. 1-27.

NONAKA, IKUJIRO/TAKEUCHI, HIROTAKA (1995): The Knowledge-Creating Company. How Japanese Companies Create the Dynamics of Innovation. New York und Oxford.

OCHS, DIETMAR (1976): Das Vordringen konglomerater Konzernstrukturen – Determinanten und Wirkungen. Bochum.

OLIVER, CHRISTINE (1997): Sustainable Competitive Advantage: Combining Institutional and Resource-based Views. In: Strategic Management Journal, 18. Jg., S. 697-713.

VON DER OELSNITZ, DIETRICH (Hrsg.) (2000): Markteintrittsmanagement. Stuttgart.

ORTMANN, GÜNTHER/SYDOW, JÖRG/TÜRK, KLAUS (Hrsg.) (2000): Theorien der Organisation. Die Rückkehr der Gesellschaft. 2. Aufl., Wiesbaden.

OSTERLOH, MARGIT/FROST, JETTA (1994): Business reengineering: Modeerscheinung oder „Business Revolution"? In: Zeitschrift Führung und Organisation, 63. Jg., S. 356-362.

OSTERLOH, MARGIT/FROST, JETTA (1996): Prozeßmanagement als Kernkompetenz. Wie Sie Business Reengineering strategisch nutzen können. Wiesbaden.

PÄCH, SUSANNE (1994): Die D2-Story: Mobilkommunikation. Aufbruch in den Wettbewerb. Düsseldorf et al.

PACK, LUDWIG/BÖRNER, DIETRICH (Hrsg.) (1984): Betriebswirtschaftliche Entscheidungen bei Stagnation. Edmund Heinen zum 65. Geburtstag. Wiesbaden.

PAGELL, RUTH A./WEAVER, PATRICIA J. S. (1997): „NAICS: NAFTA's Industrial Classification System". In: Business Information Review, 14. Jg., Heft 1, S. 36-44.

PALEPU, KRISHNA G. (1985): Diversification Strategy, Profit Performance, and the Entropy Measure. In: Strategic Management Journal, 6. Jg., Heft 3, S. 239-255.

PALICH, LESLIE E./CARDINAL, LAURA B./MILLER, C. CHET (2000): Curvilinearity in the Diversification-Performance Linkage: An Examination of Over Three Decades of Research. In: Strategic Management Journal, 21. Jg., S. 155-174.

Pauls, STEFFEN (1998): Business-Migration: Eine strategische Option. Wiesbaden.

PEARCE, JOHN A. II/ROBBINS, D. KIETH (1994): Retrenchment Remains the Foundation of Business Turnaround. In: Strategic Management Journal, 15. Jg., S. 407-417.

PEARCE, JOHN A. II/ROBINSON, RICHARD B. (2003): Strategic Management. Formulation, Implementation, and Control. 8. Aufl., Chicago.

PECHLANER, HARALD/MATZLER, KURT (2001): Über die Diversifikation hinaus – Wie "Business Migration" die Spielregeln des Wettbewerbs verändert. Eine Tour d'horizon. In: Fallen die Unternehmensgrenzen? Beiträge zur Außenorientierung der Unternehmensführung. Hrsg. v. HANS H. HINTERHUBER und HEINZ K. STAHL, Renningen, S. 234-253.

PENG, MIKE W. (2001): The Resource-based View and International Business. In: Journal of Management, 27. Jg., S. 803-829.

PENROSE, EDITH T. (1959): The Growth of the Firm. Oxford.

PERICH, ROBERT (1993): Unternehmungsdynamik. 2. Aufl., Bern et al.

PETERAF, MARGARET A. (1993): The Cornerstones of Competitive Advantage: A Resource-based View. In: Strategic Management Journal, 14. Jg., S. 179-191.

PETTIGREW, ANDREW/THOMAS, HOWARD/WHITTINGTON, RICHARD (2002): Handbook of Strategy and Management. London et al.

PFEFFER, JEFFREY/SALANCIK, GERALD R. (1978): The External Control of Organizations: A Resource Dependence Perspective. New York.

PICOT, ARNOLD (1982): Transaktionskostenansatz in der Organisationstheorie – Stand der Diskussion und Aussagewert. In: Die Betriebswirtschaft, 42. Jg., Heft 2, S. 255-274.

PISANO, GARY P. (1994): Knowledge, Integration, and the Locus of Learning: an Empirical Analysis of Process Development. In: Strategic Management Journal, 15. Jg., S. 85-100.

PITTS, ROBERT A./HOPKINS, H. DONALD (1982): Firm Diversity: Conceptualization and Measurement. In: Academy of Management Review, 7. Jg., S. 620-629.

POPPER, KARL R. (1961): Die Logik der Sozialwissenschaften. In: Der Positivismusstreit in der deutschen Soziologie. Hrsg. v. THEODOR W. ADORNO ET AL. (1993), München, S. 103-123.

POPPER, KARL R. (1969): Logik der Forschung. 3. Aufl., Tübingen.

PORTER, MICHAEL E. (1979): How Competitive Forces Shape Strategy. In: Harvard Business Review, 57. Jg., S. 137-145.

PORTER, MICHAEL E. (1980): Competitive Strategy. New York.

PORTER, MICHAEL E. (1981): The Contributions of Industrial Organization to Strategic Management. In: Academy of Management Review, 6. Jg., S. 609-620.

PORTER, MICHAEL E. (1985): Competitive Advantage. New York.

PORTER, MICHAEL E. (1986): The Contributions of Industrial Organization to Strategic Management. In: Organizational Economics. Hrsg. v. JAY B. BARNEY und WILLIAM G. OUCHI, San Francisco, S. 381-396.

PORTER, MICHAEL E. (1987): From Competitive Advantage to Corporate Strategy. In: Harvard Business Review, 65. Jg., S. 43-59.

PORTER, MICHAEL E. (1991): Towards a Dynamic Theory of Strategy. In: Strategic Management Journal, 12. Jg., S. 95-117.

PORTER, MICHAEL E. (1996): What Is Strategy? In: Harvard Business Review, 74. Jg., Heft 6, S. 61-78.

PORTER, MICHAEL E. (Hrsg.) (1998): On Competition. Boston.

POWELL, THOMAS C. (2001): Competitive Advantage: Logical and Philosophical Considerations. In: Strategic Management Journal, 22. Jg., S. 875-888.

POWELL, WALTER W./KOPUT, KENNETH W./SMITH-DOERR, LAUREL (1996): Interorganizational Collaboration and the Locus of Innovation. In: Administrative Science Quarterly, 41. Jg., Heft 1, S. 116-145.

PRAHALAD, COIMBATORE K./HAMEL, GARY (1990): The Core Competence of the Corporation. In: Harvard Business Review, 68. Jg., Heft 3, S. 79-91.

PREUSSAG AG (1995-2001): Geschäftsberichte 1995/1996-2001.

PREUSSAG AG (1998): Rede des Vorstandsvorsitzenden der Preussag AG, Dr. Michael Frenzel, auf der Hauptversammlung am 26.03.1998. Beilage zu: Wertpapier, 10/1998, S. 2.

PREUSSAG AG (1999-2001): Preussag profile 1999-2001 (Mitarbeiterzeitschrift).

PREUSSAG AG (2000): Rede des Vorstandsvorsitzenden der Preussag AG, Dr. Michael Frenzel, auf der Hauptversammlung am 12.04.2000. Beilage zu: Wertpapier, 12/2000, S. 2.

PREUSSAG AG (2001): Konzern im Wandel. http://www.preussag.de/de/konzern/konzern_im_wandel/index.html (Stand: 24.05.2001).

PRIEM, RICHARD L./BUTLER, JOHN E. (2001a): Is the Resource-based "View" a Useful Perspective for Strategic Management Research? In: Academy of Management Review, 26. Jg., S. 22-40.

PRIEM, RICHARD L./BUTLER, JOHN E. (2001b): Tautology in the Resource-based View and the Implications of Externally Determined Resource Value: Further Comments. In: Academy of Management Review, 26. Jg., S. 57-66.

QUÉLIN, BERTRAND/MOTHE, CAROLINE (1998): Cooperative R&D and Competence Building. In: Strategic Flexibility. Managing in a Turbulent Environment. Hrsg. v.

GARY HAMEL, COIMBATORE K. PRAHALAD, HOWARD THOMAS und DON O'NEAL, Chichester et al., S. 29-50.

QUINN, ROBERT E./CAMERON, KIM (1983): Organizational Life Cycles and Shifting Criteria of Effectiveness: Some Preliminary Evidence. In: Management Science, 29. Jg., Heft 1, S. 33-51

RAMANUJAM, VASUDEVAN/VARADARAJAN, P. RAJAN (1989): Research on Corporate Diversification: A Synthesis. In: Strategic Management Journal, 10. Jg., S. 523-551.

RASCHE, CHRISTOPH (1994): Wettbewerbsvorteile durch Kernkompeterzen. Ein ressourcenorientierter Ansatz. Wiesbaden.

RASCHE, CHRISTOPH (2000): Der Resource Based View im Lichte des hybriden Wettbewerbs. In: Die Ressourcen- und Kompetenzperspektive des Strategischen Managements. Hrsg. v. PETER HAMMANN und JÖRG FREILING, Wiesbaden, S. 69-126.

RASCHE, CHRISTOPH/WOLFRUM, BERND (1994): Ressourcenorientierte Unternehmensführung. In: Die Betriebswirtschaft, 54. Jg., S. 501-517.

RECHSTEINER, URS (1994): Desinvestitionen zur Unternehmenswertsteigerung. Bamberg.

REED, RICHARD/DEFILLIPPI, ROBERT J. (1990): Causal Ambiguity, Barriers to Imitation, and Sustainable Competitive Advantage. In: Academy of Management Review, 15. Jg., S. 88-102.

REHBINDER, ECKARD (1982): Ausgründung und Erwerb von Tochtergesellschaften und Rechte der Aktionäre. In: Europäisches Rechtsdenken in Geschichte und Gegenwart. Festschrift für Helmut Coing zum 70. Geburtstag. Band II. Hrsg. v. NORBERT HORN, München, S. 432-438.

REHBINDER, ECKARD (1983): Zum konzernrechtlichen Schutz der Aktionäre einer Obergesellschaft – Besprechung der Entscheidung BGHZ 83, 122 „Holzmüller". In: Zeitschrift für Unternehmens- und Gesellschaftsrecht, 12. Jg., S. 92-112.

REIß, MICHAEL (1995): Implementierung. In: Handbuch Unternehmungsführung. Hrsg. v. HANS CORSTEN und MICHAEL REIß, Wiesbaden, S. 291-301.

REIß, MICHAEL (1997a): Change Management als Herausforderung. In: Change Management. Programme, Projekte und Prozesse. Hrsg. v. MICHAEL REIß, LUTZ VON ROSENSTIEL und ANETTE LANZ, Stuttgart, S. 5-29.

REIß, MICHAEL (1997b): Aktuelle Konzepte des Wandels. In: Change Management. Programme, Projekte und Prozesse. Hrsg. v. MICHAEL REIß, LUTZ VON ROSENSTIEL und ANETTE LANZ, Stuttgart, S. 32-90.

REIß, MICHAEL (1997c): Instrumente der Implementierung. In: Change Management. Programme, Projekte und Prozesse. Hrsg. v. MICHAEL REIß, LUTZ VON ROSENSTIEL und ANETTE LANZ, Stuttgart, S. 91-108.

REIß, MICHAEL/VON ROSENSTIEL, LUTZ/LANZ, ANETTE (Hrsg.) (1997): Change Management. Programme, Projekte und Prozesse. Stuttgart.

REMMERBACH, KLAUS-ULRICH (1988): Markteintrittsentscheidungen: Eine Untersuchung im Rahmen der strategischen Marketingplanung unter besonderer Berücksichtigung des Zeitaspektes. Wiesbaden.

REMMERBACH, KLAUS-ULRICH (1989): Integrierte Markteintrittsplanung. In: Marketing – Zeitschrift für Forschung und Praxis, 11. Jg., Heft 3, S. 173-178.

ROBERTS, EDWARD B./BERRY, CHARLES A. (1985): Entering new Businesses: Selecting Strategies for Success. In: Sloan Management Review, 27. Jg., Heft 3, S. 3-17.

ROBERTSON, PAUL (1996): Competences, Transaction Costs and Competitive Strategy. In: Towards a Competence Theory of the Firm. Hrsg. v. NICOLAI JUUL FOSS und CHRISTIAN KNUDSEN, London et al., S. 75-96.

ROCK, MILTON L./ROCK, ROBERT H. zusammen mit JAMES KRISTIE (Hrsg.) (1990): Corporate Restructuring. New York.

ROSENKOPF, LORI/NERKAR, ALMEIDA (1999): Beyond Local Search: Boundary-spanning, Exploration and Impact in the Optical Disc Industry. Working paper, The Wharton School, University of Pennsylvania, Philadelphia.

ROSENSTIEL, LUTZ VON (1997): Verhaltenswissenschaftliche Grundlagen von Veränderungsprozessen. In: Change Management. Programme, Projekte und Prozesse. Hrsg. v. MICHAEL REIß, LUTZ VON ROSENSTIEL und ANETTE LANZ, Stuttgart, S. 191-212.

ROUSE, MICHAEL J./DAELLENBACH, URS S. (1999): Rethinking Research Methods for the Resource-based Perspective: Isolating Sources of Sustainable Competitive Advantage. In: Strategic Management Journal, 20. Jg., S. 487-494.

RÜHLI, EDWIN (1994): Die Resource-based View of Strategy. Ein Impuls für einen Wandel im unternehmungspolitischen Denken und Handeln? In: Unternehmerischer Wandel. Konzepte zur organisatorischen Erneuerung. Festschrift zum 65. Geburtstag von Knut Bleicher. Hrsg. v. PETER GOMEZ, DIETGER HAHN, GÜNTER MÜLLER-STEWENS und ROLF WUNDERER, Wiesbaden, S. 31-57.

RÜHLI, EDWIN/SACHS, SYBILLE (2000): Die zentralen Kernkompetenzen der diversifizierten Unternehmung. In: Die Zukunft der diversifizierten Unternehmung. Hrsg. v. HANS H. HINTERHUBER, STEPHAN A. FRIEDRICH, KURT MATZLER und HARALD PECHLANER, München, S. 127-145.

RUMELT, RICHARD P. (1974): Strategy, Structure, and Economic Performance. Cambridge.

RUMELT, RICHARD P. (1984): Towards a Strategic Theory of the Firm. In: Competitive Strategic Management. Hrsg. v. ROBERT BOYDEN LAMB, Englewood Cliffs, S. 556-570.

RUMELT, RICHARD P. (1987): Theory, Strategy, and Entrepreneurship. In: The Competitive Challenge. Hrsg. v. DAVID J. TEECE, Cambridge, S. 137-158.

RUMELT, RICHARD P./SCHENDEL, DAN E./TEECE, DAVID J. (1991): Strategic Management and Economics. In: Strategic Management Journal, 12. Jg., S. 5-29.

SÄCKER, FRANZ JÜRGEN (1989): Unternehmensgegenstand und Unternehmensinteresse. In: Festschrift für Rudolf Lukes zum 65. Geburtstag. Hrsg. v. HERBERT LEßMANN, BERNHARD GROßFELD und LOTHAR VOLLMER, Köln et al., S. 547-557.

SAMPLER, JEFFREY L. (1998): Redefining Industry Structure for the Information Age. In: Strategic Management Journal, 19. Jg., S. 343-355.

SANCHEZ, RON/HEENE, AIMÉ (1996): A Systems View of the Firm in Competence-based Competition. In: Dynamics of Competence-based Competition: Theory and Practice in the New Strategic Management. Hrsg. v. RON SANCHEZ, AIMÉ HEENE und HOWARD THOMAS, Oxford, S. 39-62.

SANCHEZ, RON/HEENE, AIMÉ/THOMAS, HOWARD (Hrsg.) (1996): Dynamics of Competence-based Competition: Theory and Practice in the New Strategic Management. Oxford.

SCHÄFER, MICHAEL (1997): Deutscher Markt für Unternehmenskontrolle stabilisiert sich auf hohem Niveau. In: M&A Review, Heft 1, S. 6-8.

SCHEIN, EDGAR H. (1984): Coming to a New Awareness of Organizational Culture. In: Sloan Management Review, 25. Jg., Heft 2, S. 3-16.

SCHERER, ANDREAS GEORG (2002): Kritik der Organisation oder Organisation der Kritik? – Wissenschaftstheoretische Bemerkungen zum kritischen Umgang mit Organisationstheorien. In: Organisationstheorien. Hrsg. v. ALFRED KIESER, 5. Aufl., Stuttgart, S. 1-37.

SCHERER, FREDERIC M. (1970): Industrial Market Structure and Economic Performance. Boston et al.

SCHLEGELBERGER, FRANZ/QUASSOWSKI, LEO/HERBIG, GUSTAV/GEßLER, ERNST/HEFERMEHL, WOLFGANG (1939): Aktiengesetz Kommentar. 3. Aufl., Berlin.

SCHMALENSEE, RICHARD (1988): Industrial Economics: An Overview. In: Economic Journal, 98. Jg., S. 643-681.

SCHMALENSEE, RICHARD/WILLIG, ROBERT D. (1989): Handbook of Industrial Organization. Band I und II. Amsterdam.

SCHMID, STEFAN (1997): Japanische Keiretsu und der Hyperwettbewerb von D'Aveni. Diskussionsbeiträge der Wirtschaftswissenschaftlichen Fakultät Ingolstadt Nr. 89.

SCHMID, STEFAN/WIRTL, HOLGER (2002): Business-Migration als strategische Option – Eine empirische Untersuchung bei mittelständischen Unternehmungen. Diskussionsbeiträge der Wirtschaftswissenschaftlichen Fakultät Ingolstadt Nr. 161.

SCHNEIDER, UWE H. (1986): Die vertragliche Ausgestaltung der Konzernverfassung. Zur Anpassung von Gesellschaftsverträgen, Geschäftsordnungen, Stimmbindungsverträgen und Konsortialverträgen an die Konzernlage. In: Betriebsberater, 41. Jg., S. 1993-2011.

SCHOEMAKER, PAUL. J. H. (1992): How to Link Strategic Vision to Core Capabilities. In: Sloan Management Review, 34. Jg., Heft Herbst, S. 67-81.

SCHÖNPFLUG, WOLFGANG (Hrsg.) (1989): Bericht über den 36. Kongreß der Deutschen Gesellschaft für Psychologie in Berlin. Göttingen.

SCHREYÖGG, GEORG (1998): Organisation. 2. Aufl., Wiesbaden.

SCHREYÖGG, GEORG (2000a): Neuere Entwicklungen im Bereich des Organisationalen Wandels. In: Change Management und Unternehmenskultur. Hrsg. v. ROLF BUSCH, München und Mehring, S. 26-44.

SCHREYÖGG, GEORG (2000b): Theorien organisatorischer Ressourcen. In: Theorien der Organisation. Die Rückkehr der Gesellschaft. Hrsg. v. GÜNTHER ORTMANN, JÖRG SYDOW und KLAUS TÜRK, 2. Aufl., Wiesbaden, S. 481-486.

SCHREYÖGG, GEORG/CONRAD, PETER (Hrsg.) (2000): In: Organisatorischer Wandel und Transformation. Managementforschung. Band 10. Wiesbaden.

SCHREYÖGG, GEORG/NOSS, CHRISTIAN (1995): Organisatorischer Wandel: Von der Organisationsentwicklung zur Lernenden Organisation. In: Die Betriebswirtschaft, 55. Jg., Heft 2, S. 169-185.

SCHREYÖGG, GEORG/NOSS, CHRISTIAN (2000): Von der Episode zum fortwährenden Prozeß – Wege jenseits der Gleichgewichtslogik im Organisatorischen Wandel. In: Organisatorischer Wandel und Transformation. Managementforschung. Band 10. Hrsg. v. GEORG SCHREYÖGG und PETER CONRAD, Wiesbaden, S. 33-62.

SCHREYÖGG, GEORG/V. WERDER, AXEL (Hrsg.) (2004): Handwörterbuch Unternehmensführung und Organisation. 4. Aufl., Stuttgart.

SCHÜLE, FRITZ M. (1992): Diversifikation und Unternehmenserfolg. Eine Analyse empirischer Forschungsergebnisse. Wiesbaden.

SCHULTE, CHRISTOF (1992): Die Holding als Instrument zur strategischen und strukturellen Neuausrichtung von Konzernen. In: Holding-Strategien. Erfolgspotentiale realisieren durch Beherrschung von Größe und Komplexität. Hrsg. v. CHRISTOF SCHULTE, Wiesbaden, S. 17-58.

SCHULTE, CHRISTOF (Hrsg.) (1992): Holding-Strategien. Erfolgspotentiale realisieren durch Beherrschung von Größe und Komplexität. Wiesbaden.

SCHULTZE, GEORG (1998): Der Spin-off als Konzernspaltungsform. Frankfurt am Main.

SCHUMPETER, JOSEPH A. (1926): Theorie der wirtschaftlichen Entwicklung. Eine Untersuchung über Unternehmergewinn, Kapital, Kredit, Zins und den Konjunkturzyklus. 2. Aufl., München und Leipzig.

SCHUMPETER, JOSEPH A. (1993): Kapitalismus, Sozialismus und Demokratie. 7. Aufl., Tübingen.

SCHWEIZERISCHER BANKVEREIN (1984): Anlagestudie vom September 1984: Mannesmann.

SCOTT, BRUCE R. (1971): Stages of Corporate Development - Part 1. Harvard Business School Working Paper BP998.

SEILER, THOMAS B. (Hrsg.) (1973): Kognitive Strukturiertheit. Stuttgart et al

SEISREINER, ACHIM (1999): Management unternehmerischer Handlungspotentiale. Wiesbaden.

SELZNICK, PHILIP (1957): Leadership in Administration: A Sociological Interpretation. New York.

SENGE, PETER (1990): The Fifth Discipline. The Art and Practice of the Learning Organization. New York.

SHRIVASTAVA, PAUL (1983): A Typology of Organizational Learning Systems. In: Journal of Management Studies, 20. Jg., S. 7-28.

SIEGLE, KLAUS-PETER (1994): Diversifikation in ein Zukunftsgeschäftsfeld auf Basis der Kernkompetenzen – dargestellt am Beispiel der Jungheinrich AG. Diss. Universität Rostock.

SILVERMAN, BRIAN S. (1999): Technological Resources and the Direction of Corporate Diversification: Toward an Integration of the Resource-Based View and Transaction Cost Economics. In: Management Science, 45. Jg., S. 1109-1124.

SIMMONDS, PAUL G. (1990): The Combined Diversification Breadth and Mode Dimensions and the Performance of Large Diversified Firms. In: Strategic Management Journal, 11. Jg., S. 399-410.

SIMONIN, BERNARD L. (1999): Ambiguity and the Process of Knowledge Transfer in Strategic Alliances. In: Strategic Management Journal, 20. Jg., Heft 7, S. 595-623.

SINGH, JITENDRA V./LUMSDEN, CHARLES J. (1990): Theory and Research in Organizational Ecology. In: Annual Review of Sociology, 16. Jg., S. 161-195.

SNYDER, AMY V./EBELING, H. WILLIAM JR. (1992): Targeting a Company's Real Core Competencies. In: Journal of Business Strategy, 13. Jg., Heft 6, S. 26-32.

SPALINK, HEINER (1998): Werkzeuge für das Change Management. Frankfurt am Main.

SPECHT, GÜNTER/ZÖRGIEBEL, WILHELM W. (1985): Technologieorientierte Wettbewerbsstrategien. In: Marketing – Zeitschrift für Forschung und Praxis, 7. Jg., Heft 3, S. 161-172.

STAEHLE, WOLFGANG H./CONRAD, PETER (Hrsg.) (1992): Managementforschung 2. Berlin und New York.

STAEHLE, WOLFGANG H./SYDOW, JÖRG (Hrsg.) (1993): Managementforschung 3. Berlin und New York.

STALK, GEORGE/EVANS, PHILIP B./SHULMAN, LAWRENCE E. (1992): Competing on Capabilities: The New Rules of Corporate Strategy. In: Harvard Business Review, 70. Jg., Heft 2, S. 57-69.

STAUDT, ERICH (Hrsg.) (1986): Das Management von Innovationen. Frankfurt am Main.

STEINLE, CLAUS/KRUMMAKER, STEFAN/GLASCHAK, STEPHAN (2003): Dynamische Promotorenkonstellationen in Veränderungsprozessen. In: Die Unternehmung, 57. Jg., Heft 5, S. 407-430.

STEINMANN, HORST/BÖHM, HANS/SCHREYÖGG, GEORG (1981): Grundlagen der betriebswirtschaftlichen Führungslehre: Die Führungsfunktionen im Managementprozeß. 2. Aufl., Frankfurt am Main.

STEINMANN, HORST/SCHREYÖGG, GEORG (2000): Management. Grundlagen der Unternehmensführung. Konzepte – Funktionen – Fallstudien. 5. Aufl., Wiesbaden.

STIER, BERNHARD (2005a): Ein staatlicher Bergbaukonzern als Instrument der Wirtschaftspolitik in der Weimarer Demokratie. In: Von der Preussag zur TUI. Wege und Wandlungen eines Unternehmens 1923-2003. Hrsg. v. BERNHARD STIER und JOHANNES LAUFER, Essen, S. 25-153.

STIER, BERNHARD (2005b): Zwischen Wiederaufbau, Strukturveränderung und strategischer Neuausrichtung. In: Von der Preussag zur TUI. Wege und Wandlungen eines Unternehmens 1923-2003. Hrsg. v. BERNHARD STIER und JOHANNES LAUFER, Essen, S. 387-566.

STIER, BERNHARD/LAUFER, JOHANNES (2005): Vom Montan-Unternehmen des preußischen Staates zum international agierenden Dienstleistungskonzern. In: Von der Preussag zur TUI. Wege und Wandlungen eines Unternehmens 1923-2003. Hrsg. v. BERNHARD STIER und JOHANNES LAUFER, Essen, S. 15-24.

STIER, BERNHARD/LAUFER, JOHANNES (Hrsg.) (2005): Von der Preussag zur TUI. Wege und Wandlungen eines Unternehmens 1923-2003. Essen.

STRAUSS, ANSELM/CORBIN, JULIET (1990): Basics of Qualitative Research. Grounded Theory Procedures and Techniques. Newbury Park et al.

STREICH, RICHARD K. (1997): Veränderungsprozeßmanagement. In: Change Management. Programme, Projekte und Prozesse. Hrsg. v. Michael REIß, LUTZ VON ROSENSTIEL und ANETTE LANZ, Stuttgart, S. 237-254.

SULL, DONALD N. (1999a): The Dynamics of Standing Still: Firestone Tire & Rubber and the Radial Revolution. In: Business History Review, 73. Jg., Heft Herbst, S. 430-464.

SULL, DONALD N. (1999b): Why Good Companies Go Bad. In: Harvard Business Review, 77. Jg., Heft 4, S. 42-52.

SYDOW, JÖRG (1992a): Strategische Netzwerke. Wiesbaden.

SYDOW, JÖRG (1992b): Strategische Netzwerke und Transaktionskosten. In: Managementforschung 2. Hrsg. v. WOLFGANG H. STAEHLE und PETER CONRAD, Berlin und New York, S. 239-311.

SZULANSKI, GABRIEL (1996): Exploring Internal Stickiness: Impediments to the Transfer of Best Practice Within the Firm. In: Strategic Management Journal, 17. Jg., Winter Special Issue, S. 27-43.

TALLMAN, STEPHEN B. (1991): Strategic Management Models and Resource-Based Strategies among MNEs in a Host Market. In: Strategic Management Journal, 12. Jg., Summer Special Issue, S. 69-82.

TAMPOE, MAHEN (1994): Exploiting the Core Competencies of Your Organization. In: Long Range Planning, 27. Jg., Heft 4, S. 66-77.

TEECE, DAVID J. (1982): Towards an Economic Theory of the Multiproduct Firm. In: Journal of Economic Behavior and Organization, 3. Jg., S. 39-63.

TEECE, DAVID J. (1984): Economic Analysis and Strategic Management. In: California Management Review, 26. Jg., Heft 3, S. 87-110.

TEECE, DAVID J. (1986a): Firm Boundaries, Technological Innovation, and Strategic Management. In: The Economics of Strategic Planning: Essays in Honor of Joel Dean. Hrsg. v. LACY G. THOMAS, Lexington et al., S. 187-199.

TEECE, DAVID J. (1986b): Profiting from Technological Innovation: Implications for Integration, Collaboration, Licensing, and Public Policy. In: Research Policy, 15. Jg., Heft 6, S. 285-305.

TEECE, DAVID J. (Hrsg.) (1987): The Competitive Challenge. Cambridge.

TEECE, DAVID J. (1990): Contributions and Impediments of Economic Analysis to the Study of Strategic Management. In: Perspectives on Strategic Management. Hrsg. v. JAMES W. FREDRICKSON, New York, S. 39-80.

TEECE, DAVID J./PISANO, GARY (1994): The Dynamic Capabilities of Firms: An Introduction. In: Industrial and Corporate Change, 3. Jg., S. 537-556.

TEECE, DAVID J./PISANO, GARY/SHUEN, AMY (1990): Firm Capabilities, Resources, and the Concept of Strategy, University of California at Berkeley, Economic Analysis and Policy Working Paper EAP-38.

TEECE, DAVID J./PISANO, GARY/SHUEN, AMY (1997): Dynamic Capabilities and Strategic Management. In: Strategic Management Journal, 18. Jg., S. 509-533.

TEECE, DAVID J./PISANO, GARY/SHUEN, AMY (2000): Dynamic Capabilities and Strategic Management. In: The Nature and Dynamics of Organizational Capabilities. Hrsg. v. GIOVANNI DOSI, RICHARD R. NELSON und SIDNEY G. WINTER, Oxford und New York, S. 334-362.

TEECE, DAVID J./RUMELT, RICHARD P./DOSI, GIOVANNI/WINTER, SIDNEY G. (1994): Understanding Corporate Coherence: Theory and Evidence. In: Journal of Economic Behavior and Organization, 23. Jg., S. 1-30.

TENG, BING-SHEN/CUMMINGS, JEFFREY (2002): Trade-offs in Managing Resources and Capabilities. In: Academy of Management Executive, 16. Jg., S. 81-91.

THEISEN, MANUEL R. (2000): Der Konzern: Betriebswirtschaftliche und rechtliche Grundlagen der Konzernunternehmung. 2. Aufl., Stuttgart.

THIELE, MICHAEL (1997): Kernkompetenzorientierte Unternehmensstrukturen. Ansätze zur Neugestaltung von Geschäftsbereichsorganisationen. Wiesbaden.

THOMAS COOK AG (2004): http://cms.thomascookag.com/tck/de/de/abu/0,2773,0-0-02981,00.html (Stand: 23.02.2004).

THOMAS COOK AG (2005): http://www1.thomascook.de/tck/ueberuns.html (Stand: 29.05.2005)

THOMAS, LACY G. (Hrsg.) (1986): The Economics of Strategic Planning: Essays in Honor of Joel Dean. Lexington et al.

THOMPSON, ARTHUR A. JR./STRICKLAND, ALONZO J. (1987): Strategic Management: Concepts and Cases. 4. Aufl., Plano.

TIETZ, BRUNO/KÖHLER, RICHARD/ZENTES, JOACHIM (Hrsg.) (1995): Handwörterbuch des Marketing. 2. Aufl., Stuttgart.

TIEVES, JOHANNES (1998): Der Unternehmensgegenstand der Kapitalgesellschaft. Köln.

TIMM, WOLFRAM (1980a): Die Aktiengesellschaft als Konzernspitze – Die Zuständigkeitsordnung bei der Konzernbildung und Konzernumbildung. Köln et al.

TIMM, WOLFRAM (1980b): Hauptversammlungskompetenzen und Aktionärsrechte in der Konzernspitze. In: Die Aktiengesellschaft, 25. Jg., S. 172-187.

TIROLE, JEAN (1988): The Theory of Industrial Organization. Cambridge.

TOMAN, WALTER (1968): Motivation, Persönlichkeit, Umwelt. Göttingen.

TÖPFER, ARMIN (1986): Innovationsmarketing. In: Das Management von Innovationen. Hrsg. v. ERICH STAUDT, Frankfurt am Main, S. 544-560.

TÖPFER, ARMIN (1999): Die Restrukturierung des DB-Konzerns 1995 – 1997. Portfolio Bereinigung, Prozessoptimierung, Profitables Wachstum. 2. Aufl., Neuwied.

TOPITSCH, ERNST (Hrsg.) (1965): Logik der Sozialwissenschaften. Köln und Berlin.

TOURISTIK UNION INTERNATIONAL (1995/1996): Geschäftsbericht 1995/1996.

TREBESCH, KARSTEN (2004): Organisationsentwicklung. In: Handwörterbuch Unternehmensführung und Organisation. Hrsg. v. GEORG SCHREYÖGG und AXEL v. WERDER, 4. Aufl., Stuttgart, Sp. 988-997.

TRUMMER, ARMIN (1990): Strategien für strategische Geschäftseinheiten in stagnierenden und schrumpfenden Märkten. Frankfurt am Main.

TUI AG (2002-2003): Geschäftsberichte 2002-2003.

TUI AG (2002-2003): profile 2002-2003.

TUI AG (2004): TUI-Pressemeldung vom 21.01.2004: TUI schließt Konzernumbau ab/Logistik-Sparte wird auf Schifffahrt fokussiert/Hapag-Lloyd geht an die Börse/Verschuldung wird deutlich verringert/Dividende für 2003 auf Vorjahreshöhe geplant.

TUSHMAN, MICHAEL L./NEWMAN, WILLIAM H./ROMANELLI, ELAINE (1986): Convergence and Upheaval. Managing the Unsteady Pace of Organizational Evolution. In: California Management Review, 29. Jg., Heft 1, S. 29-44.

TUSHMAN, MICHAEL L./O'REILLY, CHARLES A. III (1996): Managing Evolutionary and Revolutionary Change. In: California Management Review, 38. Jg., Heft 4, S. 8-30.

TUSHMAN, MICHAEL L./ROMANELLI, ELAINE (1985): Organization Evolution: A Metamorphosis Model of Convergence and Reorientation. In: Research in Organizational Behavior, 7. Jg., S. 171-222.

ULRICH, PETER/FLURI, EDGAR (1992): Management. 6. Aufl., Bern und Stuttgart.

UNECE - UNITED NATIONS ECONOMIC COMMISSION FOR EUROPE (2004): Trends in Europe and North America. The Statistical Yearbook of the Economic Commission for Europe 2003.

VERDIN, PAUL J./WILLIAMSON, PETER J. (1994): Core Competences, Competitive Advantage and Market Analysis: Forging the Links. In: Competence-based Competition. Hrsg. v. GARY HAMEL und AIMÉ HEENE, Chichester, S. 77-110.

VERY, PHILIPPE (1993): Success in Diversification: Building on Core Competencies. In: Long Range Planning, 26. Jg., Heft 5, S. 80-92.

VODAFONE (2004): http://www.vodafone.com/article/0,3029,CATEGORY_ID%253D 406%2526LANGUAGE_ID%253D1%2526CONTENT_ID%253D232112,00. html?# (Stand: 29.05.2005).

VOLBERDA, HENK W./BADEN-FULLER, CHARLES (1998): Strategic Renewal and Competence Building: Four Dynamic Mechanisms. In: Strategic Flexibility. Managing in a Turbulent Environment. Hrsg. v. GARY HAMEL, COIMBATORE K. PRAHALAD, HOWARD THOMAS und DON O'NEAL, Chichester et al., S. 371-389.

WAHLERS, HENNING W. (1995): Konzernbildungskontrolle durch die Hauptversammlung der Obergesellschaft. Köln et al.

WANING, THOMAS (1994): Markteintritts- und Marktbearbeitungsstrategien im globalen Wettbewerb. Münster und Hamburg.

WATSON, GODWIN (1975): Widerstand gegen Veränderungen. In: Änderung des Sozialverhaltens. Hrsg. v. WARREN. G. BENNIS, KENNETH D. BENNE und ROBERT CHIN, Stuttgart, S. 415-429.

WEBER, MAX (1921): Soziologische Grundbegriffe. Tübingen. (6. Aufl. 1984)

WEHRLI, HANS-PETER (1983): Unternehmungsgründung. In: Die Unternehmung, 37. Jg., Heft 1, S. 25-40.

WEICK, KARL E. (2000): Emergent Change as a Universal in Organizations. In: Breaking the Code of Change. Hrsg. v. MICHAEL BEER und NITIN NORIA, Boston, S. 223-241.

WELGE, MARTIN K./AL-LAHAM, ANDREAS (1999): Strategisches Management. Grundlagen – Prozess – Implementierung. 2. Aufl., Wiesbaden.

V. WERDER, AXEL (1986): Organisationsstruktur und Rechtsnorm: Implikationen juristischer Vorschriften für die Organisation aktienrechtlicher Einheits- und Konzernunternehmungen. Wiesbaden.

WERNERFELT, BIRGER (1984): A Resource-based View of the Firm. In: Strategic Management Journal, 5. Jg., S. 171-180.

WERNERFELT, BIRGER (1995): The Resource-based View of the Firm: Ten Years After. In: Strategic Management Journal, 16. Jg., S. 171-174.

WESSEL, HORST A. (1990): Kontinuität im Wandel. 100 Jahre Mannesmann 1890-1990. Düsseldorf.

WESTERMANN, HARM P. (1984): Organzuständigkeiten bei Bildung, Erweiterung und Umorganisation des Konzerns. In: Zeitschrift für Unternehmens- und Gesellschaftsrecht, 13. Jg., S. 352-382.

WESTERMANN, HARRY (1972): Zweck der Gesellschaft und Gegenstand des Unternehmens im Aktien- und Genossenschaftsrecht. In: Festschrift für Ludwig Schnorr von Carolsfeld zum 70. Geburtstag. Hrsg. v. HEINRICH HUBMANN, Köln et al., S. 517-570.

WESTON, J. FRED/SMITH, KEITH V./SHRIEVES, RONALD E. (1972): Conglomerate Performance Using the Capital Asset Pricing Model. In: Review of Economics and Statistics, 54. Jg., S. 357-363.

WEYAND, ROLF (1975): Diversifikation: Unternehmenspolitische Aspekte. Baden-Baden.

WHEELEN, THOMAS L./HUNGER, J. DAVID (2004): Strategic Management and Business Policy. 9. Aufl., Upper Saddle River.

WHETTEN, DAVID A. (1980): Organizational Decline: A Neglected Topic. In: Organizational Science. In: Academy of Management Review, 5. Jg., Heft 4, S. 577-588.

WIBORG, SUSANNE/WIBORG, KLAUS/KOPPER, CHRISTOPHER (2005): Träume statt Grundstoffe: Von der Preussag zur World of TUI. In: Von der Preussag zur TUI. Wege und Wandlungen eines Unternehmens 1923-2003. Hrsg. v. BERNHARD STIER und JOHANNES LAUFER, S. 567-605.

WIEDEMANN, HERBERT (1975): Grundfragen der Unternehmensverfassung. In: Zeitschrift für Unternehmens- und Gesellschaftsrecht, 4. Jg., S. 385-432.

WIELAND, B. (1985): Die Entflechtung des amerikanischen Fernmeldemonopols. Berlin.

WIERSEMA, MARGARETHE F. (1985): Strategic Redirection. Diss. University of Michigan. Ann Arbor.

WILLIAMSON, OLIVER E. (1975): Markets and Hierarchies. New York.

WILLIAMSON, OLIVER E. (1985): The Economic Institutions of Capitalism. New York.

WILLIAMSON, OLIVER E. (1991): Strategizing, Economizing, and Economic Organization. In: Strategic Management Journal, 12. Jg., S. 75-94.

WILLIAMSON, OLIVER E. (1999): Strategy Research: Governance and Competence Perspectives. In: Strategic Management Journal, 20. Jg., S. 1087-1108.

WITTE, EBERHARD (1973): Organisation für Innovationsentscheidungen. Göttingen.

WITTE, EBERHARD (1994): Kulturwandel in der Telekommunikation. In: Unternehmerischer Wandel. Konzepte zur organisatorischen Erneuerung. Festschrift zum 65. Geburtstag von Knut Bleicher. Hrsg. v. PETER GOMEZ, DIETGER HAHN, GÜNTER MÜLLER-STEWENS und ROLF WUNDERER, Wiesbaden, S. 361-376.

WITTEK, BURKHARD F. (1980): Strategische Unternehmensführung bei Diversifikation. Berlin und New York.

WOLF, JOACHIM (2005): Organisation, Management, Unternehmensführung. Theorien und Kritik. 2. Aufl., Wiesbaden.

WRIGHT, MIKE/COYNE, JOHN/ROBBIE, KEN (1987): Management Buy-outs in Britain. A Monograph. In: Long Range Planning, 20. Jg., Heft 4, S. 38-49.

WRIGHT, PATRICK M./DUNFORD, BENJAMIN B./SNELL, SCOTT A. (2001): Human Resources and the Resource Based View of the Firm. In: Journal of Management, 27. Jg., Heft 1, S. 701-721.

WRIGLEY, LEONARD (1970): Divisional Autonomy and Diversification. Diss. Harvard University, Cambridge.

WÜRDINGER, HANS (1981): Aktienrecht und das Recht der verbundenen Unternehmen. 4. Aufl., Heidelberg und Karlsruhe.

YIN, ROBERT K. (1989): Case Study Research: Design and Methods. 2. Aufl., Newbury Park et al.

YOUNG, GREG/SMITH, KEN G./GRIMM, CURTIS M. (1996): "Austrian" and Industrial Organization Perspectives on Firm-level Competitive Activity and Performance. In: Organization Science, 7. Jg., Heft 3, S. 243-254.

ZAHN, ERICH/FOSCHIANI, STEFAN (Hrsg.) (2000): Erfolgsstrategien für den Wandel. Stuttgart.

ZAHRA, SHAKER A./GEORGE, GERARD (2002): Absorptive Capacity: A Review, Reconceptualization, and Extension. In: Academy of Management Review, 27. Jg., Heft 2, S. 185-203.

ZANDER, UDO/KOGUT, BRUCE (1995): Knowledge and the Speed of the Transfer and Imitation of Organizational Capabilities: An Empirical Test. In: Organization Science, 6. Jg., S. 76-92.

ZIMMERMANN, TIM P./PREUß, FRANK (2000): „Conglomerate Surplus" – Die erfolgreiche Führung von Multi-Business-Unternehmen. In: Die Zukunft der diversifizierten Unternehmung. Hrsg. v. HANS H. HINTERHUBER, STEPHAN A. FRIEDRICH, KURT MATZLER und HARALD PECHLANER, München, S. 359-382.

ZÖLLNER, WOLFGANG (Hrsg.) (1988 ff.): Kölner Kommentar zum Aktiengesetz. 3. Aufl., Köln et al. Band 1: §§ 1-75 (Bearb. ALFONS KRAFT ET AL.); Band 2: §§ 76-

117 (Bearb. HANS-JOACHIM MERTENS); Band 5: §§ 179-240 (Bearb. WOLFGANG ZÖLLNER et al.).

ZOLLO, MAURIZIO (1998): Strategies or Routines? Knowledge Codification, Path-Dependence and the Evolution of Post-Acquisition Integration Practices in the U.S. Banking Industry. Working Paper 97-10-C, The Wharton School, University of Pennsylvania, Philadelphia.

ZOLLO, MAURIZIO/SINGH, HARBIR (1998): The Impact of Knowledge Codification, Experience Trajectories and Integration Strategies on the Performance of Corporate Acquisitions. In: Academy of Management Best Paper Proceedings, San Diego.

ZOLLO, MAURIZIO/WINTER, SIDNEY G. (2002): Deliberate Learning and the Evolution of Dynamic Capabilities. In: Organization Science, 13. Jg., S. 339-351.

ZOTT, CHRISTOPH (2003): Dynamic Capabilities and the Emergence of Intraindustry Differential Firm Performance: Insights from a Simulation Study. In: Strategic Management Journal, 24. Jg., S. 97-125.

ZUCKERMAN, EZRA W. (2000): Focusing the Corporate Product: Securities Analysts and De-diversification. In: Administrative Science Quarterly, 45. Jg., S. 591-619.

Verzeichnis der Zeitungsartikel

Börsen-Zeitung vom 16.11.1989, o. S.: Mannesmann zum Mobilfunk-Projekt.

Börsen-Zeitung vom 31.07.1990, o. S.: Mannesmann Mobilfunk soll auch in die DDR.

Börsen-Zeitung vom 02.10.1990, o. S.: Das Großunternehmen der Kleinaktionäre.

Börsen-Zeitung vom 02.06.1992, o. S.: D2-Mobilfunk vor dem Start.

Börsen-Zeitung vom 21.09.1995, o. S.: Cable & Wireless steigen bei D2 aus.

Börsen-Zeitung vom 13.11.1997, o. S.: Analysten bewerten Preussag neu.

Börsen-Zeitung vom 20.11.1997, o. S.: Preussag verabschiedet sich vom Stahl.

Börsen-Zeitung vom 03.02.1999, o. S.: Preussag will zeitnah 2 Mrd. Dm aufnehmen.

Börsen-Zeitung vom 19.05.2001, S. 12: Saisonalität der Touristik prägt Preussag-Ertrag.

Börsen-Zeitung vom 23.02.2002, S. 12: Preussag will bei Hapag-lloyd den Streubesitz abfinden.

Die Welt vom 06.12.1989, o. S.: Mannesmann-Chef Werner Dieter: Immer bereit, Neues zu wagen.

Die Welt vom 03.09.1997, o. S.: Preussag will weiterhin Mischkonzern bleiben.

FAZ vom 04.07.1985, o. S.: Mannesmann sieht sich technologisch an der Spitze.

FAZ vom 28.05.1986, o. S.: Mannesmann auf der Suche nach Akquisitionen.

FAZ vom 01.06.1988, o. S.: Mannesmann ist auf dem Weg zum Technologie-Konzern vorangekommen.

FAZ vom 07.07.1989, o. S.: Mannesmann profitiert von guter Nachfrage im Anlagengeschäft.

FAZ vom 02.12.1989, o. S.: Auf dem Weg vom Röhren- zum Technologie-Konzern.

FAZ vom 08.12.1989, o. S.: Mobilfunklizenz für Mannesmann-Gruppe bestätigt.

FAZ vom 17.02.1990, o. S.: Mannesmann Mobilfunk GmbH, Düsseldorf.

FAZ vom 02.04.1990, o. S.: Zum hundertsten Geburtstag von Grund auf renoviert.

FAZ vom 30.05.1990, o. S.: Mannesmann plant Ausgliederung der Großrohproduktion.

FAZ vom 04.10.1990, o. S.: Am Anfang stand eine bahnbrechende Erfindung.

© Springer Fachmedien Wiesbaden GmbH, ein Teil von Springer Nature 2005
O. Reichel-Busch, *Strategische Neupositionierung von Unternehmungen*,
Edition KWV, https://doi.org/10.1007/978-3-658-24347-0

FAZ vom 16.03.1991, o. S.: Mobilfunk von Mannesmann noch in diesem Jahr.

FAZ vom 21.12.1991, o. S.: Mobilfunk nimmt bald den Betrieb auf.

FAZ vom 04.12.1992, o. S.: Schon 100000 Teilnehmer im Mobilfunknetz D2.

FAZ vom 10.12.1994, o. S.: Mannesmann Mobilfunk plant den Einstieg in das Massengeschäft.

FAZ vom 26.08.1995, o. S.: Mobiltelefon auf dem Weg zum Massenmarkt.

FAZ vom 24.01.1997, o. S.: Preussag will Gebäudetechnik weiter ausbauen.

FAZ vom 12.02.1997, S. 18: Mannesmann bringt Rohre in ein Gemeinschaftsunternehmen ein.

FAZ vom 28.04.1997, o. S.: Dieses Unternehmen ist kein Übernahmekandidat.

FAZ vom 03.09.1997, S. 25: Preussag zahlt rund 2,8 Milliarden DM für Hapag-Lloyd.

FAZ vom 11.10.1997, S. 19: Die Preussag stärkt ihre Stellung Touristikgeschäft.

FAZ vom 12.11.1997, S. 28: Die Preussag will im Tourismusgeschäft eine der ganz Großen werden.

FAZ vom 20.11.1997, S. 25: Preussag plant den Rückzug aus dem Stahlgeschäft.

FAZ vom 06.02.1998, S. 18: Verkauf von Preussag Stahl an Niedersachsen und Nord/LB perfekt.

FAZ vom 03.03.1998, S. 23: Preussag kann Hapag-Lloyd übernehmen.

FAZ vom 27.03.1998, S. 28: Preussag-Aktionäre billigen Konzernumbau.

FAZ vom 04.07.1998, S. 22: Die Preussag gibt sich eine neue Konzernstruktur.

FAZ vom 18.09.1998, o. S.: Die Sanierung des Preussag-Anlagenbaues kommt voran.

FAZ vom 19.09.1998, S. 21: Mannesmann verkauft Sachs.

FAZ vom 05.10.1998, S. 23: Mannesmann verkauft den Handel an Thyssen.

FAZ vom 21.11.1998, S. 17: Krauss-Maffei wird mit Demag verschmolzen.

FAZ vom 18.12.1998, S. 23: Preussag bietet für die First-Reisebüro-Kette.

FAZ vom 22.12.1998, S. 22: Mannesmann verkauft zwei Geschäftsbereiche.

FAZ vom 07.01.1999, S. 19: Die Preussag verkauft Deilmann-Haniel.

FAZ vom 14.12.1999, o. S.: Neue Dachmarke für Preussag-Touristik.

FAZ vom 21.03.2000, S. 23: Atecs Siemens Automotive strebt 14 Milliarden Euro Umsatz an.

FAZ vom 15.05.2000, S. 21: Preussag will C & N überbieten.

FAZ vom 16.05.2000, S. 23: Preussag schlägt C & N bei der Thomson-Übernahme aus dem Feld.

FAZ vom 31.05.2000, S. 23: Der Verkauf von Mannesmann-Röhren an Salzgitter ist perfekt.

FAZ vom 28.07.2000, S. 21: Umbau der Preussag zum Dienstleistungskonzern unumkehrbar.

FAZ vom 06.10.2000, S. 17: Preussag gibt die Gebäudetechnik ab.

FAZ vom 12.10.2000, S. 23: Preussag baut mit Nouvelles Frontières ihre führende Position aus.

FAZ vom 14.12.2000, S. 23: EU genehmigt Bosch die Übernahme von Rexroth.

FAZ vom 31.03.2001, S. 17: Preussag sieht die größten Chancen weiterhin im Tourismus.

FAZ vom 10.04.2001, S. 29: Siemens beginnt mit Atecs-Eingliederung.

FAZ vom 19.05.2001, S. 17: Die Preussag steigt beim Reiseveranstalter Alpitour ein.

FAZ vom 07.07.2001, S. 17: Preussag verkauft Wolf-Gruppe an Merloni.

FAZ vom 24.08.2001, S. 18: Aus Preussag wird im nächsten Jahr TUI.

FAZ vom 28.12.2002, S. 13: TUI verkauft Energiesparte für fast eine Milliarde Euro.

FAZ vom 23.01.2003, S. 15: Salamander könnte zerschlagen werden.

FAZ vom 25.09.2003, S. 18: Den Keim für den Firmenwert hat Werner Dieter gelegt.

FAZ vom 22.01.2004, S. 15: Frenzel baut die TUI nochmals um.

Financial Times Deutschland vom 15.05.2000, S. 1: Preussag siegt im Bieterkampf um Thomson.

Financial Times Deutschland vom 24.08.2001, S. 7: TUI beherrscht die Welt der Preussag.

Financial Times Deutschland vom 15.01.2002, S. 7: Bosch übernimmt Rexroth.

Financial Times Deutschland vom 18.03.2002, S. 6: Preussag mausert sich zum reinen Reisekonzern.

Financial Times vom 21.09.1995, o. S.: C&W sells ist 5% stake in Mobilfunk.

Financial Times vom 03.09.1997, S. 22: Preussag agrees Hapag-Lloyd deal.

Financial Times vom 13.11.1997, S. 15: Preussag in talks about future of steel subsidiary.

Financial Times vom 24.12.1998, S. 11: Preussag agrees to buy 50.1% of Thomas Cook travel group.

Financial Times vom 30.12.1998, S. 12: Preussag agrees takeover offer for First Reisebüro.

Financial Times vom 16.05.2000, S. 17: Sun, sea and scaling up.

Financial Times vom 06.10.2000, S. 16: Preussag to sell off non-tourism activities.

Finanz und Wirtschaft vom 07.03.1984, o. S.: Probleme im Anlagenbau.

Handelsblatt vom 06.04.1984, o. S.: Die Wandlung zum Technologiekonzern.

Handelsblatt vom 12.09.1985, o. S.: W. Dieter gewählt.

Handelsblatt vom 01.04.1987, o. S.: Das Investitionsgütergeschäft wird weltweit spürbar schwieriger.

Handelsblatt vom 05.04.1989, o. S.: Vom Ölfeldroh zur Vielzweckleitung.

Handelsblatt vom 14.09.1989, S. 18: Zehn Konsortien nahmen an der Ausschreibung teil.

Handelsblatt vom 16.11.1989, S. 21.: Mitbewerber um das private D2-Netz.

Handelsblatt vom 30.11.1989, S. 16.: Handwerk zur D2-Beteiligung.

Handelsblatt vom 08.12.1989, S. 1: Mannesmann erhält Lizenz.

Handelsblatt vom 08.12.1989, S. 16: Scharfe Kritik an dem Auswahl-Verfahren.

Handelsblatt vom 05.01.1990, S. k03: Der leergefegte Arbeitsmarkt zwingt die mobilen Mannesmänner zu Raubzügen.

Handelsblatt vom 16.02.1990, S. 23: Düsseldorfer Firmenkonsortium liegt „zur Zeit voll im Plan".

Handelsblatt vom 14.05.1990, S. 13: Mannesmann-Auftrag an Ericsson/Siemens.

Handelsblatt vom 30.05.1990, o. S.: Wiederum ein erfolgreiches Jahr in Sicht.

Handelsblatt vom 31.07.1990, o. S.: Konsortium soll Angebot für DDR abgeben.

Handelsblatt vom 26.09.1990, o. S.: Der Weg einer genialen Erfindung.

Handelsblatt vom 29.08.1991, o. S.: Synergieeffekte.

Handelsblatt vom 22.10.1991, o. S.: Düsseldorfer Konzern übernimmt Mehrheit bei Kfz-Zulieferer VDO.

Handelsblatt vom 23.12.1991, o. S.: Peter Mihatsch wartet auf die ersten Funktelefone.

Handelsblatt vom 26.06.1992, o. S.: Mannesmann Mobilfunk liefert Telefone aus.

Handelsblatt vom 30.06.1992, o. S.: Massive Korrekturen bei den Kosten nötig.

Handelsblatt vom 27.05.1994, S. k02: Mit einer Schritt-für-Schritt-Strategie ist im schnellen Mobilfunkgeschäft nichts zu holen.

Handelsblatt vom 23.09.1994, S. 17: Ausstieg der DG Bank.

Handelsblatt vom 09.12.1994, S. 23: D2-Netzbetreiber will Privatkunden.

Handelsblatt vom 14.11.1995, S. 17: Mannesmann kämpft um Platz zwei im Markt.

Handelsblatt vom 11.07.1996, S. 1: Mannesmann macht das Rennen.

Handelsblatt vom 25.07.1996, S. 9: Mannesmann übernimmt Führung.

Handelsblatt vom 11.02.1997, S. 1: Mannesmann bringt Rohre bei Vallourec ein.

Handelsblatt vom 13.10.1997, S. 16: Tourismus als neues Wachstumsfeld.

Handelsblatt vom 16.10.1997, S. 14: Kartellamt befürchtet ein Touristik-Duopol.

Handelsblatt vom 24.10.1997, S. 13: Mit Philips Car Systems auf Weltmarkt-Kurs.

Handelsblatt vom 11.11.1997, S. 17: Sachs verkauft Fahrradsparte.

Handelsblatt vom 12.11.1997, S. 21: Der Stahl zählt nicht zum Preussag-Kerngeschäft.

Handelsblatt vom 20.11.1997, S. 17: Stahl-Zukunft ist noch offen.

Handelsblatt vom 24.11.1997, S. 15: Mannesmann knüpft ein europäisches Telekomnetz.

Handelsblatt vom 31.12.1997, S. 26: Kooperationsstrategie für das Traditionsgeschäft.

Handelsblatt vom 06.02.1998, S. 13: Eine Milliarde für die Stahltochter der Preussag.

Handelsblatt vom 27.03.1998, S. 22: Viel Zustimmung.

Handelsblatt vom 06.07.1998, S. 15: Frenzel nutzt die Gunst der Stunde.

Handelsblatt vom 18.09.1998, S. 19: Ein Berg von Altlasten muß abgetragen werden.

Handelsblatt vom 28.09.1998, S. 13: Mutmaßungen über Verkauf der Demag.

Handelsblatt vom 07.10.1998, S. 15: Thomas Cook reist mit Carlson.

Handelsblatt vom 18.12.1998, S. 13: Preussag kauft britischen Reisekonzern.

Handelsblatt vom 30.12.1998, S. 11: Kauf von First-Büros perfekt.

Handelsblatt vom 06.01.1999, S. 11: Preussag zieht sich aus Kohlegeschäft zurück.

Handelsblatt vom 03.02.1999, S. 13: Preussag verabschiedet sich vom Verlustgeschäft.

Handelsblatt vom 17.02.1999, S. 13: Mannesmann auf Einkaufstour in Europa.

Handelsblatt vom 22.02.1999, S. 13: Preussag plant mit Babcock nur auf Zeit.

Handelsblatt vom 26.02.1999, S. 1: Mannesmann unterzeichnet Kaufvertrag für Oliman.

Handelsblatt vom 16.03.1999, S. 17: Mannesmann Rören baut 900 Stellen ab.

Handelsblatt vom 06.04.1999, S. 15: Arcor-Chef ist der Weiße Ritter für Otelo.

Handelsblatt vom 07.04.1999, S. 13: Otelo bleibt eigenständige Gesellschaft.

Handelsblatt vom 21.04.1999, S. 28: Mannesmann voller Zuversicht.

Handelsblatt vom 14.05.1999, S. 18: Preussag baut die Touristik-Holding um.

Handelsblatt vom 31.05.1999, S. 14: Bei Mannesmann sollen „weitere bedeutende Taten folgen".

Handelsblatt vom 02.07.1999, S. 19: Preussag hat TUI voll übernommen.

Handelsblatt vom 20.10.1999, S. 25: Mannesmann verhandelt mit Orange.

Handelsblatt vom 28.10.1999, S. 27: Mannesmann und Hutchinson setzen auf Zusammenarbeit.

Handelsblatt vom 12.11.1999, S. 28: Telekommunikation dominiert Mannesmann.

Handelsblatt vom 24.11.1999, S. 26: Mannesmann gibt Industrie an Börse ab.

Handelsblatt vom 14.12.1999, S. 19: TUI setzt sich als Dachmarke für die Preussag-Touristik durch.

Handelsblatt vom 20.12.1999, S. 14: Dematic steht vor einem Rekordjahr.

Handelsblatt vom 22.12.1999, S. 18: Mannesmann darf Orange übernehmen.

Handelsblatt vom 04.02.2000, S. 1: Grünes Licht für Vodafone.

Handelsblatt vom 18.02.2000, S. 16: Preussag: Sonne und Strand verdrängen Kohle und Stahl.

Handelsblatt vom 22.02.2000, S. 20: Preussag spaltet Industriegeschäft ab.

Handelsblatt vom 17.04.2000, S. 15: Mannesmann-Großaktionär Vodafone hat sich gegen einen Börsengang der Maschinenbau- und Autotechnikgruppe Atecs entschieden.

Handelsblatt vom 16.05.2000, S. 1: TUI hängt Verfolger ab.

Handelsblatt vom 16.05.2000, S. 32: Der besessene Arbeiter.

Handelsblatt vom 27.09.2000, S. 32: Preussag-Chef baut Vorstand erneut um.

Handelsblatt vom 06.10.2000, S. 19: Preussag stößt viele Tochtergesellschaften ab.

Handelsblatt vom 12.10.2000, S. 16: Preussag sammelt den nächsten Marktführer ein.

Handelsblatt vom 02.04.2001, S. 18: Preussag verspricht spürbaren Gewinnanstieg.

Handelsblatt vom 27.04.2001, S. 17: Preussag verkauft Kermi-Gruppe an Arbonia-Forster.

Handelsblatt vom 31.08.2001, S. B5: Aktie mit Fernweh.

Handelsblatt vom 11.01.2002, S. 1: Preussag zieht sich von Babcock zurück.

Handelsblatt vom 16.01.2002, S. 12: Siemens kauft restliche Anteile von Atecs.

Handelsblatt vom 25.03.2002, S. 31: Preussag lebt von Lust auf Wind und Wellen.

Handelsblatt vom 27.06.2002, S. 14: Preussag-Aktionäre setzen auf die bunte TUI-Welt.

Handelsblatt vom 10.01.2003, S. 15: EnBW will Salamander zerlegen.

Handelsblatt vom 23.01.2003, S. 15: Tui enttäuscht ausgerechnet mit Touristik.

Handelsblatt vom 16.09.2003, S. 12: Verkauf von Tui-Tochter AMC besiegelt.

Handelsblatt vom 19.07.2004, S. 11: TUI verkauft Hersteller von Wohncontainern.

M & A Review, 7/1992, o. S.: Akquisitionskönig: Mannesmann AG.

Manager Magazin, 2/1990, S. 59: Kennen Sie ... eigentlich Peter Mihatsch?

Manager Magazin, 12/1995, S. 100-107: Kein Pardon.

Manager Magazin, 5/1999, S. 122-129: Einmalige Chance.

Manager Magazin, 7/2000, S. 42: Alle Fragen offen.

Manager Magazin, 3/2002, S. 64-73: Teile und herrsche.

Süddeutsche Zeitung vom 02.10.1990, o. S.: Vom Montankonzern zum Investitions-güterriesen.

Süddeutsche Zeitung vom 04.09.1997, S. 28: Die Reisebranche wird neu sortiert.

Süddeutsche Zeitung vom 22.02.2000, S. 27: Preussag bringt Industrie 2002 an die Börse.

Süddeutsche Zeitung vom 16.05.2000, S. 25: Preussag greift nach Thomson.

Wirtschaftswoche, 24/1984, o. S.: Mannesmann: Strategisches Modell.

Wirtschaftswoche, 33/1985, S. 80-84: Mannesmann AG: Nahtloser Übergang.

Wirtschaftswoche, 11/1987, S. 128-134: Anschluss gesucht.

Wirtschaftswoche, 50/1987, S. 156-159: Bann gebrochen.

Wirtschaftswoche, 2/1988, o. S.: Blick durch die Röhre.

Wirtschaftswoche, 51/1989, o. S.: Das Dieter-Prinzip.

Wirtschaftswoche, 36/1992, S. 82-86: Angst vor Räubern.

Wirtschaftswoche 25/1994, S. 48: Mut zum Aufmucken.

The manufacturer's authorised representative in the EU is Springer
Nature Customer Service Centre GmbH, Europaplatz 3, 69115 Heidelberg,
Germany. If you have any concerns regarding our products, please
contact ProductSafety@springernature.com

Printed and bound by CPI Group (UK) Ltd, Croydon, CR0 4YY
27/04/2026
02097666-0009